9783797913425

D1986292

Cajus Bekker · Verdammte See

CAJUS BEKKER

VERDAMMTE SEE

Kriegstagebuch der deutschen Marine

NAUMANN & GÖBEL

Sonderausgabe der Naumann & Göbel
Verlagsgesellschaft, Köln
mit freundlicher Genehmigung
von Frau Lis Berenbrok
Schutzumschlag: Hermann Bischoff
Gesamtherstellung: Druck + Repro-Zentrale,
Bad Homburg v. d. H.
Kartenzeichnungen: Werner Schmidt
Printed in West Germany
Alle Rechte vorbehalten

INHALT

VORWORT

Wo Nachrichten fehlen,
wachsen die Gerüchte.
Alberto Moravia

Eine zuverlässige und doch populäre Geschichte der deutschen Marine im Zweiten Weltkrieg ist, so merkwürdig das erscheinen mag, bisher nicht geschrieben worden – jedenfalls nicht, seit die Kriegstagebücher als wesentliche Quelle für jede tatsachengerechte Darstellung aus London zurückgegeben worden sind und Historikern wie Journalisten für ihre Arbeit zur Verfügung stehen.

Dieses Buch berichtet anhand solcher Kriegstagebücher über die Höhepunkte und entscheidenden Phasen des letzten Seekrieges aus deutscher Sicht. Der Verfasser ist mehr denn je davon überzeugt, daß zunächst der Ablauf der Ereignisse geklärt werden muß, bevor Urteile gefällt werden können. Daher möchte er den Leser vor allem zutreffend informieren und ihm erst in zweiter Linie eine Wertung anbieten; dies geschieht – wie schon in dem ähnlich gestalteten Kriegstagebuch der deutschen Luftwaffe ›Angriffshöhe 4000‹ – in den jedem Hauptkapitel nachgestellten Erfahrungen und Lehren. Die Lektüre allein dieser Abschnitte vermittelt einen kurzgefaßten Überblick über den Weg der deutschen Marine im Kriege und über die Gründe ihrer Niederlage.

Denn daß der Zweite Weltkrieg auch zur See, und gerade dort, verloren wurde, das sollte ein Vierteljahrhundert nach jenen Ereignissen nicht mehr beschönigt werden. Das im Ursprung verständliche Bemühen, eigene Fehler zu verschweigen oder zu vergessen, hat dazu geführt, daß eine Mauer von Tabus um Personen und Ereignisse errichtet worden ist, die sich nicht in die Tradition der Marine einpaßten. Erich Raeder, der Baumeister jener Flotte, die 1939 in den unerwarteten Krieg hinausgeschickt werden mußte, hat das einmal so formuliert: »Die Taten der deutschen Marine müssen im hellsten Licht erscheinen.«

Solche Ansicht teilt der Verfasser nicht. Er neigt eher der Ansicht des zweiten Mannes zu, der die Marine in jener Zeit verantwortlich führte, der Meinung von Karl Dönitz: »Man lernt nur durch die klare Erkenntnis der eigenen Fehler und durch ihre Darstellung.«

Die entscheidenden Fehler wurden zu Anfang des Krieges gemacht, gegen Ende bekamen die Deutschen nur die Auswirkungen stärker zu spüren. Die Versäumnisse schon des ersten Jahres, ja sogar der Zeit vor dem Kriege, wirkten sich bestimmend auf den weiteren Lauf der Dinge aus. Das ist der Hauptgrund, warum das Schwergewicht dieses Buches auf den Jahren von 1939 bis 1943 liegt.

Tatsächlich reichte der deutsche Atem nur für zwei, höchstens drei Kriegsjahre. Danach wurde die Decke zu kurz, die Rüstungskapazität weitete sich zwar aus, geriet aber im Vergleich zu den Hilfsquellen und zur Produktion der Gegner immer mehr ins Hintertreffen. Spätestens von 1943 an – seit Stalingrad, seit dem Zusammenbruch des U-Boot-Krieges, seit der wirksam werdenden alliierten Bombenoffensive gegen Deutschland – war der Krieg auch militärisch verloren, die Deutschen »hatten es nur noch nicht gemerkt«.

Dem Verfasser erschien es daher wesentlich, gerade die frühen Kriegsjahre ausführlich zu betrachten: Zeiten, in denen auf deutscher Seite große Siegeshoffnungen genährt wurden. Die Mängel und Fehlentscheidungen jener Jahre fallen nicht unter die Generalabsolution der überwältigenden Überlegenheit des Gegners. Hier zeigen sich viel deutlicher die Schwächen des von Menschen betriebenen Kriegshandwerks: die Versager, die tragischen Fehlleistungen, der Anteil von Irrtum und Zufall am Ablauf der Operationen; weit über die moralische Disqualifikation hinaus also jene nüchtern-sachlichen Einwände, die den Krieg als Fortsetzung der Politik mit anderen Mitteln jedenfalls in unserem Jahrhundert untauglich erscheinen lassen.

Dieses Buch hätte ohne die Hilfe ungezählter freiwilliger Mitarbeiter nicht geschrieben werden können. Ihnen allen möchte der Verfasser herzlich danken und zugleich um Verständnis bitten, daß hier schon aus Platzgründen keine namentliche Liste aller Gesprächspartner aufgeführt werden kann; denn vom Matrosen bis zum Admiral haben zahlreiche ehemalige Soldaten durch die Schilderung ihrer persönlichen Erlebnisse zur Gestaltung dieser Berichte beigetragen.

Wesentliche Grundlage waren die vom Bundesarchiv-Militärarchiv in Freiburg zur Verfügung gestellten Marineakten und

Kriegstagebücher, wofür Herrn Archivdirektor Dr. Stahl und Herrn Oberarchivrat Dr. Maierhöfer herzlich gedankt sei, vor allem für die nie erlahmende Hilfsbereitschaft. Dem Militärgeschichtlichen Forschungsamt Freiburg, insbesondere Herrn Kapitän zur See Dr. Friedrich Forstmeier, sowie Herrn Kapitän zur See Rolf Güth von der Marineakademie Hamburg-Blankenese möchte der Verfasser ebenfalls für die verständnisvolle Unterstützung seiner Arbeit danken. Besonderer Dank gebührt Herrn Konteradmiral a. D. Gerhard Wagner, der trotz seiner in einigen Punkten unterschiedlichen Auffassung wertvolle Hilfe nicht versagte. Dank für ihre Beratung sei schließlich Herrn Dr. Gerhard Hümmelchen, Arbeitskreis für Wehrforschung, und Herrn Professor Dr. Jürgen Rohwer, Bibliothek für Zeitgeschichte, beide in Stuttgart, hiermit abgestattet.

Unbedingt recht zu haben in Dingen, in denen andere sich irrten, liegt nicht in der Absicht des Verfassers. Eher schon, Legenden auszuräumen, Vorurteile durch Tatsachen zu widerlegen. Wenn dieser Bericht über die deutsche Marine mit seinen zahlreichen neuen Details dazu beitragen kann, das Widersinnige des Krieges als Form der Auseinandersetzung zwischen Menschen deutlich zu machen, so erfüllt er über die Schilderung der Ereignisse hinaus eine Aufgabe.

Hamburg, im Herbst 1971 *Cajus Bekker*

I. OFFENSIVER ANFANG

1 Der unerwartete Krieg

Sonntag, 3. September 1939. Im Mittelatlantik, rund 650 Seemeilen nordwestlich der Kapverdischen Inseln, schiebt sich eine Burg aus Eisen und Stahl behäbig durch die glatte See: das deutsche Panzerschiff *Admiral Graf Spee*. Der Kommandant, Kapitän zur See Hans Langsdorff, 45, hat kleine Fahrt befohlen. Im Kielwasser, in respektvollem Abstand, folgt das Troßschiff *Altmark*.

Vorgestern hat sich die *Spee* zum erstenmal mit der *Altmark* getroffen. Mitten in der endlos scheinenden Wasserwüste, auf den Punkt genau, wie vom fernen Berlin aus durch Funkspruch befohlen. Und aus den Vorratsbunkern des Troßschiffes hat die *Spee* ihren eigenen Treibstoff, ihr Dieselöl, wieder aufgefüllt.

Das also war vorgestern. Am 1. September, als die deutsche Wehrmacht die ›gewaltsame Lösung der polnischen Frage‹ in Angriff nahm. Als die feldgrauen Divisionen von Oberschlesien im Süden bis Ostpreußen im hohen Norden antraten – Stoßrichtung Warschau.

Und nun warten die Schiffe. Warten die Offiziere, die Besatzungen. Die ganze Welt wartet, mit angehaltenem Atem: Wird Frankreich, wird vor allem England seine Bündnisverpflichtung gegenüber Polen einlösen? Oder werden die Westmächte, wie Hitler spekuliert, wieder einmal klein beigeben?

An diesem Sonntagmittag brennt im Mittelatlantik die Sonne vom Himmel. Die Freiwächter an Deck haben sich in den Schatten der Geschütztürme und Aufbauten verkrochen. Ein paar Unentwegte halten geduldig ihre Angelruten über die Reling; sie träumen von Haifischfilet. Langsdorff sitzt auf seinem Kommandantenstuhl in der Steuerbord-Brückennock und zieht nachdenklich an einem Zigarillo. Sein Erster Offizier, Fregattenkapitän Walter Kay, hat sich zu ihm gesellt. Die letzten Anweisungen der Seekriegsleitung in Berlin sind drei Tage alt. Der Krieg gegen Polen war demnach beschlossene Sache, die Haltung Englands und Frankreichs ›ungewiß‹. Befehl: Keine Feindseligkeiten gegen die Westmächte eröffnen. *Graf Spee* bleibt vorerst im ›Wartegebiet‹.

Gegen 12.30 Uhr meldet sich ein Funkmaat auf der Brücke, in der Hand einen Spruch, der soeben im Klartext, also in offener Sprache, auf einer englischen Welle abgehört worden ist. Der Kommandant liest die beiden vom Funker in Großbuchstaben aufgeschriebenen Worte:

TOTAL GERMANY.

»Das ist der Krieg«, sagt Langsdorff und reicht das Blatt seinem I. O.

Kay zweifelt: »Vielleicht ein Irrtum, Herr Kapitän, oder Täuschung. Wir haben noch nichts von der Skl.«

Die Bestätigung der ›Skl‹, der Seekriegsleitung, trifft eine Dreiviertelstunde später ein. Auch dieser Spruch, wenngleich nicht so klassisch kurz wie das Signal der Briten, enthält kein überflüssiges Wort. Mit Uhrzeitgruppe 12.15 Uhr funkt Berlin:

»Beginn der Feindseligkeiten mit England sofort.«

Fregattenkapitän Kay läßt die Besatzung achteraus pfeifen. Der Kommandant hat seinen Männern den Kriegsausbruch mitzuteilen.

Zur selben Zeit steht das Panzerschiff *Deutschland,* das erste jenes unkonventionellen Schiffstyps, den die Engländer halb spöttisch, halb respektvoll ›pocket-battleship‹, ›Taschenschlachtschiff‹, nennen, viele tausend Meilen nördlich von der *Graf Spee,* etwa auf der Höhe der Südspitze Grönlands. Der *Deutschland*-Kommandant und spätere Marineattaché in Tokio, der 49jährige Kapitän zur See Paul Wenneker, deutet die Funksprüche zum Kriegsausbruch auf seine Weise.

Offensichtlich hat sich die Vorsorge des Oberbefehlshabers, Großadmiral Dr. h. c. Erich Raeder, seine beiden verfügbaren Panzerschiffe rechtzeitig auf Warteposition im Nord- und Südatlantik zu schicken, gelohnt. Jetzt, da England tatsächlich in den bewaffneten Konflikt eingetreten ist, sind die deutschen ›Handelsstörer‹ schon an Ort und Stelle und können gleich losschlagen.

»Ich begebe mich«, notiert Wenneker in sein Kriegstagebuch, »zunächst nach Punkt 50 Grad Nord, 30 Grad West, um von dort nach Westen den Amerika-England-Track aufzurollen . . .«

An diesem ersten Septembersonntag dampft ferner alles, was die britische Home Fleet zur Zeit auf die Beine bringen kann, in See; so die Schlachtschiffe *Nelson* und *Rodney,* der Schlachtkreuzer *Repulse,* dazu mehrere Kreuzer und viele Zerstörer. Sie operieren nördlich der Britischen Inseln, vor den Hebriden und den Orkneys, dann in dem engen Seegebiet zwischen den Shetlands und Bergen an der norwegischen Küste und schließlich, mit den Schlachtkreuzern *Hood* und *Renown*, auch in der Island-Färöer-Passage. Damit sind alle Zufahrten, die ein deutscher ›Raider‹ beim Ausbruch aus der engen Nordsee in die Weite des Atlantiks benutzen kann, unter Kontrolle.

Grund: Der Erste Seelord, Admiral Sir Dudley Pound, hat eine Meldung erhalten, nach der ›schwere deutsche Schiffe‹ aus Wilhelmshaven ausgelaufen seien.

Die Meldung stimmt. Nur: Die *Spee* hat die Jade bereits am 21. August, die *Deutschland* am 24. August verlassen. Beide Panzerschiffe haben das gefährdete Seegebiet längst passiert, ehe die Briten den Riegel vorschieben. Und das gilt nicht nur für die Panzerschiffe.

Seit dem 19. August sind nicht weniger als 21 deutsche U-Boote auf ›Wartepositionen‹ rund um England ausgesandt worden – nicht gerechnet die ›Einbäume‹, die kleinen 250-Tonnen-Boote, deren Aktionsradius zwar gerade für die Nordsee, nicht aber in den Atlantik reicht. Da der Führer der Unterseeboote (FdU), Kommodore Karl Dönitz, zu diesem Zeitpunkt über ganze 26 Boote verfügt, die groß genug für den Atlantik sind, hat er mit den 21 auf ›Warteposition‹ bei Kriegsbeginn 80 Prozent seiner Frontboote gleichzeitig im Einsatz – eine Traumzahl, die während des ganzen fünfeinhalbjährigen Seekrieges nie wieder auch nur annähernd erreicht worden ist.

Unter den Booten, die an diesem Schicksalssonntag, dem 3. September 1939, westlich der Britischen Inseln eine weit auseinandergezogene Linie bilden, befindet sich auch *U 30* unter dem Kommando des erst 25jährigen Oberleutnants zur See Fritz-Julius Lemp. Mittags empfängt Lemp den Funkspruch über den ›Beginn der Feindseligkeiten‹, und abends beginnt er sie in der Tat. Südlich der Rockallbank läuft ihm ein großes Schiff mit hohen Aufbauten vor die Rohre, außerhalb der Dampferrouten und noch dazu im Zickzackkurs. Lemp schließt aus diesem Verhalten auf einen britischen Hilfskreuzer, schießt zwei Torpedos und trifft: den 13 581 BRT großen Liner *Athenia* – zu allem Unglück mit mehr als 1400 Menschen an Bord, die allerdings, bis auf 112, von herbeieilenden anderen Schiffen gerettet werden.

So hat der Krieg, kaum daß er begonnen, schon seinen alle Welt empörenden ›Athenia-Fall‹. Alliierte und Neutrale folgern aus der warnungslosen Versenkung eines Passagierschiffes, daß die Deutschen sich den Teufel um geltendes Seekriegsrecht scheren und von allem Anfang an einen uneingeschränkten U-Boot-Krieg führen wollen.

In Wirklichkeit ist nichts der deutschen Führung unangenehmer, paßt nichts schlechter in ihr Vabanque-Kalkül. Zudem kommen die einzigen Informationen über den Fall aus London. Kein deutsches U-Boot meldet die Versenkung. Lemp hält wohlweislich Funkstille.

Die deutsche Propaganda versucht den Spieß umzudrehen und den Untergang der *Athenia* den Engländern selbst anzulasten. Daß weder Hitler noch die Seekriegsleitung an diese Version glauben, geht schon aus den verschärften Befehlen für die Kriegführung der U-Boote hervor.

In seinem Funkspruch am 4. September um 16.55 Uhr muß Kommodore Dönitz seine Kommandanten auf Feindfahrt mahnen:

»Für Handelskrieg bleibt Operationsbefehl unverändert gültig.«

Und weil das dem Oberbefehlshaber noch nicht eindeutig genug erscheint, wird um 23.53 Uhr ein weiterer Befehl hinausgefunkt:

»Auf Anordnung des Führers zunächst keinerlei Feindhandlungen gegen Passagierdampfer, *auch wenn im Geleit.*«

Damit sind den U-Booten die Hände noch mehr gebunden als durch Dönitz' Operationsbefehl, der strikt nach ›Prisenordnung‹ vorzugehen anordnete. Das heißt: U-Boote müssen genauso wie Überwasser-Kriegsschiffe handeln. Verdächtige Frachter sind anzuhalten und auf Bannware zu untersuchen. Versenkung nur, wenn Menschen und Schiffspapiere in Sicherheit gebracht sind. Passagierdampfer überhaupt nicht angreifen.

Ausnahme: Truppentransporter.

Zweite Ausnahme: Frachter im Geleit von Kriegsschiffen, weil sie dadurch automatisch an Feindseligkeiten teilnehmen.

Oberleutnant Lemp, der Kommandant von *U 30,* hat daher, wenn auch allein durch seine persönliche Fehleinschätzung der *Athenia,* eindeutig gegen Dönitz' Befehl verstoßen. Alle anderen 20 U-Boot-Kommandanten halten sich an diesen Befehl; davon aber spricht niemand.

Da ist *U 29* unter Kapitänleutnant Otto Schuhart, der, nicht weit von Lemps *U 30* operierend, drei Frachter ordnungsgemäß aufbringt und versenkt. Am 17. September, 14 Tage nach Kriegsbeginn, läuft ihm im Seegebiet südwestlich Irland der 22 500 ts große britische Flugzeugträger *Courageous* vor die Rohre, und Schuhart erzielt mit der Versenkung dieses mächtigen Gegners den ersten großen U-Boot-Erfolg des Zweiten Weltkrieges.

Oder eins der schwerfälligen Boote vom Typ I, *U 26,* Kommandant ein Ostpreuße, der Korvettenkapitän Klaus Ewerth, der befehlsgemäß Minen vor Portland an der englischen Südküste legt; ferner *U 32,* Kapitänleutnant Paul Büchel, der seine Minen weit in den Bristol-Kanal hineinkarrt.

Da sind auch zwei später berühmt gewordene Boote: Kapitänleutnant Günther Priens *U 47* und Kapitänleutnant Herbert Schultzes *U 48*, das mit insgesamt 51 versenkten Schiffen und 310 000 BRT das erfolgreichste Unterseeboot des ganzen Krieges werden sollte. Beide, Prien und Schultze, machen westlich der Biskaya Jagd auf Einzelfahrer, die von Süden nach England wollen, und bringen je drei Schiffe auf – buchstabengetreu nach der Prisenordnung.

Genauso handeln auch die anderen Boote. Doch davon einmal abgesehen:

Ist nicht die Tatsache, daß an diesem ersten Kriegstag, an diesem 3. September 1949, 80 Prozent der deutschen U-Boote auf Feindfahrt sind, die meisten schon auf der befohlenen Position, bereit loszuschlagen – ist nicht diese Tatsache allein Beweis genug für die Kriegsvorbereitung der deutschen Marine?

Hat der Chef der Seekriegsleitung, Großadmiral Raeder, seine beiden verfügbaren Panzerschiffe etwa nicht heimlich in den Atlantik auslaufen lassen? Liegen die *Deutschland* und die *Graf Spee* etwa nicht in ihren ›Wartegebieten‹ auf der Lauer, um in der Stunde X sogleich an Ort und Stelle den Gegner empfindlich zu schädigen?

Demnach hätte die deutsche Marine diesen Seekrieg gegen England, wie er nun tatsächlich beginnt, vorhergesehen, ja: erwartet. Sie hätte ihn mit allem Bedacht geplant und vorbereitet, ihn womöglich gar gewollt und – nimmt man nur die geschilderten Tatsachen – mit voller Absicht herbeigeführt.

Aber diese scheinbar so zwingende Gedankenfolge ist nichts weniger als falsch. Trotz aller taktischen Vorsorge für den Kriegsfall glauben die führenden Männer der Marine nicht daran, daß es – jetzt – mit England zum Kriege kommen werde. Nicht 1939. Nicht wegen Polen.

In den letzten Augusttagen, der Angriff auf Polen ist beschlossene Sache, dokumentiert der Chef der Operationsabteilung der Skl, Konteradmiral Kurt Fricke, 49, diesen Glauben auf höchst einfache Weise. Fricke hält ein warnendes Papier des Flottenchefs, Admiral Hermann Boehm, 54, in der Hand. Boehm kritisiert den nach seiner Lagebeurteilung zu einseitigen Aufmarsch der Marine in der Ostsee und deutet an, daß man schließlich mit England als Hauptgegner zur See rechnen müsse.

Fricke schüttelt ob solchen Unglaubens in Hitlers Versicherungen den Kopf und schreibt mit seiner steilen Handschrift an den

Blattrand: ein Kriegseintritt (Englands) sei ja eben ›höchst unwahrscheinlich‹!

Und nun, am Sonntag, dem 3. September 1939, ist das Unwahrscheinliche Wirklichkeit. Kurz nach 9 Uhr früh übersetzt Chefdolmetscher Dr. Paul Schmidt dem Führer in seinem Arbeitszimmer in der Reichskanzlei das britische Ultimatum: »Falls nicht bis 11 Uhr vormittags britischer Sommerzeit am heutigen Tage, dem 3. September, eine befriedigende Zusicherung erteilt wird« – die Zusicherung, daß die deutschen Truppen unverzüglich aus Polen zurückgezogen würden –, wird zwischen Großbritannien und dem Deutschen Reich »ein Kriegszustand von dieser Stunde an bestehen«.

Hitler wirkt erst wie versteinert, wendet sich dann an seinen Außenminister Ribbentrop, der ihn immer in seiner Meinung vom schwächlichen Stillhalten der Engländer bestärkt hat, und sagt nur: »Was nun?«

Dieses »Was nun?« kennzeichnet auch die Stimmung, die im Gebäude des Oberkommandos der Marine am Berliner Tirpitzufer herrscht. Die Meldung vom britischen Ultimatum platzt mitten in Raeders ›große Lage‹. Der Marinechef, dieser kleine, aber selbstbewußte und agile Mann, der immer auf alles eine Antwort weiß, schweigt betroffen. Die Offiziere rings um den großen Konferenztisch starren ihren Oberbefehlshaber an. Kein Wort fällt, aber alle Blicke fragen »Was nun?«

Raeder zieht sich in sein Arbeitszimmer zurück. Zunächst ist nur der Mann bei ihm, mit dem ihn ein besonderes Vertrauensverhältnis verbindet: sein persönlicher Stabschef, Kapitän zur See Erich Schulte-Mönting, das ›zweite Gewissen des Chefs‹, wie die Eingeweihten sagen. Niemand weiß bis auf den heutigen Tag, welche Worte die beiden wechseln, wie sie der neuen Situation Herr zu werden versuchen.

Später, als der Kriegszustand zwischen Deutschland und England praktisch schon besteht, läßt der ›ObdM‹ – wie der Oberbefehlshaber kurz genannt wird – den ›kleinen Kreis‹ zu sich rufen. Raeders engste Mitarbeiter erscheinen:

Der stets korrekte, ebenso zurückhaltend wie ausgeglichen wirkende Chef des Stabes der Seekriegsleitung, Vizeadmiral Otto Schniewind; dann sein direkter Widerpart, der schon erwähnte Operationschef Fricke, ein echter Berliner, von unbändiger Impulsivität; ferner der Ia der Operationsabteilung, Fregattenkapitän Gerhard Wagner, ruhender Pol im Widerstreit der Meinungen; und, natürlich, Schulte-Mönting.

Jetzt, etwa eineinhalb Stunden nach dem ersten überraschenden Schlag, wirkt der Oberbefehlshaber wieder gefaßt, erzwungen ruhig. Vor ihm auf dem Schreibtisch liegen ein paar Blatt Papier, auf denen er mit großer, flüchtiger Handschrift seine Gedanken zum Kriegsausbruch konzipiert hat. Nur aus dem Wortlaut spricht seine innere Erregung.

»Am heutigen Tage«, doziert Raeder, »ist der Krieg gegen England ausgebrochen ... Das französische Ultimatum läuft um 17 Uhr ab. Mit diesem Krieg brauchten wir nach den bisherigen Äußerungen des Führers nicht vor etwa 1944 zu rechnen! Bis zum letzten Augenblick glaubte der Führer diesen Krieg vermeiden zu sollen – auch wenn dadurch eine durchgreifende Regelung der polnischen Frage hinausgeschoben würde ...«

Das ist nüchtern formulierte, bitterste Enttäuschung. Raeders erster Gedanke gilt der Verantwortung für diese Katastrophe: Er sieht sie allein bei Hitler. Immer hat sich der Marinechef, unabhängig von seiner persönlichen Meinung, der politischen Führung bedingungslos untergeordnet, ob zur Kaiserzeit, in der Republik oder nach Hitlers Machtübernahme. Ein Krieg gegen England aber paßte zunächst überhaupt nicht in die Absichten des Dritten Reiches. Erst seit wenig mehr als Jahresfrist war damit zu rechnen, aber ›nicht vor 1944‹.

Trotz der drohenden Entwicklung der letzten Monate, trotz allen gegenteiligen Anscheins blieb Hitler auf Raeders Fragen stets dabei: Es gibt keinen Krieg gegen England! Und Raeder hat ihm geglaubt. So stark war Hitlers Einfluß, daß dem Marinechef selber »die außenpolitische Situation in diesem Sommer trotz der englisch-französischen Garantie für Polen nicht gefahrdrohend« erschien.

Raeders zweiter Gedanke gilt der Rechtfertigung seiner eigenen Flottenbaupolitik, die sich nun, in der Stunde der Wahrheit, als verfehlt erweist. »1944/45«, so führt der ObdM aus, »*hätte* Deutschland eine genügende Zahl von Schlachtschiffen, Panzerschiffen, Kreuzern, Flugzeugträgern und U-Booten besessen, um sich dem meerbeherrschenden England auf den Ozeanen zu stellen.«

In zwei Sätzen entwickelt er eine schlachtschiffgläubige Konzeption für einen solchen imaginären Seekrieg und fährt wörtlich fort:

»Auf diese Weise *wäre,* insbesondere bei Mitwirkung von Japan und Italien, die einen Teil der englischen Flotte gebunden *hätten,* gute Aussicht vorhanden gewesen, die englische Flotte zu schlagen und die englischen Zufuhren abzuschneiden, das heißt: die Endlösung der englischen Frage zu finden ...«

Das alles ist nun Schall und Rauch. Von den ersten Schiffen

der gewaltigen Z-Plan-Flotte* ist kaum mehr als der Kiel gelegt, die Flotte besteht nur als Torso, als Musterkollektion verschiedenster, zum Teil unerprobter Schiffstypen.

»Selbstverständlich«, fährt Raeder fort, »ist die Kriegsmarine jetzt, im Herbst 1939, noch keineswegs für den großen Kampf mit England hinreichend gerüstet. Sie hat zwar in der kurzen Zeit seit 1935 (dem deutsch-englischen Flottenvertrag) eine gut ausgebildete, zweckmäßig aufgebaute U-Boot-Waffe geschaffen, von der zur Zeit 26 Boote atlantikfähig sind, die aber trotzdem noch viel zu schwach ist, um ihrerseits *kriegsentscheidend* zu wirken . . .«

Hier verschweigt der ObdM, daß er und sein Planungsstab in allen Beratungen des Herbstes 1938 und auch weiterhin dem Unterseeboot grundsätzlich gar keine kriegsentscheidende Wirkung zugetraut haben. Doch davon später.

Den tieferen Grund seiner Bitternis, das Fehlen ausreichender schwerer Streitkräfte, formuliert Raeder so:

»Die Überwasserstreitkräfte aber sind noch so gering an Zahl und Stärke gegenüber der englischen Flotte, daß sie – vollen Einsatz vorausgesetzt – nur zeigen können, daß sie *mit Anstand zu sterben verstehen* . . .«

Diese Worte sind nicht nur Klage, keineswegs Resignation, sondern beginnendes Aufbäumen, der Kern eines Programms, das sehr bald in den Operationsüberlegungen der Skl Ausdruck finden wird.

Die wenigen Schiffe, die die Marine besitzt, sollen um Himmels willen nicht wie die Hochseeflotte im Ersten Weltkrieg im Hafen rosten. Vielmehr haben sie »grundsätzlich das Unerwartete und Unwahrscheinliche« zu tun, sollen sie dem mächtigen Gegner unter bewußter Inkaufnahme hohen eigenen Risikos Schaden zufügen.

Ein kühnes Konzept, das die deutsche Seekriegsführung in der ersten Kriegsphase bestimmt, das allerdings zu schweren Meinungsverschiedenheiten und Vertrauenskrisen zwischen den Admiralen ›am grünen Tisch‹ und an der Front beitragen wird.

Kühn und folgerichtig, aber weithin unverstanden und unerfüllt bleibt auch die Konzeption des zweiten Mannes, der die Geschicke der Marine in den kommenden fünfeinhalb Jahren Krieg wesentlich beeinflussen wird: des damals 47jährigen Führers der U-Boote, Kapitän zur See und Kommodore Karl Dönitz.

Der FdU-Stab hat sich in einer Baracke am ›Toten Weg‹

---

* Z-Plan: Der erst am 29. Januar 1939 beschlossene Großausbau der deutschen Flotte. Einzelheiten siehe Anhang 2.

außerhalb von Wilhelmshaven eingerichtet. Von den Fenstern geht der Blick weit über die Wiesen und Knicks des niedersächsischen Flachlandes.

Gegen Mittag des 3. September findet auch hier die tägliche Lagebesprechung statt. Dönitz steht in seiner charakteristischen Haltung, die Arme vor der Brust verschränkt, das Kinn in eine Hand gestützt, vor der großen Wandkarte und betrachtet die blauen Fähnchen, die rings um England den augenblicklichen Standort seiner draußen wartenden U-Boote anzeigen. Der 1. Asto (Admiralstabsoffizier), Korvettenkapitän Eberhardt Godt, trägt vor, die jüngeren Offiziere, darunter der soeben von der Marineakademie neu zum FdU kommandierte Kapitänleutnant Victor Oehrn, halten sich bereit, um auf Fragen zu antworten.

Auch am Toten Weg ist das britische Ultimatum bekannt. Das Bewußtsein der ›geschichtlichen Stunde‹ lastet spürbar auf den Offizieren im Lagezimmer. Im Gegensatz zu Raeder und zur Skl hat Dönitz die Entwicklung der letzten Monate richtig gedeutet, den heutigen Tag klar vorausgesehen. Jetzt aber, da es soweit ist, hofft auch er auf ein Wunder.

Die Tür öffnet sich, der Nachrichten-Asto, Kapitänleutnant Hans-Gerrit v. Stockhausen, geht direkt auf den Kommodore zu, reicht ihm ein Fernschreiben des ›B-Dienstes‹, der deutschen Funkbeobachtung auf den Wellen des Gegners.

So liest auch Dönitz die beiden Worte, die alles sagen:

»Total Germany.«

Er bohrt die Finger in das Blatt, zerknüllt es fast, wirft es vor Godt auf den Tisch. Dann geht er mit langen Schritten durch den Raum. Bleibt plötzlich stehen, stemmt die Fäuste in die Hüften.

»Verdammt!« stößt er hervor, »also wieder gegen England.« Und nach einem Augenblick: »Daß mir das noch mal passieren muß!«

Alles schweigt.

Dönitz sieht seine Offiziere an, aber er scheint sie gar nicht wahrzunehmen. Abrupt dreht er sich um, verläßt den Raum, schließt sich in seinem Dienstzimmer ein.

Es dauert eine halbe Stunde, ehe der FdU ins Lagezimmer zurückkommt. Ruhig erkundigt er sich nach neuen Meldungen. Kein Wort über die Szene von vorhin. Er hat es mit sich selber abgemacht. Von nun an kennt Dönitz nur noch ein Ziel:

Die berühmte Schlacht um den Atlantik hat begonnen.

So widersprüchlich die Dinge auf den ersten Blick erscheinen mögen – auf der einen Seite die wohldurchdachte Bereitstellung deutscher Panzerschiffe und Unterseeboote im Atlantik, auf der anderen die Ratlosigkeit und Bestürzung führender deutscher Seeoffiziere, als der Kriegsfall tatsächlich eintritt – es hat sich doch genau so zugetragen.

Schlüssel für die betroffene Reaktion Raeders und der Skl ist die plötzlich aufdämmernde Erkenntnis, daß die deutsche Marine für diesen neuen Waffengang mit der Royal Navy so gut wie gar nicht gerüstet ist. Schlimmer noch: Aus der Sicht des 3. September 1939, in Anbetracht des alten, neuen Gegners zur See, sind in den zurückliegenden Jahren fraglos die falschen Schiffe gebaut worden.

Wie konnte das geschehen?

»Heute ist der glücklichste Tag meines Lebens«, hatte Hitler am 18. Juni 1935 zu seinem Marinechef Raeder gesagt. Soeben war in London das deutsch-englische Flottenabkommen geschlossen worden. In diesem vom britischen Außenminister Sir Samuel Hoare und dem deutschen Sonderbotschafter Joachim von Ribbentrop unterzeichneten Papier verpflichtete sich die deutsche Seite, ihre Marinerüstung auf 35 Prozent der gesamten Flottenstärke Großbritanniens und des Commonwealth zu begrenzen. Die 35 Prozent galten auch für die einzelnen Schiffsklassen: Schlachtschiffe, Kreuzer, Flugzeugträger und so fort. Nur bei den U-Booten wurde die Grenze auf 45 Prozent angehoben und zugleich vereinbart, daß das Reich später die volle Auffüllung auf 100 Prozent der britischen U-Boot-Tonnage beantragen könne.

Mit diesem Abkommen schien Hitler seinem schon 1933 geäußerten Wunsch, er wolle »mit England, Italien und Japan niemals Krieg haben«, einen großen Schritt näher gekommen zu sein. Für Deutschland, das drei Monate zuvor eigenmächtig seine ›Wehrhoheit‹ erklärt hatte, wog vor allem der politische Erfolg. Zum erstenmal hatte ein ehemaliger Feindstaat in einem zweiseitigen Vertrag Rüstungsmaßnahmen zugestimmt, die die einschränkenden Auflagen des ›Diktats‹ von Versailles praktisch gegenstandslos machten.

Aber auch die englische Seite sah Vorteile in dem Flottenvertrag. Der Earl of Beatty, Admiral of the Fleet und britischer Flottenführer im Ersten Weltkrieg, vertrat am 26. Juni 1935 im Oberhaus die Meinung, man müsse den Deutschen wirklich dankbar sein: »Wenigstens von einem Land der Welt haben wir nun kein Wettrüsten zu befürchten!«

Für die deutsche Marine bedeutete die 35-Prozent-Klausel, daß England als Gegner zur See nicht mehr in Frage kam. Das war nicht etwa nur ein Lippenbekenntnis. Die Flottenrivalität von einst sei mit diesem Vertrag ausgeschlossen, schrieb der Chef des Marinekommandoamts, Konteradmiral Günther Guse, in einer Verfügung vom 15. Juli 1935 und feierte das Abkommen als »Basis für eine dauernde Verständigung mit England«.

Und mehr als das: Raeder verbot ausdrücklich, sich auch nur im Rahmen einer theoretischen Studie mit dem Gedanken einer neuen Gegnerschaft Englands zu beschäftigen. Frankreich und Rußland – das waren mögliche Feinde von morgen; England nicht.

Als die Marine am 27. Mai 1936 ›vorläufige Kampfanweisungen‹ erhielt, wurde ein Kriegsfall mit England – oder mit einer Koalition unter Einschluß Englands – ausdrücklich »außer Betracht gelassen«. Nach Raeders fester Überzeugung hatte die politische Staatsführung die Aufgabe, ja die Pflicht, auf keinen Fall eine Konfliktsituation entstehen zu lassen, die den Streitkräften einen Kampf in von vornherein aussichtsloser Lage aufbürdete.

Ein neuer Seekrieg mit England wäre solcher ›Selbstmord‹. Folglich hatte sich die Marine gar nicht erst den Kopf darüber zu zerbrechen.

Wie sich Raeder später »bewegten Herzens« erinnerte, lagen in dieser Zeit »große Möglichkeiten, den Frieden für Deutschland und Europa auf Grund jenes *endgültigen Friedensschlusses mit den Engländern* für eine weite Zukunft zu sichern ... Es war die Tragik meines Lebens, daß die Entwicklung einen anderen Weg genommen hat«.

Daß die Entwicklung einen anderen Weg nehmen würde, dafür gab es freilich in den Jahren zwischen 1935 und 1938 genügend ernst zu nehmende Anzeichen. Und es muß zugunsten des Marineoffizierkorps gesagt werden, daß etliche Stabs- und Flaggoffiziere das Nie-wieder-gegen-England-Dogma ihres Oberbefehlshabers füglich bezweifelten und ihre abweichende Meinung auch schriftlich vorlegten. Unter ihnen der Stationschef der Ostsee, Admiral Conrad Albrecht, und von Anfang an auch der Führer der noch ganz jungen U-Boot-Waffe, Kapitän zur See Dönitz. Selbst in Raeders eigenem Stabe regten sich jüngere Offiziere, die Gedankenfreiheit für sich in Anspruch nahmen, so der intelligente, meist etwas aufsässige Fregattenkapitän Hellmuth Heye.

Was immer aber die Politik des Dritten Reiches in Bewegung setzte und an Reaktionen auslöste – der deutsche Marinechef blieb auch 1937 seinem eigenen Friedenswunschbild treu. Am 5. November 1937 rief Hitler die Oberbefehlshaber der Wehrmacht zu sich in die Reichskanzlei und enthüllte ihnen vier Stunden lang seine Zukunftspläne. Ausführlich beschäftigte er sich »mit den beiden Haßgegnern England und Frankreich«. Raeder war dadurch »trotz des etwas scharfen Tones« nicht weiter beunruhigt; zuvor hatte ihn Göring, der Chef der Luftwaffe, beiseite genommen und entsprechend vorbereitet: der Führer werde schärfer rangehen, um endlich die Heeresrüstung anzukurbeln. Und Blomberg, der Kriegsminister, meinte im Hinausgehen zu Raeder, das Ganze sei ja wieder einmal nicht so ernst gemeint ...

Gewiß blieb auch der Oberbefehlshaber der Marine nicht blind und nicht taub gegenüber den Zeichen der Zeit. Aber je mehr er selber erkennen mochte, daß eine verantwortungsvolle Marineplanung den Gedanken an England als Gegner nicht einfach für tabu erklären durfte, desto mehr klammerte er sich an den ›Primat der Politik‹, desto mehr nahm er allein das *Wort* Hitlers zur Richtschnur.

Der Umschwung im Marinedenken kam denn auch sehr spät, sehr plötzlich, und er ging von Hitler selber aus. Ende Mai 1938, auf dem Höhepunkt der ersten Krise zwischen Berlin und Prag, ließ der Führer den ObdM zu sich rufen und äußerte zum erstenmal, es sei doch damit zu rechnen, daß England auf der Seite der Gegner Deutschlands stehen werde. Hitler verlangte eine ganze Reihe von Sofortmaßnahmen für einen großzügigeren Ausbau der Kriegsmarine.

Doch die schnellere Fertigstellung der Schlachtschiffe *Scharnhorst* und *Gneisenau,* die Vorverlegung der Termine für die noch nicht einmal vom Stapel gelaufenen 35 000-ts-Riesen *Bismarck* und *Tirpitz,* schließlich der beschleunigte Bau mittlerer und großer Unterseeboote – das alles lieferte der Skl noch kein Patentrezept frei Haus, wie denn ein möglicher Seekrieg gegen England überhaupt geführt werden könne.

Raeder tat zweierlei, um dieser Konzeptionslosigkeit abzuhelfen: Erst gab er dem kritischen jungen Mann seines Stabes, Fregattenkapitän Heye, den Auftrag, eine Denkschrift ›Seekriegführung gegen England‹ auszuarbeiten; dann berief er einen ›Planungsausschuß‹ unter dem Chef des Stabes der Seekriegsleitung, Vizeadmiral Günther Guse, von dem er Vorschläge für eine »einheitliche Auffassung über strategische Grundlagen für den gesamten Aufbau der Kriegsmarine« erwartete.

Raeder nahm an den Ausschußberatungen nicht teil, dafür aber die wichtigsten Amts- und Abteilungschefs seines Oberkommandos: Acht Flagg- und Stabsoffiziere, und da es mit ihrer »einheitlichen Auffassung« haperte, nahmen die Sitzungen einen erstaunlichen Verlauf.

Die erste fand am 23. September 1938 statt – wenig mehr als elf Monate bevor der Krieg begann! Vizeadmiral Guse kam gleich zum Kern der Sache:

»Meine Herren, die vor Ihnen liegende Denkschrift führt aus, daß England mit Schlachtschiffen nicht entscheidend zu fassen ist ...«

In der Tat war Heye, der jüngste Teilnehmer, mit seinem Entwurf weit vorgeprescht. Für ihn stand fest, »daß die offensiven Seekriegsaufgaben gegen England aus der Deutschen Bucht heraus mit einer Schlachtflotte ... *nicht* zu lösen sind«. Die sogenannte »Schlachtentscheidung« – das Aufeinanderprallen der gepanzerten Kolosse wie einst in der Skagerrakschlacht – hatte, so Heye, selbst bei gleichstarken oder gar überlegenen eigenen Schiffen »nur geringe Aussicht auf grundlegende Änderung der seestrategischen Lage – bei zahlenmäßiger Unterlegenheit gar keine«.

Nur ein Blinder hätte diese Unterlegenheit der Deutschen auf lange Jahre hinaus übersehen können: Deutschland baute gerade seine ersten vier Schlachtschiffe, England besaß 15 und hatte darüber hinaus fünf weitere im Bau.

Dennoch waren die Herren, insbesondere die älteren Admirale, von der Denkschrift geschockt. Stieg und fiel der Wert einer Marine nicht mehr mit der Zahl ihrer Schlachtschiffe?

»Soll das etwa heißen«, wollte Admiral Carl Witzell, 54, der Chef des Marinewaffenamtes, wissen, »daß die Seekriegsleitung Schlachtschiffe überhaupt für überflüssig hält?«

Guse beschwichtigte: »Heyes Denkschrift legt uns in keiner Weise fest, sie ist nur ein Ausgangspunkt. Der ObdM hat ja gerade auf Grund dieser Denkschrift den Planungsausschuß eingesetzt.«

Mehr als nur Ausgangspunkt war die Lösung, die Heye an Stelle der utopischen ›Schlachtentscheidung‹ anbot: »Englands schwache Stelle sind seine Seeverbindungen. Es gilt deshalb, alle Mittel zum Kreuzerkrieg anzusetzen.«

Was hieß das: Kreuzerkrieg?

Heye: »Das Anpacken aller englischen Seeverbindungen, so sich überhaupt Angriffsgelegenheiten bieten, mit allen Mitteln. Bei der Abhängigkeit Englands von seinen Seeverbindungen wird eine solche Kriegführung ... die größten Erfolge zeitigen.«

Allerdings unter zwei Voraussetzungen: »Sofern die Kampfmittel hierfür zur Verfügung stehen.« Und sofern es ihnen gelingt, aus der engen Nordsee durch die englische Blockadestellung in den freien Atlantik und damit in die Weltmeere durchzubrechen.

Das war der Punkt: Wie sollten sie durchkommen – ohne Schlachtschiff? Hier bekam die alte Schule Oberwasser.

»Nur *schwerste Schiffe*«, trumpfte Admiral Witzell auf, »können den Atlantikstreitkräften den Durchbruch erkämpfen!«

Auch Konteradmiral Otto Schniewind, der in wenigen Wochen Guses Nachfolger als Chef des Stabes der Seekriegsleitung werden sollte, schloß sich dem an: »Ich bejahe die Notwendigkeit eines Flottenkerns schwerer Schiffe.« Fricke, der Operationschef, hieb in dieselbe Kerbe.

Der erst 43jährige Heye hatte einen schweren Stand. Schon in seiner Denkschrift stand klipp und klar, die Aussichten der Deutschen, gegen die durch ihre geographische Lage begünstigten Engländer einen Durchbruch im Kampf zu erzwingen, seien gleich Null.

Heye nahm auch im Ausschuß kein Blatt vor den Mund. »Nur mit viel Glück können wir durchkommen«, hielt er den Admiralen vor, »und mit hoher Geschindigkeit, also besonders mit leichteren Streitkräften!«

Unterstützung fand er nur bei dem eben erst zum Flaggoffizier beförderten Chef der Flottenabteilung, Konteradmiral Werner Fuchs; der Einsatz aus der Deutschen Bucht heraus und gegen die englische Blockadestellung, so meinte auch Fuchs, sei keine ausreichende Begründung für den Bau einer Schlachtflotte. Aber: »Als Rückhalt für den Kreuzerkrieg ist ein deutsches Gros im Atlantik erforderlich!«

Guse sah nun die Möglichkeit, »die Ansichten der meisten Herren damit zusammenzufassen, daß *schwerste Schiffe gebraucht* werden«. Dies war zwar, genaugenommen, nur die Ansicht der Admirale Witzell, Schniewind und Guse, doch der Oberbefehlshaber hatte eine »einheitliche Auffassung« gewünscht, und überhaupt schien es undenkbar, eine Marine zu planen, die dem Dritten Reich Seegeltung, ja: Weltgeltung bringen sollte, und dabei von vornherein auf gewaltige Schlachtschiffe zu verzichten.

Guse: »Es kann vorläufig offenbleiben, ob die Schiffe für das Durchbringen der Atlantikstreitkräfte oder als Gros im Atlantik selbst eingesetzt werden.«

Damit war die klassische Reihenfolge jedweder Planung auf den Kopf gestellt. Schlachtschiffe sollten gebaut werden – wie sie eingesetzt werden könnten und sogar: ob sie überhaupt zu gebrauchen waren, das würde man später sehen.

An dieser Entwicklung war auch Heyes Denkschrift nicht schuldlos; denn sie bot dem, wie der Krieg zeigen sollte, überholten Schlachtschiffglauben keine überzeugende Alternative.

Die Waffe des Schwächeren zur See, das Unterseeboot – und hier hatte die deutsche Marine doch Erfahrung! – wurde zwar einiger Gedanken für wert befunden, aber vor allem kraß unterschätzt.

Heye: »Von einer offensiven Seekriegführung nur mit U-Booten dürfen nicht zu weitreichende Erfolge erwartet werden.«

Die englische U-Boot-Abwehr, in erster Linie die Unterwasserortung, habe »einen besonders hohen Stand erreicht«. Das geltende Recht erlaube keinen uneingeschränkten U-Boot-Krieg, sondern nur ein Vorgehen nach Prisenordnung, und da sei nicht viel zu erwarten. Ja: »Das einzelne U-Boot kommt seiner Wesensart nach im allgemeinen nicht für den Kreuzerkrieg auf hoher See in Frage, sondern muß mehr oder weniger *stationär* eingesetzt werden ...«

Das sind, im Lichte der späteren Ereignisse, groteske Ausführungen. Dennoch entsprachen sie allgemeiner Anschauung. Auch die Engländer dachten damals, das U-Boot habe seine Rolle ausgespielt. Nur in der jungen deutschen U-Boot-Waffe war man darüber ganz anderer Meinung.

»Euch werde ich es schon zeigen«, hatte sich der Kapitän zur See Karl Dönitz geschworen, als er am 1. Oktober 1935 Führer der U-Boote geworden war. Er wollte beweisen, daß das U-Boot, setzte man es nur taktisch geschickt ein, eben nicht zum alten Eisen gehörte. Und seither war viel geschehen. Seither hatte Dönitz der von ihm vorausgesagten Zusammenfassung der feindlichen Handelsschiffe im Geleitzug seine eigene ›Rudeltaktik‹ entgegengesetzt.

Wußte Heye nichts davon? Doch, natürlich:

»Wirksamer Kreuzerkrieg auf hoher See mit U-Booten erfordert die Zusammenarbeit mehrerer Boote für eine Aufgabe, um den Mangel an Beweglichkeit durch die größere Zahl auszugleichen.«

So stand es in der Denkschrift. Und soweit wäre Dönitz sicher einverstanden gewesen. Aber der FdU glaubte an die Durchführbarkeit, der Operationsoffizier der Skl nicht. Heye: »So wird auf hoher See doch der Einsatz von Überwasserschiffen im allgemeinen zweckmäßiger sein als der von U-Booten ...«

Dönitz erhielt keine Gelegenheit, seine Ansichten – die ja durch viele praktische Übungen erhärtet waren – vor dem Planungsausschuß zu vertreten. Er wußte nicht einmal davon, daß hier in Berlin die Würfel über ihn und seine U-Boot-Waffe geworfen wurden.

Die Frage, ob der Fregattenkapitän Heye es vermocht hätte, durch klares Eintreten für das neue U-Boot-Konzept den

Schlachtschiffglauben der Admirale im Planungsausschuß zu erschüttern, ist müßig; er trat eben nicht für die U-Boote ein. Und selbst ein sehr viel gewichtigerer Mann, der designierte neue Flottenchef, Admiral Hermann Boehm, konnte an der festgelegten Meinung nichts mehr ändern.

Als Boehm in der 7. Sitzung des Planungsausschusses am 17. Oktober 1938 um seine Ansicht gebeten wurde, führte er zum Erstaunen der Anwesenden aus:

»Ich sehe die strategischen Möglichkeiten in einem Kriege gegen England *erstens im U-Boots- und Minenkrieg,* zweitens in einem raidartigen Vorgehen gegen die englische Fernblokkade . . ., drittens in dem mit Recht auch in der Denkschrift im Vordergrund stehenden Handelskrieg.«

Allerdings erstrebte Boehm daneben auch »den Aufbau einer Normalflotte mit kampfkräftigen Schiffen, Torpedoträgern, Streitkräften für das Küstenvorfeld und so weiter«.

Aufatmend konnte Vizeadmiral Guse nun doch wieder »die Einigkeit aller Teilnehmer über die strategischen Grundlagen« feststellen. Die bereits vorher begonnene Diskussion darüber, welche Schiffstypen im einzelnen gebaut werden sollten, ging weiter.

Hindernisse und sachliche Einwände gegen ein Großmachtstreben zur See waren nun weitgehend beseitigt. Die Marine wollte sich des Großdeutschen Reiches würdig erweisen. Neben einem stärkeren Panzerschiffstyp für den Handelskrieg in weiten Seeräumen wurden sechs Superschlachtschiffe des Typs ›H‹ befürwortet, die in der Planung schließlich eine Typverdrängung von mehr als 56 000 ts erreichten. Freilich: Gebaut wurden sie nie.

Am 31. Oktober 1938 legte der Planungsausschuß dem ObdM seine Ergebnisse vor. Die kommenden Wochen vergingen mit Einzelberechnungen und zahlreichen Alternativvorschlägen. Aber es ging immer nur darum, ob zunächst die Schlacht- oder die Panzerschiffe stärker forciert werden sollten, um Fragen der besten Ausnutzung oder Steigerung der Werftkapazitäten.

Daß der Konteradmiral Fuchs am 21. November noch einmal seine abweichende Meinung kundtat, hatte nur noch historischen Wert. Fuchs schrieb ganz offiziell als Chef der Flottenabteilung an den Vorsitzenden des Planungsausschusses:

»Die angegebenen Aufgaben halte ich nicht für ausreichend zum Beweise der Notwendigkeit des Baus neuer Schlachtschiffe.«

»Das ist Auffassungssache!« vermerkte Schniewind, der neue Chef des Stabes, am Rand, und die Handnotiz eines Referenten stellte noch deutlicher fest:

»Da die Entscheidung des ObdM gefallen, neues Aufgreifen zwecklos.«

Tatsächlich waren die Würfel bereits gefallen. Die Marine berauschte sich an ihren eigenen Zukunftsplänen, obwohl vielen immer noch nüchtern denkenden Fachleuten bei dem Gedanken Angst wurde, wie denn die gewaltige Planung verwirklicht werden sollte.

Es gab im Schiffbau eine Faustregel: »1 Tonne Kriegsschiff ist die Jahresarbeit eines deutschen Arbeiters. Um also ein Großkampfschiff von 35 000 ts zu bauen, müssen rund 10 000 Arbeiter dreieinhalb Jahre lang arbeiten, und zwar nach einem wohldurchdachten und genau geleiteten Plan.«

Der Referent im Marinewaffenamt, Marineoberbaurat Günter Ludwig, folgerte daraus in seiner Meldung zur »Durchführbarkeit des Z-Plans« vom 31. Dezember 1938, daß für einen planmäßigen Flottenbau so großen Umfangs organisatorisch »ähnlich große Aufgaben vorliegen wie für die militärische Ausbildung und Führung einer Flotte«.

Diese Folgerung des technischen Fachmanns bezeichnete zwar sein eigener Amtschef Admiral Witzell, als »abwegig«, legte aber dennoch Ludwigs Meldung dem ObdM vor, »weil sie die Größe der technischen und organisatorischen Aufgabe ... des Neubauplans einmal von anderen, ganz interessanten Gedankengängen aus beleuchtet«.

Raeder nahm wohl davon Kenntnis, hatte aber den Kopf zu voll mit anderen Dingen. Eine zuerst angesetzte Rücksprache über Ludwigs Vorschläge sagte er wieder ab.

Der Marinechef trug die Ergebnisse der Neubauplanung zwischen dem 1. November 1938 und dem 29. Januar 1939 mehrmals persönlich Hitler vor. Nach seinen eigenen, nach dem Kriege verfaßten Erinnerungen habe er dem Führer dabei »zwei Wege« angeboten:

- *Entweder* »hauptsächlich U-Boote und Panzerschiffe« zu bauen; das gehe schneller, sei zwar recht einseitig, ergebe aber »eine gewisse Bedrohung für die lebenswichtigen Zufuhren Englands im Kriegsfall«.
- *Oder* eine »schlagkräftige Flotte mit stärksten Schiffstypen« zu schaffen; das werde länger dauern, diese Flotte sei dann aber in der Lage, »sowohl die englische Seezufuhr als auch die britischen Seestreitkräfte mit Aussicht auf Erfolg zu bekämpfen«.

Bei derartigen Formulierungen kann kaum von einer echten

Alternative* gesprochen werden. Kein Zweifel, daß das Herz Raeders und der Seekriegsleitung für die zweite Lösung schlug. Keine Frage auch, daß gerade Hitler sich für den großartigen, bombastischen Schlachtschiffbau entscheiden würde.

Gewiß, der Marinechef warnte: »Wenn es aber schon in den nächsten Jahren zum Kriege kommt, haben wir nur eine unfertige Flotte.«

Hitler wischte das Argument vom Tisch: »Für meine politischen Zwecke brauche ich die Flotte nicht vor 1946!«

Erich Raeder vertraute auch auf dieses Hitler-Wort. Erst hatte er dem Staatschef geglaubt, es werde nie wieder Krieg gegen England geben. Das hatte sich nun als Irrtum herausgestellt. Aber schon die nächste, höchst zweifelhafte Versicherung des Führers nahm der Marinechef erneut für bare Münze. Mochten sich die Wolken am politischen Horizont noch so drohend zusammenziehen: Er verließ sich darauf, daß seiner Marine eine langjährige, ruhige Aufbauzeit für eine mächtige Schlachtflotte beschieden sein würde.

Der Startschuß für diese ›Z-Plan-Flotte‹ – ›Z‹ nahm man als Symbol für das große Ziel: die deutsche Seemacht und Weltgeltung – der Startschuß fiel am 29. Januar 1939.

Die Frist währte nur acht Monate. Dann gab es Krieg.

Erst vor diesem Hintergrund werden die eingangs geschilderten Reaktionen verständlich:

Hitlers »Was nun?«

Raeders stumme Verzweiflung.

Und Dönitz' ohnmächtiger Zorn.

Für die Marine aber, diesen Torso einer Flotte, beginnt trotz allem die Zeit der Bewährung. Und sei es nur, um nach den Worten ihres Oberbefehlshabers zu zeigen, daß sie »mit Anstand zu sterben« versteht.

2 Hader mit der Flotte

Am Nachmittag des 4. September 1939, des zweiten Kriegstages, liegt das Panzerschiff *Admiral Scheer* ›friedlich‹ auf Schillig-Reede, dem deutschen Flottenankerplatz auf der Jade vor Wil-

* In den sonst sehr aussagefreudigen Akten der Skl findet sich kein Hinweis darauf, daß der Bau von »hauptsächlich U-Booten« ernsthaft erwogen worden wäre. Dennoch wird Raeders angeblicher »Alternativvorschlag« in der Nachkriegsliteratur meist zum Beweis dafür genommen, daß sich allein Hitler für die Schlachtschiffe und gegen die U-Boote entschieden habe.

helmshaven. Ein Teil der Besatzung ist an Deck: normaler Dienst, Routinearbeit. Auf dem Vormarsstand sieht der Flak-Einsatzleiter gerade mit einem Offizier der Luftwaffe die Flugzeugerkennungstafeln durch. Plötzlich ruft ein Befehlsübermittler:

»In 190 Grad drei Flugzeuge. Direktanflug auf *Scheer!*«

Der Kapitänleutnant reißt das Fernglas vor die Augen, sucht nach Süden. Tatsächlich, da kommen sie. Dicht unter der tiefhängenden Wolkendecke. Daß die verdammten Luftwaffenfritzen nicht begreifen wollen, wie irritierend, wie gefährlich es ist, direkt auf ein Kriegsschiff zuzufliegen!

»Das sind keine von uns«, sagt plötzlich der Fliegeroffizier neben ihm, »das sind Tommies, Bristol *Blenheim.*«

Der Flak-AO fährt herum, haut mit dem Handballen auf den Alarmknopf. Im nächsten Augenblick gellen die Klingeln durch das ganze Schiff: Fliegeralarm!

Aber es ist schon zu spät. Binnen weniger Sekunden ist die erste *Blenheim* über dem *Scheer,* kaum über Masthöhe, zum Greifen nahe. Zwei 500-Pfund-Bomben torkeln aus den Schächten, knallen aufs Deck, hüpfen wie Spielbälle darauf herum und trudeln schließlich über die Bordwand ins Wasser.

Keine Detonation!

Jetzt endlich beginnt die leichte Flak zu schießen, bellt wütend hinter der abfliegenden *Blenheim* her, nimmt sich die zweite, die dritte Maschine zum Ziel.

Die nächste *Blenheim* setzt ihre Bombe dicht neben dem Schiff ins Wasser – wieder ein Blindgänger! Die weiteren Angreifer – fünf sind es insgesamt – kommen nicht mehr heran. Das Flakfeuer schüttelt sie in der Luft durcheinander. Sie lösen ihre Bomben im Notwurf und drehen ab. Eine *Blenheim* wird voll getroffen, brennt und schmiert ab in die See. Die anderen ziehen hoch in die Wolken und sind verschwunden.

Etwas später und deshalb übler dran sind fünf andere *Blenheims,* die sich Wilhelmshaven selbst zum Ziel genommen haben. Nicht die Stadt, sondern die in den Einfahrten liegenden Kriegsschiffe. Hier ist die Flak gewarnt. Sie empfängt die Tiefflieger mit rasendem Abwehrfeuer.

Eine *Blenheim* nach der anderen wird getroffen, in der Luft zerfetzt, stürzt brennend ab. Nur die Maschine des Staffelführers drückt ihren Angriff durch. Ziel: der leichte Kreuzer *Emden.*

Das Schiff soll gerade verholt werden, Schlepper haben es schon von der Kaimauer abgezogen. Da fliegt der Tommy an. Er brennt, hält aber starr seinen Kurs. Wie bei einem um Jahre vorweggenommenen Kamikaze-Angriff. Die Bomben klatschen zwischen Kaimauer und Bordwand ins Wasser. Und die *Blenheim* gleich hinterher. Sie kracht gegen das Vorschiff der *Emden,* reißt die Bordwand in Höhe des Kadetten-Wohnraums auf. Der britische Pilot nimmt über ein Dutzend deutsche Seeleute mit sich in den Tod.

Die Wilhelmshavener laufen zu Tausenden auf die Straßen, hängen an den Fenstern, versuchen das Schauspiel dieses ersten Luftangriffs zu beobachten. Das also ist der Krieg?

Zur gleichen Zeit liegen die Schlachtschiffe *Scharnhorst* und *Gneisenau* vor Brunsbüttel auf der Elbe. Hier greifen hochfliegende Vickers-*Wellington*-Bomber an: 14 auf einmal. Aber deutsche *Me-109*-Jäger sitzen ihnen schon im Nacken. Die Bomben fallen weit verstreut, keine Treffer auf den Schiffen. Zwei *Wellingtons* trudeln brennend ab, die anderen entkommen.

Das Ergebnis dieses ersten, ebenso entschlossenen wie kühn durchgedrückten Angriffs auf deutsche Kriegsschiffe muß auf das britische Bomberkommando äußerst ernüchternd wirken: 29 Bomber eingesetzt, davon haben sich fünf völlig verfranzt, und von den 24 Angreifern kommen sieben gar nicht zurück, die meisten anderen mit erheblichen Beschußschäden. So einfach ist es also nicht, die deutsche Flotte in ihren Schlupfwinkeln außer Gefecht zu setzen. Die Royal Air Force beherzigt die Lehre und hält sich von nun an deutlich zurück.

Aber auch auf deutscher Seite herrscht Unruhe. Wären die Treffer auf *Admiral Scheer* nicht glücklicherweise Blindgänger gewesen, dann müßte die deutsche Marine schon am zweiten Kriegstag den Ausfall eines ihrer wertvollsten Schiffe beklagen. Ist die Gefahr, die dem Kriegsschiff aus der Luft droht, etwa unterschätzt worden?

Spricht der Angriffsschlag der Briten nicht dafür, daß sie mit der Handvoll deutscher Schiffe kurzen Prozeß machen wollen? Sollten die Engländer gar darauf aus sein, mit einem Flottenvorstoß in die innere Nordsee das Reaktionsvermögen des Gegners zu testen?

Doch die Tage, die Wochen vergehen, und nichts dergleichen geschieht. Unermüdlich schleppen die aus Seebäderdampfern umgebauten Minenschiffe *Cobra* unter dem Kommando von Kapitänleutnant Gerhard Bidlingmaier, *Kaiser,* Kapitänleutnant d. R. Carl Kircheiss, und *Roland,* Kapitänleutnant Edgar Lanz, Tausende von Minen in die Deutsche Bucht hinaus. Dort muß die westliche Flanke abgesichert werden. Mehr als die halbe deutsche Flotte hilft bei dieser Sicherungsaufgabe. Ob Zerstörer oder Torpedoboot, und selbst die Kreuzer *Emden, Köln, Königsberg, Leipzig* und *Nürnberg* unter dem BdA (Befehlshaber der

Aufklärungsstreitkräfte), Vizeadmiral Hermann Densch – sie alle müssen in den ersten Septemberwochen Minen karren.

Der Gegner stört diese Tätigkeit kaum. Offenbar hat er alle Hände voll zu tun, den Konvoiverkehr über den Atlantik zu organisieren und sein Expeditionskorps sicher über den Kanal nach Frankreich hinüberzuschaffen.

In der Seekriegsleitung am Berliner Tirpitzufer wundern sich Großadmiral Raeder und sein Stab von Woche zu Woche mehr über die britische Inaktivität. ›Abwarten‹ kennzeichnet allerdings auch die deutsche Haltung. Warum die Engländer, warum auch die Franzosen durch Angriffe reizen, wenn die Westmächte »nach dem bald zu erwartenden Zusammenbruch Polens« womöglich die Nutzlosigkeit einer weiteren Kriegführung einsehen?

Dieser Wunschglaube weicht erst allmählich realistischerer Betrachtung. Nach und nach gelingt es Raeder, Hitler die Lockerung der vor allem den U-Booten angelegten Fesseln abzuringen. Endlich, am 26. September, 17.43 Uhr, kann Berlin den immer noch in ›Wartestellung‹ liegenden Panzerschiffen *Deutschland* und *Admiral Graf Spee* Operationsfreiheit geben: Der Handelskrieg mit Überwasserschiffen in der Weite des Ozeans beginnt.

Der Kommandant der *Spee,* Kapitän zur See Langsdorff, beschließt zunächst, die Südamerikaroute abzugrasen. Er stößt direkt auf Pernambuco zu. Dort, nicht weit vor der Küste, macht er am Nachmittag des 30. September erste Beute.

Es ist der 5051 BRT große britische Frachter *Clement,* ein richtiger alter Trampdampfer, wie sie zu Hunderten mit Stückgut an den Küsten entlangfahren. Der Kapitän der *Clement,* Captain Harris, denkt zuerst an den britischen Kreuzer *Ajax,* als ihm ein aufkommendes Kriegsschiff gemeldet wird. Er verschwindet mal eben in der Kajüte und zieht ein frisches Jackett an. In strahlendem Weiß erscheint der Captain wieder auf der Brücke.

In diesem Augenblick stößt ein Bordflugzeug auf die *Clement* herab ... und schießt! Deutlich ist das Eiserne Kreuz der Deutschen unter den Tragflächen zu erkennen.

Harris behält die Nerven. Er stoppt sein Schiff, läßt die Boote aussetzen – und befiehlt dem Funker, sofort SOS mit Schiffsname und Position hinauszujagen.

Langsdorff kann es nicht verhindern. Im Gegenteil: Er selber läßt auf der internationalen 600-m-Welle an den Sender Olinda bei Pernambuco die Bitte funken, die Boote mit der Besatzung der *Clement* zu retten. Unterschrift: *Admiral Scheer.*

Auch Captain Harris, der zusammen mit seinem I. Ingenieur an Bord des ›pocket-battleships‹ gebracht wird, sieht etwas, wovon er glaubt, daß er es nicht sehen soll: das mit grauer Farbe überpinselte Namensschild ›Admiral Scheer‹.

Auf der Brücke begrüßt Langsdorff den Engländer: »Tut mir leid, Captain, ich muß Ihr Schiff versenken. Es ist Krieg.«

Um 16.40 Uhr sinkt die *Clement*. Der 1. Artillerieoffizier der *Spee,* Korvettenkapitän Paul Ascher, hat schließlich sein schwerstes Kaliber, die 28 cm, einsetzen müssen, um den Frachter unter Wasser zu bringen. Vorher gehen zwei Torpedos fehl, und auf die Mittelartillerie reagiert die *Clement* nicht.

»Verdammt hartes Schiff!« brummt Captain Harris voller Stolz.

Wenige Stunden später muß Harris erneut umsteigen. Langsdorff hat den griechischen Dampfer *Papalemos* angehalten, läßt ihn aber wegen unverdächtiger Ladung laufen und gibt ihm die beiden britischen Schiffsoffiziere mit.

So kann es nicht mehr lange dauern, bis es alle Welt weiß ... und vor allem die britische Admiralität: Der deutsche Raider im Südatlantik ist die *Admiral Scheer.*

Aber wurde dieses Panzerschiff nicht erst vor wenigen Wochen auf der Jade bei Wilhelmshaven von Bomben getroffen? Wie kann es jetzt schon wieder im Südatlantik auftauchen? Und wo stecken die anderen Panzerschiffe, *Deutschland* und *Admiral Graf Spee?* Machen sie womöglich den Nordatlantik oder gar den Indischen Ozean unsicher?

Admiral Sir Dudley Pound, der Erste Seelord, reagiert unverzüglich auf die Bedrohung, und er tut es ganz im Sinne seines Gegenspielers, des Großadmirals Erich Raeder in Berlin.

Am 5. Oktober befiehlt die Londoner Admiralität die Bildung von acht Jagdgruppen, die auf den ganzen Atlantik verteilt werden. Vom Kreuzer bis zum Schlachtschiff und zum Flugzeugträger machen insgesamt 22 Kriegsschiffe Jagd auf die deutschen Raider. Jede dieser Gruppen ist, nach Meinung der Admiralität, stark genug, den Gegner zu vernichten oder ihn zumindest so schwer anzuschlagen, daß seine Operationsfreiheit beeinträchtigt wird.

Um diese Jagdgruppen zu bilden, muß die Royal Navy etliche Schiffe von anderen Kriegsschauplätzen abziehen. Die Home Fleet unter Admiral Sir Charles Forbes hat zum Beispiel ihren 32 000-ts-Schlachtkreuzer *Renown* und den modernen 22 000-ts-Flugzeugträger *Ark Royal* abzugeben. Beide Schiffe bilden eine Jagdgruppe vor der brasilianischen Küste.

Nichts könnte der deutschen Seekriegsleitung gelegener kommen. Ein, zwei Handelsstörer irgendwo in der Weite des Ozeans bewirken schon, daß sich die an Zahl weit überlegenen britischfranzösischen Seestreitkräfte verzetteln müssen. Das ist genau das, was der deutsche Marinechef unter ›Diversionswirkung‹ versteht.

Jetzt gilt es, den Vorteil entschlossen zu nutzen. Die Home Fleet ist geschwächt – also können deutsche Streitkräfte aus der Nordsee heraus vorstoßen. Sollen die Engländer glauben, die Deutschen wollen weitere Handelsstörer in den freien Atlantik durchbringen! Hauptsache: Die Royal Navy wird in Atem gehalten. Hauptsache, sie gerät in die Zwickmühle zwischen weiträumigem Atlantikeinsatz und nahem Schutz der eigenen Nordflanke.

Tatsächlich steht die Erfolgsrechnung dieser ersten Kriegswochen nicht gerade zum besten für die britische Seemacht:

Am 10. September, in dunkler Nacht und bei schwerer See, erzielt das britische U-Boot *Triton* seinen ersten Erfolg. Bei Obrestadt, dicht vor Norwegens Küste, versenkt es durch Torpedo ein anderes U-Boot ... es ist die britische *Oxley,* und nur der Kommandant und ein Seemann überleben.

Am 17. September läuft der 22 500 ts große britische Flugzeugträger *Courageous* unter Captain W. T. Makeig-Jones dem von Kapitänleutnant Otto Schuhart geführten *U 29* schußgerecht vor die Rohre. Zwei Torpedotreffer – die *Courageous* sinkt binnen 15 Minuten und reißt mit ihrem Captain 518 Mann in die Tiefe.

Am 26. September dringt die gesamte Home Fleet mit *Nelson, Rodney, Hood, Renown, Ark Royal* und zahlreichen Kreuzern und Zerstörern tief in die Nordsee vor, als wolle sie ihre Stärke demonstrieren und die Deutschen zum Kampf stellen. Aber der ganze Aufwand gilt nur dem durch Wasserbomben beschädigten und tauchunklaren eigenen U-Boot *Sparefish,* das auch sicher nach Hause geleitet wird.

Auf dem Rückweg kommt es zur Feuertaufe für Görings ›Wunderbomber‹, das neue Sturzkampfflugzeug *Ju 88.* Ganze vier Maschinen sind es: die Bereitschaftskette des ›Adlergeschwaders‹ aus Westerland (Sylt). Leutnant Storp stürzt sich auf die *Hood,* trifft sie auch – aber die Bombe prallt wirkungslos ab ins Meer ... Eine andere *Ju 88* mit dem Gefreiten Francke am Steuerknüppel erzielt einen Nahtreffer dicht neben der Bordwand des Trägers *Ark Royal.* Mehr können die Flieger nicht beobachten. Sie sind froh, heil aus dem höllischen Flakfeuer herauszukommen. Die deutsche Propaganda meldet darauf die *Ark Royal* als versenkt. In Wirklichkeit ist dem Träger genauso wenig passiert wie dem Schlachtkreuzer *Hood.* Wieder einmal, diesmal auf deutscher Seite, wird die Wirkung von Luftangriffen auf schwere Kriegsschiffe weit überschätzt.

Am 8. Oktober stößt der deutsche Flottenchef, Admiral Hermann Boehm, mit seinem Flaggschiff *Gneisenau,* dem Kreuzer *Köln* und neun Zerstörern zur norwegischen Küste bis auf die Höhe des Utsire-Leuchtfeuers vor, wird wie erwartet von einem britischen Hudson-Aufklärer gemeldet und lockt wiederum die Home Fleet aus ihren Stützpunkten. Doch ehe Admiral Forbes mit seinen Schlachtschiffen und Kreuzern heran ist, hat sich Boehm schon durch das Skagerrak und Kattegat in die Ostsee zurückgezogen. Dafür greifen die Kampfgeschwader 26 und 30 die Schiffsziele mit insgesamt 148 *He 111* und *Ju 88* stundenlang an – wieder ohne greifbaren Erfolg!

Nach der ergebnislosen Operation läuft Admiral Forbes mit der Home Fleet den Ausweichstützpunkt Loch Ewe an der schottischen Westküste an – zu seinem Glück. Nur das Schlachtschiff *Royal Oak,* das den Fair-Island-Kanal, die Enge zwischen den Orkneys und den Shetlands, zu bewachen hatte, kehrt in den britischen Hauptstützpunkt Scapa Flow zurück. Dort wird die *Royal Oak* in der Nacht zum 14. Oktober um 01.16 Uhr urplötzlich von zwei Torpedos getroffen. Sie stammen von *U 47,* das unter dem Kommando von Kapitänleutnant Günther Prien in den stark geschützten Naturhafen eingedrungen ist. Das Schlachtschiff kentert nach 13 Minuten. 833 britische Seeleute finden den Tod, während es Priens Boot gelingt, glücklich heimzukehren.

Diese kurze Bilanz der ersten Kriegswochen verleitet die Seekriegsleitung in Berlin dazu, die Lage erheblich optimistischer zu beurteilen als an jenem unheilkündenden 3. September. Nicht mehr allein vom »tapferen Sterben« ist jetzt die Rede, sondern davon, der britischen Seemacht durch ebenso kühne wie überraschende Schläge Schaden zuzufügen.

Da auch das zweite Schlachtschiff, die *Scharnhorst,* Anfang November die Gefechtsausbildung abgeschlossen und die ›Kinderkrankheiten‹ der Hochdruck-Heißdampfanlagen in den Griff bekommen hat, denken Raeder und sein Stab in Berlin jetzt erstmalig an eine ausgedehnte Operation der beiden einzigen deutschen Schlachtschiffe.

Gneisenau und *Scharnhorst* sollen weit im Norden um die Britischen Inseln herum bis in das Seegebiet südlich Island vorstoßen. Sie sollen dort, wie es in Raeders Weisung vom 13. November 1939 heißt, »die feindliche Überwachung zwischen den Färöern und Island aufrollen ... und durch *scheinbares* Durchstoßen in den Nordatlantik die Seeverbindungen des Gegners bedrohen«.

Die Skl verfolgt damit erneut eine Diversionswirkung. Das im Nordatlantik nicht sonderlich erfolgreiche Panzerschiff *Deutschland* ist inzwischen zurückgerufen worden; der Vorstoß der Schlachtschiffe soll den Feind davon abhalten, seine ganze Kraft auf die Suche nach der im Süden operierenden *Admiral Graf Spee* zu konzentrieren. Der ObdM wünscht »den strategischen Druck auf die Nordatlantikwege des Gegners« aufrechtzuerhalten, »unterstrichen durch greifbare Erfolge gegen unterlegene Feindstreitkräfte«.

Am Nachmittag des 23. November 1939 marschieren die beiden Schlachtschiffe zwischen dem 63. und 64. Breitengrad, weit nordwestlich der Färöer, und dringen mit jeder Minute weiter in die Färöer-Island-Passage vor. Die Passage, auch ›Enge‹ genannt, ist rund 200 Seemeilen breit, für ein schnelles Schiff, einen leichten Kreuzer etwa, eine Distanz von sieben Stunden Fahrzeit.

Jedermann weiß, daß die Engländer hier ihre ›Northern Patrol‹ eingerichtet haben: ein Überwachungssystem von Kreuzern und Hilfskreuzern, ein engmaschiges Netz, durch das kein Feind ungesehen hindurchkommen soll. Die Deutschen haben alle Ausgucks besetzt. Sie sind auf der Hut.

Die Schiffe fahren weit auseinandergezogen. Voraus die 31 800 ts große *Gneisenau,* Kommandant Kapitän zur See Erich Förste, das Flaggschiff des deutschen Flottenchefs, Vizeadmiral Wilhelm Marschall. Weit an Steuerbord gestaffelt, bis zu 20 000 m entfernt und daher nur als Punkt am Horizont zu erkennen, folgt das Schwesterschiff *Scharnhorst* unter dem Kommando von Kapitän zur See Kurt Cäsar Hoffmann.

Mit dieser Aufklärungsformation hofft der Flottenchef leichter einen Gegner zu sichten, damit das vom Großadmiral gewünschte ›Aufrollen‹ der Northern Patrol beginnen kann. Die zugesagte Fernaufklärung der Luftwaffe fällt aus. Angeblich ist kein Flugzeug einsatzbereit. Typisch, denkt der Flottenchef.

Stunde um Stunde vergeht. Marschall und sein Chef des Stabes, Konteradmiral Otto Backenköhler, sehen immer häufiger auf die Uhr. Ereignislos sind die frühen Nachmittagsstunden verstrichen. Jetzt ist es schon ein paar Minuten nach vier.

»Dämmerung in einer Stunde, Herr Admiral«, meldet der 1. Asto, Kapitän zur See Ulrich Brocksien, »und 30 Minuten später ist es stockdunkel.«

Marschall nickt nur. Jeder auf der Admiralsbrücke weiß, was dieses »stockdunkel« zu bedeuten hat: Die Schlachtschiffe sind allein. Sie werden nicht, wie üblich, von Kreuzern oder Zerstörern begleitet, die sie nachts gegen überraschende Angriffe feindlicher Torpedoträger schützen könnten. Da mögen die Schlachtschiffe noch so mächtig, noch so überlegen wirken – die Nacht ist der Freund der Kleinen, der Unterlegenen. Zum taktischen Einmaleins jedes Flottenführers gehört die Erfahrung, daß er große Schiffe nachts nicht ohne Not feindlichen Torpedos aussetzen darf.

Marschall denkt einen Augenblick zurück. Erst vor einem Monat ist er, der vorherige Befehlshaber der Panzerschiffe, überraschend Flottenchef geworden, weil sein Vorgänger, Admiral Boehm, wegen der Formulierung eines Befehls, die Großadmiral Raeder als Affront auffaßte, in eine heftige Kontroverse mit dem ObdM geriet. Boehm sah nur den Ausweg, um seine Ablösung zu bitten, und Raeder *enthob* ihn daraufhin sofort seines Postens.

Das war am 21. Oktober. Marschall hält es ebenso wenig wie Boehm für eine glückliche Lösung, daß der Flottenchef nach Raeders Willen nicht direkt dem ObdM untersteht, sondern daß ihm noch ein ›Gruppenbefehlshaber‹ vor die Nase gesetzt wird: Admiral Alfred Saalwächter, 55, der auch die laufende Operation von Wilhelmshaven aus verantwortlich zu lenken hat. Kann er das, so weit vom Schuß? Wird sein Lagebild nicht zwangsläufig von demjenigen abweichen, das der Seebefehlshaber draußen am Feind gewinnt? Wie soll der Flottenchef die ihm gestellte Aufgabe auf See bei solchen Bindungen ›selbständig‹ lösen?

Bisher ging alles glatt. Vorgestern um 13.30 Uhr der Abmarsch von der Jade. Die Schlachtschiffe gesichert von den Zerstörern *Bernd von Arnim, Erich Giese* und *Karl Galster*. Dann der BdA, Vizeadmiral Günther Lütjens, mit den Kreuzern *Leipzig* und *Köln*. Ein richtiger Verband also, fast etwas, das den Namen ›Flotte‹ verdient.

Dazu günstiges Wetter. Auffrischender Nordwest. Tiefhängende Wolken. Keine Gefahr, von der britischen Luftaufklärung entdeckt zu werden.

Nachts werden die Kreuzer und Zerstörer entlassen, zum Handelskrieg im Skagerrak. Aber sie müssen abbrechen, die See wird zu rauh.

Auch *Gneisenau* und *Scharnhorst,* von nun an allein, haben zu kämpfen. Der Wind wird zum Sturm, erreicht in den Böen fast Orkanstärke. Brecher rollen über die lange Back der Schiffe, zerstieben über den Aufbauten. Der Flottenchef läßt zeitweise nur noch zwölf Knoten laufen, damit die See nicht zuviel zerschlägt.

Trotzdem: Ideales Durchbruchswetter. Ideal für jemanden, der nicht gesehen werden möchte. Tagsüber, am 22., in der gefürchteten, nur 130 Seemeilen breiten Enge zwischen den britischen Shetlands und der norwegischen Küste bei Bergen, kommt nicht eine Rauchfahne, nicht eine Mastspitze in Sicht. Zur Täuschung der Fischdampfer, mit denen hier immer zu rechnen ist, hat der Flottenchef das White Ensign, die britische Kriegsflagge, setzen lassen ...

Wie gesagt, alles läuft nach Plan. Nur jetzt, am Nachmittag des 23., mitten im Operationsgebiet – jetzt will sich der Feind nicht zeigen.

16.07 Uhr. Plötzlich eine Meldung von der Brücke:

»*Scharnhorst* hat nach Norden abgedreht. Läuft mit AK ab.«

Mit äußerster Kraft also. Sie muß etwas gesichtet haben. Wenig später hört der Flottenstab aus dem Lautsprecher der Ultrakurz-Sprechwelle, über die beide Schiffe Kontakt halten, den UK-Spruch:

»*Scharnhorst* an Flottenchef: Großer Dampfer auf Parallelkurs gesichtet. Entfernung über 250 Hundert. *Scharnhorst* läuft neuen Kurs 355 Grad.«

250 Hundert sind 25 Kilometer. Kein Wunder, daß der Dampfer von der noch einmal 20 Kilometer weiter südlich stehenden *Gneisenau* nicht zu sehen ist.

»Na, dann hinterher«, sagt Marschall.

Auf der *Scharnhorst* hat sich Kapitän zur See Hoffmann von der Höhe des Vormarsstandes aus den Gegner selber angesehen. Kein Zweifel, das ist einer der lang gesuchten Hilfskreuzer der Northern Patrol. Der Kommandant gibt Alarm. Die Besatzung jagt auf die Gefechtsstationen.

Doch der Gegner läuft ebenfalls hohe Fahrt, und so dauert es noch eine halbe Stunde, bis das Schlachtschiff nahe genug heran ist, um mit dem großen Scheinwerfer hinüberzublinken:

»Stop! What ship?«

»F-A-M«, wird drüben geantwortet. Das mag ein Erkennungssignal sein. Oder der verschlüsselte Schiffsname. Die Deutschen wissen nichts damit anzufangen. Sie fordern erneut zum Stoppen auf, aber der Dampfer geht, ständig »F-A-M« blinkend, mit voller Fahrt auf und davon, geradewegs auf den dunklen Osthorizont zu.

Jetzt ist drüben auch ein Heckgeschütz zu sehen. Und die Briten werfen Nebelbojen über Bord.

17.03 Uhr: Die Entfernung beträgt noch siebeneinhalb Kilometer. *Scharnhorst* eröffnet das Feuer – und wird fast gleichzeitig ebenfalls beschossen: 15-cm-Aufschläge, dicht neben und hinter dem Schlachtschiff!

Drei Minuten später kracht eine Gruppe der schweren Artillerie mittschiffs in die Aufbauten des unerschrockenen Gegners. Der Hilfskreuzer brennt sofort. Schwarzer Qualm hüllt ihn ein.

Dann verschwindet er für Sekunden hinter den haushohen Wasserfontänen der 28er Einschläge. Und schießt trotz allem weiter: Eine 15-cm-Granate landet auf der Schanze – dem Achterdeck – der *Scharnhorst* und richtet dort Splitterschaden an.

Aus der Sicht der *Gneisenau,* die gerade nahe genug herankommt, mag es so aussehen, als werde die *Scharnhorst* nicht allein mit dem Gegner fertig. Um 17.11 Uhr greift daher auch sie in den ungleichen Kampf ein. Fünf Minuten später befiehlt Admiral Marschall beiden Schiffen, das Feuer einzustellen.

Die 16 697 BRT große *Rawalpindi* – ein früherer P&O-Liner, der als Hilfskreuzer immerhin acht 15-cm-Geschütze trägt – ist nur noch ein lichterloh brennendes Wrack. Die Brandfackel muß vor dem rasch dunkelnden Abendhimmel weit zu sehen sein und kann von anderen Feindstreitkräften in der Nähe als Ansteuerungspunkt genommen werden. Außerdem hat die *Rawalpindi* während des kurzen Gefechts mehrmals ihren Standort und Angaben über den Gegner gefunkt.

Der deutsche Flottenchef muß annehmen, daß das Auftreten seiner Schiffe entdeckt, ihre Position von Stund an bekannt ist. Bald werden sie die ganze Royal Navy auf dem Hals haben. Äußerste Vorsicht ist geboten, noch dazu jetzt, bei Einbruch der Nacht.

Marschall will aber auch die Schiffbrüchigen des tapferen Gegners nicht einfach ihrem Schicksal überlassen. Auf dem rotglühenden, von Explosionen erschütterten Wrack blinkt unverzagt eine Morselampe:

»Please send boats.«

Die *Scharnhorst,* die dem Wrack am nächsten steht, erhält den Befehl: »Überlebende retten.«

Das ist leichter gewollt als getan. Drüben auf der *Rawalpindi,* im Feuerschein deutlich zu sehen, werden Boote weggefiert. Die See ist immer noch grob, die Schiffe rollen in heftiger Dünung. Wie sollen sie im Dunkeln, zwischen unzähligen Wellenbergen, die Boote finden?

Es wird 17.30 Uhr, 18.00 Uhr, 18.30 Uhr. Die Brandfackel der *Rawalpindi* leuchtet immer noch. Sie treibt jetzt zwischen den beiden Schlachtschiffen, die sich kaum von der Stelle rühren.

Endlich eine Sichtmeldung: Rettungsboote!

»Da, querab von Turm Cäsar«, ruft Oberbootsmann Überheide an Deck der *Scharnhorst* und treibt seine Seeleute zur Eile. Alles ist für die Aufnahme der Schiffbrüchigen vorbereitet. Leinen fliegen hinüber. Schließlich kommt das Boot längsseit. Aber es ist fast leer, nur sechs Mann werden an Deck geholt . . .

Da entdeckt der I. Offizier, Fregattenkapitän Günther Schubert, von der Reling aus ein weiteres Boot. Die ersten Wurfleinen rauschen ins Wasser. Dann kommt eine Leine auch bei diesem Rettungsboot fest. Es ist 19.15 Uhr.

Genau um 19.15 Uhr aber sichten die Ausgucks auf beiden Schiffen vor dem im Westen noch etwas helleren Horizont ein abgeblendetes Fahrzeug, »vermutlich ein Zerstörer«. Sekunden später hat der Flottenchef die Meldung.

»Dacht' ich's mir doch!« schimpft Admiral Marschall, »der erste Fühlungshalter.« Und befiehlt:

»Übernahme Schiffbrüchige sofort abbrechen!«

Gneisenau äußerste Kraft, Kurs 90 Grad.«

»An *Scharnhorst: Gneisenau* folgen.«

Auf dem Flaggschiff, das zuvor selber 21 Überlebende aus einem Rettungsboot übernommen hat, stößt der Hochdruckheißdampf in die Turbinen, die Schrauben springen an, unglaublich schnell kommt Fahrt in den mächtigen Schiffskörper.

Kapitän Schubert an der Reling der *Scharnhorst* will es nicht glauben: Jetzt, Minuten vor der Rettung weiterer Seeleute, soll er abbrechen? Aber das Schiff nimmt Fahrt auf. Es hilft nichts: Die Leine, an der das Rettungsboot schon fest ist, muß gekappt werden. Das Boot würde unterschneiden, kentern, die Schiffbrüchigen wären dann mit Sicherheit verloren. So aber können sie hoffen, daß britische Schiffe sie finden werden.

Tatsächlich ist das »abgeblendete Fahrzeug, vermutlich ein Zerstörer«, das den plötzlichen Abbruch der Rettungsaktion verursacht, der britische 9100-ts-Kreuzer *Newcastle,* zur Zeit der *Rawalpindi*-Katastrophe das nächststehende Kriegsschiff der Northern Patrol.

Um 17.05 Uhr* – kurz nachdem die *Scharnhorst* das Feuer eröffnete, hat Captain E. C. Kennedy von der *Rawalpindi* folgende Meldung herausfunken lassen:

»Feindlicher *Schlachtkreuzer* in Sicht, 4 Meilen westlich, Kurs Südost, meine Position 63 Grad 40 Nord, 11 Grad 29 West.«

Wenig später, in einem zweiten Funkspruch, korrigiert sich die *Rawalpindi:* der Feind sei das ›pocket-battleship‹ *Deutschland.*

Verständlicher Irrtum: Die Engländer wissen seit mehreren Wochen, daß sich die *Deutschland* auf Kaperfahrt im Nordatlantik herumtreibt. Nun wird sie plötzlich südwestlich von Island gemeldet. Mit Heimatkurs! Aber noch weit genug im Norden, daß die Home Fleet ihr den Weg verlegen kann.

Kein Engländer weiß, daß dem nach mehrmaligem Drängen Hitlers heimgerufenen deutschen Panzerschiff tatsächlich schon

* Die deutschen Uhrzeiten werden beibehalten. Zum Vergleich mit den jeweiligen britischen Uhrzeiten muß eine Stunde abgezogen werden.

vor zehn Tagen, am 13. und in der Nacht zum 14. November, unerkannt der Durchbruch durch die Shetland-Bergen-Enge gelungen ist. Niemand ahnt, daß das Schiff bereits unter strenger Tarnung fern in der Ostsee in Gotenhafen an der Pier liegt; ja, daß es strenggenommen, gar keine *Deutschland* mehr gibt. Denn das Panzerschiff wurde am Tage der Rückkehr, dem 15. November, in *Lützow* umbenannt – zum Teil aus Verschleierungsgründen, zur Hauptsache, weil der mögliche Untergang eines Schiffes namens *Deutschland* für Hitler untragbar gewesen wäre.

Doch ob es sich nun um die *Deutschland* oder um einen »feindlichen Schlachtkreuzer« handelt: Überall sind die Funksprüche der verzweifelt kämpfenden *Rawalpindi* zu hören:

Auf den Kreuzern *Newcastle* und *Delhi,* die beide nur wenige Stunden entfernt stehen und sofort mit Höchstfahrt auf die angegebene Position zusteuern.

Ebenso bei der Admiralität in London. Und beim ›C-in-C‹, dem Commander-in-Chief der Home Fleet, der mit den Schlachtschiffen *Nelson* und *Rodney* von einer Geleitzugoperation gerade in den Clyde, den Flottenstützpunkt tief unten an der schottischen Westküste, eingelaufen ist. Für Admiral Forbes gibt es nur einen Entschluß: sofort wieder auszulaufen. Er verwünscht den Ausfall von Scapa Flow, verwünscht die um einhalb Tage längere Anfahrt vom Clyde in das Operationsgebiet.

Bereitwillige Aufnahme finden die *Rawalpindi*-Funksprüche schließlich auch in der B-Leitstelle der deutschen Marine-Funkaufklärung in Wilhelmshaven. Hier hören Spezialisten die Marinewellen des Gegners ab und schreiben alles mit, was die Engländer funken. Der Wachgänger am Empfänger reicht den aufgenommenen Spruch unverzüglich in die ›Entzifferung‹. Dort machen sich andere Spezialisten an die Arbeit. Und gerade bei Beginn des Krieges geben ihnen die Zahlenwurm-Codes der britischen Marine keine unlösbaren Rätsel auf.

Ergebnis: Die *Rawalpindi* schwimmt noch, und schon ist der Inhalt ihrer Funksprüche der deutschen Führung bekannt.

Der Gruppenbefehlshaber Nord, Admiral Saalwächter, leitet die wichtige Inside-Information des Feindes mit Funkspruch, Uhrzeitgruppe 17.14 Uhr, an den Flottenchef weiter:

»16.05. (englische Zeit) meldet englisches Schiff einen Schlachtkreuzer auf Kurs SO. Standort 63 Grad 40' N, Länge fraglich. Zweiter Funkspruch enthält offenes Wort *Deutschland.*«

Zwar hält Admiral Marschall den entschlüsselten Spruch erst mehr als zwei Stunden später in der Hand, aber er gibt ihm dennoch wichtige Aufschlüsse. Offenbar hat der Gegner nur die

Scharnhorst gesehen und hält sie fälschlich für die *Deutschland*. Ihr Kurs wird, wieder falsch, mit Südost, also Richtung Heimat, gemeldet. Die Britische Admiralität wird alles daransetzen, sie vorher abzufangen. Sie wird dem gemeldeten Raider schnelle Fühlungshalter auf den Hals schicken und ihre Streitkräfte auf den vermuteten – oder errechneten – Treffpunkt zudirigieren.

Die Jagd ist los – und sie geht nach Osten, auf Norwegen zu.

Für Marschall steht fest: Ein »scheinbares Durchstoßen in den Nordatlantik«, wie es Raeder vorschwebte, ist angesichts dieser Entwicklung nicht mehr möglich. Wie soll er einen Ausfall nach Westen vortäuschen, da doch die britische Flotte nach ihrer eigenen, teils falschen Feindbeobachtung nach Osten stürmt?

Der Flottenchef beschließt etwas ganz anderes: Er wird sich mit hoher Fahrt weit nördlich absetzen – und erst mal abwarten.

Die im Laufe des Abends eintreffenden weiteren Ergebnisse der deutschen Funkaufklärung bestärken ihn darin. So funkt Wilhelmshaven die Information:

»(Britische) Heimatflotte seit 18.00 MEZ in See. *Delhi* und *Newcastle* von Northern Patrol ihr unterstellt. Zerstörer (im) Firth of Forth dreistündige Bereitschaft.«

Hier sind also schon die beiden britischen Kreuzer namentlich erwähnt, die ums Haar die *Scharnhorst* und *Gneisenau* bei der Rettung von Schiffbrüchigen überrascht hätten! Tatsächlich stürmte die *Newcastle* seit dem Empfang des *Rawalpindi*-Notrufs auf das Gefechtsfeld zu. Um 18.35 Uhr sah sie »einen Lichtblitz« am Horizont. 15 Minuten später konnte sie schon ein »brennendes Schiff« sichten, allerdings noch 30 000 Meter entfernt.

Dann verraten die Eintragung im Logbuch der *Newcastle* eine dramatische Zuspitzung:

19.16 Uhr: »Sichten des Kreuzers *Deutschland* in 70 Grad, Abstand 13 000 m, Schiff kommt mit der Breitseite in Sicht.«

So nahe ist der Brite schon, als sich die Gegner in derselben Minute gegenseitig entdecken. Dann, nur 60 Sekunden später:

19.17 Uhr: »Lichtschein eines zweiten Schiffes in 75 Grad, Abstand 11 700 m, Schiff kommt spitz von vorn . . .«

19.19 Uhr: »Das zweite Schiff in 82 Grad, *Deutschland* in 88 Grad, *Rawalpindi* in 105 Grad, Abstand 10 300 m.«

Die geübten Ausgucks der *Newcastle* haben also »das zweite Schiff« des deutschen Flottenchefs entdeckt! Zwar hält man auf dem britischen Kreuzer, wahrscheinlich durch die frühere Angabe der *Rawalpindi* getäuscht, das erste Schiff auch für die *Deutschland;* doch allein die Tatsache, daß das vermeintliche Panzerschiff nicht allein ist, gibt der Lage eine ganz neue Dimension.

London horcht auf.

Drei Minuten später hat man auf der Brücke der *Newcastle* den Eindruck: »Das zweite Schiff nähert sich schnell.« Der Captain gibt Befehl, auf Gegenkurs zu gehen, und läuft ab. Es kann nicht seine Aufgabe sein, sich auf ein Artillerieduell mit einem überlegenen Gegner einzulassen. Seine erste Kreuzerpflicht lautet vielmehr: Fühlung halten! Den Gegner beschatten. Ihn melden, bis eigene schwere Streitkräfte herangeführt sind.

Doch eben dies gelingt der *Newcastle* nicht:

19.24 Uhr: »Regenschauer verdeckt die gesichteten Schiffe.«

Auf der mit Höchstfahrt ablaufenden *Scharnhorst* bleibt der Gegner laut Eintragung ins Kriegstagebuch noch ein paar Minuten länger in Sicht. Dann sind die deutschen Schlachtschiffe wieder mit sich allein.

Auch die *Newcastle* findet nach der Regenbö keinen neuen Kontakt. Ziellos, mit wechselnden Kursen, sucht sie noch zwei Stunden lang nach dem in der Dunkelheit wie fortgeblasenen Feind. Noch haben die Briten kein Radar an Bord ...

Die Maßnahmen, die der C-in-C Home Fleet, Admiral Forbes, gemeinsam mit der Admiralität ergreift, um den übermütig gewordenen Deutschen zu beweisen, wer nach wie vor die Meere beherrscht, sind umfangreich, präzise und schlechthin beeindruckend.

Das sofortige Ankerlichten der Schlachtschiffe *Nelson* und *Rodney,* das Treffen der mächtigen *Hood* mit dem französischen Schlachtkreuzer *Dunkerque* zum gemeinsamen Vorstoß Richtung Island; das Heranholen der Kolosse *Warspite, Repulse* und des Flugzeugträgers *Furious* quer über den Atlantik; das Zusammenziehen von nicht weniger als 14 Kreuzern und zahlreichen Zerstörern in der Shetland-Bergen-Enge, die die Deutschen passieren müssen, wenn sie nach Hause wollen – das alles gibt dem Ersten Seelord, Admiral Pound, rechten Grund, in einer Lagebetrachtung für Admiral Forbes nachmittags am 24. November festzustellen:

»Im Augenblick befinden sich die *Deutschland* und die zweite unbekannte Einheit nördlich von Island und werden abwarten, bis sich die durch ihr Erscheinen hervorgerufene Aufregung gelegt hat. Die Annahme scheint jedoch nicht ausgeschlossen,

Karte auf der Seite rechts zum Novembervorstoß der Flotte mit Gneisenau *und* Scharnhorst. *Der Aufmarsch der Royal Navy, um die deutschen Schiffe auf dem Rückweg in die Nordsee abzufangen.*

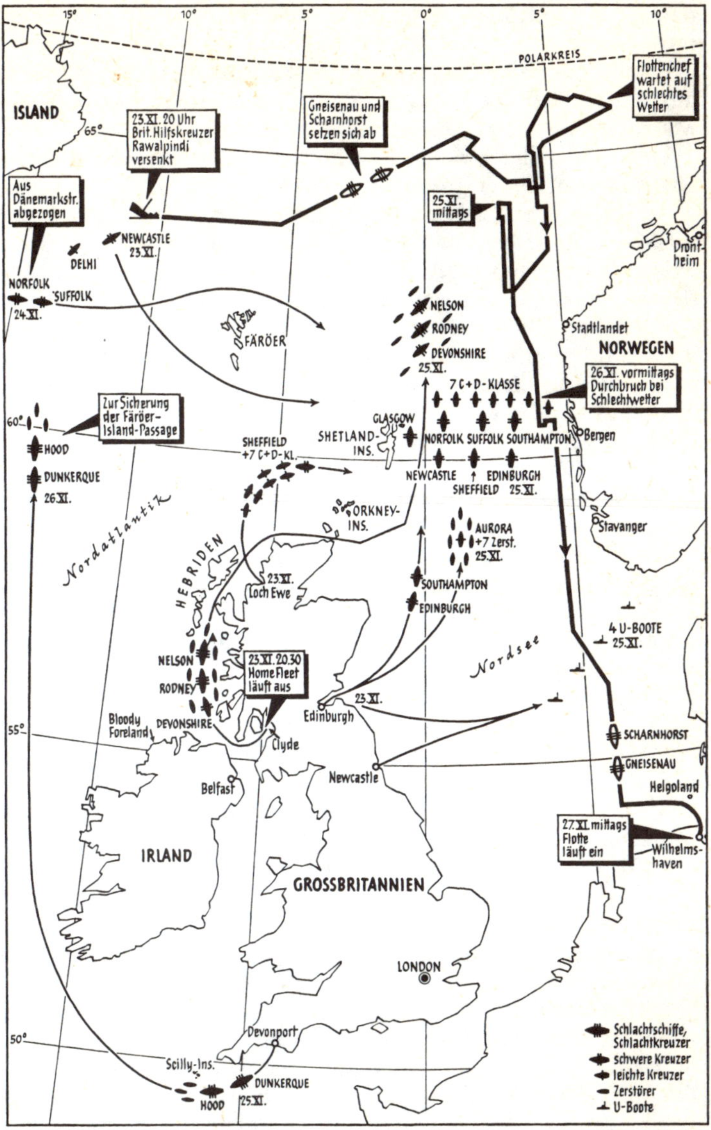

POLARKREIS
ISLAND
23.XI. 20 Uhr Brit. Hilfskreuzer Rawalpindi versenkt
Gneisenau und Scharnhorst setzen sich ab
Flottenchef wartet auf schlechtes Wetter
Aus Dänemarkstr. abgezogen
25.XI. mittags
NEWCASTLE 23.XI.
DELHI
NORFOLK
SUFFOLK
24.XI.
Dront-heim
NELSON
RODNEY
DEVONSHIRE 25.XI.
FÄRÖER
Stadtlandet
NORWEGEN
7 C+D-KLASSE
26.XI. vormittags Durchbruch bei Schlechtwetter
Zur Sicherung der Färöer-Island-Passage
GLASGOW
SHETLAND-INS.
NORFOLK SUFFOLK SOUTHAMPTON
Bergen
HOOD
SHEFFIELD +7 C+D-KL.
DUNKERQUE 26.XI.
NEWCASTLE
SHEFFIELD
EDINBURGH 25.XI.
ORKNEY-INS.
Stavanger
Nordatlantik
HEBRIDEN
AURORA +7 Zerst. 25.XI.
23.XI. Loch Ewe
SOUTHAMPTON
EDINBURGH
4 U-BOOTE 25.XI.
NELSON
RODNEY
23.XI. 20.30 Home Fleet läuft aus
Nordsee
23.XI.
Bloody Foreland
DEVONSHIRE
Edinburgh
Clyde
SCHARNHORST
GNEISENAU
Newcastle
Belfast
Helgoland
27.XI. mittags Flotte läuft ein
Wilhelms-haven
IRLAND
GROSSBRITANNIEN
LONDON
Devonport
Scilly-Ins.
DUNKERQUE 25.XI.
HOOD
Schlachtschiffe, Schlachtkreuzer
schwere Kreuzer
leichte Kreuzer
Zerstörer
U-Boote

daß diese Schiffe gar nicht mehr nach Deutschland zurückkehren werden.«

Solche Zuversicht scheint berechtigt. Das von der Royal Navy ausgelegte Netz ist so dicht, daß man meinen möchte, keine Maus komme ungeschoren hindurch.

Doch der Gegenspieler ist ein Fuchs. Der deutsche Flottenchef hat sein Metier gründlich gelernt.

»In unserer immerhin unangenehmen Lage«, berichtet Admiral Marschall selbst, »tauchte am 24. November das erste Anzeichen eines Sturmwirbels südwestlich von Grönland auf, gemeldet von einem der gut getarnten, braven Wetter-Fischdampfer.«

Marschall läßt den Meteorologen seines Stabes, Dr. Hartung, zu sich rufen, tippt auf den Wetterfunkspruch und sagt:

»Diese Frage ist sehr wichtig, Doktor: Wann und wo wird das Sturmtief vor der norwegischen Küste ankommen?«

Marschall erinnert sich: »Die Schweißtropfen standen dem bewährten Fachmann auf Stirn und Nase, als er begriff, daß der Durchbruchsplan für die Flotte auf seiner Vorhersage beruhen würde. Er bat um Bedenkzeit . . .«

Nach sorgfältiger Analyse meldet Dr. Hartung seinem Befehlshaber: »Der Sturmwirbel wird sich noch beträchtlich verstärken. Es ist zu erwarten, daß er mit Kern am 26. November, 7 Uhr, die norwegische Küste etwa in Höhe Stadtlandet erreicht. Dortige Wetterlage dann: Stürmischer Südost bis Südwest mit Regenschauern und geringer Sicht.«

Marschall: »Die Vorhersage stimmte.«

Der deutsche Verband passiert Stadtlandet genau zur angegebenen Stunde. Bei Südweststurm, mit Regen und geringer Sicht. *Gneisenau* und *Scharnhorst* dicht beieinander. Mit stiebender Marschfahrt nach Süden. Unentdeckt durch die engen Maschen der Royal Navy.

Am 27. November, gerade rechtzeitig zum Mittagessen, sind die Schiffe wieder zu Hause, in Wilhelmshaven.

Drei Tage noch suchen die Briten nach ihnen. Drei öde, nutzlose, endlos lange Tage . . . verdammte See!

In Deutschland, in Wilhelmshaven und Berlin, ist man zunächst erleichtert über die glückliche Heimkehr der Schiffe, herrscht eine gewisse Genugtuung über den ›Husarenritt‹, über das Schnippchen, das dem zahlreich aufkreuzenden Feind geschlagen worden ist. Beweist der ›Novembervorstoß der Flotte‹ nicht, daß auch der Unterlegene eigene Initiative entwikkeln, daß er überraschend zupacken, Erfolge erringen und dem Gegner das Gesetz des Handelns aufzwingen kann? Hat diese Zwei-Schiffe-Flotte nicht die gesamte britische Home Fleet aufgescheucht? Ist das strategische Grundkonzept der Operation – zugleich Raeders Lieblingsgedanke –, durch Wirbel im Norden die einsame *Graf Spee* im Süden zu entlasten, nicht voll aufgegangen?

Stolz verkündet die Seekriegsleitung in einer Stellungnahme:

»Das Auftreten der Schlachtschiffe im Raum Färöer-Island hat dem Gegner bewiesen, wie wenig er trotz seiner Überlegenheit in der Lage ist, die ständige Seeherrschaft in den Gewässern um England auszuüben. Ein *Prestigeverlust Englands* und eine nachhaltige Wirkung auf die Einschätzung britischer Seemacht seitens der Neutralen sind die Folge.«

Doch dieses euphemistische Bild schlägt sehr schnell ins Gegenteil um. Gerade die führenden Offiziere der Skl in Berlin hadern plötzlich mit der Flotte; je mehr Einzelheiten sie über das Unternehmen erfahren, desto heftiger kritisieren sie nun das taktische Verhalten des Flottenchefs, ja, sie lassen an Admiral Marschall kein gutes Haar.

Besonders ärgerlich wird vermerkt, daß die beiden kampfkräftigen Schlachtschiffe am Versenkungsort der *Rawalpindi* gleich auf und davon gegangen sind, als um 19.15 Uhr auch nur der Schatten eines abgeblendeten Fahrzeugs entdeckt wurde. Die *Scharnhorst* hat sogar genebelt, um ihren Ablaufkurs zu verschleiern!

Fricke, der Operationschef der Skl, ist außer sich:

»Schlachtschiffe sollen nicht nebeln, sondern schießen!« setzt er an den Rand von Marschalls Kriegstagebuch.

Warum ist der auftauchende feindliche Zerstörer oder Kreuzer (es war die *Newcastle*) nicht angegriffen worden? In Raeders Operationsanweisung hieß es eindeutig, die feindliche Überwachung solle »aufgerollt« werden. Statt dessen wird nur ein einsamer Hilfskreuzer abgeschossen. Kaum aber läßt sich ein weiteres Kriegsschiff – ein weit unterlegener Gegner – blicken, da sucht die Flotte lieber das Weite.

Fricke entwirft eine Verfügung an den Flottenchef, in der er vorwurfsvoll ausführt: »Das taktische Ziel, die Vernichtung von Teilen der Bewachung, hätte in noch höherem Maße erreicht werden können, wenn die nach der Vernichtung des Hilfskreuzers sich bietende Chance, einen weiteren Gegner zu erledigen, ausgenutzt bzw. sogar in der Nähe des brennenden Wracks abgewartet worden wäre, da dieses zweifellos einen Anziehungspunkt für weitere Feindstreitkräfte bildete.«

Schniewind, der immer verbindliche Chef des Stabes, mildert hier und da den harten Ton: So fügt er ein »vielleicht« ein, streicht »Chance« und setzt dafür »Aussicht«, schreibt statt

»Gegner zu erledigen« distinguierter »in Gefechtsberührung zu kommen« – aber im Kern des Vorwurfs ändert er nichts.

Als Fricke neben anderer herber Kritik schließlich auch noch die Durchbruchstaktik des Flottenchefs durch die vom Gegner abgeriegelte Shetland-Bergen-Enge bemängelt – statt sich durchzuschleichen, meint er, hätte man sich durchkämpfen sollen, und überhaupt sei ein »Abriegeln durch die weniger schweren Einheiten des Gegners, mit noch dazu unterlegener Geschwindigkeit, nicht zu befürchten« gewesen – da wird es Schniewind zu bunt: Solche Besserwisserei darf man nach seinem Empfinden gar nicht erst abschicken.

Schniewind: »Sie wird ohne Zweifel in dieser Form als ›Fern-vom-Schuß-Kritik‹ gewertet werden und enthält – hier und da auch recht deutlich – den Vorwurf mangelnder Initiative und unzulänglichen Draufgängergeistes . . .«

Raeder läßt sich von Schniewind überzeugen, daß man so heikle Dinge bei passender Gelegenheit besser mündlich mit dem Flottenchef zur Sprache bringe. Frickes Entwurf wandert zu den Akten.

Admiral Marschall ist freilich von Anfang an über die Vorwürfe der Skl bestens im Bilde. Vornehmlich auf Grund der gerühmten Crewkameradschaft: des Zusammenhalts aller Marineoffiziere eines Einstellungsjahrgangs. Der gewiß lobenswerte ›Crewgeist‹ hat auch Schattenseiten, zum Beispiel das viele Gerede.

Raeders Operationschef, ›Kurtchen‹ Fricke, gehört ebenso wie Marschalls Stabschef, ›Backs‹ Backenköhler, zur bekannten Crew 1910. Durch solche ›interne Drähte‹ weiß der Flottenchef immer recht schnell, was die Berliner Strategen über ihn denken.

Marschall kontert: »Ein zuvor niemals bestrittener Grundsatz lautete: Schwere Streitkräfte haben sich *nachts* von Torpedoträgern und Fühlungshaltern abzusetzen.«

Der erfahrene Seebefehlshaber weiß: Ein Nachtgefecht mit einem leichteren, schnellen Gegner birgt wenig Aussicht auf Erfolg. So ein Kreuzer oder Zerstörer kann ablaufen, mit rasch wechselnden Kursen, kann nebeln, sich der Sicht entziehen – ein schwer zu fassendes Ziel, ein harter Brocken für jede noch so überlegene Artillerie.

Vor allem aber kann der »unterlegene Gegner«, selbst auf weite Entfernung, ganze Fächer seiner Torpedos auf die Schlachtschiffe loslassen.

Soll der Flottenchef dieses Risiko bewußt in Kauf nehmen? Soll er Gefahr laufen, daß *Gneisenau* oder *Scharnhorst* Treffer erhalten, die zumindest ihre Geschwindigkeit herabsetzen – eine ihrer stärksten Waffen?

Marschall: »Die Skl forderte geradezu das Kriegsglück heraus, um zu eventuellen kleinen Erfolgen zu kommen. Ob England einen Kreuzer mehr oder weniger besaß, spielte nahezu gar keine Rolle. Wenn Deutschland dagegen eines der beiden einzigen schweren Schiffe monatelang in die Werft schicken mußte oder sogar verlor, bedeutete dies einen schweren Nachteil.«

Solche möglichen Folgen aber werden in der Seekriegsleitung gering geachtet. Raeder und sein Stab stehen unter dem Zwang zum Erfolg: Sie haben den Bau einer Flotte schwerster Schiffe gefordert. Nun müssen die paar vorhandenen schweren Schiffe auch beweisen, was sie wert sind.

Ein Flottenchef, der in der direkten Verantwortung für die Schiffe und die fast 4000 Soldaten an Bord taktische Erfahrungen beherzigt, der eine lageangepaßte Vorsicht walten läßt und dem später selbst vom britischen Marinehistoriker Roskill »sehr umsichtiges Handeln« bescheinigt werden wird – ein solcher Flottenchef mit seinem »unzulänglichen Draufgängergeist« paßt nicht in das Konzept des Berliner Tirpitzufers.

Denn die Draufgänger der deutschen Marine sitzen am grünen Tisch.

Genau ein Jahr später spielt der Zufall der Seekriegsleitung Beuteakten aus der französischen Marinemission in London in die Hand. Darunter der minuziöse Bericht des britischen Kreuzers *Newcastle:* wie er auf den Hilferuf der *Rawalpindi* herbeieilt, die deutschen Schiffe sichtet und versucht, sie zu beschatten.

Operationschef Fricke hat die »verpaßte Chance« noch nicht verwunden:

»Den«, so schreibt er zum Kreuzer *Newcastle,* »den hätten die Schlachtschiffe auch noch frühstücken sollen, er war allein!«

Ein achtbarer Erfolg ist erzielt, das von Raeder gesetzte strategische Ziel sogar erreicht.

Churchill schreibt: »Wir fürchten für unsere Konvois im Atlantik, und die Lage erforderte den Einsatz aller verfügbaren Kräfte ... Aber das Glück war uns nicht hold.« Grund zur Freude für die Deutschen, sollte man meinen. Statt dessen deckt der ›Novembervorstoß der Flotte‹ tiefgreifende Meinungsverschiedenheiten zwischen Marineführung und Flottenkommando auf.

Noch wird der Streit beschwichtigt, kommt es nicht zum offenen Bruch. Aber der Hader mit der Flotte dauert an, die Krise schwelt weiter.

Bleibt noch eine Pointe nachzutragen:

Wenn Admiral Marschall vom Glück begünstigt war, so wird

sein Gegenspieler, der C-in-C Home Fleet, Admiral Forbes, vom Pech verfolgt. Als seine Schiffe nach nervenaufreibender, vergeblicher Suche endlich am 4. Dezember in den schottischen Stützpunkt Loch Ewe zurückkehren, geht plötzlich ein unheimlicher Schlag durch das Flaggschiff: Die *Nelson* ist auf eine deutsche Mine gelaufen! Das 34 000-ts-Schlachtschiff wird schwer beschädigt!

Mehr noch: Da die Einfahrt zum Loch Ewe minenverseucht, die *Nelson* aber drin ist, kann sie erst nach vier Wochen wieder hinaus, um in die Werft zu gehen und ihre Schäden reparieren zu lassen.

Dieser nachträgliche Erfolg des ›Novembervorstoßes‹ geht freilich auf das Konto der Unterwasser-Konkurrenz: Bei einer von Dönitz befohlenen Minenoperation mehrerer Boote hat *U 31* unter Kapitänleutnant Johannes Habekost die 18 gefährlichen ›Eier‹ bereits Ende Oktober in die Einfahrt des schottischen Schlupfwinkels gelegt, der doch sicherer sein sollte als das von Günther Prien heimgesuchte Scapa Flow . . .

Kein Räumverband hat die lauernde Gefahr erkannt. Denn es sind Magnetminen. Und das Geheimnis der deutschen Magnetminen harrt noch der Entdeckung.

3 Das Geheimnis der Magnetminen

Die Nacht zum 7. Dezember 1939 ist hell und sternenklar. Zum Glück liegt ein leichter Dunstschleier über der See direkt vor der englischen Ostküste.

»Leuchtfeuer 1 Dez Backbord voraus«, meldet der Wachoffizier auf der Brücke des deutschen Zerstörers *Hans Lody* dem Kommandanten, Korvettenkapitän Hubert Freiherr v. Wangenheim.

»Cromer Knoll Feuerschiff«, ruft der Obersteuermann aus dem Kartenhaus. Endlich, denkt er. Nach seiner Kopplung wäre das Feuer früher fällig gewesen. Er trägt die Peillinie auf der Seekarte ein, die vor ihm auf dem Tisch liegt.

Der Posten Echolot räuspert sich: »Lotung 24,5 Meter, gleichbleibend«, sagt er.

Stimmt alles. Cromer Knoll ist später in Sicht gekommen. Vielleicht durch den Dunst. Vielleicht auch, weil das Feuerschiff die Lichtstärke vermindert hat. Ob die Engländer mißtrauisch geworden sind? Grund dazu hätten sie ja . . .

Der Obersteuermann spürt eine Hand auf der Schulter. Hinter

ihm steht der Flottillenchef, Fregattenkapitän Erich Bey. ›Achmed Bey‹, wie sie ihn nennen.

»Wie sieht's aus?« fragt er.

»Der Kurs geht in Ordnung, Herr Kapitän.«

Ruhiger Gesprächston. Keine Hektik. Keine Nervosität. Und doch fiebert das ganze Schiff. Alle Mann sind auf Gefechtsstationen. Der ›Verschlußzustand‹ ist hergestellt. Die Waffen in ›Kriegswachstellung‹: Geschütze ein paar Grad nach Backbord und Steuerbord ausgeschwenkt, Torpedorohre feuerbereit.

Denn sie fahren, wo sie eigentlich gar nicht fahren dürften. In einem Seegebiet, das dem Feind ›gehört‹: dicht unter der englischen Küste.

Es ist 01.14 Uhr. Die Ausgucks auf der Brücke des Zerstörers melden an Backbord einen Dampfer mit Südostkurs. Er fährt mit gesetzten Lichtern. Dann zwei andere Fahrzeuge, Kurs Nordwest.

Sie stoßen jetzt auf den Ostküstenweg, auf dem die britische Schiffahrt läuft. Da wollen sie auch hin. Am liebsten unbemerkt.

Das Schiff ist total abgeblendet. Kein Lichtschein dringt nach außen, nicht einmal das Glimmen einer Zigarette. Nur die leuchtende Hecksee könnte sie verraten. Sie müssen jetzt dicht am Feuerschiff vorbei. Der Chef befiehlt, mit der Fahrt herunterzugehen.

»UK-Spruch an Emil Gustav: Fahrtverminderung auf 15 Seemeilen.«

Emil Gustav ist das Schwesterboot, der Zerstörer *Erich Giese*. Er folgt mit wenigen hundert Metern Abstand im Kielwasser des Führerbootes.

Sie sind also zu zweit bei dieser ›Minenunternehmung gegen den englischen Küstenschiffahrtsweg bei Cromer‹. Nach Operationsplan sollten sie zu dritt sein:

Zwei Zerstörer karren die Minen, der dritte fährt als Sicherung mit.

Zu dritt sind sie auch gestern mittag von der Jade ausgelaufen. Aber gegen 18 Uhr hatte der dritte Zerstörer, *Bernd von Arnim,* Maschinenstörung. Das alte Leiden: Kesselrohrreißer. Die sogenannten ›Kinderkrankheiten‹ der Hochdruck-Heißdampfanlagen, die jede Zerstörerunternehmung zum Wagnis mit unkalkulierbarem Risiko machen. Wenn Kessel mitten im Feindgebiet ausfallen, wenn die Boote ihre Geschwindigkeit einbüßen oder gar völlig liegenbleiben, wer soll dann noch einen Pfifferling um sie geben?

Fregattenkapitän Bey hat sich, wohl oder übel, entschlossen, *Bernd von Arnim,* Kommandant Korvettenkapitän Curt Rechel, nach Hause zu entlassen und die Unternehmung mit nur zwei Zerstörern weiterzuführen. Es ist zu spät, ein neues Boot mit Minen als Ersatz heranzuholen. Die befohlene Sperre muß allein mit den 76 Minen gelegt werden, die *Erich Giese* geladen hat. Denn *Hans Lody* ist Führer- und Sicherungsboot: keine Minen an Bord.

Um 02.05 Uhr kommt das Haisborough-Feuerschiff in Sicht. Abstand nur drei Seemeilen. Sie sind jetzt in der schmalen Fahrrinne zwischen der Küste der Grafschaft Norfolk und den vorgelagerten Sandbänken.

Auf der Brücke von *Erich Giese* werden zwei von Nordwesten entgegenkommende Dampfer gemeldet. Na? Auf einmal:

»Die machen kehrt, gehen auf Gegenkurs!«

Der Kommandant, Korvettenkapitän Karl Smidt, läßt ins Kriegstagebuch eintragen:

»Der Eindruck entstand, daß an die Dampfer irgendeine Warnung ergangen sei. Trotz der im allgemeinen guten Sicht ist nicht anzunehmen, daß bei der großen Entfernung (etwa 150 hm*) die abgeblendeten eigenen Zerstörer von den Dampfern gesichtet worden sind.«

02.12 Uhr erreicht der schwerbeladene und daher toplastige Zerstörer den ›Punkt y‹: Der Leuchtturm von Cromer peilt in 271,5 Grad und ist 4,2 Seemeilen entfernt. An diesem Punkt y soll das Minenwerfen beginnen.

Auf dem Achterdeck haben die Sperrwaffen-Spezialisten alles vorbereitet. Zwei Schienen laufen auf das Heck zu. In zwei langen Reihen, schwarz und drohend, stehen die Minen auf ihren Ablaufwagen bereit. Gleich werden sie, eine nach der anderen, ins Wasser klatschen – unter den Augen des ahnungslosen Gegners.

Es sind immer zwei EMC – Einheitsminen des Typs C –, Sprengkörper konventioneller Bauart, die an einem Ankertau wenige Meter unter der Wasseroberfläche hängen und nur detonieren, wenn ein Schiff dagegenstößt; Ankertauminen also mit Kontaktzündung, wie sie in allen Marinen bekannt sind.

Aber den beiden konventionellen Minen folgt auf den Ablaufschienen jeweils eine ganz unkonventionelle: eine ›RMA‹ oder ›RMB‹, wie die Sperrwaffenleute sagen: Grundminen mit Magnetzündung – die einzige Geheimwaffe der deutschen Marine zu Beginn dieses Krieges.

* 150 hm = 150mal hundert Meter = 15 km.

Nicht daß die Deutschen diese neue, gefährliche Waffe – deren Einsatz ihnen von den Briten als »rechtswidrig« vorgeworfen wird und als Alibi für die eigene flagrante Verletzung der Seerechtskonventionen durch die britischen Blockade-Usancen dienen mußte –, nicht daß die Deutschen diese Waffe als erste erfunden hätten. Nein, das waren die Engländer selber.

Bereits Mitte 1918, gegen Ende des Ersten Weltkrieges, besaß die Royal Navy einen Vorrat von etwa 500 frontreifen Magnetminen. Und setzte sie auch ein: Die berühmte XX. Destroyer-Flotilla legte die Teufelseier an der flandrischen Küste aus, mit ebenso böser Absicht wie die Deutschen 21 Jahre danach vor Englands Gestaden.

Nur: Die Magnetminen funktionierten noch nicht so richtig: Statt *unter* dem Schiff, das getroffen werden sollte, detonierten sie gefahrlos daneben – und gaben den Deutschen Rätsel auf, um was es sich wohl handeln könne.

Nach einigen Fehlschlüssen wurde das Rätsel gelöst. Aufbauend auf eigenen Versuchen mit einer Magnetzündung für Torpedos, die ebenfalls schon in den Kriegsjahren 1914–18 zur Reife gelangten, entwickelte das Sperrversuchskommando der Marine in der Kieler Wik in aller Stille eine Magnetzündung für Minen. Ein kleines Team unter Federführung des Diplomingenieurs und Marineoberbaurats Hermann Bauermeister, dazu der Marineingenieur Karl Krüger und der bekannte Physiker Professor Adolf Bestelmeyer, der den diffizilen magnetischen Zündapparat konstruierte (und als Meßgerät für Freiballone tarnte) – dieses kleine Team brachte die Entwicklung bereits in den zwanziger Jahren erfolgreich zum Abschluß: Die ersten 50 höchst geheimen deutschen ›Grundminen‹ gingen 1930 auf Lager.

Entscheidender Vorteil dieser Konstruktion war, daß die Grundminen eben nicht an einem Ankertau mit eigenem Auftrieb im Wasser hingen und somit auch nicht von Räumbooten mit geeignetem Gerät von ihrem Anker abgeschnitten und zum Auftauchen gebracht werden konnten.

Die neue Mine sank nach ihrem Wurf auf den Meeresgrund und wartete darauf, daß sie von einem Schiff überlaufen wurde. Der vertikale Eigenmagnetismus des Schiffes löste die Magnetzündung aus. Das Schiff brauchte also nicht, wie beim konventionellen Minentyp, an den Sprengkörper zu stoßen, um die meist tödliche Detonation hervorzurufen. Die Grundmine ›zündete fern‹. Nur die Wassertiefe setzte ihrer Wirkung Grenzen. In den kaum mehr als 10 bis 30 Meter tiefen Küstengewässern und erst recht in Flußmündungen und Hafeneinfahrten aber hatte die Detonation am Grund verheerende Wirkung auf das Schiff.

Die Wirkung, die Admiral Forbes' Flaggschiff *Nelson* spürte, als es am 4. Dezember nach Loch Ewe einlief: ein Grundminentreffer! Die Wirkung auch, die dem brandneuen 10 000-ts-Kreuzer *Belfast* am 21. November im Firth of Forth buchstäblich den Kiel brach: In beiden Fällen hatten U-Boote die Magnetminen genau in die Einfahrten zu dem britischen Stützpunkt plaziert, im Firth of Forth einer der ›Einbäume‹, *U 21* unter Kapitänleutnant Fritz Frauenheim.

Bauermeisters Experten hatten nämlich in den dreißiger Jahren ihre Grundmine weiterentwickelt, damit sie nicht nur von Überwasserfahrzeugen geworfen werden konnte. Sie gaben ihr andere äußere Formen, und zwar:

1. als kurzer Torpedo, der aus den Torpedorohren der U-Boote ausgestoßen werden konnte – Bezeichnung TMB und TMC,
2. als Flugzeugmine mit Bremsfallschirm, damit das explosive Gerät sanft ins Wasser glitt und nicht schon beim Aufprall zündete – Bezeichnung LMA und LMB.

Die Entwicklungen waren 1935 im wesentlichen abgeschlossen, die Produktion konnte anlaufen.

Großadmiral Raeder und die deutsche Marine besaßen also eine Geheimwaffe, die einen Gegner zur See – gleichviel welchen – empfindlich treffen mußte. Hieß dieser Gegner gar England, dann konnte man sich an den Fingern abzählen, daß eine gezielte Verminung der Küstengewässer und vor allem der Hafeneinfahrten – mit einer neuen Mine, die mit herkömmlichen Methoden nicht zu räumen war – nahezu einer Blockade gleichkam. Was das bei Englands Abhängigkeit von seiner Seezufuhr bedeutete, ließ einen Kämpfertyp wie Winston Churchill noch nachträglich erbleichen.

Aber die deutsche Seekriegsleitung und ihr Chef rechneten eben *nicht* mit diesem Krieg gegen England. Vor allem nicht so schnell. Unter dem Berg von Rüstungsprogrammen mit höchster Dringlichkeit wurde die Magnetminen-Fertigung fast verschüttet.

Bauermeister: »Die monatlichen Beschaffungszahlen der Marine waren geradezu lächerlich im Hinblick darauf, was durch einen überraschenden Masseneinsatz bei Ausbruch eines Krieges hätte erreicht werden können.«

Das galt vor allem für die Luft-Magnetminen, bevor deren Produktion von Görings Luftwaffe übernommen wurde. Aber es galt auch allgemein: Bei Kriegsausbruch lagerten in den Arsenalen kaum mehr als eintausend Magnetminen aller Typen.

Auch in der Britischen Admiralität hatte man, so meint Churchill, »den fürchterlichen Schaden nicht voll erkannt, den schwere Grundminen anrichten können... Plötzlich tauchte diese ernste Gefahr auf und drohte unseren Lebensnerv zu durchschneiden...«

In der Nacht zum 7. Dezember 1939, zwischen 02.12 Uhr und 02.39 Uhr, hat die Gefahr die Gestalt des unauffällig dahingleitenden Zerstörers *Erich Giese* angenommen. Der Wurfkurs, dicht vor der Bucht von Cromer, führt in nur einer Seemeile Abstand am Haisborough-Feuerschiff vorbei.

Die Seeleute an den Minen leisten harte Knochenarbeit. In Gruppen von fünf, sechs Mann müssen sie die unheimlichen, auf ihren Schlitten fast mannshohen Sprengkörper anschieben, ein Stück kräftig mitlaufen und sie mit Karacho übers Heck kippen. Eine Schweinearbeit. Wenn nur nichts passiert...

Die 60. Mine geht über Bord, die 61. wird herangeschoben. Und plötzlich ist der Teufel los:

Erst ein gewaltiger Donnerschlag, dann ein Blitz – genau umgekehrt wie beim Gewitter: Kaum 100 Meter hinter dem Heck des Zerstörers bricht steil eine Wassersäule hoch, kitschig-kupferroter Feuerschein steigt aus der See.

Auf dem Boot sucht alles Halt, so heftig ist der Stoß.

»Wir standen wie vom Donner gerührt und dachten an einen Torpedo- oder Minentreffer«, erinnert sich Oberleutnant zur See Ernst Günther Kray.

Aber schon laufen die Meldungen auf der Brücke ein. Tatsächlich ist nur die zuletzt geworfene eigene Mine in die Luft geflogen. Die verdammten Magnetminen! Die letzte muß falsch auf den Grund gestoßen sein und selbst gezündet haben.

Laut Kriegstagebuch ist allerdings – um 02.25 Uhr – eine normale Ankertaumine detoniert. »Unter Entwicklung eines hellen Feuerscheins.« Gleichviel: An Bord ist nichts ausgefallen. Nicht einmal die Maschine. Der L. J., Kapitänleutnant (Ing.) Below, steckt den Kopf durchs Brückenschott und grinst:

»Maschine meldet klar.«

Aber an der Küste sind sie plötzlich hellwach. Feuerschein und Detonation waren ja meilenweit zu sehen und zu hören! Die Autos auf der Küstenstraße, von Bord des Zerstörers deutlich zu erkennen, halten. Irgendwo heult eine Sirene los. Dann flammen Scheinwerfer auf, suchen den Himmel ab.

»Die denken, das ist ein Luftangriff«, schmunzelt der Kommandant. Halb so wild also. »Klar bei Minen. Wir werfen weiter.«

Um 02.36 Uhr, weil es so wirkungsvoll war, das gleiche noch einmal: Wieder detoniert eine EMC-Mine! Diesmal in unmittelbarer Nähe von Haisborough-Feuerschiff. Die Engländer läuten wie wild mit der Schiffsglocke. Kämen sie auf die Idee, den langgestreckten Schiffsschatten mit einem Scheinwerfer anzuleuchten, dann würde der deutsche Zerstörer wohl endlich erkannt...

Der Alte, Korvettenkapitän Smidt, behält trotzdem die Ruhe: »Wenn sie uns gesehen haben, halten sie uns für einen ihrer eigenen Zerstörer. Daß hier ein Jerry rumläuft, ist doch völlig unmöglich.«

Trotzdem ändert Smidt den Kurs nach Norden und läuft mit höherer Fahrt ab. Die letzten Minen kippen im Eiltempo über Bord. Alles ist froh, daß diese Aufgabe beendet ist.

Bei ›Punkt IV‹ schließt *Erich Giese* wieder an den Führerzerstörer *Hans Lody* an, der bisher nördlich ›gesichert‹ und sich das Schauspiel von fern angesehen hat. Dann jagen beide Boote, immer noch in Sichtweite der englischen Küste, nordwärts. Dort wollen sie um eine langgestreckte Sandbank herum ausholen und die freie See gewinnen. Nach Osten, nach Hause.

Aber soweit ist es noch nicht.

02.54 Uhr. Die Ausgucks an Steuerbord melden plötzlich »zwei abgeblendete Fahrzeuge, Lage 120.« Entfernung wird auf 80 hm geschätzt. Ein Dutzend Gläser richten sich auf das Ziel. Dann:

»Der vordere fährt eine Hecklaterne...«

Pause. Nachdenken. Wären sie selber in sicheren heimischen Gewässern, dann würde ihr Vordermann auch ein Hecklicht zeigen, als Richtungshilfe.

Außerdem: Die Lage zu den beiden unbekannten Fahrzeugen ändert sich kaum. Das heißt, sie laufen Parallelkurs. Und sie sind gleich schnell...

Pause. Nachdenken. Auf einmal richtet sich der Artillerieoffizier, der durch den Steuerbord-Zielgeber beobachtet hat, auf: »Das sind Zerstörer«, sagt er. »Hier, im Zielgeber deutlich zu sehen.«

Auch auf *Hans Lody* kümmert man sich schon intensiv um den Gegner. Den Flottillenchef packt das Jagdfieber. Seine Anweisungen kommen über die UK-Sprechwelle:

Zuerst höhere Fahrstufe. Achmed Bey will mit dem Gegner auf gleiche Höhe kommen. Bisher ist die Lage für einen Torpedoschuß zu ungünstig. Ein Feuerüberfall mit der Artillerie kommt so dicht vor der feindlichen Küste nicht in Frage.

Mit 36 Knoten dröhnen *Z 10 Lody* und *Z 12 Giese* über den englischen Küstenschiffahrtsweg. Niemand vermutet sie hier. Das ist ihr Vorteil.

03.15 Uhr. Sie sind jetzt gleichauf mit dem Gegner. Zielverteilung ist erfolgt. *Giese* nimmt den hinteren Feindzerstörer. Oberleutnant Kray, der Torpedooffizier läßt sich noch einmal die Schußunterlagen geben:

»Gegnerfahrt 26 Seemeilen, Gegnerlage 80.«

»Schußentfernung 53 hundert.«

»Eingestellte Tiefe: 3 Meter.«

»Streubefehl 5.« Dabei wird der Vorhaltewinkel so eingestellt, daß jeder Torpedo im Viererfächer nach 1000 Meter Laufstrecke bereits 50 Meter Abstand von dem neben ihm laufenden Aal hat.

Schließlich noch: »Torpedogeschwindigkeit 40 Seemeilen.«

»GA-Winkel: rot 20.«

»Feuererlaubnis!«

Der Viererfächer fällt. Die beiden deutschen Zerstörer drehen nach Osten ab.

Drei Minuten vergehen. Nichts geschieht. Der Gegner hält seinen Nordwestkurs, seine hohe Fahrt.

Drei Minuten 30 Sekunden.

Drei Minuten 45 Sekunden.

Immer noch nichts.

Zwei Sekunden später bricht drüben die Hölle aus. Zuerst kurz hintereinander zwei Stichflammen auf dem hinteren Boot. Dann eine Feuersäule, die rasend schnell 100, 200 Meter hochsteigt. Das muß brennendes Öl sein, zusammen mit explodierender Munition. Der Zerstörer bleibt in Flammen gehüllt liegen. Sogar das Meer ringsum scheint zu brennen.

»Die armen Schweine«, sagt irgend jemand auf der Brücke von *Erich Giese,* und so denken alle. Sie starren gebannt hinüber.

Der vordere, nicht getroffene britische Zerstörer hat jetzt kehrtgemacht, qualmt schwarz und kümmert sich offenbar um die Überlebenden. Die rasch ablaufenden Deutschen sehen vom Gegner nur noch »einen glühenden Wrackrest«.

»Nach übereinstimmenden Beobachtungen«, vermerkt Kapitän Smidt im KTB, »hat es sich wahrscheinlich um einen Zerstörer der J.K.L.-Klasse gehandelt.«

Die Beobachtung stimmt. Es ist die moderne *Jersey,* 1690 ts groß, erst im April 1939 in Dienst gestellt. Die Briten schleppen das Wrack ein und bauen den Zerstörer praktisch neu wieder auf. Das enthebt sie der Pflicht, einen Totalverlust einzugestehen. Die Admiralität gibt lediglich »die Torpedierung des Zerstörers *durch ein deutsches U-Boot*« bekannt. Daß der Torpedo, hier im direkten Machtbereich der Royal Navy, von einem Überwasserschiff des Feindes stammen könnte, liegt außerhalb jeder Vorstellungskraft.

Auch der deutsche Wehrmachtbericht bestätigt gern die Fiktion des U-Boot-Torpedotreffers. Und auf Weisung des Propagandaministeriums stellen die Zeitungen das Ereignis auf ihren Titelseiten groß heraus. So berichtet die Berliner Morgenpost am Sonntag, 10. Dezember, unter Schlagzeilen wie »Große Bestürzung im meerbeherrschenden England« und »Schwarzer Tag für Churchill«:

»Die Tatsache, daß wieder ein britischer Zerstörer von einem deutschen U-Boot torpediert worden ist, hat in der englischen Öffentlichkeit größtes Aufsehen erregt...«

Im Stabe des FdZ, des Führers der Zerstörer, Kommodore Friedrich Bonte, herrscht Erleichterung und Freude, als *Hans Lody* und *Erich Giese* am kommenden Mittag wohlbehalten wieder in Wilhelmshaven einlaufen. Denn *Tatsache* ist, daß deutsche Zerstörer nun schon seit sieben Wochen direkt unter der britischen Küste operieren, ohne erkannt zu werden. Nicht einmal durch so spektakuläre Ereignisse, wie sie in der letzten Nacht vor Cromer geschehen sind.

Die Minenoperation der beiden deutschen Zerstörer ist die fünfte Unternehmung dieser Art. Ein Hauch von Abenteuer liegt über den nächtlichen Exkursionen der 2200 bis 2400 ts großen Boote, von denen die deutsche Marine bei Kriegsbeginn ganze 22 besitzt. Aber diese Zahl steht nur auf dem Papier. Einsatzbereit ist selten mehr als die Hälfte der Zerstörer; die anderen liegen in der Werft – oder das technische Personal an Bord versucht selber, mit den Störungen der Antriebsanlagen fertig zu werden.

Wenn von den sechs Hochdruckkesseln eines Zerstörers einer durch Rohrreißer ausfällt, dann wird davon nicht viel Aufhebens gemacht.

»Wir stellten den Kessel ab und ventilierten ihn 20 Minuten mit Kühlluft«, berichtet einer der vielen ungenannten Maschinisten. »Dann war der Schamott zwar noch glühend heiß, aber einer von uns kroch in dickem Lederzeug in den Kessel, schnitt das geplatzte Rohr ab und flickte die Stelle. Wenn wir Glück hatten, konnten wir nach zwei, drei Stunden den Kessel wieder anfahren...«

Nicht nur Rohrreißer, auch andere Ausfälle machen dem Maschinenpersonal das Leben schwer. Am 28. Oktober 1939 soll der Zerstörer *Max Schultz* im Verband der 1. und 4. Z-Flottille vor der norwegischen Küste operieren. Es herrscht schwerer Nordoststurm. Die Boote stampfen und schlingern in der groben See. Luftaufklärung ist wegen der Wetterlage nicht möglich. Vormittags funkt die Gruppe West:

»Aufgabe abbrechen. Einlaufen Weg blau.«

Auf dem Heimweg passiert es dann: Durch das schwere Arbeiten des Bootes im Seegang blockiert ein ›Schnellschluß‹ die Hauptspeisepumpe, die zwei Kessel mit Wasser versorgt.

Stabsmaschinist Eigendorf, zufällig auf Kontrollgang im Kesselraum 1, erkennt die Gefahr, läuft zur Ersatzspeisepumpe und wirft sie an. Aber in die Antriebsturbine ist Seewasser gedrungen – sie explodiert.

Eigendorf fliegen die Brocken um die Ohren. Der Heißdampf zischt aus, stößt den Maschinisten nieder, verletzt ihn schwer. In Sekundenschnelle ist der ganze Raum mit Dampf gefüllt. Ein Maat und zwei Mann retten sich verletzt an Deck. Andere dringen in den brodelnden Dampf vor und bergen den bewußtlosen Maschinisten. Eigendorf erliegt noch in der Nacht seinen schweren Verbrennungen.

Der L. J., Kapitänleutnant (Ing.) Winter, eilt auf die Brücke, meldet: »Schwere Dampfgefahr in K 1, bitte mit der Fahrt runtergehen!«

Nun fangen die Schwierigkeiten erst an. Durch ein nicht geschlossenes Lenzventil dringt Wasser in den verlassenen Kesselraum ein. Der Raum säuft langsam ab. Der einzige Weg zum Ventil führt durch den zischenden Heißdampfstrahl. Unmöglich? Der Pumpenmeister, Stabsmaschinist Krüger, springt trotzdem hindurch und schließt das Ventil.

Auch in den anderen Kesselräumen schwappt das Bilgewasser bei jeder Krängung des Zerstörers hoch. Es schlägt in elektrische Schalttafeln, verursacht Kurzschlüsse, und die Lenzpumpen stehen still. Schon zwei E-Werke sind durch Kurzschluß ausgefallen. Der Strom fehlt, die Telefone an Bord sind tot.

Schlimmer ist, daß durch die Explosion in Kesselraum 1 Speisewasser verlorengeht. Der für den Betrieb der übrigen Kessel so wichtige Wasserdruck fällt rapide. Die Kessel werden normal mit 70 Atmosphären Dampfdruck gefahren. Um 22.05 Uhr beträgt der Druck nur noch 35 atü. Im Kesselraum 2 wird »Feuer aus!« befohlen. Beide Maschinen des Zerstörers müssen stoppen. Der Dampfdruck der restlichen Kessel reicht gerade, um die wichtigsten Hilfsaggregate in Betrieb zu halten.

Was das für *Max Schultz* bei Windstärke 9 und sehr grober See bedeutet, hält der Kommandant, Korvettenkapitän Claus Trampedach, im Kriegstagebuch fest:

»22.10 Uhr. Zur Zeit sämtliche Kessel ausgefallen. Der Zerstörer treibt bewegungsunfähig zur See mit außerordentlich starken Schlingerbewegungen ... Sämtliche Kommandoelemente ausgefallen.«

Trampedach will einen Anker werfen, um nicht ins eigene Minenwarngebiet getrieben zu werden. Aber das Ankerspill ist nicht klar. Und die Seeleute können sich kaum an Deck halten. Auch der Gedanke, den Havaristen durch die nahebei sichernden Schwesterboote *Friedrich Ihn* und *Erich Steinbrinck* abschleppen zu lassen, erscheint aussichtslos: Die Schlepptrosse würden brechen.

Freilich: Noch hat die Maschinenanlage ihren Geist nicht völlig aufgegeben. Und im Kesselraum 3, von dem jetzt alles abhängt, steht der Stabsobermaschinist Hallmann, ein Meister seines Fachs.

Hallmann geht mit den lausigen 20 atü Druck, die ihm noch geblieben sind, wie mit rohen Eiern um. Er läßt mal den einen, mal den anderen Kessel ein bißchen brennen. So fängt er den Druck ab, hält ihn – und schaukelt ihn langsam, ganz langsam wieder hoch.

Um 22.40 Uhr ist es geschafft: Der Dampfdruck steht auf 60 atü. Die Steuerbordmaschine kann wieder anlaufen. Schon mit zwei Kesseln macht der Zerstörer 17 Knoten. Das Boot ist gerettet. Allerdings muß es für Wochen in die Werft, damit alle Schäden behoben werden.

Bei den deutschen Zerstörern gab es zahlreiche ähnliche – und auch ganz anders geartete – Maschinenstörungen. Das Kurzbeispiel verdeutlicht, wie groß das Risiko war, Boote mit so anfälligen Antriebsanlagen dicht unter der englischen Küste operieren zu lassen – und noch dazu schwer mit Minen beladen.

Dennoch passen die Einsätze genau in das Konzept der deutschen Seekriegsleitung: das Überraschende, das völlig Unerwartete zu tun.

In den langen, dunklen Neumondnächten des ersten Kriegswinters schickt der FdZ, Kommodore Bonte, seine Zerstörer insgesamt elfmal zu solchen Minenunternehmen gegen den Schiffahrtsweg vor der britischen Ostküste: viermal allein in die Themsemündung, dreimal in das Seegebiet vor Cromer und je zweimal in die Humbermündung und vor den River Tyne bei Newcastle.

Abenteuerlich sind alle Fahrten. Aber in der weitverzweigten Themsemündung, in einem Gewirr von Durchfahrten und Sandbänken, dazu bei aufkommendem Nebel, zwischen Feuerschiffen und Leuchtbojen, ein- und auslaufenden Handelsdampfern und Bewachern – da wird die Aufgabe der Zerstörer kriminell.

»Reine Nervensache«, kommentiert Korvettenkapitän Friedrich Kothe, Kommandant von *Z 19 Hermann Künne,* der vom 12. bis 19. November alle drei Mineneinsätze mitfährt, davon zwei in die Themse:

Auf dem Anmarsch dicht vorbei an Noord-Hinder-Feuerschiff (so dicht, daß es hinterher eine Rüge vom Flottenchef gibt), dann das North Foreland angesteuert und zwischen den Goodwin-Sands und dem Tongue-Feuerschiff die Minen ins Wasser. So werden der South-Channel und der Edinburgh-Channel, zwei der drei Tiefwasserwege in die Themse, durch 288 Grundminen verseucht. Die dritte Haupteinfahrt, der Sunk-Channel, wird fünf Nächte später blockiert.

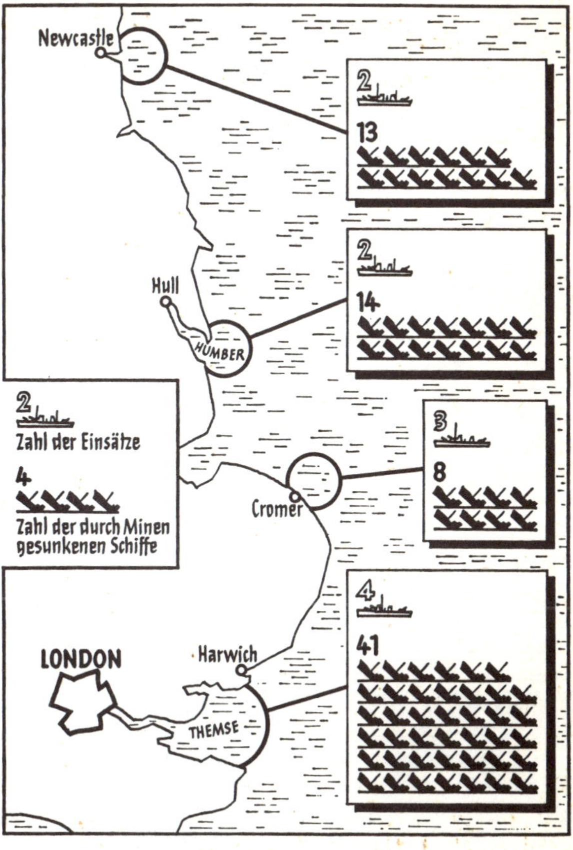

Die elf Minenunternehmen deutscher Zerstörer gegen die englische Ostküste vom Oktober 1939 bis zum Februar 1940 und ihre Erfolge.

Da die Zerstörer stets unbemerkt auftauchen und wieder verschwinden, erkennen die Engländer die Gefahr erst, wenn die Minensperren Opfer gefordert haben.

Vor der Themse ist es ausgerechnet ein Zerstörer – ein britischer –, den am 13. November der erste Schlag trifft: HMS *Blanche* rennt dicht vor dem Tontue-Feuerschiff auf eine in der letzten Nacht gelegte Mine und sinkt. Bis zum Ende des Monats sind Themse- und Humbermündungen wahre Schiffsfriedhöfe. Dutzende von Wracks behindern die Schiffahrt. Darunter ein weiterer Zerstörer, die *Gipsy,* die am 21. November vor Harwich auf eine Mine läuft. Darunter auch das 14 294 BRT große polnische Passagierschiff *Pilsudski,* das am 26. November bei den Outer-Dowsing-Bänken vor dem Humber sinkt.

Die britische Öffentlichkeit, das Kabinett, der Marineminister, die Admiralität sind aufs höchste beunruhigt. Wie kommen die Minen an die Brennpunkte der Schiffahrtswege, direkt vor Englands Haustür? Durch U-Boote, denkt man, durch Flugzeuge. Beides trifft in begrenztem Umfang zu. Die Hauptlast aber tragen die deutschen Zerstörer.

Am 22. November eilt Großadmiral Raeder in Berlin zu Hitler und weist ihn auf die »anerkennenswerten Leistungen« des FdZ-Verbandes hin:

»In der letzten Neumondperiode haben die Zerstörer vor Themse und Humber 540 Minen gelegt.«

Am Tage darauf honoriert der Führer in einem seiner längsten Monologe vor den Oberbefehlshabern der Wehrmacht die Taten »unserer kleinen Marine«:

»Sie hat die Nordsee von den Engländern freigefegt!«

Ein Trugschluß: Drei Wochen später, am 13. Dezember 1939, dampft der Befehlshaber der Aufklärungsstreitkräfte (BdA), Konteradmiral Günther Lütjens, mit den Kreuzern *Nürnberg, Leipzig* und *Köln* in die mittlere Nordsee. Lütjens hält das Seegebiet keineswegs für »freigefegt«, sondern für stark gefährdet durch britische U-Boote. Seine Kreuzer laufen hohe Fahrt und Zickzackkurse.

Ihre Aufgabe ist ohnehin umstritten: Sie fahren fünf deutschen Zerstörern entgegen, die in der vergangenen Nacht Minen vor Newcastle geworfen haben. Die Kreuzer sollen die Zerstörer »aufnehmen« und ihnen auf dem restlichen Heimweg ein Gefühl größerer Sicherheit geben. Nach allgemeiner Erfahrung aber haben Zerstörer größere Schiffe zu sichern – und nicht umgekehrt. Prompt rächt sich die im Ansatz falsche Operation.

Lieutenant-Commander E. O. Bickford sichtet die drei Kreuzer durch das Sehrohr seines U-Boots *Salmon* zuerst um 10.45

Uhr. Bickford ist am Vortage eine fette Beute entwischt: der 51 000-BRT-Passagierdampfer *Bremen,* mit Heimatkurs von Nordnorwegen nach Deutschland. Das britische U-Boot war schon aufgetaucht, um den Ozeanriesen durch einen Schuß vor den Bug anzuhalten – da stieß ein *Do-18*-Flugboot herab, und die *Salmon* mußte alarmtauchen. Als Bickford sein Sehrohr wieder ausfahren konnte, war die *Bremen* auf und davon.

Auch jetzt, am nächsten Vormittag, sieht es nicht günstig aus. Die Kreuzer scheinen in sicherer Entfernung an Bickford vorbeizulaufen. Auf einmal aber, bei der nächsten Kursänderung, drehen sie auf ihn zu und kommen näher. Der U-Boot-Commander schickt einen Torpedofächer als Weitschuß auf die Reise.

Um 11.24 Uhr – beim deutschen Verband sind vor wenigen Minuten endlich zwei *He 115* als U-Boot-Sicherung eingetroffen: wird die *Leipzig* von einer heftigen Detonation erschüttert: Torpedotreffer mittschiffs! Lütjens gibt Signalbefehl: »Grün 9«. *Nürnberg* und *Köln* drehen hart nach Steuerbord ab, um weiteren Torpedos aus dieser Richtung den Bug zuzuwenden. Plötzlich sieht der Admiral an Steuerbordseite der *Nürnberg* zwei Torpedos im spitzen Winkel von achtern auflaufen. Das Schiff ist noch voll in der Drehung, und es dreht den Torpedos eben nicht den Bug, sondern die verwundbare Steuerbordseite zu!

Sofortiges Gegenrudern hilft nichts mehr: Um 11.27 Uhr trifft einer der Torpedos das Vorschiff und reißt den ganzen Vordersteven ab. Zweieinhalb Stunden später sind die eigenen Zerstörer zur Stelle und sichern die beschädigten Kreuzer. So entsteht nicht noch größerer Schaden. Die *Leipzig* allerdings ist so schwer getroffen, daß sie nur noch als Schulschiff weiterverwendet wird. Noch zweieinhalb Monate nach Bickfords kuriosen Torpedotreffern zürnt Raeder in einer ›Klarstellung‹:

»Die Verwendung der Kreuzer zur Aufnahme von Zerstörern oder anderen leichten Streitkräften in der Form, wie sie für den 13. 12. vorgesehen war, hat sich als unzweckmäßig und unrichtig erwiesen . . .«

Nicht nur für Unterseeboote, auch für britische Zerstörer ist die Nordsee keineswegs tabu. Die Admiralität hat bereits im September einen Zerstörerverband nachts in die Deutsche Bucht geschickt: zum Minenlegen auf den vermuteten deutschen Auslaufwegen! Und in der Nacht vom 17. zum 18. Dezember wird die Emsmündung von Zerstörern vermint.

Auf den Gedanken aber, daß auch deutsche Zerstörer in englische Gewässer eindringen und für die Minenfelder in Themse und Humber verantwortlich sein könnten, scheint in London niemand zu kommen.

17 von den insgesamt 22 deutschen Zerstörern sind an den elf Minenunternehmen zwischen dem 17. Oktober 1939 und dem 10. Februar 1940 beteiligt: Fünfmal allein *Z 16 Friedrich Eckoldt* unter Fregattenkapitän Alfred Schemmel, je viermal *Z 19 Hermann Künne* (Korvettenkapitän Friedrich Kothe) und *Z 21 Wilhelm Heidkamp* (Korvettenkapitän Hans Erdmenger), je dreimal *Z 4 Richard Beitzen* (Korvettenkapitän Hans v. Davidson), *Z 8 Bruno Heinemann* (Fregattenkapitän Fritz Berger und Korvettenkapitän Georg Langheld), *Z 14 Friedrich Ihn* (Korvettenkapitän Günther Wachsmuth) und *Z 20 Karl Galster* (Korvettenkapitän Theodor Freiherr v. Bechtolsheim).

Der Schiffsfriedhof an den Brennpunkten des englischen Ostküstenweges wächst in dieser Zeit auf 67 Handelsschiffe mit zusammen 252 237 BRT. Außerdem sinken drei britische Zerstörer und sechs Hilfskriegsschiffe auf den Zerstörer-Minen.

Die Royal Navy tappt bis zum Schluß im dunkeln, wer die Minenfelder direkt in Englands Hoheitsgewässer legt. Die Boote kehren von allen Fahrten ohne Verlust, ohne jede Beschädigung zurück.

Für die alliierte Schiffahrt rings um England wird in diesem ersten Kriegswinter die Mine tatsächlich zur Gefahr Nr. 1. Denn viele Zufahrten an der West- und Südküste werden ebenfalls vermint, hier durch deutsche U-Boote. Insgesamt sinken von September 1939 bis März 1940 128 Handelsschiffe mit 429 899 BRT durch Minen – die Küste vor Augen, nahe dem sicheren Hafen.

Da der Großteil der Verluste durch die tückischen Magnetminen eintritt, nützen alle Anstrengungen der britischen Minensuchverbände nichts, die nur konventionelle Ankertauminen räumen können. Sie nützen so lange nichts, wie man nicht hinter das Geheimnis der deutschen Magnetminen gekommen ist.

Doch das Ungestüm, mit dem der deutsche Marinechef, Großadmiral Raeder, zu immer neuen Operationen drängt, verhilft dem Gegner dazu, das Geheimnis zu lüften.

Raeder sieht sein kompromißloses, draufgängerisches Konzept durch die Erfolge der ersten Monate bestätigt. Dem lähmenden Entsetzen über den Kriegsausbruch folgte der Entschluß, »anständig zu sterben«. Nun trägt der Angriffsgeist Früchte. Die Flotte fährt ungestraft im britischen Blockadegebiet spazieren. Und die paar Zerstörer, die wenigen U-Boote fügen dem zwar mächtigen, aber verunsicherten Gegner Verluste zu, mit denen nach dem kleinen Einmaleins niemand rechnen konnte.

Erfolg nährt Optimismus. Nach den Novembereinsätzen der Zerstörer hält es die Seekriegsleitung sogar für möglich, den

Schiffsverkehr an der britischen Ostküste »völlig zu unterbinden«. Um dieses Ziel zu erreichen, ist jedes Mittel recht. Jeder nur denkbare Minenträger ist für die Aufgabe heranzuziehen.

Die U-Boote – schön.

Die Zerstörer – gut.

Auch Schnellboote sollen Minen werfen.

Außerdem sind doch magnetische Luftminen vorhanden – wenn auch nur ganze 120 Stück. Sollen die etwa, bei den augenblicklich guten Einsatzchancen, zurückgehalten werden?

Raeder sagt nein.

Göring bestimmt: doch!

Eines der wundesten Kapitel der deutschen Marine betrifft den steten Streit mit der Luftwaffe. Trotz Raeders begründeter Forderung nach eigenen Marinefliegerverbänden, ohne die jede Operation auf See stark benachteiligt ist, wird der Marine nur eine Handvoll Küstenfliegerstaffeln zum alleinigen Zwecke der Aufklärung über See zugestanden. Die operativen Verbände aber, auch für den Luftkrieg über See, will die Luftwaffe selber führen. Und zur operativen Kriegführung gehören die Luftmineneinsätze gegen England.

Solange nur eine verschwindend geringe Zahl von Luftminen vorhanden ist, hält die Luftwaffe den Einsatz für verfrüht. Göring will nicht kleckern, sondern klotzen: Tausende von Luftminen auf einen Schlag in die englischen Hafeneinfahrten!

Marinechef Raeder dagegen hält jede, auch eine zahlenmäßig geringe, Unterstützung seiner laufenden Minenoffensive aus der Luft für besser. Wer weiß denn, ob in einigen Monaten, wenn die Luftwaffe endlich ›klotzen‹ kann, die Engländer noch so überrascht und hilflos der Gefahr gegenüberstehen wie heute?

Die Skl setzt durch, daß wenigstens die Küstenflieger mit dem Minenwerfen beginnen; denn diese Staffeln sind der Marine einsatzmäßig unterstellt.

Am Abend des 20. November 1939 fliegt die Staffel 3./906 mit neun *He 59*-Schwimmerflugzeugen zum ersten Luftmineneinsatz gegen die Themsemündung. Nur vier Maschinen erreichen das Ziel, die fünf anderen kehren wegen fehlerhafter Navigation vorzeitig um. Die Maschinen gelten seit 1933 als veraltet. Als Aufklärer sind sie zu langsam, als Seenotrettungsflugzeuge haben sie sich bewährt. Ob sie für den Minenkrieg taugen? Eine Maschine kann nur zwei Minen transportieren ...

Am ersten Abend fallen ganze sieben, am zweiten zehn und am dritten schließlich 24 Minen, hauptsächlich in die Themse und vor Harwich. Doch an diesem dritten Abend, dem 22. November, geschieht etwas ganz Entscheidendes.

Es ist gegen 22 Uhr, als eine *He 59* am Nordufer der Themsemündung, bei Shoeburyness, gesichtet wird. Offenbar sucht der Navigator noch die rechte Wurfposition. Auf einmal sehen die Beobachter an der englischen Küste, wie zwei Fallschirme auf die See niederschweben ... nicht in den Tiefwasserweg, sondern ins Watt.

Die Schwierigkeiten, in unübersichtlichen Küstengewässern aus der Luft zum richtigen Zeitpunkt Minen zu werfen, sind schon groß. Aber gegen eine Abdrift des am Fallschirm hängenden Sprengkörpers ist kein Kraut gewachsen. Die Luftminen besitzen zwar einen Aufschlagzünder, der sie zerstört, falls sie aufs Land treffen. Aber die beiden Minen vor Shoeburyness fallen ja noch ins Wasser, in das überflutete Watt.

Wenige Stunden später ist das Wasser mit der Ebbe abgelaufen. Die Minen liegen auf dem Trockenen. Noch in der Nacht treffen zwei Spezialisten der Royal Navy, die Kapitänleutnante Ouvry und Lewis, an der Fundstelle ein. Bei der nächsten Ebbe, am Nachmittag des 23. November, macht sich Ouvry an die lebensgefährliche Aufgabe: Er entschärft die Mine – trotz des ihm unbekannten Zündmechanismus.

Englands wichtigste Beute seit Kriegsbeginn wird geborgen.

Die Magnetzündung ist den Briten im Grunde nicht neu. Die Untersuchung ergibt, daß die Deutschen Änderungen im *vertikalen* Magnetfeld unter einem Schiff zur Zündung nutzen. Jetzt ist die Entwicklung von Gegenmaßnahmen nur noch eine Frage der Zeit. In einem umfangreichen Sofortprogramm werden die meisten britischen Schiffe ›entmagnetisiert‹, und nach wenigen Monaten kommen auch aktive Räumgeräte aus der Produktion: Sie erzeugen ein verstärktes Magnetfeld der von der Mine ›gewünschten‹ Art und bringen sie bereits in sicherer Entfernung vom Schiff zur Detonation.

Das Geheimnis der Magnetminen ist gelöst, vorerst verlieren sie ihren Schrecken. Noch vor Ende des Jahres sickern Informationen über den Erfolg des Gegners bis zur Seekriegsleitung in Berlin durch.

Um so hartnäckiger dringt Raeder darauf, daß sich die Luftwaffe an der Minenoffensive beteiligt, solange die britische Abwehr noch schwach ist.

»Die Marine«, klagt der ObdM am 26. Januar bei Hitler, »führt den Krieg zur Abdrosselung Englands so gut wie allein!«

Göring aber will nicht anfangen, bevor er 5000 Luftminen in Reserve hat. Vier Wochen später, am 23. Februar, wird Raeders Abfuhr offensichtlich. Das Oberkommando der Wehrmacht teilt der Skl mit, die Marine habe mit dem Luftmineneinsatz abzuwarten, bis die Luftwaffe den Zeitpunkt für gekommen halte.

In der Nacht zuvor aber tritt ein Ereignis ein, das noch grelleres Licht auf das gestörte Verhältnis zwischen Marine und Luftwaffe wirft.

Die Marine verliert ihren ersten Zerstörer . . .

Nicht etwa durch den Feind. Sondern durch folgenschwere Irrtümer und Versäumnisse in den eigenen Reihen.

4 Feindliche Brüder

22. Februar 1940. Der harte Winter will noch nicht weichen. Seit vielen Wochen ist die Ostsee zugefroren. Dutzende von Schiffen sitzen fest. Die Eislage hindert die Marine, Verbände auf den Nordseekriegsschauplatz zu verlegen, die dort dringend gebraucht würden. So die meisten Boote von Korvettenkapitän Karl Neitzels 1. Minensuchflottille. Neitzel hat in der Deutschen Bucht nur drei M-Boote einsatzbereit. Und da die 2. MS-Flottille in der Werft liegt, sind die drei ›M-Böcke‹ zusammen mit zwei Torpedobooten die einzigen, die noch Stichfahrten zur Überprüfung der minenfreien Wege im Nordsee-Warngebiet unternehmen können. Das ist ohne Zweifel viel zu wenig.

Gegen 19 Uhr am Abend dieses 22. Februar dringen sechs deutsche Zerstörer in das eigene Minenwarngebiet, den ›Westwall zur See‹, ein. Sie fahren in westlicher Richtung, auf ›Weg I‹, in Kiellinie. Kurs 300 Grad.

Die geheime Gasse durch die eigenen Minen ist sechs Seemeilen, gut elf Kilometer, breit. Keine Gefahr, sollte man meinen.

An der Spitze läuft *Friedrich Eckoldt,* mit dem Chef der 1. Z-Flottille, Fregattenkapitän Fritz Berger, an Bord. Dann folgen in der Kiellinie mit je 200 Meter Abstand, *Richard Beitzen, Erich Koellner, Theodor Riedel, Max Schultz* und *Leberecht Maaß.* (Siehe Karte, Seite 77.)

Der Wind weht aus Südwest mit Stärke 3, die Lufttemperatur liegt beim Gefrierpunkt, das Wasser ist eisig. Auf See breitet sich Dunst aus, aber nach oben herrscht klare Sicht. Ein satter Vollmond hängt genau hinter dem Verband am fast wolkenlosen Himmel.

Ungewöhnlich für einen Zerstörervorstoß: Die Minenfahrten an die englische Küste haben stets in den dunklen Neumondnächten stattgefunden. Und jetzt unter Festbeleuchtung? Aber so weit wollen die Zerstörer diesmal nicht.

Das Unternehmen, von der Marinegruppe West am selben

Morgen um 06.20 Uhr mit dem Stichwort ›Wikinger 444‹ ausgelöst, soll ein Fischzug werden.

Auf allen Zerstörern sind Prisenoffiziere eingeschifft. Enterkommandos machen sich bereit. Auf der Doggerbank, westlich der deutschen Minensperren, wimmelt es von Fahrzeugen. Fischdampfer, Heringlogger und so weiter. Die sollen aufgebracht werden. Natürlich nur die Engländer. Die Neutralen werden untersucht und laufengelassen. Eine frischfröhliche Kaperfahrt. Ursprünglich stand das Unternehmen ›Wikinger‹ unter dem treffenden Stichwort ›Störtebeker‹.

Die Marine will den Briten erneut beweisen, wer in der Nordsee die Initiative besitzt. Sie hat das Seegebiet seit Wochen aus der Luft beobachten lassen. Ergebnis: Zahlreiche Fischereifahrzeuge mit dubioser Tätigkeit. Dreimal melden die Seeaufklärer wegtauchende U-Boote, direkt neben einem Fischdampfer. Der Verdacht, daß sie zusammenarbeiten, liegt nahe.

»Ferner«, warnt der deutsche Flottenchef seine Zerstörer, »muß damit gerechnet werden, daß ein Teil der englischen Fischdampfer, *auch wenn sie tatsächlich fischen,* getarnte und bewaffnete Vorpostenboote darstellen.«

Die Hauptaufgabe ist klar: »Angetroffene feindliche Fischdampfer sind einzubringen, sonst zu versenken.«

In der Operationsweisung wird auch der eigenen Luftwaffe freundlichst gedacht: »Gruppe West* veranlaßt Luftaufklärung am 1. und 2. Operationstage, ferner Jagdschutz östlich des Warngebietes für Aus- und Einlaufen der Zerstörer. Ebenso werden durch Gruppe West . . . Luftkampfstreitkräfte bereitgestellt.«

Am Morgen gegen 10 Uhr, kurz vor dem Auslaufen, telefoniert der diensthabende Asto der Gruppe noch einmal mit der 1. Z-Flottille und bestätigt ausdrücklich:

»Luftkampfkräfte in Bereitschaft!«

Wie sehr die ›Luftkampfkräfte‹ bereit sind – und wozu, werden die Zerstörer bald erleben.

19.13 Uhr. Die Brückenwache auf *Friedrich Eckoldt* hört Fluggeräusche. Das ist bei der eigenen Marschfahrt von 25 Knoten und dem Lärm, der aus den Ventilatoren der Turbinenräume dringt, gar nicht selbstverständlich. Die Wächter haben gute Ohren. Kurz darauf kommt im Mondlicht eine zweimotorige Maschine in Sicht. Höhe 500 bis 800 Meter. Anscheinend ein Bomber . . .

---

* ›Gruppe West‹ = Kurzbezeichnung für Marinegruppenkommando West, derzeit höchste Führungsstelle der Marine im Nord- und Westraum. Vergleichbar der ›Heeresgruppe‹ bzw. der ›Luftflotte‹. Den erkrankten Oberbefehlshaber, Generaladmiral Alfred Saalwächter, vertritt am 22./23. 2. 1940 Admiral Rolf Carls.

Die Maschine beschreibt vor dem Führerboot einen Bogen, fliegt auf Gegenkurs an dem Zerstörerverband vorbei, dreht dann wieder ein.

Dem Flottillenchef, ›Antek‹ Berger, gefällt das nicht. Muß doch ein Fühlungshalter sein, denkt er und horcht mißtrauisch in die Nacht. Nach wenigen Minuten wird das Motorenbrummen wieder stärker. Berger dreht sich um und befiehlt:

»Fahrtverminderung auf 17 Seemeilen.«

Je langsamer sie fahren, desto weniger leuchtet das Kielwasser. »Der silberne Streifen im Wasser«, hat ihm ein Flieger gesagt, »das ist das einzige, was wir nachts von euch sehen.«

19.21 Uhr. Die Maschine ist wieder da. Fliegt einen neuen Bogen.

Auf dem Führerboot ruft der Funkgefreite Felix, der die Wache am UK-Sprechgerät hat, ins Mikrofon:

»An alle: Fliegeralarm!«

Diesmal kommt die Zweimotorige näher heran. Das zweite und das dritte Boot in der Kiellinie *Beitzen* und *Koellner,* jagen ein paar Feuerstöße aus der Zwozentimeter hoch. Das Flugzeug, nicht faul, antwortet mit MG-Feuer. Mit Leuchtspurmunition. Oder soll das ein Erkennungssignal sein?

Gleich darauf meldet sich *Max Schultz* auf der UK-Welle, die von allen mitgehört wird:

»Eigenes Flugzeug.«

Kurz nach einem Feuerwechsel eine erstaunliche Feststellung. Aber der I. Offizier auf *Schultz,* Kapitänleutnant Günther Hosemann, hat beim Aufblitzen der Granaten deutlich das Balkenkreuz der Luftwaffe erkannt. Diese Einzelheit wird, auf Rückfrage des Flottillenchefs, ebenfalls über UK mitgeteilt.

Trotzdem hält Berger die Beobachtung für irrig, für ganz unwahrscheinlich. Ohne Zweifel wird doch die Gruppe West die Luftwaffe über den Zerstörervorstoß unterrichtet haben. Wie könnten sonst »Luftkampfkräfte in Bereitschaft« stehen – für den Fall, daß sie gebraucht werden? Außerdem ist bekannt, daß Flugzeugkennzeichen leicht falsch gedeutet werden. Das ganze Flugverhalten der Maschine ist eindeutig feindselig.

Auch der Kommandant von *Erich Koellner,* Fregattenkapitän Alfred Schulze-Hinrichs, ist dieser Meinung. Er meldet über UK:

»*Koellner* hält beschossenes Flugzeug für feindlich.«

Über seine feindliche Absicht jedenfalls kann in den folgenden Minuten kein Zweifel mehr bestehen.

19.43 Uhr: Das letzte Boot des Verbandes, *Leberecht Maaß,* sieht wieder ein Flugzeug. Weit achteraus, dort, wo der Mond steht. Drei Minuten später formuliert *Maaß* den fast poetisch klingenden UK-Spruch:

»Flugzeug ist gesichtet worden in der schwarzen Wolke des Mondes.«

Alle, die es hören, sehen unwillkürlich nach oben. Der Mond hat sein unteres Drittel tatsächlich in einer dunklen Wolke verborgen.

Niemand, der es hört, kann ahnen, daß dies der letzte Funkspruch des deutschen Zerstörers *Z 1 Leberecht Maaß* gewesen ist.

19.44 Uhr. Zwei Bomben rauschen hinter dem Schlußboot ins Wasser. *Maaß* jagt einen Feuerstoß in die Luft. Dann eine neue, dumpfe Detonation. Eine schwarze Qualmwolke zwischen Brücke und Schornstein.

Maaß fällt zurück, schert aus der Kiellinie nach Steuerbord aus. Dann blinkt drüben eine Handsignallampe:

»Habe Treffer. Brauche Hilfe.«

Der Flottillenchef läßt kehrtmachen. Er will selber mit *Eckoldt* auf Rufweite an *Maaß* herangehen. Er will endlich wissen, was, zum Teufel, hier eigentlich los ist.

Am Vorabend dieser Ereignisse hat das X. Fliegerkorps des Generalleutnants Hans Geisler in seinem Stabsquartier in der Hamburger Manteuffelstraße beschlossen, am 22. Februar – ebenfalls – Krieg gegen feindliche Schiffe zu führen. Geislers Fliegerkorps, Göring direkt unterstellt, verfügt über die Verbände, die Großadmiral Raeder so gern unter seinem Kommando gewußt hätte: die *He 111*- und *Ju 88*-Gruppen, die den Luftkrieg über See führen sollen.

Die Absicht ist der Marinegruppe West bereits um 19.50 Uhr am 21. Februar mitgeteilt worden: Zwei Staffeln *He 111* sollen an der englischen Ostküste Handelskrieg führen, von den Orkneys im Norden bis hinab zur Themse.

Die Heinkel-Bomber starten auch am 22. vormittags, müssen aber unverrichteterdinge umkehren. Die Wolken sind zu hoch am Himmel, oder sie fehlen ganz; da wären die verwundbaren Heinkel Freiwild für britische Jäger. Der Einsatz wird am Abend wiederholt. Auch darüber erhält die Marinegruppe West, wie wir noch sehen werden, genaue Informationen.

17.45 Uhr. In Neumünster rollen mehrere *He 111* von der 4. Staffel des KG 26, des ›Löwengeschwaders‹, zum Start. Darunter auch die Maschine, Kennzeichen 1H + IM, mit dem Feldwebel Jäger am Steuerknüppel und dem Unteroffizier Schräpler als Beobachter.

27 Minuten lang fliegt Jäger nach Norden. Dann, genau über

der Südspitze von Sylt, schwenkt er nach Westen und setzt die Maschine auf eine ›Standlinie‹ des Senders Hörnum. Dieser Funkstrahl soll sie, mit Kurs 241 Grad, quer über die Nordsee bis vor die englische Küste leiten. Der Bordfunker, Unteroffizier Schneider, ist jetzt der wichtigste Mann in der Heinkel. Ohne seine Funkpeilungen wären sie, nachts und mitten über See, hilflos.

Ruhig folgt die 1H + IM ihrem Kurs, gleichmäßig arbeiten die Motoren: Mit 1800 Umdrehungen, Propellerstellung Neunuhrfünfzig. Den Gegenwind aus Südwest eingerechnet, nähert sich der Bomber mit 250 Kilometer pro Stunde dem Zielgebiet.

Eine ganze Weile nach 19 Uhr – wann genau, merkt sich die Besatzung nicht – entdeckt der Bordmechaniker, Unteroffizier Döring, einen Schaumstreifen unten auf dem Meer. Döring alarmiert seine Kameraden. Schräpler, der Beobachter, sieht es jetzt auch.

Der Streifen muß von einem Schiff stammen. Und Schiffe sollen sie ja angreifen mit ihren Bomben. Also mal genauer ansehen! Jäger zieht die Maschine in eine Linkskurve, denn sie sind schon daran vorbei. Dann, auf Gegenkurs, ist er wieder zu sehen, der Schaumstreifen. Und ein Schatten davor: das Schiff!

Später, vor dem von Hitler persönlich befohlenen Untersuchungsausschuß, werden die Unteroffiziere ins Kreuzverhör genommen:

»Wie sah der Schatten denn aus?« fragt Generalmajor Coeler.

Schräpler druckst herum.

»Na so viereckig«, sagt er.

»Und weiter?«

»Mit Querschatten. Vorn eine Brücke, und Aufbauten.«

»Und das war ein Handelsschiff?« will Kapitän zur See Heye wissen.

»Ja«, sagen die Unteroffiziere, »ganz deutlich«.

»Wie oft haben Sie schon Schiffe nachts aus der Luft beobachtet?«

»Gar nicht. Das war das erstemal.«

Abends, am 22., über der Nordsee, fliegt Feldwebel Jäger nach einigem Zögern – er weiß ja, daß er noch nicht im eigentlichen Angriffsgebiet vor der englischen Küste ist – eine zweite Untersuchungsrunde. Diesmal näher heran.

Auf einmal ballert unten leichte Flak los. Die Granaten platzen dicht neben und über die Maschine. Bordmechaniker Döring liegt schon hinter seinem MG in der Bodenwanne und schießt zurück.

Wüßten die Kampfflieger, daß sich zur gleichen Zeit und im selben Seegebiet deutsche Zerstörer auf dem Vormarsch befinden – sie wären wahrscheinlich vorsichtiger. Oder sie würden es mal mit einem Erkennungssignal versuchen. Aber sie wissen es nicht. Niemand hat es ihnen gesagt.

Für den Flugzeugkommandanten steht nach dem Beschuß fest, daß er den Feind vor sich hat. Er beschließt, mit Bomben anzugreifen.

Jäger zieht die Heinkel hoch, wendet. Er will mit dem Mondlicht im Rücken anfliegen. Aus 1500 Meter Höhe drückt er die Maschine zum Angriff auf das vermeintliche Handelsschiff ... »aus der schwarzen Wolke des Mondes« heraus.

Ganz vorn in der Bugkanzel liegt Schräpler hinter dem Zielgerät. Er hat auf Reihenabwurf geschaltet. Vier 50-Kilo-Bomben ohne Verzögerung. Schräpler braucht nur die erste Bombe auszulösen, die anderen fallen automatisch hinterher.

Da ist wieder der Schaumstreifen. Sie rasen auf das Schiff zu. Schräpler wirft.

Die ersten beiden Bomben scheinen zu kurz zu liegen. Aber die dritte sitzt genau im Ziel: Treffer auf dem Vorschiff!

Von oben sehen sie noch, wie das Schiff die Fahrt verliert und nach rechts ausschert.

»Dem verpassen wir noch ein Ding«, sagt Jäger und zieht die Maschine wieder hoch.

Bordfunker Schneider sieht auf die Uhr: genau 19.45 Uhr.

Um 19.46 Uhr drehen die Zerstörer auf Gegenkurs, um dem getroffenen und zurückgefallenen *Leberecht Maaß* Hilfe zu bringen. Bald sehen sie das liegengebliebene Boot. Und die Klappbuchs, die immerzu morst:

»Habe Treffer, brauche Hilfe.«

19.54 Uhr. Flottillenchef Berger gibt über UK Befehl an die anderen Boote:

»Nicht folgen. *Eckoldt* geht in Rufweite. Boote klarhalten.«

19.56 Uhr. Das Führerboot ist nur noch 500 Meter von *Maaß* entfernt. Der Abstand verringert sich schnell. Alle Gläser sind auf den Havaristen gerichtet. Korvettenkapitän Alfred Schemmel, Kommandant auf *Eckoldt,* setzt das Glas kopfschüttelnd ab. Nichts Verdächtiges auf *Maaß* zu sehen. Keine Trefferwirkung. Kein Rauch, kein abblasender Dampf, kein Feuer. Der I. O., Korvettenkapitän Heinrich Wittig, hat schon die ›Flüstertüte‹ in der Hand, um rüberzurufen, was los ist. Auf Deck wird Rettungsgerät klargelegt. Und für alle Fälle das Schleppgeschirr.

In diesem Augenblick, völlig unerwartet, ein neuer, kurzer

Feuerstoß aus einer der achteren Fla-Waffen auf *Maaß*. Sekunden später zwei krachende Detonationen. Die erste, etwas dumpfer, reißt hinter dem Zerstörer eine hohe Wassersäule aus dem Meer. Die zweite ist ein direkter Treffer:

Mittschiffs auf *Maaß,* beim zweiten Schornstein. Ein Blitz zuerst, dann ein Feuerball, vom Boot gelöst, in die Luft geschleudert.

Irgendwer auf der Brücke von *Eckoldt* ruft erregt:

»Bomben!«

Aber niemand sieht das Flugzeug.

Flottillenchef Berger registriert automatisch, was die Augen melden, der Verstand nicht fassen will:

»Auf *Maaß* steigt eine eineinhalb Mast hohe rote Flammen- und Qualmsäule auf. Im nächsten Augenblick ist er in einer großen Qualmwolke verschwunden . . .«

Der Wind treibt den Qualm auf das Führerboot zu, darüber hinweg. Als die Sicht wieder frei wird, ist *Leberecht Maaß* in der Mitte durchgebrochen. Beide Teile des 119 Meter langen Schiffskörpers sinken, beide in der Mitte zuerst. Bug und Heck ragen gespenstisch hoch aus dem Wasser. Die See ist hier nur 40 Meter tief.

»An alle«, ruft Funkgefreiter Felix auf *Eckoldt* einen Befehl des Chefs ins UK, »an alle: *Maaß* sinkt. Boote aussetzen.«

Es ist genau 19.58 Uhr.

Die Schiffskatastrophe wird nun, wie stets, zur Tragödie der betroffenen Menschen. 330 waren an Bord des Zerstörers, einschließlich der für ›Wikinger‹ eingeschifften Prisenkommandos. Wie viele werden in den Strudel des Untergangs gerissen, wie viele überleben?

Die Retter sind ja nah.

Aber die Retter denken zuerst an die eigene Sicherheit. Unter dem Eindruck der überraschenden Bombentreffer, der grausigen Feuersäule, jagen sie mit äußerster Kraft auseinander, steuern mit Hartruderlagen Ausweichmanöver. Wer weiß, vielleicht ist der eigene Zerstörer das nächste Ziel?

Der Befehl des Flottillenchefs, »Boote aussetzen!« bringt sie wieder zur Ruhe. *Erich Koellner* kommt dicht neben dem Wrack zum Stehen. Bug und Heck ragen mehrere Meter hoch aus dem Wasser heraus und schwanken beängstigend in der Dünung. An beiden Wrackteilen klammern sich Überlebende fest. Sie winken und schreien. Die meisten aber schwimmen im eisigen Wasser.

Koellner treibt mitten in das Feld der Überlebenden hinein.

»Schwimmwesten anlegen!« befiehlt Schulze-Hinrichs.

Viele Seeleute werfen die Schwimmwesten über Bord, den

Kameraden zu, die mit dem Tod kämpfen. Rettungsbojen fliegen hinterher. Und die großen quadratischen Rettungsinseln, auf die man so schwer raufkommt, wenn man mit erstarrten Gliedern im Wasser liegt.

Auf der anderen Seite wird das Verkehrsboot des Zerstörers ausgesetzt und hält auf ein Dutzend Köpfe zu, die schon weit abgetrieben sind. Nach kurzem Lauf streikt der Bootsmotor. Köpfe treiben überall. Die Bootsleute ziehen heraus, wen sie gerade zu fassen bekommen. Der Zufall entscheidet über Leben und Tod.

Glück für den, sollte man meinen, der direkt gegen die Bordwand des Zerstörers treibt. Taue und Leitern hängen herunter. Hilfreiche Hände strecken sich entgegen. Aber auf dem Wasser schwimmt eine dicke Heizölschicht. Alles ist verschmiert. Kein Griff hält. Wer zupacken will, rutscht ab. Die Schiffbrüchigen haben keine Kraft mehr und versinken noch hier, die Rettung greifbar nahe.

Auch *Eckoldt* und *Beitzen* haben die V-Boote ausgesetzt und fischen nach Überlebenden. Die beiden restlichen Zerstörer, *Riedel* und *Schultz,* fahren auf Befehl des Flottillenchefs einen großen Außenkreis: zur Sicherung gegen U-Boote.

20.04 Uhr. Plötzlich neue Detonationen! Und ein roter Feuerball, genau wie beim Untergang von *Maaß!*

Entsetzt fahren die Köpfe der Retter hoch. Doch der Spuk ist schon verflogen. Eine Täuschung?

Auf *Beitzen* meldet ein Ausguck dem Kommandanten, Korvettenkapitän v. Davidson, daß es wieder ein Bombenangriff war: neben dem Treffer noch zwei Aufschläge im Wasser. Und ein MG-Feuerstoß in die Luft . . .

Am nächsten steht *Riedel* dem Ort der zweiten Katastrophe: nur etwa 1000 Meter entfernt. Ein, zwei Sekunden lang liegt heller Feuerschein über der See und darunter, grell beleuchtet, ein Schwesterboot. Aber welches?

Korvettenkapitän Gerhard Böhmig läßt *Riedel* nach Steuerbord drehen, auf den Feuerschein zu. In diesem Augenblick kommt Meldung aus dem eigenen Horchraum:

»U-Boot-Geräusche 5 Dez an Steuerbord.«

Ein U-Boot also!

Da hilft nichts: Böhmig muß in die Horchpeilung eindrehen und zuerst das U-Boot jagen. Kurz darauf meldet das vordere Geschütz auf der Back:

»Schaumstreifen gesichtet.«

»Wasserbomben klar«, ruft Böhmig, »Feuererlaubnis!«

20.08 Uhr. Vier Wabos fliegen ins Wasser. Das Boot dreht

noch, es kommt nicht schnell genug weg. Die Detonationen der eigenen Bomben schütteln den Zerstörer. Sicherungen fliegen heraus. Die elektrische Ruderanlage blockiert. *Riedel* dreht und dreht nach Steuerbord, fährt einen vollen Kreis, ist nicht auf geraden Kurs zu legen. Und das mit einem U-Boot in der Nähe.

»Ruder auf Handbetrieb schalten«, befiehlt der Kommandant, und nach kurzem Zögern fügt er hinzu: »Klar bei Schwimmwesten.« Der Schweiß steht ihm auf der Stirn.

20.09 Uhr. Auch auf den anderen Booten, die dicht beim Wrack von *Maaß* gerade mit der Rettung angefangen haben, wird es jetzt mulmig. Auf *Koellner* ruft ein Ausguck:

»U-Boot an Steuerbord!«

Kommandant, I. O. und Wachoffizier suchen die See mit ihren Gläsern ab. Nichts. Aber ein U-Boot *muß* in der Nähe sein, wenn ein Zerstörer schon Wasserbomben geworfen hat.

Vom Führerboot kommt die UK-Anfrage des Flottillenchefs:

»Melden, wer klar ist.«

Drei Boote antworten sofort:

»*Beitzen* klar.«

»*Koellner* klar.«

»*Riedel* klar.«

Das letzte Boot schweigt, *Schultz* meldet sich nicht.

Auf *Eckoldt,* dem Führerboot, starrt der Fregattenkapitän Berger auf die verdammte See. Die Schreie der Hilfesuchenden, der Ertrinkenden wehen herauf. Ein frisch-fröhlicher Fischzug sollte es werden. Die Ereignisse der letzten halben Stunde sind wie der Blitz über sie hereingebrochen. Unabwendbar? Berger weiß es nicht. Aber er weiß, daß die Verantwortung für die kommende halbe Stunde allein bei ihm liegt. Und kann er es verantworten, daß drei seiner Zerstörer gestoppt auf der Stelle liegen, wenn tatsächlich ein U-Boot in der Nähe ist? Daß er, um Überlebende zu retten, die Gefahr heraufbeschwört, noch mehr Boote und ihre ganze Besatzung zu verlieren?

Berger schildert seine Überlegungen selbst: »Inzwischen bin ich von der Anwesenheit eines U-Bootes überzeugt. 1. Zur Zeit der Detonation auf und bei *Maaß* ist – trotz des Flakfeuers von *Maaß* – ein Flugzeug weder gesehen noch gehört worden . . . 2. Die Detonationen um 20.04 Uhr mußten Treffer auf einem meiner Zerstörer sein. Bisher haben englische Bomber selbst bei Tage nichts getroffen. Sollen sie jetzt bei Nacht eine solche Serie von Treffern erzielen?«

Ausgeschlossen, glaubt Berger. Zudem meldet *Koellner* eine U-Boot-Sichtung. Und *Riedel* hat sogar schon die Wasserbombenverfolgung aufgenommen!

Plötzlich steht Berger im Brückenhaus. Und befiehlt:

»Beide Maschinen AK voraus! Kurs 120 Grad.«

Die anderen starren ihn fassungslos an. Der Chef dreht durch!

Der Kommandant von *Eckoldt,* Korvettenkapitän Schemmel, erwidert scharf: »Herr Kapitän, wir sind im Rettungsmanöver. Unser V-Boot ist ausgesetzt.«

Berger besteht auf seiner Entscheidung. Erst mal Fahrt ins Schiff! Erst mal weg! Er will das U-Boot unter Wasser drücken. Und dann wieder zurückkommen.

Friedrich Eckoldt nimmt die Fahrt auf und rauscht davon. Schemmel verläßt unter Protest die Brücke.

Auch für den Kommandanten von *Koellner,* Fregattenkapitän Schulze-Hinrichs, wird die Lage zusehends verworrener. Nervosität breitet sich aus. Immer häufiger kommen die Sichtmeldungen: U-Boot-Türme. Sehrohre. Torpedolaufbahnen. Schulze-Hinrichs jagt von einer Schiffsseite auf die andere. Er sieht nichts von dem, was ihm da alles gemeldet wird. Er sieht etwas anderes:

Sein Boot ist auf einmal allein. Allein zwischen den Schiffbrüchigen an der Untergangsstelle von *Maaß. Eckoldt* ist weg. *Beitzen* ist auch weg. Nur über die UK-Welle hört er das Führerboot rufen:

»An alle: Position melden und ob restlos klar.«

Schulze-Hinrichs läßt antworten: »*Koellner* bei *Maaß* klar.«

Und denkt: Noch sind wir klar, aber wie lange noch? Er beugt sich über die Brückennock, sieht nach den Rettungsarbeiten. Das eigene V-Boot liegt gerade an der Backbordseite. Es kostet unendliche Mühe, die Geretteten aus dem Boot an Deck zu bekommen. Immer wieder rutschen sie ab, fallen zurück, völlig entkräftet.

Und wieder eine U-Boot-Meldung!

Schulze-Hinrichs kann es, glaubt er, nicht mehr verantworten. Er befiehlt, das V-Boot loszuwerfen. Er wird es später holen. Von Deck kommt, fast zu schnell, die Bestätigung:

»V-Boot ist losgeworfen.«

20.16 Uhr. Der Zerstörer springt mit beiden Maschinen an.

Aber das V-Boot hängt noch mit einer Achterleine fest. Am Schraubenschutz. Es wird von dem mächtig anziehenden Zerstörer mitgerissen, schneidet sofort unter, kentert. Die ›Geretteten‹ im Boot stürzen ins Meer. Auch einer der Retter, Matrosengefreiter Adolf Falk, findet mit ihnen den Tod. Niemand auf der Brücke von *Koellner* ahnt etwas von dieser neuen Tragödie.

Denn der Zerstörer macht jetzt U-Boot-Jagd. Mit Höchstfahrt stößt er auf den angeblich gesichteten Feind zu. Eine Jagd auf

Phantome: Nirgends ist ein U-Boot!

20.28 Uhr. Nach einem großen Bogen kehrt *Koellner* zur Untergangsstelle zurück. Nach wie vor ragt der Geisterbug hoch aus dem Wasser. Schulze-Hinrichs will jetzt die Seeleute bergen, die sich dort anklammern. Er will direkt an dem Wrack anlegen. Doch niemand ist mehr oben. Sie müssen alle ins Wasser abgerutscht sein. Oder ist es gar ein ganz anderer Bug?

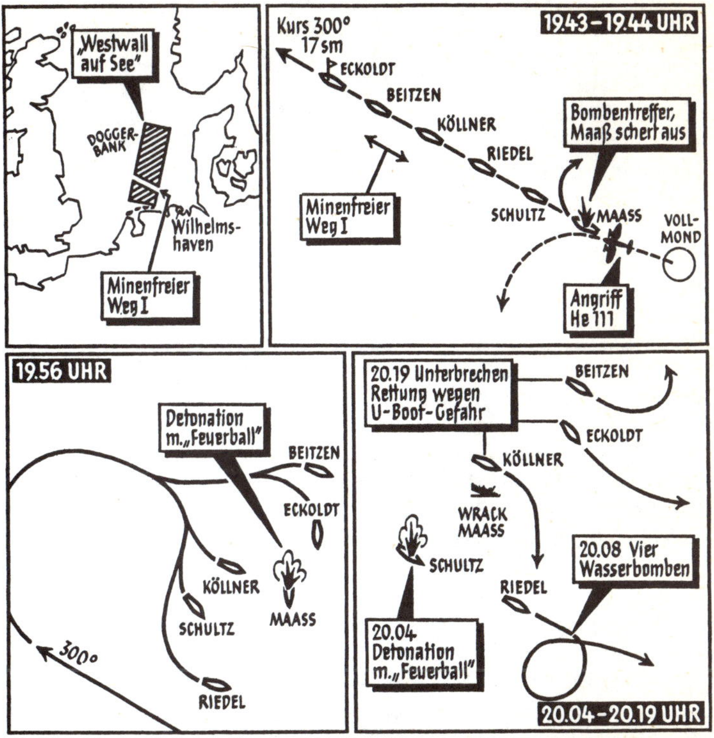

Verlust der Zerstörer Leberecht Maaß *und* Max Schultz *am Abend des 22. Februar 1940. Links oben eine Übersicht. – Drei Phasen kennzeichnen den Ablauf der Ereignisse. 19.43–19.44 Uhr: Der in Kiellinie laufende Verband von sechs Zerstörern wird mit Bomben angegriffen,* Maaß *getroffen. – 19.56 Uhr: Vor den fünf zu Hilfe kommenden Schwesterbooten eine neue Detonation,* Maaß *sinkt. – 20.04–20.19 Uhr: Auch* Schultz *sinkt nach heftiger Detonation. Angeblich werden U-Boote gesichtet und angegriffen, die Rettung von Überlebenden wird daraufhin abgebrochen.*

20.29 Uhr. Der Flottillenchef ruft, fast beschwörend, über UK:

»An alle. Wer weiß etwas von *Schultz?*«

Das Boot scheint spurlos verschwunden zu sein. Schulze-Hinrichs glaubt beim Wrack von *Maaß* zu liegen. Wieder treibt sein Zerstörer in ein Feld von Überlebenden hinein, die sich mit letzter Kraft schwimmend über Wasser halten.

20.30 Uhr. Ein Ausguck schreit:

»Aufgetauchtes U-Boot an Backbord! Torpedolaufbahn!«

Der Punkt ist erreicht, da auch ruhigen, besonnenen Soldaten die Nerven versagen. Unerwartet, ganz plötzlich, zeigt der Krieg sein wahres Gesicht. Nichts mehr von ›frisch-fröhlich‹. Kein kühner Husarenritt. Keine Siegesfanfaren, kein Fahren gegen Engeland. Sondern Tod und Vernichtung vor Augen. Lauernde Gefahren ringsum. Und die nackte Angst im Herzen.

Erich Koellner heißt ihr Zerstörer. Die Traditionspflege ist immer groß geschrieben worden in der Marine. Erich Koellner war im Ersten Weltkrieg Kapitänleutnant und Halbflottillenchef. Am 20. April 1918 geriet er mit drei Minensuchbooten in eine englische Minensperre. Das erste Boot wurde getroffen und sank. Bei der Rettung der Überlebenden lief auch das zweite Boot auf eine Mine und ging unter. Koellner ließ weiter retten. Bis auch das dritte Boot, sein eigenes, vernichtet wurde.

Und jetzt genau der gleiche Krampf, denken die Männer an Deck. Sie retten und retten und können jeden Augenblick selber in die Luft fliegen. Will der Kommandant sich der Tradition würdig erweisen? Will er Boot und Besatzung opfern?

Nein, der Kommandant hat keineswegs solche Absichten. Auf die letzte U-Boot-Sichtmeldung hin glaubt er selber, zwei Blasenbahnen zu sehen, noch 200 Meter entfernt.

»AK voraus!« ruft Schulze-Hinrichs, »hart Backbord!«

Wieder springt der Zerstörer an. Wieder erlischt für Dutzende von Schiffbrüchigen der letzte Funke Hoffnung.

Auf der Brücke von *Koellner* glaubt man zu beobachten, wie die Torpedolaufbahn ganz knapp hinter ihrem Heck durchgeht. Das Boot vermeidet um Haaresbreite einen Treffer. Aber jetzt werden sie dieses verfluchte U-Boot stellen!

Der Zerstörer jagt in die Richtung, aus der der Torpedo kam. Bald darauf eine neue Sichtmeldung:

»U-Boot-Turm voraus!«

»Vierkant drauflos«, befiehlt Schulze-Hinrichs, »den rammen wir!«

Aber es ist wieder kein U-Boot. Sondern das Vorschiff von *Maaß,* das senkrecht auf dem Meeresboden steht und immer noch gespenstisch aus dem Wasser ragt.

Offiziere und Männer auf *Koellner* zweifeln an ihrem Verstand. Sie sind doch eben von dem Wrack abgelaufen! Es müßte also hinter ihnen liegen. Langsam dämmert die Erkenntnis, daß sie zwischen zwei verschiedenen Wracks hin- und herjagen. Das Wrack, an dem sie zuletzt anlegen wollten, muß das verschwundene Schwesterboot *Max Schultz* gewesen sein. Und sie hätten die dort schwimmenden Kameraden retten können ... Oder ist auch das nur Phantasie?

20.35 Uhr. *Koellner* meldet über UK:

»Zwischen den Wrackteilen der Zerstörer feindliches U-Boot und Blasenbahn gesehen.«

Prompt fragt das Führerboot zurück: »Was wissen Sie von *Schultz?*«

»Von *Schultz* nichts gesehen«, läßt Schulze-Hinrichs antworten, »habe nur zwei Wracks gesehen.«

Zwei Zerstörer sind verloren und die anderen vier höchster U-Boot-Gefahr ausgesetzt.

Flottillenchef Berger: »Ich kann die Boote nicht aufs Spiel setzen, um den Leuten von *Maaß* und *Schultz* weiter zu helfen. Ich muß den Rückmarsch antreten.« Um 20.36 Uhr gibt er daher den UK-Befehl:

»An alle. Kurs 120 Grad, Fahrt 17 Seemeilen.«

Eckoldt und *Beitzen* sind zuvor an die Untergangsstelle zurückgekehrt und haben ihre Verkehrsboote mit weiteren Geretteten wieder eingesetzt. *Koellner* streift auf der Suche nach seinem unter Wasser gedrückten V-Boot die See zwischen den Wracks ab. Als der UK-Befehl zum Abbruch und zur Umkehr kommt, gibt *Koellner* zurück:

»Hier sind noch Überlebende.«

Der Letzte hockt immer noch auf dem Vorsteven von *Maaß* und blinkt mit einer Taschenlampe. Als der Zerstörer nahe genug ist, läßt sich der Mann ins Wasser gleiten, klammert sich an ein Floß und schwimmt seinen Rettern entgegen. *Koellner* manövriert so lange, bis das Floß an seiner Bordwand liegt.

Noch einmal wird eine Leiter heruntergereicht. Der Mann versucht sich festzuklammern, aber er findet an den ölverschmierten Sprossen keinen Halt.

In diesem Augenblick geht der Zerstörer mit der Fahrt an. Oben glaubt man, der Gerettete sei geborgen, er sei an Deck.

Er ist es nicht, er hängt noch an der Bordwand. Der Fahrtstrom reißt ihm die Leiter aus der Hand. Das Rauschen der See übertönt seinen Todesschrei.

So versinkt auch der letzte Überlebende des deutschen Zerstörers *Leberecht Maaß.* Es ist 21.05 Uhr, länger als eine Stunde nach der Katastrophe. Weitere Suche ist zwecklos. In der eisigen See könnte niemand so lange am Leben bleiben. *Koellner* jagt jetzt den anderen Booten nach, die ihm weit voraus sind.

Der I. O., Kapitänleutnant Kurt Reitsch, läßt die Geretteten zählen. Es sind ganze 24. Dazu 19 Gerettete auf *Eckoldt* und 17 auf *Beitzen.* Macht zusammen 60.

60 Soldaten überleben die Katastrophe des Zerstörers *Leberecht Maaß,* 60 von 330, die an Bord waren. Der Kommandant, Korvettenkapitän Fritz Bassenge, ist nicht unter den Geretteten, und auch keiner seiner Offiziere.

Von *Max Schultz* überlebt niemand. Der Zerstörer ist mit seinem Kommandanten, Fregattenkaptiän Claus Trampedach, und mit der gesamten 308köpfigen Besatzung gesunken.

Grausames Spiel des Zufalls: Um 20.28 Uhr war *Koellner* für wenige Minuten am Wrack von *Schultz* und trieb mitten unter Schiffbrüchigen. Im Begriff, sie zu retten, jagte die neue U-Boot-Meldung den Zerstörer wieder davon . . .

»Im Verhältnis zu den Bemühungen«, schreibt Schulze-Hinrichs ins Kriegstagebuch, »ist die Zahl der Geretteten infolge der vermeintlichen U-Bootsgefahr . . . klein geblieben.«

Vermeintliche U-Bootsgefahr?

Schulze-Hinrichs weiter: »Bei rückschauender Beurteilung kann ich nicht mehr mit Sicherheit behaupten, daß tatsächlich ein U-Boot zugegen war.«

»Trotz der zahlreichen U-Bootsalarmmeldungen«, urteilt auch der *Beitzen*-Kommandant, Korvettenkapitän v. Davidson, »habe ich persönlich an das Vorhandensein von U-Booten nicht geglaubt, sondern war davon überzeugt, daß die Verluste nur durch Luftangriff entstanden sind.«

Heute steht fest, daß tatsächlich kein einziges U-Boot am Ort der Katastrophe gewesen ist. Die diesige Luft unter verschwommenem Mondlicht, das Schraubenwasser der hin und her kurvenden Zerstörer, die Wirbelbildung bei den Wracks – das alles gaukelte den durch den plötzlichen Ernstfall überforderten jungen Soldaten Phantasiegebilde vor. Nur so sind auch die deutlich »gesichteten« Torpedolaufbahnen zu erklären.

Wie aber konnte es überhaupt zu der Katastrophe kommen?

Bei der Marinegruppe West in Wilhelmshaven trifft um 20.30 Uhr ein KR-Funkspruch* der 1. Z-Flottille ein, den der Gefechtsfunkoffizier auf *Friedrich Eckoldt,* Oberleutnant Klaus

* KR = höchste Dringlichkeitsstufe.

Hahn, zwölf Minuten zuvor verschlüsselt und gesendet hat:

»*Maaß* gesunken, Quadrat 6954 links unten.«

Betroffen fragen sich der Chef des Stabes Konteradmiral Otto Ciliax, und seine Offiziere nach den möglichen Ursachen. Während sie noch rätseln, kommt um 21.02 Uhr ein zweiter KR-Funkspruch auf den Tisch:

»Auch *Schultz* vermißt. Wahrscheinlich U-Boot.«

Erste Reaktion der Gruppe: Dem Flottillenchef wird »anheimgestellt, Unternehmen nach eigenem Ermessen abzubrechen«. Zu dieser Zeit sind die vier übrigen Zerstörer schon auf dem Rückmarsch.

Dann wird die Küstenfliegerstaffel Bergemann alarmiert. Sie soll beim ersten Tageslicht mit allen verfügbaren Flugzeugen nach Überlebenden suchen.

Daß ein feindliches U-Boot im deutschen Minenwarngebiet operieren soll, überlegt Ciliax, ist höchst unwahrscheinlich. Ob die Zerstörer auf Minen gelaufen sind? Die Unterlagen besagen, daß der minenfreie Weg I zuletzt am 29./30. Januar mit Minensuchgeräten abgelaufen worden ist. Also vor mehr als drei Wochen. Und nur eine ›Stichfahrt‹ mit zwei Torpedobooten ...

Mitten in diese Überlegungen platzt gegen 23 Uhr ein Fernschreiben des X. Fliegerkorps aus Hamburg: Um 19.50 Uhr ist 20 Seemeilen nördlich Terschelling-Feuerschiff ein 3000-t-Dampfer mit Kurs 300 Grad durch ein eigenes Flugzeug angegriffen und versenkt worden.

Ciliax stutzt. 300 Grad war genau der Kurs, den die Zerstörer gelaufen sind. Aber wie kann man *einen* Dampfer mit sechs Zerstörern verwechseln? Auch der angegebene Standort differiert um mindestens 50 Seemeilen. Der Verdacht, *Maaß* und *Schultz* könnten eigenen Bomben zum Opfer gefallen sein, wird als abwegig beiseite geschoben.

Im Laufe der Nacht jedoch ergeben sich neue Verdachtsmomente durch die Aussagen der heimgekehrten Flugzeug- und Zerstörer-Besatzungen. Früh am 23. Februar erfährt es die Seekriegsleitung. Und bei der Vormittagslage auch das Führerhauptquartier.

Hitler ist außer sich. Ausgerechnet die Zerstörer, die in den letzten Monaten so erfolgreich gegen England operierten, ohne daß der Feind ihnen etwas anhaben konnte! Ausgerechnet diese Schiffe sind nun durch eigene Bomben versenkt worden? Hitler verlangt sofort einen Untersuchungsausschuß mit allen Vollmachten. Er will den Fall restlos geklärt wissen.

Unabhängig vom Untersuchungsergebnis beklagt sich der Oberste Befehlshaber der Wehrmacht in einem Erlaß am 26.

Februar darüber, daß »wiederholt empfindliche Verluste durch eigene Waffeneinwirkung« eingetreten sind. Er ersucht die Herren Oberbefehlshaber, in kürzester Frist Abhilfe zu schaffen.

Hitler: »Ich kann es nicht dulden, daß das Vertrauen auf die gegenseitige Hilfe und Unterstützung infolge nachlässiger Handhabung der Zusammenarbeit der Wehrmachtteile auf dem Gefechtsfeld oder auf See verlorengeht und statt gegenseitiger Hilfe sogar noch schwere Verluste eintreten.«

Die betroffenen Führungsstäbe beginnen am 23. Februar zu rotieren. Vormittags fährt der Gruppenbefehlshaber, Admiral Carls, mit Stabschef Ciliax zu den Zerstörern und spricht mit den Kommandanten. Die Aussagen der 60 Überlebenden von *Maaß* sind widersprüchlich. Keine Klarheit über die Verlustursache.

Um 11 Uhr ruft Fregattenkapitän Reinicke von der Skl an und dringt auf die Geheimhaltung der Verluste. Die Angehörigen der Toten dürften nur mit der allgemeinen Formel »Im Verlaufe einer Operation fiel ...« benachrichtigt werden. Kein Wort über die Verlustursache!

Nachmittags meldet das Vorpostenboot *Vp 809*, an der Untergangsstelle herrsche dichter Nebel, die Suche nach Überlebenden sei unmöglich. Dasselbe gilt natürlich für die Seeflieger.

Um 16.30 Uhr trifft Oberstleutnant Loebel vom X. Fliegerkorps mit der unglücklichen *He 111*-Besatzung des Feldwebels Jäger ein, die sich im übrigen keiner Schuld bewußt ist.

Schließlich nimmt der Untersuchungsausschuß auf dem schweren Kreuzer *Hipper* seine Tätigkeit auf. Dem Ausschuß gehören an: der Führer der Seeluftstreitkräfte, Generalmajor Joachim Coeler; der Kommandant der *Hipper*, Kapitän zur See Hellmuth Heye, und der Luftwaffen-Oberstleutnant Loebel.

Fest steht, daß der erste Reihenwurf der *He 111* um 19.45 Uhr eben nicht ein Handelsschiff, sondern den Zerstörer *Leberecht Maaß* getroffen hat. Nun kommt heraus, daß dieselbe Maschine 1H+IM »etwa um 19.58 Uhr« einen zweiten Angriff auf das Schiffsziel geflogen ist, wieder mit vier 50-Kilo-Bomben. Beobachter Schräpler sah »zwei Treffer mitten auf dem Schiff, dann eine Stichflamme. Gleich darauf brannte der Dampfer und sank.«

Die Uhrzeit stimmt bis auf zwei Minuten mit dem Zeitpunkt überein, zu dem *Maaß* vor den Augen der zu Hilfe kommenden Schwesterboote den zweiten Treffer erhielt, in der Mitte durchbrach und unterging.

Anschließend flog die *He 111* weiter in Richtung England. Beim Abflug sah der Bordmechaniker, Unteroffizier Döring, auch noch andere Schaumstreifen. Das müssen die herumkurvenden Zerstörer gewesen sein. Die Beweiskette ist geschlossen.

Demnach wäre allein *Leberecht Maaß* irrtümlich von der eigenen Luftwaffe versenkt worden. Wenn das stimmt – was ist dann mit *Max Schultz* geschehen?

Das Kampfflugzeug hat keinen dritten Angriff geflogen. Der Untersuchungsausschuß kommt zu dem Schluß, bereits der zweite Angriff der *He 111* habe nicht *Maaß*, sondern *Schultz* gegolten. »Bei der bewiesenen Treffsicherheit« des Bombenschützen habe der Zerstörer zwei Volltreffer mittschiffs erhalten, die ihn sofort versenkten. *Maaß* dagegen müsse zwölf Minuten nach dem ersten Bombentreffer durch eine innere Explosion in die Luft geflogen sein.

Eine feindliche Waffenwirkung wird schon deshalb ausgeschlossen, weil der Gegner keinen Erfolg gemeldet hat. Folglich kann auch kein englisches U-Boot beteiligt gewesen sein – und alle vermeintlichen U-Boot-Sichtungen, die so viele Seeleute das Leben gekostet haben, weil die rettenden Zerstörer immer wieder auf und davon gingen, alle diese Sichtungen müssen Phantasiegebilde gewesen sein.

Mithin sind, nach damaliger, streng geheimgehaltener Erkenntnis, beide deutsche Zerstörer durch die Bomben eines deutschen Kampfflugzeugs vernichtet worden.

Ein Irrtum nur – und 578 Seeleute finden einen grauenhaften Tod. Irrtum? Oder menschliches Versagen?

»Der Untersuchungsausschuß sieht einen wesentlichen Grund (für die verhängnisvolle Entwicklung) darin, daß die Flugzeugbesatzung über die Möglichkeit, mit deutschen Kriegsschiffen zusammenzutreffen, nicht unterrichtet war.« Wie konnte es zu diesem Versäumnis kommen?

Um 12.18 Uhr mittags am 22. Februar – kurz nachdem die Zerstörer zum Unternehmen ›Wikinger‹ ausgelaufen sind – trifft bei der Marinegruppe West ein KR-Fernschreiben des X. Fliegerkorps ein. Die Luftwaffe unterrichtet die Marine:

»KG 26 führt am 22. abends einzelflugzeugweise bis Staffelstärke Handelskrieg an der englischen Ostküste südlich Humber und im Kanal. Eintreffen im Kampfgebiet nicht vor 19.30 Uhr. Rückkehr bis 24 Uhr.«

Die Marine nimmt das zur Kenntnis und veranlaßt – nichts.

Um 12.35 Uhr sendet die Gruppe der 1. Z-Flottille zwei Funksprüche, einen über das Wetter, einen über die ›Luftlage‹. Darin wird lediglich mitgeteilt, ein englischer Bomber sei nördlich Langeoog abgeschossen worden, eigene Jäger befänden sich in der

Luft.

Nichts über den Abendeinsatz eigener Bomber.

Die Gruppe tut vielerlei: Sie bestellt – beim Führer der Seeluftstreitkräfte – ausreichende Luftaufklärung, damit den Zerstörern nichts Unvorhergesehenes zustößt. Sie fordert – beim Jagdfliegerführer Deutsche Bucht – Jagdschutz für die aus- und am nächsten Vormittag wieder einlaufenden Boote an. Weder die ›Seeluft‹ noch die Jagdflieger haben etwas mit dem X. Fliegerkorps zu tun. Und ausgerechnet das X. Korps, das am Abend die Bomber über See einsetzen wird, erfährt – vorläufig – nichts darüber, daß auch die Zerstörer draußen sind.

Um 16.15 Uhr erhält die Marine einen neuen Hinweis. Diesmal bittet das X. Korps um die Benachrichtigung der Marineflak und die Einziehung von Ballonsperren, damit den im Dunkeln über See heimkehrenden *He 111*-Rotten nichts passiert.

Es ist bereits 17 Uhr, als endlich auch die Marinegruppe das X. Fliegerkorps fernschriftlich bittet, am nächsten Morgen eine Kampfstaffel bereitzuhalten: zur Unterstützung von zur Jade *zurücklaufenden* Zerstörern.

Der Stabschef des X. Fliegerkorps, Major Martin Harlinghausen, glaubt nicht richtig zu lesen. Wenn morgen Zerstörer zurücklaufen, so rechnet er sich vor, müssen heute nacht Zerstörer draußen sein. Und das bei Vollmond? Und womöglich im selben Seegebiet, das auch seine Bomber überfliegen? Und er weiß gar nichts davon?

Um 17.35 Uhr ruft Harlinghausen die Marinegruppe an: Ob wirklich eigene Zerstörer unterwegs seien?

Endlich scheint die Marine aufzuwachen. Dem Fliegerkorps wird mitgeteilt, daß »wegen des Operationsgebiets der eigenen Zerstörer (Luft-)Angriffe nördlich der Breite Terschelling-Feuerschiff, südlich 55 Grad Nord und ostwärts des englischen Warngebiets unterbleiben müssen«. Das Fliegerkorps möge doch so gut sein, seine Besatzungen zu benachrichtigen.

Aber die Besatzungen sitzen bereits in ihren Maschinen. In wenigen Minuten rollen sie zum Start. Auch die *He 111* des Feldwebels Jäger in Neumünster. Um 17.54 Uhr hebt sie von der Startbahn ab.

Das Fliegerkorps könnte den Maschinen die unerwartete und auch etwas komplizierte Anweisung höchstens durch Funk übermitteln. Der Funkspruch wäre ein Risiko. Die Schlüsselmittel sind nicht sicher genug. Und wenn der Feind auf diesem Umweg einen Hinweis auf die Absichten der Zerstörer erhält? Der Funkspruch unterbleibt.

Wenigstens die Zerstörer durch Funk zu unterrichten, wäre

kein Risiko. Die Gruppe West hält nicht einmal das für nötig. In einem Rechtfertigungsversuch beruft sie sich später darauf, daß die *He 111* eigentlich gar nicht angreifen *durfte.* In einem Grundsatzbefehl vom 11. Januar 1940 hatte das X. Fliegerkorps seinen Besatzungen warnungslose Angriffe nur »innerhalb einer Zone von 30 Seemeilen vor der englischen Küste« freigegeben. Und weiter hieß es:

»Im übrigen Seegebiet sind Angriffe nur erlaubt, wenn abgeblendete Fahrzeuge einwandfrei als feindliche erkannt worden sind.«

Theorie und Praxis: Dem Feldwebel Jäger und seiner Besatzung flogen bei ihrer zweiten ›Besichtigungsrunde‹ die Fla-Geschosse um die Ohren. Will jemand von ihnen verlangen, das feuernde Schiff nicht für ein feindliches zu halten?

Der Gedanke, ein Erkennungssignal zu schießen, war blokkiert, weil keine Seite von der anderen etwas wußte. Nur ein Zerstöreroffizier, der Kapitänleutnant Günther Hosemann auf *Max Schultz,* hat das Balkenkreuz der Luftwaffe am Flugzeug erkannt. Seine Beobachtung mußte vom Flottillenchef für unwahrscheinlich gehalten werden. Ohne Zweifel hätte Kapitän Berger anders reagiert, hätte er nur von dem möglichen Überflug deutscher Bomber gewußt.

Kronzeuge Hosemann aber konnte nicht mehr aussagen. Eine knappe Stunde nach der entscheidenden Beobachtung waren er und seine ganze Besatzung tot.

Der Brief, den Großadmiral Erich Raeder am 15. März 1940 an den Führer und Obersten Befehlshaber der Wehrmacht schreiben muß, ist ihm sicherlich bitter geworden. Denn Raeder muß melden:

»Die nicht *rechtzeitig* erfolgte Unterrichtung des Fliegerkorps X durch das Marinegruppenkommando West über die beabsichtigte Zerstörerunternehmung hat zu der verhängnisvollen Entwicklung beigetragen ...«

Der Gruppenbefehlshaber West bekommt von Raeder nur einen ähnlich milde formulierten Verweis: »Frühzeitige Unterrichtung ... hätte erfolgen müssen.« Sogar die ursprünglich etwas härtere Fassung »Zu späte Unterrichtung ... war falsch« hat Raeder streichen lassen.

Wenige Monate zuvor ist der Flottenchef, Admiral Boehm, von Raeder seines Postens enthoben worden, weil er einen nach Meinung der Seekriegsleitung falsch formulierten Befehl seines 1. Asto mit seiner Person deckte. Schiefgegangen war nichts auf Grund des Befehls.

Diesmal, am 22. Februar 1940, gehen nach einem krassen Führungsfehler zwei Zerstörer verloren, und 578 Soldaten nimmt sich die See. Fünfhundertachtundsiebzig! Diesmal wird niemand zur Verantwortung gezogen.

Zwei Einzelheiten bleiben noch nachzutragen. Die erste:

Vier Stunden nach der Katastrophe der beiden Zerstörer fliegt eine über See zurückkommende *He 111* die Insel Borkum an. Sie wendet und streicht suchend über die Insel. In 200 bis 300 Meter Höhe. Zu erkennen gibt sie sich nicht. Für die Marineflak ist sie ein Tommy, der mit seinen Bomben direkt den Hafen und den Seefliegerhorst ansteuert.

Um 00.29 Uhr eröffnet die Zweizentimeter-Flak der Batterie von Holtzendorff das Feuer. Andere Batterien fallen ein. Minutenlang tobt ein Flakorkan über Borkum. Um 0.33 Uhr stürzt die Heinkel brennend ab.

Fast sieht es so aus, als habe die Marineflak ihre Kameraden draußen auf See an dieser unschuldigen *He 111*-Besatzung rächen wollen.

Der zweite Nachtrag:

In den Wochen nach der Zerstörerkatastrophe läuft die 1. Minensuchflottille mehrmals den ›minenfreien Weg I‹ ab. Schließlich findet sie, nahe der Untergangsstelle, englische Ankertauminen! Nach dem Bewuchs zu urteilen, müssen sie schon am 22. Februar dort gelegen haben ...

Lange nach Kriegsende gibt auch die Admiralität in London auf Anfrage die Auskunft, britische Ankertauminen seien im Radius von 5 Meilen um diese Position gelegt worden, und zwar schon in der Nacht vom 9. zum 10. Januar 1940. Da sie in der Zwischenzeit, trotz der Stichfahrten der Torpedoboote, nicht geräumt wurden, müssen sie auch in der ›Wikinger‹-Nacht intakt gewesen sein.

Sind die Zerstörer nicht nur von Bomben, sondern auch noch von Minen getroffen worden?

Sicher ist, daß *Leberecht Maaß* beim ersten Bombenangriff der *He 111* getroffen wurde, und daß dieser Angriff die Ursache aller folgenden Ereignisse war, weil der Treffer auf dem letzten Boot der Kolonne den Verband zur Umkehr zwang. Noch dazu trieben Wind und Seegang die Zerstörer auf ihrem eigenen Weg zurück ... womöglich in das britische Minenfeld hinein, das sie vorher bereits in Kiellinie unbeschadet passiert hatten.

Fest steht auch, daß beide Angriffe der *He 111* Volltreffer auf den Zerstörern erzielten, während zusätzliche Minentreffer zwar für wahrscheinlich gehalten werden können, letzlich aber nicht zu beweisen sind.

Zwei Zerstörer sind vernichtet, 578 Soldaten tot. Eine vermeidbare Katastrophe, für die letztlich niemand die Verantwortung tragen will.

Offensiver Anfang · Erfahrungen und Lehren

1. Krieg gegen England hatte die deutsche Staatsführung 1939 nicht im Programm. Immer wieder versicherte Hitler dem Großadmiral Raeder, es werde nicht vor 1944 zu einem Waffengang im Westen kommen. Raeders Dogma vom Primat der Politik, der bedingungslosen Unterordnung des Soldaten unter den Willen der politischen Führung, verleitete den Marinechef dazu, Hitlers Wort für bare Münze zu nehmen. Aus der Autoritätsgläubigkeit ihres Oberbefehlshabers erwuchsen der Marine schwere Nachteile.

2. Erst im Herbst 1938 – ein Jahr vor Kriegsausbruch – entwickelte die Marine ihre Konzeption für einen nicht vor Ablauf von sechs Jahren erwarteten Seekrieg gegen England. Trotz der richtigen Erkenntnis, daß keine ›Schlachtentscheidung‹, sondern der Kampf um Seewege und Zufuhren den Kriegsausgang bestimmen würden, mündete die Planung doch wieder in einen gewaltigen Schlachtschiffbau, während die Aussichten des U-Boots im Zufuhrkrieg kraß unterschätzt wurden.

3. Als der Krieg dann ausbrach, hatte die Marine fraglos für diesen Fall die falschen Schiffe gebaut. Die Schuld wurde allein auf Hitlers Politik geschoben, doch hatte das OKM diese Politik als Nährboden eigenen Seemachtstrebens widerspruchslos hingenommen.

4. Mit den vorhandenen geringen Streitkräften führte die Marine, unter dem bestimmenden Einfluß ihres Oberbefehlshabers, von Kriegsbeginn an eine überraschend starke Offensive, die ihr auch Erfolg eintrug.

5. Deutlichster Ausdruck dieses Offensivgeistes waren die während des ganzen ersten Kriegswinters durchgeführten Fahrten deutscher U-Boote und Zerstörer dicht unter Englands Küsten, wo sie die alliierten Schiffahrtswege verminten. Daß die Engländer nicht einmal die Fahrten der deutschen Überwasser-Kriegsschiffe bemerkten und ihnen folglich auch nicht wehrten, spricht für eine an Leichtsinn grenzende Sorglosigkeit. So avancierte die Mine im Winter 1939/40 unerwartet zur wirkungsvollsten Seekriegswaffe der Deutschen.

6. Der Streit zwischen Marine und Luftwaffe über den Einsatz des Flugzeugs über See hat nahezu alle deutschen Seekriegsopera-

tionen aufs schwerste beeinträchtigt. Ein Musterbeispiel mangelnder Kooperation der Marinegruppe West mit dem X. Fliegerkorps führte im Februar 1940 zur Katastrophe der Zerstörer ›Leberecht Maaß‹ und ›Max Schultz‹, die nach irrtümlichem Bombenangriff durch ein deutsches Kampfflugzeug mit allen Offizieren und dem Großteil ihrer Besatzungen sanken. Die daraus gezogenen Lehren standen zumeist nur auf dem Papier; gegen das Gebot umfassender gegenseitiger Information als Voraussetzung zum Erfolg wurde immer wieder verstoßen.

II. VABANQUE UM NORWEGEN

5 Schwere Verluste einkalkuliert

Sie sammeln beim Feuerschiff ›F‹ vor der Wesermündung. Nachts um 02.00 Uhr am 7. April 1940.

Von der Jade kommen, geführt von Vizeadmiral Günther Lütjens, die Schlachtschiffe *Gneisenau* und *Scharnhorst* – als Dekkungsverband.

Aus Cuxhaven schließt sich der schwere Kreuzer *Admiral Hipper* an, ferner der Zerstörer *Paul Jacobi* mit dem Chef der 2. Z-Flottille, Fregattenkapitän Rudolf v. Pufendorf, dazu die Boote *Friedrich Eckoldt, Bruno Heinemann* und *Theodor Riedel.*

Und aus Bremerhaven kommend sammelt der Führer der Zerstörer auf *Wilhelm Heidkamp,* Kommodore Friedrich Bonte, mit neun weiteren Booten auf die Schlachtschiffe; mit *Hans Lüdemann, Hermann Künne, Anton Schmitt, Dieter v. Roeder, Georg Thiele, Wolfgang Zenker, Bernd v. Arnim, Erich Giese* und *Erich Koellner.*

Niemand kann wissen, daß den letztgenannten zehn Zerstörern nur noch eine Frist von sechs Tagen bleibt: sechs Tage bis zu ihrer Vernichtung.

Der Kommandant des Führerboots *Heidkamp,* Korvettenkapitän Hans Erdmenger, hat neben Kommodore Bonte auch einen Gast im Generalsrang an Bord: Eduard Dietl, Kommandeur der 3. Gebirgsdivision.

Dietl bekennt, noch nie im Leben zur See gefahren zu sein. Dafür entschädigen ihn die nächsten 48 Stunden: Diese Sturmfahrt nach Norden wird er nie mehr vergessen. Dasselbe gilt für die Gebirgsjäger. Zweihundert sind auf jedem Zerstörer zusätzlich zur eigenen Besatzung eingeschifft. 200 Mann mit Waffen und Gerät und leichten Fahrzeugen. Die Boote sind keine Zerstörer mehr, sondern Truppentransporter.

Heimlich sind die Jäger gestern nachmittag mit drei Eisenbahnzügen in das abgesperrte Hafengebiet bei der Kaiserschleuse von Wesermünde gerollt. Sogar der Schiffsverkehr auf der Weser ist angehalten worden, damit kein unberufenes Auge etwas von der Verladung sehen konnte.

Geheimhaltung und Überraschung – darauf fußt das ganze Unternehmen ›Weserübung‹, das nun anläuft: die überfallartige Besetzung der wichtigsten Häfen an der gesamten norwegischen Küste. Von Oslo über Drontheim bis zum hohen Norden, bis Narvik.

›Weserübung‹ paßte ursprünglich nicht in Hitlers Konzept für das Frühjahr 1940. Am 2. September 1939 hatte Deutschland die Unverletzlichkeit Norwegens erklärt, sofern diese nicht durch eine dritte Macht angetastet würde. Noch am 26. Februar 1940 stellte das OKW in seiner ersten Weisung für den ›Fall Weserübung‹ fest:

»Solange Norwegen neutral ist und seine Neutralität zu wahren versteht, liegt kein Grund zur Besetzung vor.« Einer »Festsetzung der Feindmächte in Norwegen« müsse jedoch zuvorgekommen werden.

Anzeichen, Warnungen und Geheimberichte über eine Aktion der Alliierten gab es genug* . Tatsächlich beschloß der Oberste Alliierte Kriegsrat bereits am 5. Februar 1940, drei bis vier Divisionen in Narvik zu landen und die schwedischen Erzgruben von Gällivare zu besetzen. Als Vorwand diente das Angebot, Finnland mit Truppen gegen Rußland zu unterstützen. Die Divisionen sollten von Narvik aus durch Nordschweden marschieren. Doch ebenso wie Norwegen und Schweden lehnte auch Finnland schließlich diese ›Hilfe‹ ab – und schloß Waffenstillstand mit den Russen.

Das eigentliche alliierte Ziel bleibt bestehen: Deutschland von seiner kriegswichtigen Erzzufuhr abzuschneiden.

Dies zu verhindern und sich noch dazu eine bessere strategische Position gegen England zu sichern, ziehen die Deutschen aus.

Die Seekriegsleitung, die das Unternehmen »eines der kühnsten der neueren Kriegsgeschichte« nennt, setzt dabei praktisch die gesamte deutsche Flotte aufs Spiel. Heer und Luftwaffe sind an ›Weserübung‹ nur mit vergleichsweise geringen Verbänden beteiligt. Hitler in seiner Weisung vom 1. März:

»Ihre zahlenmäßige Schwäche muß durch kühnes Handeln und überraschende Durchführung ausgeglichen werden.«

Die Marine aber riskiert Kopf und Kragen. Wer anders als die Kriegsschiffe könnte die erste Welle der Landungstruppen zu den fernen norwegischen Häfen schaffen? Die Gefahr, daß sie bereits

* Zur ausführlichen Darstellung der Vorgeschichte, die nicht Aufgabe dieses Berichts sein kann, wird besonders verwiesen auf Walther Hubatsch, ›Weserübung‹, Göttingen 1960; das Werk zieht auch die Untersuchungen aus norwegischen und schwedischen Quellen heran.

auf dem Wege dorthin von den Engländern abgefangen werden, ist groß.

Sollten sie aber Glück haben, sollten sie durchkommen, dann wird die Royal Navy mit Sicherheit zurückschlagen.

Admiral Rolf Carls, einer der beiden Marinegruppenbefehlshaber für diese Operation, verlangt als Voraussetzung des Gelingens »rücksichtslosen Einsatz«, ja »hemmungsloses Draufgehen«. Auch über die direkten Folgen ist er sich klar.

Carls: »Mit einem Verlust etwa der Hälfte aller eingesetzten Streitkräfte wird von vornherein zu rechnen sein«, – sollten nicht außergewöhnlich glückliche Umstände eintreten.

Ob der vorausgesagte Sturm ein solcher glücklicher Umstand zu werden verspricht?

Abends am 7. April, um 20.30 Uhr, läuft Admiral Lütjens' Verband mit den Schlachtschiffen, dem Kreuzer und den 14 Zerstörern bereits vor einem Südsüdwest in Stärke 7, und es frischt weiter auf. Die See rollt von achtern und unter den Zerstörern durch. Die Boote gieren stark, sie gehorchen kaum dem Ruder, sind schwer auf Kurs zu halten.

Auch die bekannten ›Kinderkrankheiten‹ machen ihnen zu schaffen. *Eckoldt* muß schon in der Deutschen Bucht eine Maschinenstörung beseitigen, was dem L. J., Kapitänleutnant (Ing.) Stähr, und dem technischen Personal mit Mühe gelingt. Auf *Thiele* fällt die Backbord-Hauptkühlwasserpumpe aus. Das Boot versucht allein mit der Steuerbordmaschine die Fahrt und den Anschluß an den Verband zu halten, während das Maschinenpersonal auch hier unter härtesten Bedingungen die defekte Pumpe auseinandernimmt und, so gut es geht, repariert.

Schon um 16.35 Uhr reißt eine überkommende See auf *Koellner* einen Mann über Bord.

»Keine Rettungsversuche«, notiert der 2. Asto des FdZ, Korvettenkapitän Heinrich Gerlach. »Planmäßiger Vormarsch darf unter keinen Umständen aufgehalten werden!«

Die Vormarschgeschwindigkeit beträgt 26 Knoten. Die Zerstörer kommen kaum mit, sie brechen aus dem Ruder, werden von der See bis zu 50 Grad Neigung auf die Seite geworfen, stellen sich quer zum eigenen Kurs und entgehen mehrmals nur knapp einem Zusammenstoß mit dem Nachbarboot.

Schließlich fallen sie zurück, sie ›hängen ab‹, und der Flottenchef befiehlt über UK, erst bei Hellwerden wieder heranzuschließen, damit keine Verwechslungen vorkommen.

Seit dem 7. April, einem Sonntag, weiß auch der Gegner von dem deutschen Flottenvorstoß, aber er weiß noch nicht, was er bezweckt. 35 Bomber sollen Lütjens' Verband angreifen. Zwölf davon finden ihn um 14.30 Uhr. Ihre Bomben fallen weit verstreut ins Wasser.

Am frühen Sonntagnachmittag gibt die Londoner Admiralität eine Geheimdienstmeldung über die deutschen Absichten gegen Norwegen an die Home Fleet weiter – und fügt hinzu:

»Diese ganzen Berichte sind von zweifelhaftem Wert und womöglich nur ein weiterer Zug im Nervenkrieg.«

Eine solche Fehleinschätzung ist um so erstaunlicher, als die Engländer selbst offensiv gegen Norwegen operieren: Am 8. April legen sie drei Minensperren in den Schiffahrtsweg vor der norwegischen Küste. Und in Schottland, in Rosyth und im Clyde, sind bereits Truppen eingeschifft, um auf die erwartete Reaktion der Deutschen hin nach Plan ›R 4‹ sofort Narvik, Drontheim, Bergen und Stavanger zu besetzen.

Für weniger zweifelhaft wird in London die Meldung der heimkehrenden Bomber gehalten, die den angegriffenen deutschen Verband mit »ein Schlachtkreuzer, zwei Kreuzer und zehn Zerstörer, Kurs Nordwest« fast korrekt angeben. Nun ist es zwar schon 17 Uhr, aber die gesamte Royal Navy macht Dampf auf zum Auslaufen.

Noch am selben Abend erfährt der deutsche Flottenchef davon. Um 22.28 Uhr teilt ihm die Gruppe West durch Funk mit:

»An Seebefehlshaber. Feind hat nach Norden gerichtete Unternehmung erkannt . . .«

Und um 23.50 Uhr liest Admiral Lütjens weitere Details aus der deutschen Funkaufklärung:

»Ab 17 Uhr gibt Admiralty mehrere Priority-Funksprüche an Chef Home Fleet, Schlachtkreuzer, 1. und 2. Kreuzergeschwader, U-Boote.«

Die Jagd ist los.

So bricht der 8. April an, und das Wetter wird noch ärger.

Die Zerstörer sind weit auseinandergerissen, von einem Verband kann keine Rede mehr sein. Um 9.10 Uhr meldet der von Korvettenkapitän Curt Rechel geführte *Bernd v. Arnim* über UK, daß er sich im Gefecht mit einem britischen Zerstörer befindet.

Der Engländer läuft zuerst Gegenkurs, wendet dann und kommt von achtern auf. Offensichtlich liegt er viel besser in der groben See als sein deutscher Gegner.

Rechel versucht mehr Fahrt ins Boot zu bekommen. Kaum ist er über 30 Knoten, da bohrt sich sein Vorschiff tief in die See, die Back wird unter Bergen von Wasser begraben, die Brecher reißen zwei Mann über Bord. *Arnim* richtet sich erst wieder auf, nachdem die Fahrt vermindert worden ist. An einen wirkungsfollen Waffeneinsatz ist bei diesen torkelnden Schiffsbewegungen gar nicht zu denken.

Admiral Lütjens, selber aus der Torpedowaffe hervorgegangen, hat ein Einsehen. Um 09.20 Uhr läßt er den Kreuzer *Hipper* kehrtmachen, und um 09.57 Uhr bringt Kapitän zur See Heye seine überlegene Artillerie ins Gefecht. Der Engländer qualmt schwarz, sucht sich dem vernichtenden Feuer zu entziehen.

Es ist der Zerstörer *Glowworm* unter Lieutenant-Commander Gerard B. Rope. Der Brite gehört zum Begleitschutz des Schlachtkreuzers *Renown,* der zur Deckung der Minenleger in See steht. *Glowworm* ist auf der Suche nach einem über Bord gefallenen Mann zurückgeblieben und hat seither seinen Verband verloren.

Hipper stößt durch die Qualmwolke, sichtet den Gegner dicht vor sich, und beide Kommandanten, Heye und Rope, denken dasselbe: Rammen!

10.13 Uhr: Wenige Meter hinter *Hippers* Bug kracht *Glowworm* gegen die Steuerbordseite des Kreuzers. Der Zerstörer wird unter Wasser gedrückt, sein Vorschiff buchstäblich abgebrochen. Er schrammt unter der Bordwand des Kreuzers entlang, schlitzt ihm auf 40 Meter die Außenhaut auf. Das ist seine letzte Aktion. *Glowworm* kentert und sinkt um 10.24 Uhr. Trotz Sturm und Seegang retten die Deutschen 38 Briten, darunter als einzigen Offizier den jungen Leutnant Ramsey.

Hipper hat von dem Leck mehr als 500 Tonnen Wassereinbruch – der Vormarsch geht weiter. Der Kreuzer bildet mit den vier Zerstörern aus Cuxhaven die ›Kriegsschiffgruppe 2‹, die Drontheim besetzen soll. Deshalb folgt die *Hipper*-Gruppe jetzt ihrem eigenen Kurs.

Auch die zehn für Narvik bestimmten Zerstörer des Kommodore Bonte boxen sich weiter nach Nordwesten. Mühsam haben sie wieder Anschluß an die Schlachtschiffe gefunden. Nur *Erich Giese* fehlt. Das Boot hängt weit zurück, allein, mit ausgefallenem Kompaß und versagenden Brennstoffpumpen. Aber die Heizer verfeuerten das Schmieröl und hielten so den Zerstörer wenigstens in Fahrt.

13.00 Uhr. Auf der internationalen 600-m-Welle wird eine Sturmwarnung durchgegeben: Nordwest mit Stärke 9 im Lofotengebiet.

Genau da müssen sie hin!

Tatsächlich dreht der Sturm recht, erreicht abends sogar Stärke 10. Die aus Südwesten heranrollende schwere Dünung wird jetzt überlagert von einer kurzen steilen See aus Nordwest.

Die Zerstörer liegen durch den Heizölverbrauch höher aus dem Wasser. Um so mehr packt sie der Sturm. Schwere Brecher rollen über Deck, zerschlagen die Kutter, das Gerät der Gebirgsjäger, spülen ihre Fahrzeuge, ihre Geschütze über Bord.

Die seeungewohnten Jäger liegen, wie die Seeleute mitleidig anmerken, »im eigenen Saft«.

»Das aufgewühlte, riesige Meer«, beschreibt es einer der Süddeutschen, »es beutelt die Jäger her, daß sie wohl am Leben verzagen möchten bei dem ewigen Auf und Ab . . .«

Weiter, immer weiter.

Um 21.00 Uhr werden die Zerstörer vom Flottenchef in den Vestfjord entlassen. Vier, fünf Stunden noch, dann macht sich die Landnähe bemerkbar, die See wird ruhiger. Zum erstenmal seit zwei Tagen können die Besatzungen und ihre Gäste etwas Warmes essen . . .

Dienstag, 9. April 1940. Der entscheidende Tag dämmert heran. Der Nordweststurm heult immer noch mit Stärke 8, aber die See im langen Ofotfjord ist seltsam ruhig. Es herrscht Schneetreiben und geringe Sicht.

04.10 Uhr. Ein auslaufender Norweger funkt aufgeregt auf der 600-m-Welle: »Acht Kriegsschiffe im Ofotfjord!« Keine näheren Angaben. Nicht drum kümmern.

Weiter. Weiter nach Narvik. 04.40 Uhr. Der Verband nähert sich der Enge zwischen Ramnes und Hamnes. Auf beiden Seiten soll norwegische Küstenartillerie stehen. Nichts. Kein Schuß fällt.

04.55 Uhr. Die Zerstörer werden zu den verschiedenen Landungsplätzen im Fjord entlassen. Nur das Führerboot des FdZ, *Wilhelm Heidkamp,* ferner *Georg Thiele* und *Bernd v. Arnim* laufen direkt den Hafen von Narvik an.

05.10 Uhr. Vor *Heidkamp* taucht aus dem dichten Schneegestöber plötzlich ein fremdes Kriegsschiff auf. Ein norwegischer Küstenpanzer! Er setzt dem Deutschen einen Schuß vor den Bug und fordert auch durch Signal zum Stoppen auf.

Kommodore Bonte fügt sich. Eingedenk der Operationsweisung, daß dem Unternehmen der »Charakter einer friedlichen Besetzung« zu geben sei.

Bonte setzt das Signal: »Ich sende ein Boot mit Offizier.«

Derweil werden *Thiele* und *Arnim* zur Ausschiffung in den Hafen geschickt.

Mit der Motorpinaß fährt Bontes 2. Asto, Korvettenkapitän Gerlach, zum Panzerschiff hinüber. Es ist der Veteran *Eidsvold,* 1900 gebaut, 3645 ts groß. Seine zwei 21-cm- und sechs 15-cm-Geschütze sind durchaus ernst zu nehmen.

Der Kommandant, Fregattenkapitän Willoch, empfängt Gerlach auf der Brücke. Der Deutsche verliest die vorbereitete Aufforderung zur Übergabe. Die Aktion habe zum Ziel, die Neutralität der nordischen Staaten unter den Schutz deutscher Waffen zu stellen.

Willoch lehnt erregt ab. »Das ist mit meiner Ehre unvereinbar!«

Im Hintergrund übermittelt der Schiffsarzt das Gespräch über Sprechfunk an den Befehlshaber der norwegischen Panzerschiffe, Fregattenkapitän Askim, auf dem Küstenpanzer *Norge* im Hafen von Narvik.

Willoch schickt Gerlach wieder von Bord: »Ich muß Befehle einholen.«

Wenig später ruft er dem Deutschen von der Schanze herab zu: »Ich habe Ihnen nichts mehr zu sagen. Kehren Sie sofort auf Ihr Boot zurück!«

Auf *Eidsvold* werden die Geschütze gerichtet. Gerlach schießt einen roten Signalstern: Gefahr!

Drüben springt *Heidkamp* mit hoher Fahrt an. Gerlachs Motorpinaß läuft aus der Schußlinie. Sie ist erst 250 Meter weit, als *Eidsvold* von zwei Torpedos getroffen wird, in der Mitte durchbricht und in Sekundenschnelle sinkt. Acht Norweger nur überleben die Katastrophe.

Im Hafen legt Korvettenkapitän Rechel mit *Bernd v. Arnim* bereits an der Postpier an, als er plötzlich von einem zweiten Küstenpanzerschiff, der *Norge,* auf kurze Entfernung beschossen wird. Der Zerstörer antwortet mit allen Waffen. Fregattenkapitän Askim auf *Norge* führt das Nahgefecht ohne Rücksicht darauf, daß seine Granaten hinter dem deutschen Boot nach Narvik hineinschlagen.

Arnim muß sieben Torpedos schießen, bis die *Norge* endlich getroffen wird, kentert und sinkt. Die Boote der vielen, in nächster Nähe liegenden Schiffe können 97 Seeleute retten, darunter auch Kapitän Askim. 287 Norweger aber finden bei der Vernichtung der beiden Küstenpanzer den Tod.

So gerät Narvik in deutsche Hand. Die Übergabe des Stadtkommandanten, Oberst Sundlo, an Generalmajor Dietl und seine Handvoll Gebirgsjäger ist nur noch eine Formalität.

Der aufopfernde Widerstand der norwegischen Marine zerbricht die Fiktion von der »friedlichen Besetzung«. Die Norweger setzen sich gegen den Überfall zur Wehr – wie aussichtslos immer dies auch erscheinen mag.

Und sie wissen sich zu wehren. Gleichzeitig mit den Ereignissen in Narvik – fast auf die Minute genau um 05.20 Uhr am 9. April – entwickelt sich mehr als tausend Kilometer weiter südlich das Drama im Oslofjord.

Hier gleitet die ›Kriegsschiffgruppe 5‹ im ersten Morgenlicht auf die Dröbak-Enge zu, die gefährlichste Passage des langen Fjord-

Fahrwassers nach Oslo. Es geht um die Besetzung der Hauptstadt Norwegens. Deshalb besteht der Verband unter Führung des Konteradmirals Oskar Kummetz auch aus ›repräsentativen Schiffen‹.

Voran rauscht der brandneue schwere Kreuzer *Blücher;* gefolgt von dem schweren Kreuzer *Lützow,* der sich bei näherem Hinsehen als das inzwischen umbenannte, ehemalige Panzerschiff *Deutschland* entpuppt; am Schluß der Kiellinie marschiert der leichte Kreuzer *Emden.*

Daß Repräsentation nur selten wahrem Wert entspricht, stellt diese Streitmacht erneut unter Beweis. *Blücher* war noch Ende März, vor zehn Tagen, mit der Erprobung und mit Restarbeiten beschäftigt. Die Besatzung ist so gut wie nicht eingefahren, der harte Eiswinter in der Ostsee hat das verhindert. Weder die schwedische Artillerie noch die Torpedowaffe des Kreuzers haben bisher auch nur einen einzigen Übungsschuß abgefeuert. *Blücher* ist also gar nicht gefechtsbereit – aber das sieht man ihm von außen natürlich nicht an.

Ginge es nach der Seekriegsleitung, so würden weder *Blücher* noch *Lützow* jetzt auf die Dröbak-Enge zulaufen; Raeder wollte beide Kreuzer aus der ›Weserübung‹ heraushalten.

Blücher, weil er noch zu neu und unfertig war.

Lützow, weil das ehemalige Panzerschiff nach dem Verlust von *Admiral Graf Spee* und durch die lange Umbauzeit von *Admiral Scheer* im Augenblick das einzig schwere Schiff war, das auf fernen Meeren operieren konnte.

Langsdorffs *Graf Spee* war am 13. Dezember 1939 vor dem La Plata von den britischen Kreuzern *Exeter, Ajax* und *Achilles* unter Commodore Harwood gestellt worden. Im Gefecht hatte das Panzerschiff dem Gegner zwar schwere Schäden zugefügt, aber auch selbst Treffer erhalten und vor allem viel Munition verschossen. Kapitän zur See Langsdorff lief darauf zur Reparatur Montevideo an, glaubte sich aber bald von überlegenen Gegnern umstellt und versenkte, da ihm ein Ausbruch aussichtslos erschien, sein Schiff in der La-Plata-Mündung selbst.

So kam es, daß jetzt, im Frühjahr 1940, neben den Hilfskreuzern allein die *Lützow* die Hoffnungen der Skl auf eine Fortsetzung des Kreuzerkrieges trug.

Unter ihrem neuen Kommandanten, Kapitän zur See August Thiele, rüstete die *Lützow* für einen rund neunmonatigen Einsatz aus. Thiele sollte in die Antarktis gehen und dort die alliierten Walfangflotten kapern. Die Operationsidee verriet Raeders Lieblingsgedanken, die Diversionswirkung:

Wenn die *Lützow* im Süden Aufsehen erregte, würden die Engländer, wie schon bei *Graf Spee,* Jagdgruppen auf den Raider ansetzen müssen; das wiederum würde die Home Fleet schwächen und somit den deutschen Operationen in der Nordsee und vor Norwegen Entlastung bringen.

Solchen weltweiten seestrategischen Wechselwirkungen waren aber dem ob seiner raschen Auffassungsgabe immer so bestaunten Obersten Befehlshaber der Wehrmacht offenbar unverständlich – oder zu weit hergeholt. Nachdem Göring am 5. März gegen die Marine und ihre Extratouren Krach geschlagen hatte, bestimmte Hitler, auch die *Lützow* müsse bei der Besetzung Norwegens mitwirken.

Raeder fügte sich – und hielt trotzdem an seinen Plänen fest. Thiele sollte mit *Lützow* zuerst an der Spitze der Kriegsschiffgruppe 5 in Oslo einziehen – und gleich anschließend in den Atlantik durchbrechen. Folglich hatte er auch die gesamte Ausrüstung für die neunmonatige Fernfahrt an Bord.

Ab Ende März überstürzten sich dann die Ereignisse. Die *Lützow* wurde hin und her geschoben, ein Spielball widerstreitender Interessen, ein Musterbeispiel dafür, was aus der besten Planung werden kann, wenn zu viele fremde Einflüsse auf die Entscheidung einwirken.

Am 27. März nimmt Raeder *Lützow* aus der Oslogruppe und setzt den neuen Kreuzer *Blücher* dafür ein, damit er *Lützow* doch gleich in den Atlantik schicken kann.

Hitler begrüßt die Verstärkung durch den ›repräsentativen‹ *Blücher* – und besteht darauf, *Lützow* nach wie vor zuerst nach Norwegen zu schicken und erst dann in den Atlantik.

Am 2. April wird *Lützow* der Kriegsschiffgruppe 2 zugeteilt, die unter Führung von Kapitän zur See Heye auf *Hipper* Drontheim besetzen soll. *Lützow*-Kommandant ›Curry‹ Thiele hat sich seit Wochen auf den Oslofjord vorbereitet. Jetzt, wenige Tage vor der Stunde X, wird alles umgeworfen, und er soll nach Drontheim gehen!

Thieles Kreuzer untersteht damit nicht mehr der Marinegruppe Ost des Admirals Rolf Carls in Kiel, sondern wird von der Gruppe West unter Generaladmiral Saalwächter eingesetzt.

Zwei Tage später liegt *Lützow* in Wilhelmshaven.

Dort ist niemand so recht von diesem Zuwachs in später Stunde erbaut. Schon gar nicht der Flottenchef, Vizeadmiral Lütjens. Denn seinem schnellen Verband mit den Schlachtschiffen, mit *Hipper* und den 14 Zerstörern wird durch die langsame *Lützow* ein Klotz ans Bein gehängt. Thiele bei der Meldung:

»Was geschieht, Herr Admiral, wenn wir nördlich der Shetland-Enge auf die englische Flotte treffen?«

Lütjens, mit Achselzucken:

»Dann muß ich mit der Flotte auf 30 Meilen gehen.«

Schöne Aussichten: Die *Lützow* mit ihren Dieselmotoren läuft auf dem Papier 26 Meilen Höchstgeschwindigkeit, in Wirklichkeit sogar nur 24.

In sein Kriegstagebuch schreibt Thiele:

»Für den Flottenverband ist die Weserübung die eigentliche Hauptaufgabe, für *Lützow* ist sie Nebenaufgabe und der Durchbruch in den Atlantik Hauptaufgabe.«

Soll *Lützow* geopfert werden? Wie kann man Schiffe mit so verschiedenen Aufgaben und vor allem so unterschiedlicher Geschwindigkeit aneinander fesseln? Weder Hitler noch Göring, noch das OKW scheinen das Mangelhafte dieser Entscheidung zu erkennen. Und Raeder, der klarer denkt, setzt sich nicht durch.

6. April, 14 Uhr. Zehn Stunden vor dem Auslauftermin greift die Technik korrigierend in den Planungswirrwarr ein. Thiele ist gerade von seiner Besprechung mit dem Flottenchef an Bord zurück, da meldet ihm sein L. J., Korvettenkapitän (Ing.) Wolfgang Günther:

»Die Werft hat neue Risse im Motorenfundament festgestellt, Herr Kapitän. Sie flicken es behelfsmäßig, aber eine sachgemäße Reparatur dauert mindestens 48 Stunden.«

Aus ist es mit dem Auslaufen nach Drontheim und gleich anschließendem Durchbruch in den Atlantik! Mit Rissen im Motorenfundament kann *Lützow* nicht monatelang allein auf sich gestellt auf den Weltmeeren operieren.

Dieses Mal entscheidet Raeder allein. Bereits um 17 Uhr trifft sein Befehl ein: »Lützow zur Oldenburggruppe.«

›Oldenburg‹ ist der Deckname für Oslo. Also in letzter Stunde wieder in die Ostsee! Die Absicht der Seekriegsleitung: Der Kreuzer kommt von Oslo sofort nach Kiel zurück, bessert in der Werft seine Schäden aus und geht dann – hoffentlich – in den Atlantik hinaus.

Am späten Abend des 6. April übernimmt *Lützow* noch in Wilhelmshaven 400 Gebirgsjäger und 50 Mann Bodenpersonal der Luftwaffe, die eigentlich nach Drontheim sollen, aber nun nach Oslo transportiert werden müssen ...

So kommt es, daß *Lützow* in den ersten Stunden des entscheidenden 9. April hinter *Blücher* und vor der *Emden* den Oslofjord hinaufgleitet.

Zur bunt zusammengewürfelten Kriegsschiffgruppe 5 des Konteradmirals Kummetz gehören ferner die Torpedoboote *Albatros, Kondor* und *Möwe,* die 1. R.-Flottille unter Kapitänleutnant Gustav Forstmann mit den acht Räumbooten *R 17* bis *R 24* und den beiden Walfangbooten *Rau 7* und *Rau 8*.

Im Laufe des 8. April passiert der Verband den Großen Belt und das Kattegat. Nach mehreren falschen U-Boot-Alarmen um 19.06 Uhr in der Höhe von Skagen eine echte Torpedolaufbahn: Dicht vor den Bug von *Lützow* läuft sie durch. *Albatros* dreht in die Blasenbahn ein und jagt den Angreifer mit Wasserbomben.

Es ist die *Trident* unter Lieutenant-Commander Seale. Sie gehört zu dem dichten Schwarm britischer U-Boote, die im Skagerrak und im Kattegat ›vorsorglich‹ auf der Lauer liegen. Falls die Deutschen auf das britische Minenlegen in norwegischen Gewässern reagieren, sollen sie den Booten vor die Rohre laufen. Das tun sie nun auch.

Trident hat mittags schon den deutschen 8000-Tonnen-Tanker *Posidonia* versenkt. Nun macht Commander Seale zehn Torpedos auf die *Lützow* los. Diesmal ohne Erfolg.

Admiral Kummetz ist gewarnt. Über Funk kommt die Meldung, daß zwei deutsche Dampfer im Eingang zum Oslofjord versenkt worden sind. Dort stehen die Engländer also auch.

Doch nicht der mächtige Gegner zur See, sondern der kleine, überfallene Neutrale macht den schweren deutschen Schiffen zu schaffen.

»Einlaufe mit Genehmigung norwegischer Regierung. Begleitoffizier ist an Bord.«

Mit diesem Trick soll Kummetz auf Anregung des deutschen Marineattachés in Oslo, Korvettenkapitän Richard Schreiber, die Norweger täuschen, falls sie ihn aufzuhalten versuchen.

Eine halbe Stunde vor Mitternacht hören die Funker auf *Lützow* über Radio Oslo einen Befehl der norwegischen Admiralität ab:

»Sofort alle Feuer löschen!«

Mit Tricks ist da nichts mehr zu machen.

Thiele: »Eine eindeutige norwegische Abwehrmaßnahme. Ein überraschender Einbruch in den Fjord erscheint daher kaum mehr möglich.«

Der *Lützow*-Kommandant schlägt Admiral Kummetz auf Grund dieser Lage vor, »sofort mit hoher Fahrt einzulaufen«. Dann sind vielleicht noch nicht alle Feuer gelöscht. Und sie stehen noch im Schutze der Nacht an der Dröbak-Enge.

Kummetz will davon nichts wissen. Seine Befehle besagen, daß er Dröbak erst in der Morgendämmerung des 9. April zu passieren hat. Das ist um 05.00 Uhr. Und keine Minute früher.

00.25 Uhr. Die den Eingang des Oslofjords flankierenden Festungsinseln Rauöy und Bolärne legen eine Lichtsperre quer über das Fahrwasser. Der deutsche Verband läuft mit 18 Seemeilen hindurch, Blücher wird trotzdem von den Scheinwerfern festgehalten und von beiden Seiten mit 15-cm-Granaten beschossen. Die deutschen Schiffe leuchten mit ihren starken Scheinwerfern gegenan – und das Feuer hört auf.

Gleichzeitig schlägt sich das Torpedoboot *Albatros* unter Kapitänleutnant Siegfried Strelow mit dem norwegischen Bewacher *Pol III* herum, der den Verband ebenfalls mit dem Scheinwerfer angeleuchtet hat. Der Norweger beschießt die *Albatros,* fordert sie zur Übergabe auf, läuft sogar zum Rammstoß an. Als *Pol III* dann auch noch funkt und die Deutschen meldet, muß Strelow den furchtlosen Bewacher mit der Artillerie versenken. 14 Seeleute werden aus dem Wasser gefischt – die ersten Gefangenen im Oslofjord.

Nun kann kein Zweifel mehr bestehen, daß die Norweger gewarnt sind. Admiral Kummetz sieht dennoch keinen Anlaß, seinen Zeitplan zu ändern. Er rechnet mit zwei deutschen Sperrbrechern, die sich laut Operationsbefehl im Oslofjord vor seinen Verband setzen und die gefährliche Dröbak-Enge als erste passieren sollen. Bisher ist von den Sperrbrechern allerdings nichts zu sehen.

Zwischen 01.00 und 03.00 Uhr steigen Infanteriestoßtrupps auf die Räumboote über. Ihre Aufgabe: den Kriegshafen Horten und die Inseln Rauöy und Bolärne im Handstreich zu besetzen.

Danach bummelt der Verband mit 9 Meilen, später nur mit 7 Meilen Fahrt weiter den Fjord hinauf. Sperrbrecher sind immer noch nicht zur Stelle.

04.50 Uhr. Wieder zwei norwegische Bewacher! Sie tasten mit Scheinwerfern die Schiffe ab, geben danach Lichtsignale in Richtung Dröbak.

Admiral Kummetz scheint immer noch nicht beunruhigt zu sein. Er hält die Fiktion von der »friedlichen Besetzung« aufrecht. Was die Norweger bisher an Abwehr unternommen haben, kann als eine aus politischen Gründen in Szene gesetzte Demonstration verstanden werden. Kummetz bleibt bei seinem Operationsplan, den das eine Wort kennzeichnet:

»Durchhalten!«

Dann überstürzen sich die Ereignisse.

05.18 Uhr. Es wird langsam hell. Die Schiffe sind gut zu erkennen, Einzelheiten an Land dagegen nicht, weil ein leichter Dunst herrscht.

05.10 Uhr. *Blücher* signalisiert ›halbe Fahrt‹. An Steuerbord, nur wenige hundert Meter entfernt, liegt der Ort Dröbak. An Backbord voraus die Festungsinsel Kaholm. Auf beiden Seiten steht mittlere, auf Kaholm auch schwere Artillerie: drei alte 28-cm-Geschütze, im Jahre 1905 von Krupp in Essen gebaut.

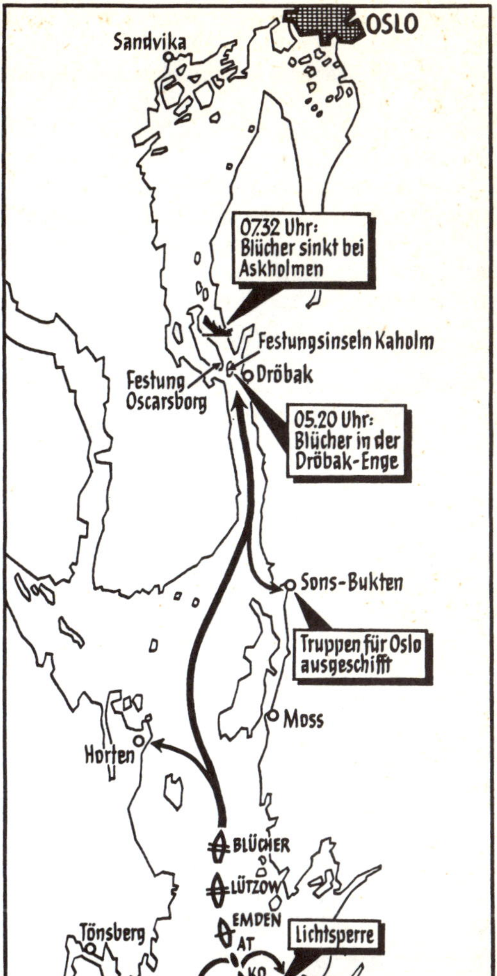

Oslofjord, 9. April 1940. Der Weg der Kriegsschiffgruppe 5 bis zur Dröbak-Enge und zurück nach Sons-Bukten.

Durch diesen Engpaß müssen die Schiffe. Es gibt kein anderes Fahrwasser.

05.20 Uhr. Scheinwerfer richten sich von Land aus auf die *Blücher*. Nur noch 600 Meter entfernt, gleitet der Kreuzer mit halber Fahrt auf die Enge zu. Gleich darauf feuert Kaholm die erste 28-cm-Salve.

Blücher wird voll getroffen. Eine Granate orgelt über die Brücke hinweg schräg nach oben gegen den Vormars und mäht den Flak-Einsatzleiter nieder. Kapitänleutnant Hans-Erik Pochhammer und alle Soldaten in der Nähe sind sofort tot. Ein zweiter Treffer setzt die Flugzeughalle mit hoher Stichflamme in Brand. Und von der Steuerbordseite schlagen die 15-cm-Granaten aus Dröbak in das Schiff.

Die Überraschung ist vollständig, die Wirkung ungeheuer.

»Feuererlaubnis!« befiehlt der Kommandant, Kapitän zur See Heinrich Woldag. Aber niemand erkennt, woher der Beschuß kommt. Leichte und schwere Flak ballern auf gut Glück los. Die Artillerie schweigt, die Feuerleitung hat kein Ziel.

Auf Woldags Kommando »Äußerste Kraft voraus!« beginnt das Schiff fast augenblicklich zu drehen. Die Ruderanlage ist ausgefallen, und das Ruder liegt nicht gerade. Der Kommandant muß mit den Schrauben gegensteuern, um nicht mitten in der Dröbak-Enge auf die Felsen zu rennen.

05.21 Uhr. Zwei dumpfe Unterwasser-Detonationen erschüttern den schweren Kreuzer. Minen? Der I. Offizier, Fregattenkapitän Erich Heymann, denkt an das Feindnachrichtenblatt über Dröbak. Darin stand etwas von Minen im Fahrwasser, die von Land aus elektrisch gezündet werden können.

Tatsächlich sind es aber zwei Torpedotreffer. Geschossen aus einer unterirdischen Batterie auf Kaholm, die den Deutschen ebenfalls vorher bekannt war. Die 45-cm-Torpedos sind erst am Abend zuvor von einer Grundüberholung zurückgekommen, die Batterie ist also voll einsatzbereit.

Die Torpedos treffen *Blüchers* Herz, die Maschinenanlage. Die Schäden sind verheerend, Wasser bricht in die Räume ein, die Turbinen stehen still. Der Leitende Ingenieur, Fregattenkapitän (Ing.) Karl Thannemann, spürt sofort, daß hier nichts mehr zu retten ist.

Schon um 05.23 Uhr schweigen die Geschütze auf beiden Seiten. *Blücher* treibt, mit Schlagseite, in Rauch und lodernde Flammen gehüllt, aus der Unglücksenge heraus. Woldag läßt einen Anker werfen, damit das Schiff nicht auf die Uferfelsen getrieben wird. Der I. O. versucht, einen Überblick über die Trefferschäden zu bekommen. Das Ergebnis läßt ihn nichts Gutes ahnen. Heymann stellt fest:

Die Bordwand an Backbordseite ist weit aufgerissen. Ein Großfeuer wütet rings um die Flugzeughalle und durch mehrere Decks. Die Flugzeuge mit ihrem Treibstoff und die Krafträder der eingeschifften Truppe sind in Flammen aufgegangen. Munition explodiert im Feuer, andere Munition wird über Bord geworfen.

Überall bilden sich Feuerlöschtrupps, aber die Wasserrohre haben keinen Druck, die Schläuche sind von Splittern zerfetzt.

Nach Heymanns Bericht empfindet es der I. O. als besonders bedrückend, »daß die Feuerherde immer weiter um sich greifen und immer zerstörendere Wirkung haben, ohne daß eine Möglichkeit zu ihrer wirksamen Bekämpfung vom Schiff selbst aus besteht. An allen Stellen ... wird zwar ruhig und sachlich, aber mit unzureichenden Mitteln gearbeitet«.

Blücher, der zu Tode getroffene Kreuzer, ist allein, ohne jede Hilfe von außen. Denn *Lützow, Emden* und das Torpedoboot *Möwe* sind jenseits der Dröbak-Enge zurückgeblieben.

Gleich nach Beginn der Kanonade hat auch Lützow drei schwere Treffer der Kruppschen 28-cm-Geschütze auf Kaholm erhalten: einen auf das mittlere Rohr des vorderen 28-cm-Drillingsturms, einen ins Lazarett und einen auf den Bootskran an Backbord.

Der Rohrtreffer macht den ganzen Turm ›Anton‹ zunächst bewegungsunfähig. Der 1. Artillerieoffizier, Korvettenkapitän Robert Weber, sitzt im Vormars und kann nicht schießen. Denn bei der vorlichen Lage des Ziels vermag auch Turm ›Bruno‹ von achtern nicht ins Gefecht einzugreifen. Auf *Lützow* schießt also nur die Mittelartillerie und die Flak.

Außerdem sieht die Schiffsführung genau, was vorn mit *Blücher* los ist. Thiele will seinen Kreuzer nicht auch noch zusammenschießen lassen. Er zieht die *Lützow* mit AK über den Achtersteven aus der Feuerzone heraus.

Thiele: »Die Forcierung der Dröbak-Enge muß als gescheitert angesehen werden. Ich beabsichtige daher, wie im Plan vorgesehen, in Sons-Bukten auszuschiffen.«

Der Ort liegt ein paar Kilometer südlich von Dröbak. Ohne Küstenartillerie. Thiele kennt den Fjord wie seine Westentasche. Er weiß, daß seine 400 Gebirgsjäger unter Major von Poncet und die auf *Emden* eingeschifften Infanteristen in Sons-Bukten gefahrlos landen können. Schließlich sollen sie nach Oslo und nicht im Fjord auf Tauchstation gehen. In Sons-Bukten haben sie sogar Eisenbahnverbindung in die norwegische Hauptstadt.

Von *Blücher* kommt um 05.50 Uhr ein UK-Spruch durch, der Thiele die weitere Führung im Oslofjord überträgt. Danach wird das Flaggschiff auf *Lützow* nicht mehr gehört. In Wirklichkeit aber ruft es um 06.26 Uhr noch einmal: Die *Möwe* soll zu *Blücher* vorstoßen, um bei der Feuerbekämpfung zu helfen.

Dieser Hilferuf wird offenbar von der *Emden* und auch von der *Möwe* selbst gehört. Der Torpedobootskommandant, Kapitänleutnant Helmut Neuss, der selber in der Erprobungszeit 2. Artillerieoffizier auf *Blücher* gewesen ist, fragt um 06.28 Uhr bei *Lützow* an:

»Welcher Befehl gilt: Truppen landen – oder zu *Blücher* gehen?«

Thiele kennt *Blüchers* Hilferuf nicht, hält auch einen Durchbruchsversuch für zu gewagt, bevor Dröbak aus der Luft bombardiert und von Land aus genommen ist. So wiederholt er seinen Befehl, die Truppen auszuschiffen.

Blücher bleibt weiter allein.

Um 06.30 Uhr erschüttert eine neue Detonation das brennende Schiff: Eine Munitionskammer ist in die Luft geflogen!

Der Kreuzer legt sich mit deutlichem Ruck weiter auf die Seite. Admiral Kummetz und Kapitän Woldag geben die Hoffnung auf, das Schiff halten zu können. An Deck legen die Seeleute den Kameraden vom Heer ihre eigenen Schwimmwesten um. Als einziges nicht zerschossenes oder verbranntes Boot kann ein Kutter ausgesetzt werden. Er bringt Schwerverwundete an Land.

Alle anderen an Bord müssen ins eiskalte Wasser und die etwa vierhundert Meter bis zum Land schwimmen. Gegen 07.00 Uhr, bei 45 Grad Schlagseite, befiehlt Woldag, das Schiff zu verlassen. Er selber, der Admiral, die führenden Schiffsoffiziere – alle sind ohne Schwimmweste, alle versuchen mit kräftigen Schwimmstößen aus dem Sog des sinkenden Riesen herauszukommen.

Nach dem Bericht des I. Offiziers kentert der neueste Kreuzer der deutschen Marine gegen 07.32 Uhr am Morgen dieses 9. April 1940. Den vielen hundert Schwimmern bietet sich ein schauriger Anblick. Bevor *Blücher* endgültig versinkt, liegt er eine ganze Weile vollkommen auf der Seite, das brennende Deck hoch aufgerichtet. Die Flammen lodern weit hinaus, als wollen sie die um ihr Leben schwimmenden Soldaten noch erreichen.

Fregattenkapitän Thannemann, der Leitende Ingenieur, berichtet außerdem, daß etwa zehn Minuten nach dem Kentern eine gewaltige Unterwasserdetonation zu hören und zu spüren ist. Unmittelbar darauf schlägt eine Stichflamme aus dem Wasser heraus. Dann brennt das ausgeflossene Heizöl auf dem Fjord. Mit schwarzem Qualm, wie eine Totenfackel.

Der Verlust des schweren Kreuzers *Blücher* kann nicht mit Unwissenheit entschuldigt werden. Die Befestigungen beiderseits der nicht einmal 800 Meter breiten Dröbak-Enge waren der deutschen Führung genau bekannt. Sie wurden sogar noch stärker eingeschätzt: Die angenommene elektrische Minensperre im Fahrwasser existierte nicht, und das schwere 30,5-cm-Geschütz auf Kaholm war nicht einsatzbereit.

Spätestens fünf Stunden vor der Katastrophe stand fest, daß die Norweger weder im Handstreich überrascht werden konnten noch gewillt waren, eine »friedliche Besetzung« widerstandslos hinzunehmen. Folgerungen wurden aus dieser Erkenntnis nicht gezogen.

Seekriegsleitung und Marinegruppe Ost waren durchaus beweglich genug, den Operationsplan in letzter Stunde der Lage anzupassen. Aber das Wunschdenken, es werde schon alles gutgehen, verdrängte offenbar jede sachgerechte Erwägung.

Draufgängertum und der Bluff mit der eigenen Stärke hatten Adolf Hitler in all den Jahren zuvor immer wieder Erfolg gebracht. Konnte es sich die Marine leisten, in harter Konkurrenz mit den anderen Wehrmachtteilen, besonders der Luftwaffe, weniger draufgängerisch zu erscheinen?

»Rücksichtslosen Einsatz« hatte Admiral Carls gefordert.

»Durchhalten!« lautete die Parole des Admirals Kummetz.

Als *Blücher* auf dem Grund des Oslofjords liegt, geht es auf einmal auch anders.

Lützow-Kommandant Thiele leitet als neuer Führer der Kriegsschiffgruppe 5 zunächst die Ausschiffungen. In Sons-Bukten bleibt alles ruhig, aber der Vormittag bringt neue Hiobsnachrichten. *Albatros, Kondor* und die Räumboote, die mit den Stoßtrupps die Schlüsselpositionen im Außenfjord besetzen sollen, treffen überall auf entschlossenen Widerstand. Die Inseln Rauöy und Bolärne weisen deutsche Landungsversuche ab. Und im Kriegshafen Horten hält sich der Minenleger *Olav Tryggvason* die Invasoren mit wohlgezieltem 12-cm-Feuer vom Leibe. Das deutsche R-Boot *R 17* wird versenkt, *R 21* beschädigt. Der *Kondor*-Kommandant, Kapitänleutnant Hans Wilcke, kann nur außerhalb von Horten eine Handvoll Soldaten landen: einen Schützenzug und eine Pioniergruppe mit Flammenwerfern.

Um 12 Uhr mittags weiß immer noch niemand südlich von Dröbak, was mit *Blücher* geschehen ist. Das kleine deutsche Motorschiff *Norden* läuft zu *Lützow*, und der Kapitän erklärt sich bereit, durch die Dröbak-Enge zu fahren und nach *Blücher* zu forschen. Thiele gibt der *Norden* einen Funkmaat mit Tornistergerät mit.

Inzwischen ist die Festung Oskarsborg an der Dröbak-Enge mehrmals von Stukas und Kampfverbänden aus der Luft angegriffen worden. Ab 14.17 Uhr beschießt auch *Lützow* die Festungsinsel Kaholm. Diesmal mit schwerer Artillerie. Unter solchem Feuerschutz marschiert die kleine *Norden* durch die gefürchtete Enge. Die Norweger reagieren nicht. Zwanzig Minuten später meldet der Funkmaat von dem Motorschiff *Norden:*

»*Blücher* bei Askolmen gesunken. Wahrscheinlich zwei Torpedotreffer. Besatzung zum Teil auf Askholmen und auf dem Festland.«

Endlich weiß Thiele Bescheid. Kurz darauf meldet *Albatros,* daß der Kriegshafen Horten die weiße Flagge zeigt. Der norwegische Admiral hat das Kommando an ein paar Dutzend Soldaten unter dem Kapitänleutnant (Ing.) Karl-Heinz Grundmann übergeben.

Für Dröbak allerdings erklärt sich der Admiral als »nicht zuständig«. Am Spätnachmittag, an Bord der *Lützow,* bittet ihn Thiele unter vier Augen, durch eine Weisung an den Festungskommandanten weiteres Blutvergießen zu verhindern. Der Admiral lehnt das höflich ab.

Um 17.25 Uhr schickt Admiral Carls aus Kiel einen neuen, anfeuernden Funkspruch: »Fliegerkorps 10 angreift Dröbak, Gelegenheit für Durchbruch günstig.«

Thiele denkt nicht daran, seine Schiffe jetzt noch aufs Spiel zu setzen. Die Hauptgefahr durch die Torpedobatterie auf Kaholm ist keineswegs beseitigt. Thiele weiß einen besseren Weg. Er schickt ein Landungskorps nach Dröbak. Und einen Parlamentär zum Kommandanten auf Kaholm.

Kurz vor der Festungsinsel kommt dem deutschen R-Boot ein norwegisches Boot mit weißer Flagge entgegen. Wenig später verhandelt Kapitänleutnant Karl-Egloff Freiherr von Schnurbein mit Oberst Erichsen. Und gibt über Funkspruch an die *Lützow:*

»Festungskommandant hat Ehrenwort gegeben, daß keine Minen ausliegen. Bittet darum, morgen früh seine Flagge setzen zu dürfen.«

Thiele bringt darauf Übergabebedingungen zu Papier, die den Passus enthalten: »Dem tapferen Verteidiger der Festung wird zugestanden, neben der deutschen Kriegsflagge die norwegische Flagge zu setzen.«

Im Laufe des Abends wird auch die Torpedobatterie sichergestellt, die dem Kreuzer *Blücher* den Todesstoß versetzt hatte. Vier Torpedos liegen schußbereit in den Rohren!

So gerät die Dröbak-Enge in deutsche Hand. Der Weg nach Oslo ist frei.

Überraschende Feststellung: Weder Luftbombardement noch die Schiffsartillerie haben auf der Festungsinsel Kaholm große

Wirkung gezeigt. Kein einziges Geschütz ist getroffen, kein Norweger gefallen.

Thiele: »Neue Bestätigung der alten Erfahrung, daß Schiffe keine Aussicht haben, gut geschützte oder getarnte Küstenbatterien niederzukämpfen.« Stukas offenbar auch nicht.

Am 10. April gegen 12 Uhr mittags, eineinhalb Tage später als geplant, läuft die *Lützow*-Gruppe in Oslo ein. Die Hauptstadt ist am Vortage hauptsächlich durch Luftlandetruppen besetzt worden. Nach dem mit schweren Verlusten erkauften ›Sieg‹ im Oslofjord will die Seekriegsleitung vor allem die *Lützow* unverzüglich zurückholen. Außer den Rissen im Motorenfundament müssen nun auch die Trefferschäden der Dröbak-Enge beseitigt werden, ehe der Kreuzer endlich in den Atlantik auslaufen kann. Eile tut not. Je heller die Nächte werden, desto geringer ist die Durchbruchschance.

In der Nacht zum 11. April, kurz nach 01.00 Uhr, steuert die *Lützow* mit 24 Knoten, ihrer Höchstfahrt, auf Kap Skagen zu. Thiele will dicht unter der dänischen Küste ins Kattegat einlaufen, weil auf der anderen Seite vor den schwedischen Schären feindliche U-Boote gemeldet sind.

01.20 Uhr. Das De-Te-Gerät – so der Tarnname für die ersten Radargeräte, die auf den deutschen Schiffen, im Gegensatz zu den Engländern, bereits eingebaut und erprobt sind – das De-Te-Gerät meldet »ein Objekt in 6 Grad Schiffspeilung, Entfernung 150 Hundert.«

Das ›Objekt‹ kommt schnell näher, *Lützow* stößt ja fast darauf zu. Der Kommandant läßt nach Osten abdrehen. Alle Augen suchen nach Steuerbord.

Ab 01.26 Uhr zeigt das Radar keine Ortung mehr. Ob es der Turm eines wegtauchenden U-Boots war? Drei Minuten später wendet *Lützow* wieder auf den alten Kurs. Sie dreht noch, als plötzlich eine Erschütterung durch das ganze Schiff geht:

Torpedotreffer achtern!

Das britische Unterseeboot *Spearfish* unter Lieutenant-Commander J. H. Forbes hat zugeschlagen.

Lützow dreht immer weiter nach Steuerbord. Offenbar klemmt das Ruder. Das Schiff neigt sich nach Backbord und sackt achtern langsam tiefer. Bald kommt die Meldung zur Brücke, daß das ganze Achterschiff abgeknickt ist. Obwohl die Motoren unbeschädigt sind und auf vollen Touren laufen, macht der Kreuzer keine Fahrt: Er hat beide Schrauben und das Ruder verloren! *Lützow* treibt quer zur See auf Skagen zu.

Die Besatzung legt Schwimmwesten an. Bis auf Pumpenmeister

und Leckwehr, die verzweifelt – und schließlich mit Erfolg – gegen das weitere Vordringen der Wassereinbrüche kämpfen, werden die unteren Decks geräumt. Alle warten auf den Fangschuß.

Aber das U-Boot ist verschwunden. *Lützows* Verkehrsboot, das den Kreuzer als ›symbolische U-Bootsicherung‹ ruhelos umkreist, wird vom Feind nicht durch einen neuen Angriff in Verlegenheit gebracht.

Tatsächlich gelingt es, *Lützow* über Wasser zu halten und nach Kiel einzuschleppen. Die Seekriegsleitung aber muß endgültig auf ihre weiteren Pläne mit dem Schiff verzichten. Für Großadmiral Raeder ist es einer der bittersten Verluste der ganzen ›Weserübung‹. Weder der unfertige *Blücher* noch die allein von allen Schiffen für einen weiträumigen Kreuzerkrieg auf den Ozeanen prädestinierte *Lützow* hätten für die Besetzung Norwegens herangezogen werden dürfen.

»Die Entsendung nach Oslo«, urteilt die Skl am 11. April, »hat sich als eindeutiger strategischer Fehler erwiesen«.

Aber die Seekriegsleitung hat diesen Fehler sehenden Auges zugelassen, sie hat Hitler dabei nicht einmal ernsthaft widersprochen. Konnte Raeder nicht anders handeln, weil er als erster auf die Gefahren eines britischen Festsetzens in Norwegen hingewiesen hatte? Und war die ›Weserübung‹ nicht zum erstenmal eine Operation, bei der die große Wehrmacht auf die kleine Marine angewiesen war?

Der Erfolg der Besetzung Norwegens fußt in erster Linie auf dem gewagten Einsatz der Schiffe. Dafür, tröstet sich die Skl, können selbst schwere Verluste in Kauf genommen werden. Und nicht nur der Verlust von *Blücher,* die schwere Beschädigung der *Lützow* schlagen zu Buche.

Am zweiten Tage geht die Royal Navy zum Angriff über.

In Bergen wird der Kreuzer *Königsberg,* der schon von norwegischen Küstenbatterien beschädigt worden ist, von britischen Sturzbombern angegriffen und sinkt. Auf dem Rückmarsch von Kristiansand-Süd läuft die *Karlsruhe* dem britischen U-Boot *Truant* vor die Rohre und wird torpediert. Nach dreistündigem Todeskampf sinkt auch dieser Kreuzer.

Hoch im Norden, in Narvik, dringt am frühen Morgen des 10. April die 2. Destroyer-Flotilla unter Captain Warburton-Lee unbemerkt gegen die Hafenbucht vor. Der Feuerüberfall trifft die Deutschen völlig unvorbereitet. Auf dem Führerboot des FdZ, *Wilhelm Heidkamp,* soll gerade Alarm gegeben werden, da reißt ihm ein Torpedotreffer das ganze Achterschiff weg.

Kommodore Bonte ist auf der Stelle tot, und ebenso fallen sein 1. Asto, Korvettenkapitän Heyke, der Verbandsingenieur, Fregattenkapitän (Ing.) Maywald, und Leutnant (V) Cruchmann.

Gleich danach sinkt *Anton Schmitt,* Kommandant Korvettenkapitän Fritz Böhme, von zwei Torpedotreffern zerbrochen. *Roeder* und *Lüdemann* werden von englischen Granaten beschädigt.

Aber nicht alle deutschen Zerstörer liegen in der Hafenbucht von Narvik. Auf den Alarm hin stößt Fregattenkapitän Erich Bey mit *Zenker, Koellner* und *Giese* aus dem Herjangsford vor, und Fregattenkapitän Fritz Berger verlegt mit *Thiele* und *Arnim* den bereits nach Westen ablaufenden Engländern aus der Ballangenbucht heraus den Weg.

Thiele und *Arnim* vereinen ihr Feuer auf das britische Führerboot *Hardy,* das nach zehn schnellen Salven vernichtend getroffen ist und sich auf die Klippen an der Südseite des Fjordes setzt. Bei diesem Gefecht fällt auch der britische Flottillenchef, Captain Warburton-Lee.

Hunter sinkt in der Fjordmitte, *Hotspur, Havock* und *Hostile* können sich, mit mehr oder weniger schweren Schäden, im Schneesturm der weiteren Verfolgung entziehen – *Hotspur* mit einem Torpedotreffer von *Thiele.*

Der britische Überfall konnte gelingen, weil sich der FdZ durch die im Außenfjord aufgestellten deutschen U-Boote sicher fühlte. Tatsächlich greifen *U 51* unter Kapitänleutnant Knorr und *U 25* unter Korvettenkapitän Schütze die ein- und auslaufenden Briten an – aber ihre Torpedos versagen!

Nun ist das Schicksal der deutschen Narvik-Zerstörer besiegelt. Die meisten haben Gefechtsschäden, ihre Munition ist fast verbraucht, und sie sind völlig leergefahren. Der einzige nach Narvik durchgekommene Tanker, die *Jan Wellem,* kann ihren Durst nach Treiböl bei weitem nicht stillen.

Am 13. April stößt Vice-Admiral W. J. Whitworth mit dem Schlachtschiff *Warspite* und mit neun anderen Zerstörern gegen Narvik vor und jagt die restlichen deutschen Boote bis in die äußersten Fjorde.

Schließlich hat nur noch das Führerboot der 1. Z-Flottille, *Georg Thiele,* das den Rombaksbottn verteidigt, zwei Torpedos. Der erste wird versehentlich gelöst und kracht gegen die Felsen. Den letzten schickt der Torpedooffizier, Oberleutnant zur See Sommer, selber auf die Reise. Und Sommer trifft: Dem britischen Zerstörer *Eskimo* wird das Vorschiff abgerissen.

Dann muß auch *Thiele* das ungleiche Gefecht aufgeben. Um die Besatzung zu retten, jagt der Kommandant, Korvettenkapitän Max-Eckardt Wolff, sein Boot mit äußerster Kraft auf die Uferfelsen* .

---

* Originalberichte vom letzten Gefecht *Georg Thiele* am 13. 4. 1940, siehe Anhang 3.

Nach Narvik besitzt die deutsche Marine nur noch zehn Zerstörer. Zehn von 22, mit denen sie in den Krieg gezogen ist.

Auch die für ›Weserübung‹ eingesetzten Handelsschiffe, die Tanker und Transporter erleiden schwere Verluste.

Die als »friedliche Besetzung« propagierte Eroberung Norwegens bringt für die deutsche Marine den ersten empfindlichen Aderlaß dieses Krieges. Dies wird um so deutlicher, weil der gleichzeitig der britischen Flotte zugedachte Aderlaß ausbleibt.

Nicht weniger als 42 U-Boote liegen auf der Lauer. Dutzende von Torpedos werden geschossen, aber keiner trifft.

Die offen zutage tretenden Torpedoversager wachsen sich zu einem der schwersten Fehlschläge in der Geschichte der deutschen Marine aus.

6 Die deutschen Torpedos taugen nichts

Eines der spektakulärsten Ereignisse des Krieges zur See war die Versenkung des britischen Schlachtschiffs *Royal Oak* durch ein deutsches U-Boot unter dem Kommando des Kapitänleutnants Günther Prien. Spektakulär deshalb, weil Prien mit *U 47* in der Nacht zum 14. Oktober 1939 in die Höhle des Löwen eindrang: nach Scapa Flow, in den Hauptstützpunkt der britischen Flotte.

Dort, in trügerischer Sicherheit, lag die alte *Royal Oak* vor Anker. Bis sie um 01.22 Uhr nachts, von zwei Torpedos getroffen, buchstäblich in die Luft flog.

Priens Boot und seine Besatzung kamen glücklich wieder nach Hause. Die deutsche Propaganda feierte den Erfolg als Beginn vom Untergang des »perfiden Albion«. Hitler verlieh Prien als erstem Seeoffizier das Ritterkreuz des Eisernen Kreuzes, und Dönitz, der den Operationsplan erdacht hatte, wurde auf dem schmalen Deck von *U 47* von Raeder zum Konteradmiral befördert.

Trotz aller lauten Freude jedoch hielt man eine Tatsache ängstlich geheim: Prien hatte insgesamt sieben Torpedos schießen müssen, bis endlich zwei die *Royal Oak* trafen! Und das gegen ein still vor Anker liegendes Ziel . . .

Da war der erste Anlauf um 0.58 Uhr. Das U-Boot aufgetaucht, mitten in der Bucht von Scapa Flow. Die Nacht mondlos und doch unangenehm hell: Ein bizarres Nordlicht geistert über den Himmel.

Wachoffizier Engelbert Endraß zielt sorgfältig. Deutlich liegt der Schatten des englischen Schlachtschiffs vor seinen Augen, und dahinter, halb verdeckt, noch ein zweites Schiff.

»Rohr eins bis vier fertig«, kommandiert Endraß, »– los!«

Ein Torpedo bleibt im Rohr stecken. Na schön, kann mal vorkommen. Aber drei Torpedos sind unterwegs, drei tödliche Aale.

Dann drüben eine schwache Detonation – *neben* der *Royal Oak*. Der Koloß rührt sich nicht, sein Schatten liegt so schwarz und mächtig da wie zuvor.

Der Torpedo hat, wie später aus englischen Quellen bekannt wird, die Ankerkette gestreift. Sonst nichts. Die Engländer denken nicht einmal an einen Angriff von außen. Sie lassen prüfen, ob vorn im Schiff irgendwas explodiert ist.

Prien, blaß vor Enttäuschung, dreht *U 47* um 180 Grad und feuert den einzigen Hecktorpedo hinterher.

Alles wartet auf den Treffer. Aber nichts geschieht. Der Aal verschwindet ebenso spurlos wie seine beiden Vorgänger. Vorbeigeschossen? Dann müßten die Torpedos irgendwo am Ufer detonieren. Nein, es gibt keine andere Erklärung: Von den fünf bisher losgemachten Torpedos haben vier versagt, drei davon auf unerklärliche Weise.

U 47 steht mitten in Scapa, ohne Erfolg und mit leergeschossenen Rohren. In dieser Lage hat der Kommandant die Stirn und besitzt den Nerv, Befehl zum Nachladen der Rohre mit Reservetorpedos zu geben. Harte Knochenarbeit für den Obermaat Kurt Bleek und seine Torpedomixer in der engen Stahlröhre. Und jeden Augenblick kann draußen was passieren. Denn das Boot kurvt in der Bucht herum. Voll aufgetaucht. Von weitem zu sehen.

Nach einer Viertelstunde sind wenigstens zwei Torpedos nachgeladen. Länger will Prien nicht warten. Er läuft noch einmal an und schießt: die beiden Torpedos, die das Schlachtschiff vernichten – und 833 britischen Seeleuten den Tod bringen.

Priens Fehlschüsse in Scapa Flow waren nicht etwa die ersten Torpedoversager der deutschen Marine. Und schon gar nicht die letzten.

Bereits am 6. September 1939, wenige Tage nach Kriegsausbruch, hatte Dönitz die seltsame Meldung eines U-Boots erhalten, daß ein Torpedo während seines Laufs, weit vor dem Ziel, von selbst gezündet hatte und explodiert war.

Am 14. September wurde zum erstenmal ein deutsches U-Boot vernichtet. Und zwar folgendermaßen:

Kapitänleutnant Gerhard Glattes steht am Sehrohr seines Bootes, *U 39*, und traut seinen Augen kaum: Die *Ark Royal*, der berühmte britische Flugzeugträger, läuft ihm direkt vor die Rohre.

Glattes läßt sich zwischen den Träger und seine Zerstörer-Sicherung hineinsacken. In die beste Schußposition. Nur 800

Meter ist die *Ark Royal* entfernt, als der Deutsche einen Zweierfächer schießt:

Zwei G7a-Torpedos. Im Schnellschuß. Und mit Magnetzündung. Das heißt: Die Torpedos brauchen nicht auf die Bordwand zu treffen. Sie laufen unter dem Ziel durch, und das Schiff selbst löst durch die magnetische Feldverstärkung die Detonation aus.

Nicht aber hier, am 14. September bei den Orkneys. Der deutsche Kommandant beobachtet, wie seine beiden Torpedos etwa 80 Meter *vor* den Briten explodieren ... Ohne Schaden anzurichten. Jedenfalls nicht beim Feind.

Denn nun ist der Teufel los. Die beiden dumpfen Schläge und die hohen Wassersäulen alarmieren die britische Abwehr. Deutlich sind die Torpedolaufbahnen zu sehen. GZa-Torpedos werden von Preßluft getrieben, sie zeichnen verräterische Streifen ins Wasser.

Drei britische Zerstörer drehen in die Blasenbahn ein. Und sind schon über dem deutschen Boot, ehe es tief genug wegtauchen kann. Der Captain von HMS *Foxhound* sieht sogar das U-Boot unter sich im Wasser. Seine Wabos sitzen haargenau.

Glück für die Männer in der Stahlröhre: *U 39* sinkt nicht sofort ab, sondern es wird an die Wasseroberfläche gerissen. Es taucht auf, wie ein schnaufendes Walroß.

Glattes befiehlt, sofort auszusteigen. Die Briten senden Boote. Die Besatzung wird gerettet.

Bei der U-Boot-Führung am Toten Weg in Wilhelmshaven häufen sich die Meldungen über Torpedoversager. Nur sechs Tage nach dem Verlust von *U 39* geht auch *U 27* auf dieselbe mysteriöse Weise verloren. Wieder überlebt die Besatzung. Dem Kommandanten, Kapitänleutnant Johannes Franz, gelingt es, aus der Gefangenschaft einen Bericht herauszuschmuggeln, der Dönitz auch erreicht.

Da steht es: Drei Torpedos geschossen – drei Frühzünder. Und dann Wasserbomben vom Feind ...

Dönitz zerbricht sich den Kopf. Woran kann das liegen? Zündet die sogenannte ›Magnetpistole‹ durch die Erschütterungen beim Lauf des Torpedos selbst? Oder hat der Feind gar ein Gegenmittel, das die Magnetzündung schon in sicherem Abstand vor seinem Schiff hochgehen läßt?

Noch im September befiehlt der U-Boot-Chef seinen Kommandanten, nur noch mit ›Aufschlagzündung‹ zu schießen. Der Torpedo muß auf die Bordwand treffen, um zu detonieren. Aber die Anordnung hat wenig Sinn, weil die Kommandanten die Magnetzündung gar nicht abstellen können. Erst im Laufe des Oktober

1939 kommen Torpedos mit einem hastig eingebauten Umschalter an die Front. Die Kommandanten können jetzt zwischen MZ (Magnetzündung) und AZ (Aufschlagzündung) wählen.

Niemand in der Marine hat diese Schwierigkeiten erwartet. Eineinhalb Jahre später findet der Oberreichskriegsanwalt dafür folgende Worte:

»Man war bei Kriegsbeginn in der gesamten Marine der Überzeugung, insbesondere im deutschen Torpedo eine unbedingt sicher funktionierende und damit uneingeschränkten Erfolg versprechende Waffe zu besitzen. Ganz besonders hegte man diese Überzeugung bezüglich der Magnetzündung des Torpedos ... Die Hoffnung, die man in den Torpedo setzte, trog jedoch.«

Die Hoffnung, die der Kapitänleutnant Wilhelm Zahn in seinen soeben geschossenen Fächer von drei Torpedos setzt, ist ebenfalls trügerisch.

Zahn ist Kommandant von *U 56*, einem der ›Einbäume‹ der U-Boot-Waffe. Das sind die kleinen Boote vom Typ II, nur für die Nord- und Ostsee gebaut, für den großen Atlantik aber zu klein und zuwenig ausdauernd.

Einbaum hin, Einbaum her: Am 30. Oktober 1939 um 10 Uhr vormittags steht *U 56* westlich der Orkney-Inseln mitten im Verband der stolzen britischen Home Fleet! Und seine drei Torpedos – mehr kann das Boot gar nicht auf einmal schießen, weil es nur drei Rohre hat – seine drei Torpedos laufen schnurgerade auf Seiner Majestät Flottenflaggschiff *Nelson* zu ...

Der Horchraum auf *U 56* hat schon seit mehr als einer Stunde »dumpfe, undefinierbare Geräusche in nördlicher Richtung« gemeldet. Immer wieder nahm der Kommandant einen Rundblick durch das Sehrohr, und schließlich kam ein stark gesicherter Schiffsverband in sein Blickfeld:

Zahn: »Drei Schlachtschiffe liefen zunächst spitz auf *U 56* zu – und hätten somit einen Angriff sehr erschwert wenn nicht unmöglich gemacht. Plötzlich drehten sie um etwa 20 bis 30 Grad ab und fuhren in idealer Angriffsposition am Boot vorüber.«

Die englischen Zerstörer zickzacken weiter draußen. Das U-Boot steht innerhalb der Sicherung. Unbemerkt. Ein Zerstörer hält eine Weile direkt auf das Boot zu. Zahn fürchtet schon, der Gegner habe ihn geortet – aber dann dreht der Tommy wieder ab.

Inzwischen läuft das erste Schlachtschiff, die *Rodney*, schon aus dem günstigsten Schußwinkel heraus. Dafür kommt das zweite Zahn gerade recht: die *Nelson*.

Der Kommandant prüft sorgfältig die Schußwerte:

Entfernung 800 Meter.

Gegnerlage 60 Grad.
Gegnerfahrt 12 Seemeilen.
Tiefeneinstellung 8 Meter.
Aufschlagzündung ...

Zahn: »Ideale Werte. Der Fächer fiel in aller Ruhe, wie bei einem Übungsschießen.«

Nach dem Schuß bäumt sich das Boot auf, kommt kurz mit dem Sehrohr aus dem Wasser, aber dann rauscht es in den Keller. Safety first. Wenn *Nelson* getroffen wird, dann ist da oben die Hölle los.

Wenn *Nelson* getroffen wird, bedeutet das auch Ärger für mehrere illustre Gäste, die sich in diesen Tagen zu einer Konferenz auf dem Flottenflaggschiff einfinden:

Der C-in-C Home Fleet, Admiral Sir Charles Forbes, hat nicht nur den Ersten Seelord, Admiral of the Fleet Sir Dudley Pound, sondern auch den Ersten Lord der Admiralität, Winston Churchill, zu einem Besuch an Bord eingeladen.

Besorgt sprechen die hohen Herren über Priens Eindringen nach Scapa Flow, über die Versenkung der *Royal Oak,* über die Bedrohung des britischen Hauptstützpunktes durch die deutsche Luftwaffe. Da hilft nichts: Die Home Fleet muß in andere Häfen ausweichen!

Von dem hohen Besuch auf der *Nelson* hat der Kapitänleutnant Zahn in seinem ›Einbaum‹ natürlich keinen Schimmer. Aber eins weiß er genau: Er ist mit seinen drei einzeln, aber dicht hintereinander geschossenen Torpedos einwandfrei auf Bug, Mitte und Heck des Schlachtschiffs ›abgekommen‹.

Während das Boot auf größere Tiefe sinkt, zwängt sich Zahn in den engen Funkraum. Der Funkmaat hat die Stoppuhr in der Hand und zählt die Sekunden. Zahn selber drückt den Kopfhörer des Horchgeräts an die Ohren. Das rauscht und dröhnt von dem Mahlen der mächtigen Schlachtschiffschrauben.

Plötzlich hören Kommandant und Funker durch das Schraubengeräusch hindurch einen metallischen Schlag. Als ob Eisen gegen Eisen stieße.

Viele im Boot hören es, auch ohne Horchgerät.

Aber dem Schlag, dem Anstoßen, folgt nichts weiter. Kein berstendes Krachen, keine Detonation.

Dann noch ein zweiter, leichterer Schlag. Und wieder nichts.

Die Männer im Boot sehen sich an, stumm, verzweifelt. Ihre Aale haben die *Nelson* getroffen – aber nicht gezündet.

Torpedoversager!

Zahn: »Das Nichtzünden der Torpedos lähmte die ganze Besatzung ... Nach der Gesamtlaufzeit wurde ein Torpedo zum Enddetonierer. Ich konnte im Seerohr beobachten, wie zwei Zerstörer mit Höchstfahrt zu dieser Stelle hinfuhren . . .«

An die Home Fleet kommt *U 56* nicht noch einmal heran.

Abends gegen 19.00 Uhr hält Admiral Dönitz einen Funkspruch von Zahn in der Hand:

»10.00 Uhr *Rodney Nelson Hood* zehn Zerstörer Quadrat 3492, 240 Grad, drei Torpedos geschossen, Versager.«

Dönitz bedauert, daß er die Meldung nicht früher erhalten hat; sonst hätte er das in der Nähe stehende *U 58* unter Kapitänleutnant Herbert Kuppisch noch auf die britische Flotte ansetzen können. Aber er schiebt die Verzögerung auf die sicherlich »tiefe Depression« von Zahns Besatzung nach dem unverschuldeten und unbegreiflichen Mißerfolg.

Depression, Ratlosigkeit, aufkeimender Zorn: Solche Gefühle beherrschen in diesen Wochen die U-Boot-Fahrer und ihren Admiral. Die Meldungen über Torpedoversager häufen sich.

Am 25. Oktober läuft Kapitänleutnant Herbert Schultzes *U 48* in Kiel ein. Fünf Schiffe hat Schultze versenkt. Nun meldet er zusätzlich fünf Torpedoversager.

Am 31. Oktober funkt Korvettenkapitän Victor Schütze wütend, er habe nordwestlich Kap Finisterre mit *U 25* auf einen angehaltenen Dampfer aus geringer Entfernung vier Torpedos verschossen – alle vier Versager!

Am 7. November kommt *U 46* von Feindfahrt zurück. Der Kommandant, Kapitänleutnant Herbert Sohler, und seine Männer sind tief enttäuscht: Vier Wochen draußen, und nur einen Tanker versenkt! Bei der Meldung explodiert Sohler:

»Dreimal waren wir im Geleitzug. Einmal habe ich sieben Torpedos geschossen, auf eine Wand überlappender Schiffe – und kein einziger Treffer! Und dann lag uns ein großer Kreuzer gestoppt vor dem Bug, Lage 90. Meine beiden Torpedos gingen als Frühdetonierer hoch. Der Kreuzer war gewarnt, lief ab . . .«

Dönitz schreibt erregt in sein Kriegstagebuch:

»Kein Zweifel, daß die T. J. (Torpedo-Inspektion) die Lage nicht übersieht . . . Wenigstens 30 Prozent aller Torpedos sind Versager!«

Am 10. November läuft der »Einbaum«, *U 56*, wieder in Wilhelmshaven ein. Der Kommandant stellt die genauen Schußunterlagen seines vergeblichen Angriffs auf die *Nelson* für eine Überprüfung durch das Torpedo-Erprobungs-Kommando (TEK) zusammen. Zahn macht auf Dönitz einen so deprimierten Eindruck, daß er ihn als Frontkommandanten ablöst.

Am 14. November bekommt Dönitz Besuch von einem führenden Torpedofachmann, Professor Cornelius von der Technischen Hochschule Berlin. Großadmiral Raeder hat Cornelius mit allen Vollmachten ausgestattet, um dem Übel abzuhelfen. Denn Cornelius selber hatte in den zwanziger Jahren als Ingenieur in Eckernförde die deutschen Torpedos entwickelt.

Dönitz ergeht sich in bitteren Vorwürfen. Nicht nur, daß er mit einer viel zu geringen Zahl von U-Booten Krieg führen muß; nun taugt auch ihre Waffe nichts!

Was sollen die U-Boote denn machen? Schießen sie mit der angeblich so vernichtenden Magnetzündung, dann gibt es Frühdetonierer. Und gleich darauf haben die Boote die Zerstörer und Bewacher auf dem Hals. Dönitz argwöhnt, daß sich die meisten Boote, die bisher vernichtet worden sind, dem Feind erst durch ihre eigenen Torpedoversager verraten haben.

Und schießen sie mit Aufschlagzündung, dann passiert oft gar nichts. Entweder steuern die Torpedos zu tief und laufen unter dem Ziel durch. Oder sie schlagen sogar gegen die Bordwand, wie bei der *Nelson,* und versagen trotzdem!

»Sehen Sie sich *U 46* an«, sagt Dönitz, »ein zuverlässiges Boot, eine vorzügliche Besatzung. 30 000 bis 40 000 Tonnen hätten die als Erfolg mitbringen können. Statt dessen nur niedergeschlagene Stimmung. Die Männer müssen ja gleichgültig werden, wenn alle Mühe umsonst ist.«

Professor Cornelius weiß da auch keine Soforthilfe.

Allgemein galten die deutschen Torpedos seit 1934/35 als »überlegen betriebssicher«, obwohl sie, wie ein Sondersenat des Reichskriegsgerichts später feststellte, niemals förmlich für »frontreif« erklärt worden sind.

Da war der Torpedo G 7a mit dem bewährten, aber verräterischen Preßluftmotor. Und der elektrisch angetriebene, ohne Schwall und Blasen laufende G 7e – der im übrigen nur von U-Booten geschossen werden konnte. Mit seiner Geschwindigkeit von 30 Knoten war er langsamer als ein Zerstörer und sollte daher hauptsächlich gegen Handelsschiffe eingesetzt werden.

Nicht so problemlos waren die Zündvorrichtungen, die ›Gefechtspistolen‹ der Torpedos.

Die AZ – die Aufschlagzündung – wurde in den zwanziger Jahren neu durchkonstruiert. Sie war danach technisch viel komplizierter als im Ersten Weltkrieg.

Damals hatte der Stoß des auf die Bordwand treffenden Torpedos noch direkt auf die Zündung gewirkt. Viel zu einfach, so was! Jetzt übertrug sich der Aufschlag über vier Greifnasen auf ein langes, dünnes, mehrfach gelagertes Gestänge, wurde über Doppelhebel umgelenkt und stieß im umgekehrten Sinn, also von hinten

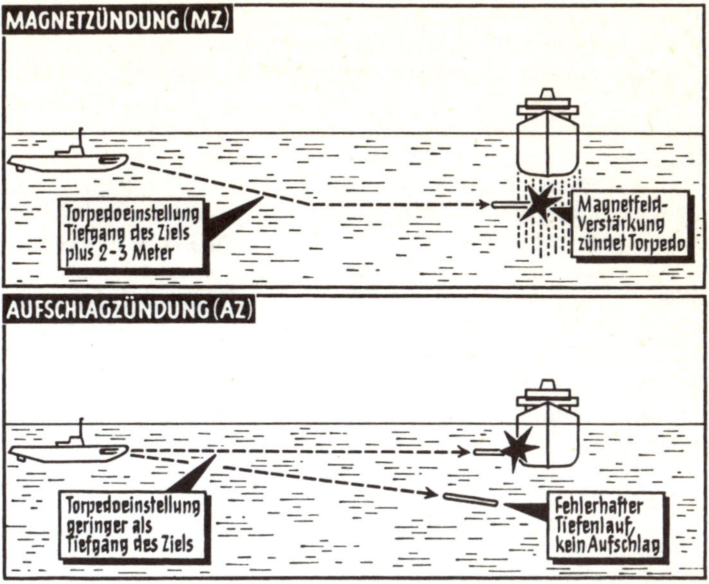

Schematische Darstellung der Magnetzündung und Aufschlagzündung in den deutschen Torpedos G 7a und G 7e. Nach dem Auftreten von Frühzündern bei Kriegsbeginn erhielten die Torpedos Umschalter, mit denen der Magnetteil der Zündpistole abgeschaltet werden konnte, so daß nur der Aufschlagzünder wirksam blieb. Hierfür war ein korrekter Tiefenlauf der Torpedos entscheidend.

nach vorn, endlich auf die Zündung.

Wenn der Torpedo schief oder verkantet oder sonstwie unglücklich auf das Ziel traf, konnte sich das Gestänge verbiegen und zündete dann eben nicht.

Die neue ›Greifnasen-Schubpistole‹ wurde im Herbst 1928 erprobt. Mit ganzen zwei Schüssen gegen eine im Wasser aufgehängte Zielplatte. Beide Schüsse trafen das Ziel *nicht,* zündeten aber an den Balken des Plattengestells.

So unwahrscheinlich es klingt: Damit wurde die Erprobung als »erfolgreich« abgeschlossen. Die allein zuständige TVA (Torpedo-Versuchs-Anstalt der Marine) war von ihrer eigenen Schöpfung so überzeugt, daß sie die Zündung als »zwangsläufig« bezeichnete.

Die Aufschlagpistole wurde ohne jede weitere Erprobung in die neuen Torpedos G 7a und G 7e übernommen.

Die Marine setzte hochgespannte Erwartungen eben nur in die Magnetzündung (MZ) der Torpedos. Der langjährige TVA-Leiter und später zum Hauptschuldigen gestempelte Konteradmiral Oskar Wehr drückte das so aus:

»Die Marine hat nur in MZ gedacht.«

Schon immer war es schwer, Zerstörer oder andere flache Ziele mit Torpedos zu treffen, ganz einfach weil ihr Bootskörper nicht tief genug ins Wasser reichte. Immer auch wollten gerade die U-Boote eine Waffe haben, mit der sie ihrem ärgsten Feind, dem Zerstörer, gewachsen waren.

So entwickelte der Physiker Dr. Adolf Bestelmeyer schon 1915 eine ›Abstandspistole‹ für Torpedos, die den Eigenmagnetismus des unterlaufenen Ziels zur Zündung nutzte: Die ›MZ‹ war erfunden.

Und mehr als das: Die Abstandszündung erwies sich sogar als viel wirksamer. Denn zündete die Sprengladung wenige Meter *unter* dem Ziel, dann hob der gewaltige Gas-Wasser-Druck das gar nicht direkt getroffene Schiff ruckartig in die Höhe und brach es von unten her auseinander. Das war die Wirkung, von der man hoffte, daß sie selbst Schlachtschiffen mit einem Schlage das ›Rückgrat‹ brechen würde.

Folglich griff die Reichsmarine das Prinzip heimlich wieder auf und entwickelte es in der TVA unter Leitung des Marinebaurats Dr.-Ing. Paul Schreiber weiter.

Die Sache hatte mehrere Haken. Die Kraftlinien des magnetischen Erdfeldes – besonders die senkrecht wirkende Komponente, die zur Zündung genutzt wurde – ändern ihre Stärke je nach dem Standort auf der Erde.

Je weiter nach Norden, auf den magnetischen *Südpol* zu, desto stärker der Erdmagnetismus, der auf die Zündspule in der Magnetpistole einwirkt.

Mit anderen Worten: Ein etwa auf der Höhe Nordnorwegens geschossener Torpedo konnte, sobald er nach dem Ausstoß aus dem Torpedorohr scharf geworden war, allein durch das hier besonders starke magnetische Feld gezündet werden. Er zündete also ›von selbst‹ oder jedenfalls ›zu früh‹ – bevor er überhaupt ein Schiff erreicht hatte.

Dieser *bekannten* Gefahr begegneten die Konstrukteure damit, daß sie das magnetische Gegenfeld im Zündapparat ebenfalls veränderlich machten. Die Magnetpistole hatte einen Einstellring, mit dem 16 verschiedene Zonen gewählt werden konnten, und auf einer Zonenkarte war die richtige Einstellung für das jeweilige

Seegebiet abzulesen.

Die ›Zone Null‹ begann auf der Höhe des Nordkaps, die ›Zone 16‹ endete in der Biskaya. Nördlich und südlich dieser Breiten war die Magnetzündung nicht zu brauchen.

Neben dieser möglichen Fehlerquelle für die MZ gab es auch andere, unberechenbare Gefahren.

Dazu gehörten die ›magnetischen Gewitter‹, die gerade im Herbst 1939 und bis in das Frühjahr 1940 hinein als Folge besonders umfangreicher Sonnenflecken und starker Sonnenfackeln auftraten. Es klingt wie Geisterspuk: In solchen Zeiten dürfen keine magnetischen Torpedos geregelt werden!

Für das menschliche Auge sind diese Gewitter an den Erscheinungen des Nordlichts zu erkennen. Und Nordlicht zuckte über den Himmel, als Günther Prien in Scapa Flow eindrang ...

Schließlich können auch ›Störgebiete‹ das an sich gleichbleibende magnetische Kraftfeld einer Zone irregulär verstärken. Störungen dieser Art treten vor allem in der Nähe vulkanischer Gesteinsmassive auf.

Vor den schottischen Inseln zum Beispiel. Und, wegen der Magnetitlager, bei den Lofoten.

Direkt vor Narvik also.

Genau dort, wo im April 1940, bei der Besetzung Norwegens, die Torpedokrise ihren dramatischen Höhepunkt erreicht.

Alles, was die deutsche U-Boot-Waffe auf die Beine bringen kann, marschiert in diesen ersten Apriltagen nach Norden. Der übliche Handelskrieg mit U-Booten ist seit Wochen abgeblasen. Dönitz schickte ganze Rudel vor die norwegische Küste und auf die Anmarschwege der britischen Flotte. Alles in allem werden 42 Boote in der Nordsee eingesetzt.

Bis zum 7. April haben die Kommandanten keine Ahnung, was los ist. Dann der Funkbefehl, den verschlossenen Umschlag ›Operation Hartmut‹ zu öffnen:

Norwegen wird besetzt. Am 9. April, um 05.15 Uhr früh. Auf die Nachricht hin wird die britische Flotte auslaufen und nachstoßen. Soviel dürfte sicher sein. Und wenn nicht alles täuscht, werden die Engländer den vor den Fjorden lauernden deutschen U-Booten vor die Rohre laufen.

Eine einmalige, nie wiederkehrende Chance!

Den Vestfjord – die Zufahrt nach Narvik, das am 9. früh von den zehn Zerstörern des Kommodore Bonte angelaufen und von den Gebirgsjägern des Generals Dietl besetzt wird –, den Vestfjord schirmen zu dieser Zeit vier U-Boote ab: *U 25, U 46, U 51* und *U 64*.

Aber sie sehen nichts. Erst die Sturmfahrt nach Norden, und nun hier im Fjord zwar ruhige See, aber dichtes Schneetreiben.

Früh am 10. April. Das Fjordwasser rings um *U 25* ist so glatt wie ein Ententeich. Vermummte Ausgucks auf dem U-Boot-Turm. Wie die Schneemänner. Nicht einmal der eigene Bug ist zu sehen.

Plötzlich laufen Wellen heran. Das Boot wiegt sich, beginnt zu schlingern.

Mit ein paar Sätzen ist der Kommandant, Korvettenkapitän Victor Schütze, oben.

»Da muß eben einer vorbei sein«, meldet der Wachoffizier.

Unheimlich. Sie haben keinen Gegner gesehen. Auch die anderen U-Boote merken nichts. Aber die britische 2. Destroyer-Flotilla ist durch – und kann die Deutschen in Narvik mit einem Feuerüberfall überraschen.

Abends am 10., bei besserer Sicht, schießen *U 25* und *U 51* auf auslaufende britische Zerstörer: ohne Erfolg. Ihre Torpedos detonieren zu früh. Einer sofort nach Ablauf der Sicherheitsstrecke. Ein anderer »100 Meter vor großem Zerstörer«, wie Kapitänleutnant Dietrich Knorr von *U 51* meldet.

Das ist nur der Anfang.

11. April. Die deutsche Funkaufklärung erkennt starke britische Flottenbewegung in Richtung Nordnorwegen. Offenbar eine geplante Gegenlandung im Raum Narvik. Dönitz dirigiert weitere vier Boote mit erfahrenen Kommandanten in das bedrohte Gebiet: *U 38, U 47, U 48* und *U 49*.

An diesem Tag hat Kapitänleutnant Herbert Schultze zweimal die ganz große Chance. Zweimal läuft seinem *U 48* – dem erfolgreichsten Unterseeboot des Zweiten Weltkrieges – ein schwerer Kreuzer schußgerecht vor die Rohre.

Zweimal schießt Schultze einen Dreierfächer. Das erstemal um 12.30 Uhr: Torpedoversager. Frühdetonierer.

Das zweitemal um 21.15 Uhr: Wieder fliegen alle drei Torpedos zu früh in die Luft.

Die verdammte Magnetzündung!

Der BdU funkt aus Deutschland komplizierte Anweisungen, wie die Torpedos eingestellt werden sollen: In den meisten Fällen die MZ abschalten und mit Aufschlagzündung schießen.

13. April. Diesmal dringen zehn britische Zerstörer nach Narvik vor. Und dahinter ein Schlachtschiff: die *Warspite*.

Victor Schützes *U 25* wird von dem Verband unter Wasser gedrückt, kommt nicht zum Schuß, wird einfach überrannt. Die Engländer vernichten in Narvik und den angrenzenden Fjorden die letzten deutschen Zerstörer* .

---

* Siehe Seite 110 und 111 und Anhang 3.

Am 14. April – die *Warspite* läuft wieder aus dem Vestfjord aus – kommen *U 46* und *U 48* auf das Schlachtschiff zum Schuß: Torpedoversager!

15. April. Ein stark gesicherter britischer Transporter-Konvoi geht bei Harsted in den Vaagsfjord. Dort, nicht weit von Narvik, beginnt die Ausladung der Truppen, die Dietls Stellung an der Erzbahn von Schweden nach Narvik zurückerobern sollen.

Aber Günther Priens *U 47* ist zur Stelle. Prien, den sie den ›Stier von Scapa Flow‹ nennen. Prien wird das schon machen.

Abends gegen 22 Uhr hat er die Transporter gefunden. Sie liegen im Bygdenfjord vor Anker. Drei riesige Pötte, bewacht von Kreuzern und Zerstörern.

Prien: »Eine Wand von Schiffen!«

22.42 Uhr. Vier Torpedos verlassen die Rohre von *U 47*. Nur 750 Meter vom Ziel entfernt. Kein Risiko: Alle Torpedos sind auf Aufschlagzündung geschaltet, Tiefe 4–5 Meter. Die Transporter haben viel mehr Tiefgang. Also *müssen* ihnen die Torpedos ein Loch in die Bordwand reißen.

Priens Obersteuermann, Wilhelm Spahr, verfolgt die Stoppuhr. Die Sekunden verstreichen, dann die Minuten ... Die errechnete Laufzeit der Torpedos ist längst vorbei – und nichts geschieht. Kein Treffer. Keine Detonation. Als wären die Torpedos in den Tiefen des Fjords versunken.

Mühsam beherrscht läßt Prien die Rohre nachladen. Er selber und sein Wachoffizier prüfen jeden Handgriff, jede Einstellung an den Torpedos.

Kurz nach Mitternacht zum 16. April läuft *U 47* zum zweitenmal an. Diesmal, trotz der Gefahr durch die nahen Zerstörer, über Wasser. Prien will ganz sicher gehen. Er hat plötzlich das Gefühl, daß es allein in seiner Hand liegt, die Gebirgsjäger in Narvik zu retten.

Dann laufen die vier Aale. Und es ist alles wie beim erstenmal ... Nein: Endlich detoniert einer! Aber weit weg, an den Felsen des Fjordes. Den Schiffen wird nicht einmal die Bordwand geritzt. Ihr Ausladen geht ruhig weiter.

Priens Fehlschlag beweist, daß nicht nur die Magnet-, sondern ebenso die normale Aufschlagzündung der Torpedos vollständig versagt.

Dönitz erfährt noch in der Nacht davon. Er ruft in Berlin an und fordert von Raeder Abhilfe. Am nächsten Morgen erscheint der Torpedo-Inspekteur, Konteradmiral Oskar Kummetz, bei dem erregten U-Boot-Chef.

Kummetz ist gerade aus dem Oslofjord zurück, wo er an der Spitze der Kriegsschiffgruppe 5 die norwegische Hauptstadt besetzen sollte. Aber sein Führerschiff, der schwere Kreuzer *Blücher,* ist von den Norwegern zuerst zusammengeschossen und dann versenkt worden: mit zwei Torpedos!

Der Torpedo-Inspekteur hat am eigenen Leibe erfahren, wie vernichtend Torpedos wirken können. Er schwamm eine halbe Stunde im eisigen Fjordwasser, bevor er sich retten konnte.

Aber Kummetz weiß auch nicht auf Anhieb, was mit den deutschen Torpedos los ist. Er ist erst seit wenigen Monaten Inspekteur. In dieser Zeit war die Ostsee zugefroren. Das Eis hat alle Versuche und Erprobungen in Eckernförde und Kiel blockiert. Die Torpedos, mit denen die Boote draußen ihre üblen Erfahrungen machen, sind nicht einmal vorher eingeschossen worden. Die jüngsten Versuche, weiß Kummetz zu berichten, haben ergeben, daß die Torpedos bis zu 2,70 Meter tiefer steuern als sie eingestellt sind.

Also versagen nicht nur die Zündpistolen. Auch der Tiefenapparat ist unzuverlässig. Deshalb konnte Prien nicht einmal die großen Ankerlieger treffen: Seine auf Aufschlagzündung gestellten Torpedos sind wahrscheinlich unter den Schiffen durchgelaufen.

Prien ist bereits auf dem Rückmarsch, als ihm am 19. April die *Warspite* in die Quere kommt. Er riskiert noch einmal zwei Torpedos – diesmal wieder mit MZ, weil er aus der Enge der Fjorde heraus ist und die Magnetzündung im freien Seegebiet angeblich funktionieren soll. Er hätte es besser gelassen:

Beide Torpedos versagen, und die britischen Zerstörer jagen *U 47* stundenlang mit ganzen Serien von Wasserbomben.

Darauf bricht Dönitz den U-Boot-Einsatz ab. Er ruft alle Boote zurück. Mit stumpfen Waffen kann man nicht kämpfen.

Die Engländer haben, ohne es so recht zu wissen, einen wichtigen Sieg errungen, die Deutschen eine verheerende Niederlage erlitten. Die Bilanz: 31 U-Boot-Angriffe aus günstiger Schußposition – vier auf das Schlachtschiff *Warspite,* zwölf gegen verschiedene Kreuzer, zehn auf Zerstörer und fünf auf Truppentransporter – und kein einziger Erfolg.

Darüber findet sich kein Wort in den Wehrmachtsberichten jener Tage. Um so mehr aber in den geheimen Kriegstagebüchern der Betroffenen.

Der Befehlshaber der U-Boote: »Nichts an unseren Torpedos ist in Ordnung. Ich glaube nicht, daß jemals in der Kriegsgeschichte Soldaten mit einer so unbrauchbaren Waffe gegen den Feind geschickt werden mußten.«

Die Seekriegsleitung in Berlin spricht vom »restlosen Versagen« und von einem »operativen Fehlschlag von kriegsentscheidendem Ausmaß«.

Erst recht kein Blatt vor den Mund nehmen die heimkehrenden U-Boot-Fahrer. Niedergeschlagenheit kehrt sich in Zorn.

Prien: »Niemand kann uns weiter zumuten, mit einem Holzgewehr zu kämpfen!«

Bereits am 20. April muß Raeder einen Sonderausschuß einsetzen, der die Ursachen der Versager untersuchen soll. Als Mitte Mai die ersten Ermittlungen durchsickern, nennt Dönitz das Verhalten der Torpedofachleute »verbrecherisch«. Ja, der U-Boot-Chef verweist auf das gekaperte britische U-Boot *Seal* und schlägt mit bitterem Spott vor, man möge doch die englischen Torpedos und ihre Zündung nachbauen!

Die Torpedokrise eskaliert unversehens zur bisher schwersten Vertrauenskrise innerhalb der deutschen Marine.

Raeder sieht sich gezwungen, den zahlreichen Gerüchten am 11. Juni 1940 mit einem persönlichen Erlaß »zur Frage der Torpedoversager« entgegenzutreten* . Er allein, betont der ObdM, sei der verantwortliche Oberbefehlshaber; er empfinde daher die festgestellten Mängel am stärksten, als ein »schwerwiegendes Unglück«.

»Sie sind inzwischen voll erkannt«, fährt Raeder fort, »und es ist dafür Sorge getragen, sie in denkbar kürzester Zeit vollständig zu beseitigen... Das Offizierskorps mag versichert sein, daß ich... die Schuldigen mit unnachsichtlicher Schärfe zur Rechenschaft ziehen werde.«

Es gibt eine Art von Unheil, das bricht herein wie eine Naturkatastrophe, unabwendbar. Und dann gibt es jene Unglücksfälle, die man lange hat kommen sehen und gegen die trotzdem nichts unternommen worden ist. Die Geschichte der deutschen Torpedoversager gehörte in die letzte Kategorie.

Die Hauptrolle spielt der Mensch – mit all seinen bekannten Vorzügen: mit Eitelkeit und Selbstüberschätzung, mit Kompetenzstreit und Abteilungsquerelen, mit Subalterndenken und Überforderung. Alle Zutaten menschlichen Versagens finden sich auch in dieser Geschichte.

Daß die deutschen Torpedos G 7a und G 7e tiefer, manchmal ganz erheblich tiefer steuerten als auf ihnen eingestellt wurde, wußten Offiziere und Beamte der TVA – der Torpedoversuchsanstalt in Eckernförde – bereits seit Dezember 1936, spätestens seit Juni 1937.

Damals ergab ein sogenanntes ›Netzschießen‹ – Netze wurden im Wasser aufgehängt, an denen der Tiefendurchlauf festgestellt

---

* Wortlaut des Erlasses siehe Anhang 4.

werden konnte –, daß die Torpedos im ungünstigsten Fall 3,70 Meter tiefer liefen als eingestellt.

Die TVA glaubte den Fehler durch den Einbau einer neuen Tiefenfeder beheben zu können, und tatsächlich zeigten die ersten Probeschüsse mit der neuen Feder befriedigende Ergebnisse. Der mit dem Netzschießen beauftragte Marine-Oberingenieur Mohr hielt die Erprobung für nicht ausreichend, um ein endgültiges Urteil abzugeben; doch der Leiter der TVA, Kapitän zur See Oskar Wehr, beantragte am 16. Juli 1937 bei der vorgesetzten Torpedo-Inspektion den generellen Einbau der neuen Feder, weil durch sie »im ganzen Einstellungsbereich von 4 bis 12 Meter Tiefe eine Toleranz für den Tiefenlauf von nicht über 0,5 Meter gewährleistet« sei.

Die Beschaffung und der Einbau der Federn wurde als »sehr dringend« bezeichnet. Auf den Torpedo-Änderungskarten der TVA vergaß man jedoch den Dringlichkeitshinweis, und statt dessen stand dort, die neuen Federn seien »gelegentlich« einzubauen.

Materialknappheit und Lieferungsengpässe der Industrie kamen hinzu, und so wurden die ersten neuen Torpedos erst im Januar 1939 fertig.

Inzwischen fand der Bürgerkrieg in Spanien statt. Die Marine hatte Gelegenheit, Schiffe und Waffen unter ›Frontbedingungen‹ zu erproben. Aus Spanien kamen alarmierende Nachrichten:

Die deutschen Torpedos taugten nichts! Sie hatten Maschinenstörungen, sie liefen nicht gerade, ihr Tiefenlauf schwankte und gegen Ende der Laufstrecke sackten sie ab.

Die Marineleitung in Berlin war bestürzt. Sie befahl dem 1937 neu gegründeten Torpedoerprobungskommando (TEK) ein Probeschießen »unter schärfsten Bedingungen«. Im April 1938 führte das Torpedoboot *Albatros* 14 Tage lang dieses Schießen durch. Ergebnis: schwere Mängel an Maschine und Tiefenhaltung!

TVA-Leiter Wehr mokierte sich über diese Ergebnisse: das sei »nur unfruchtbare Kritik«. Und vor allem kam die Kritik von der für überflüssig gehaltenen Konkurrenz. Bevor das TEK auf den Plan trat, war die TVA sakrosankt gewesen. Sie entwickelte, erprobte, fertigte ihre Torpedos selbst, sie schoß sie ein und erklärte sie für tauglich. Ärgerlich, daß nun das TEK dazwischenfunkte.

Wehr, inzwischen zum Konteradmiral befördert, erklärte noch am 20. März 1939 das *Albatros*-Schießen als einen »Versuch mit untauglichen Mitteln am untauglichen Objekt«. Für *Fachleute* sei »der Beweis nicht erforderlich, daß man mit entsprechenden Mitteln einen Torpedo zum Versagen bringen kann.«

Wehr: »Das Vertrauen der Front zu der ihr übergebenen Waffe

wird unberechtigt schwer gefährdet...« Der Torpedo sei vollauf »als frontreif zu bezeichnen«.

Indessen schwand das Vertrauen der Front immer mehr. Und noch war es ja die Front im Frieden.

Im Oktober 1938 schoß der Zerstörer *Richard Beitzen* Torpedos zur Probe. Und zwar vom Stand der TVA aus und mit deren Billigung. Der Kommandant, Korvettenkapitän Moritz Schmidt, schrieb in seinen Bericht:

»Schlechte Tiefensteuerung der meisten Torpedos ... Schwankungen bis zu vier Meter ... geeignet, das Vertrauen zur Waffe zu erschüttern.«

Die Erprobungen, Berichte und Bedenken häuften sich. Aber die TVA ließ nichts davon nach außen dringen, sie meldete die Mängel nicht nach oben. Noch im September 1939 nahm die ahnungslose Torpedo-Inspektion an, die früher einmal gemeldeten einwandfreien Tiefenläufe hätten sich inzwischen bei den Serientorpedos bestätigt.

Der Krieg war nun da, und er brachte die ›unerklärlichen‹ Versager der U-Boot-Torpedos. Jetzt ließ Dönitz nicht mehr locker. Er bohrte nach den Ursachen.

Am Sonntag, 8. Oktober, setzte der Torpedo-Inspekteur, Vizeadmiral Friedrich Götting, eine Sonderbesprechung auf dem Schießstand Nord der TVA an. Ergebnis: Götting mußte den Magnetschuß sperren. Die U-Boote durften nur noch mit Aufschlagzündung schießen.

Damit erhielt der Tiefenlauf entscheidende Bedeutung. Wenn der Torpedo zu tief steuerte, konnte er das Schiff ja gar nicht treffen.

Aber weder Konteradmiral Wehr noch sonst ein Teilnehmer der Besprechung erwähnte die bekannten Fehler des Tiefenlaufs.

Korvettenkapitän Karl Kattentidt, einer der jüngeren TVA-Offiziere, die zuvor mehrmals gewarnt hatten, erinnert sich: »Mir selbst und wohl manchem andern war nicht sehr wohl zumute.«

Noch auf dem Weg zum Wagen richtete Göttings Stabschef, Kapitän zur See Rudolf Junker, an Admiral Wehr die Frage, ob denn die Tiefenhaltung in Ordnung sei.

Wehr: »Was soll denn da nicht in Ordnung sein?«

Das fragten sich die U-Boot-Kommandanten auch. Denn ihre Torpedos versagten weiter. Auch ohne Magnetzündung.

Kattentidt brachte dann den Stein ins Rollen. Er überging seine direkten Vorgesetzten und teilte dem Kommandeur des TEK, Kapitän zur See Albert Scherf, seine Befürchtungen mit.

Das war am 20. Oktober 1939.

Noch am selben Tag befahl Admiral Götting, von Scherf alarmiert, den Leiter des Schießstandes des TVA zu sich. Binnen einer Stunde und mit sämtlichen Unterlagen.

Noch am selben Tag erhielt Dönitz ein Fernschreiben von Götting: »Nach neuesten Erkenntnissen« müsse mit Tiefersteuern der Torpedos gerechnet werden. Die Torpedos seien zwei Meter geringer als der Tiefgang des Ziels einzustellen.

Das hieß: Zerstörer konnten mit Torpedos überhaupt nicht mehr angegriffen werden. Denn stellte man die Aale auf eine so geringe Tiefe, dann brachen sie durch die Wasseroberfläche und wurden wertlos ...

Als der ObdM, Großadmiral Raeder, von den dubiosen Vorgängen erfuhr, löste er die verantwortlichen Admirale des Torpedowesens ab. Aber es bedurfte erst des totalen Versagens der U-Boot-Torpedos vor Norwegen im April 1940, bis ein Untersuchungsausschuß und schließlich am 23. Juli 1940 das Reichskriegsgericht mit der Angelegenheit befaßt wurde.

Das Verfahren zog sich bis zum Dezember 1941 hin. Admiral Wehr und zwei seiner leitenden Beamten wurden für schuldig befunden und verurteilt. Die TVA allein war der Sündenbock.

Aber läßt sich das ›menschliche Versagen‹ tatsächlich auf die durch viele andere Entwicklungen überforderte Torpedoversuchsanstalt begrenzen? Machte das Gericht nicht vor der ebenfalls erkannten Verantwortung höherer Führungsstellen halt?

Beispiel Magnetzündung: In den Vorkriegsjahren wiesen die TVA und die Torpedo-Inspektion das Oberkommando der Marine regelmäßig darauf hin, daß die MZ-Pistole im scharfen Torpedoschuß auf hoher See erprobt werden müsse. Es bestand Grund zu der Befürchtung, die MZ-Pistole könne durch mechanische Erschütterungen – etwa im hohen Seegang – von selber zünden.

Aber die Marine hatte für diese Sonderwünsche der Techniker immer keine Schiffe frei. Die Flotte war erst im Aufbau, die Flotte mußte in Spanien eingesetzt werden, die Kreuzer gingen auf Weltreisen ...

In all den Jahren wurde jede scharfe Erprobung der Torpedos und ihrer Magnetpistolen bei grober See und langer Atlantikdünung versäumt ... Bestimmt nicht durch die Schuld der TVA, die immer darauf drängte.

Der langjährige Chef des Marinewaffenamtes, Admiral Carl Witzell, machte hierzu eine interessante Aussage: Er sprach von einem »gewissen Optimismus der militärischen Stellen« in bezug auf das Funktionieren der Torpedos, und dadurch »schätzte man vielleicht das Drängen der technischen Stellen auf Durchführungen solcher Schießen als etwas übertrieben ein«.

1937 wandte sich ein bekannter U-Boot-Kommandant des Ersten Weltkrieges, der Pour-le-mérite-Träger Max Valentiner, an das OKM und machte erstaunliche Angaben. Schon 1917/18 wußte Valentiner, habe es viele Torpedoversager bei der Magnetzündung gegeben. Tiefenschwankungen seien, vor allem bei grober See und bei Dünung, bis zu 30 Meter möglich gewesen.

Valentiner regte an, die Übungstorpedos mit Tiefenschreibern zu versehen, und er machte eine Reihe anderer praktischer Vorschläge. Aber das Marinewaffenamt wußte alles besser. Seit 1917/18, antwortete Kapitän zur See Junker, habe sich viel geändert. Die jetzige MZ-Pistole sei jahrelang erprobt und systematisch entwickelt worden. Es bestehe daher *keinerlei Veranlassung, an ihrer unbedingten Zuverlässigkeit zu zweifeln.*

So nahm das Unheil seinen Lauf.

Und weiter: Seit August 1938 fanden in der Ostsee Versuche mit dem Ziel statt, durch einen ›Magnet-Eigenschutz‹ (MES) auf Schiffen die Magnetzündung von Minen und Torpedos unwirksam zu machen. Man legte, recht einfach, ein elektrisches Kabel um das Schiff und schickte einen Strom hindurch. So ließ sich der Eigenmagnetismus des Schiffes, der ja zur Zündung der Angriffswaffen genutzt wurde, weitgehend aufheben.

Die Versuche, an denen Ende 1938 auch der Kreuzer *Nürnberg* beteiligt war, verliefen erfolgreich – für die zu schützenden Schiffe!

TVA und Torpedo-Inspektion entsetzen sich: Wenn die Engländer das auch wußten – und natürlich wußten sie es und rüsteten ihre Schiffe mit Stromschleifen aus, sobald sie erkannten, daß die Deutschen die Magnetzündung hatten –, dann waren ihre Schiffe ja geschützt gegen den Magnettorpedo!

Zweimal, Anfang April und Ende Mai 1939, wies die Torpedo-Inspektion das OKM in Berlin eindringlich auf diese Gefahren hin und stellte düstere Prognosen. Raeders OKM reagierte kaum; man wartete ab.

Am 26. Juni 1939 wurde auch der deutsche Flottenchef darüber informiert, daß der Gegner einen Magnet-Eigenschutz haben könne. Torpedo-Inspekteur Götting hielt es »doch für erforderlich, die Front auf diese Möglichkeit von Überraschungen hinzuweisen.«

Überraschungen sollten den U-Booten allerdings in reichem Maße zuteil werden.

Trotz all dieser Hinweise, Warnungen und Bedenken wurden die deutschen U-Boote mit großen Erwartungen vor Nordnorwegen eingesetzt. Mit Magnettorpedos. Mit einer Waffe, von der die Führung wissen mußte, daß sie nichts taugte.

Mit einem Holzgewehr, wie Günther Prien es nannte.

Der Torpedoversuchsanstalt wurde hinterher alle Schuld zugeschoben. Doch das war nur ein Teil der Wahrheit.

Überheblichkeit und Versäumnisse der Vorkriegszeit stürzten die Marine in ihre bis dahin schwerste Krise, in eine der folgenschwersten Niederlagen des Krieges überhaupt.

Der Schock erwies sich als heilsam. Vom Sommer 1940 an waren die deutschen Torpedos keine ›Holzgewehre‹ mehr. Der große Gegner zur See sollte es noch zu spüren bekommen.

7 Admiral gegen Großadmiral

Am 10. Mai 1940 beginnt die deutsche Westoffensive, aber Norwegen ist noch keineswegs sicher in der Hand der Wehrmacht. Im hohen Norden des langgestreckten Landes beißen sich die Alliierten fest. Das Versagen der deutschen U-Boot-Torpedos in den Fjorden vor Navik und Harstad; die nahezu unangefochtene britische Seeherrschaft im Nordmeer; und der Wille des Obersten Alliierten Kriegsrates, die Deutschen aus Narvik hinauszuwerfen und mit der Erzbahn von Schweden das Hauptziel jeder Norwegenoperation doch noch für sich zu gewinnen: Das alles macht dem verlorenen Haufen des Generalleutnants Dietl in und um Narvik schwer zu schaffen.

Noch mehr aber leiden die rund 4600 Mann unter dem ungewohnten Klima. Tagsüber Schneeschmelze und Matsch, nachts harter Frost, der die durchnäßte Kleidung am Körper gefrieren läßt. Besonders die Marinesoldaten – die Besatzungen der versenkten Zerstörer – sind solchen ungewohnten Strapazen nicht gewachsen.

Mitte Mai liegt fast die Hälfte des Marinebataillons Erdmenger krank in den Notunterkünften: mit erfrorenen Füßen, mit Lungenentzündung, mit Magen- und Darmerkrankungen.

Hitler wollte Narvik schon am 17. April wieder aufgeben. Er hatte bereits einen Funkspruch unterschrieben, der Dietl empfahl, sich mit seiner Truppe in Schweden internieren zu lassen. Ein Offizier des Wehrmachtführungsstabes, Oberstleutnant Bernhard v. Loßberg, hielt den Funkspruch zurück, und sein Chef, Generalmajor Alfred Jodl, redete Hitler die Preisgabe Narviks mühsam wieder aus.

Jodl: »Man soll eine Sache erst verlorengeben, wenn sie verloren ist.«

Hitler scheint dennoch recht zu behalten. Die unter großen

Schwierigkeiten nach Narvik eingeflogenen Gebirgskompanien und Fallschirmjäger können für ihre erschöpften Kameraden nur die Lücken füllen. Die Alliierten greifen an, mit insgesamt 24 000 Mann. Britische Schlachtschiffe, Kreuzer und Zerstörer fahren nach Belieben durch die Fjorde und beschießen die Stellungen der Deutschen.

Am 28. Mai – in Nordfrankreich beginnt gerade das ›Wunder von Dünkirchen‹ – muß Dietl Narvik aufgeben. Er kämpft an der Erzbahn weiter, mit dem Rücken zur schwedischen Grenze. Lange kann es nicht mehr dauern, bis sein Widerstand erlischt.

Im Führerhauptquartier ›Felsennest‹ in der Eifel werden abenteuerliche Rettungspläne für Nordnorwegen geschmiedet:

Marinechef Raeder soll die bekannten Ozeanriesen *Europa* und *Bremen* mit je 3000 Mann Gebirgstruppen, und sogar mit Geschützen und leichten Panzern beladen, in den Lyngenfjord bei Tromsö schicken. Wie sich der Initiator des Plans die Fahrt der beiden 50 000-Tonner durch das vom Feind beherrschte Seegebiet, wie er sich, sollten sie dort ankommen, die Ausladung von Truppen und Material in der Fjordeinsamkeit vorstellt, bleibt dunkel. Dennoch nimmt Raeder den Auftrag ernst und überträgt »die operative Vorbereitung und Durchführung dieser Aufgabe, welche nach Bereitstellung der Schiffe und Truppen kurzfristig anlaufen kann, dem Gruppenbefehlshaber West«. Natürlich wurde nichts daraus.

In der Hand des 57jährigen Befehlshabers, Generaladmiral Alfred Saalwächter, liegt auch die »operative Führung« eines für den Fortbestand der Marine sehr viel wichtigeren Unternehmens:

Die Flotte soll in Nordnorwegen eingreifen! Die Schlachtschiffe *Gneisenau* und *Scharnhorst,* der Kreuzer *Hipper* und vier Zerstörer werden zu einem neuen Vorstoß gegen den Feind befohlen, kaum daß ihre Schäden aus dem ersten Norwegenunternehmen in den Werften behoben sind.

Deckname: Unternehmen ›Juno‹.

Seit Beginn des Krieges drängt der ObdM, Großadmiral Raeder, beständig und mit wachsender Ungeduld auf den Einsatz seiner schweren Schiffe. Was immer seine Flottenchefs – zuerst Admiral Boehm und seither Admiral Marschall – auf See unternommen haben: Raeder erschien es zu zaghaft, zu sehr den taktischen Vorstellungen des Ersten Weltkrieges verhaftet und zu wenig eingeschworen auf sein eigenes, aus einem Hitler-Wort abgeleitetes Konzept:

»Ohne großen Einsatz kein großer Erfolg!«

Raeder besaß die Gaben eines scharfen Intellekts, eines kühlanalytischen Verstandes, doch ihm fehlte, seltsam genug, im

Gespräch von Mann zu Mann jede Schlagfertigkeit, er ging persönlichen Auseinandersetzungen geradezu ängstlich aus dem Wege.

Dessen ungeachtet war er sich seiner führenden Stellung und seiner »Verantwortung vor der Geschichte« wohl bewußt. Als Oberbefehlshaber hielt er ebenso streng wie korrekt an seiner absoluten Weisungsbefugnis fest, doch bediente er sich dafür stets der Schriftform. Raeder fehlte einfach die Kraft zum erlösenden, persönlich gesprochenen Wort, er wirkte in solchen Situationen eher steif und unbeholfen.

In dieser Komponente der Wesensart des Großadmirals liegt ein Schlüssel zum Verständnis der Ereignisse, die sich rund um das Unternehmen ›Juno‹ ranken. Ereignisse, die mit der kränkenden Ablösung des Flottenchefs und der harten Auseinandersetzung Raeder–Marschall – nie von Mann zu Mann, immer nur auf dem Papier – ihren dramatischen Höhepunkt finden werden.

Die Flotte hat anzugreifen! Dies fordert nicht nur die verzweifelte Lage Dietls in Narvik; vielmehr stehen, nach Raeders Meinung, Ruf und Zukunft der gesamten Marine auf dem Spiel.

Der ObdM, der sich von seinen Admiralen an der Front immer noch nicht recht verstanden glaubt, bringt in einer Verfügung vom 23. Mai 1940 beschwörende Formeln zu Papier.

Raeder: »In dem großen Ringen um Deutschlands Zukunft vermag die Marine ihre Aufgabe nur zu erfüllen, wenn sie ... in einem unbändigen Angriffsgeist auch unter Inkaufnahme großer Risiken dem Gegner Schaden zuzufügen sucht.«

Der Marinechef verlangt »unvorhergesehene und nach hergebrachten Kriegsregeln unwahrscheinliche Operationen«.

Er fordert sie um so mehr, als die Kriegsmarine der einzige »dem Gegner zahlenmäßig stark unterlegene Wehrmachtsteil« ist. Dieser neue Offensivgeist muß »dem nach erstarrten Kriegsregeln verfahrenden Gegner« entgegengestellt werden.

Raeder geht so weit, einzugestehen, daß er die wenigen schweren Schiffe der Marine bewußt aufs Spiel setzt. Durch den Ausfall eines dieser Schiffe kann »an der Seelage und für den Kriegsausgang wenig geändert, durch ihren laufenden Einsatz aber viel gewonnen werden«.

Gerade wenn die Kriegsmarine »in kühnem Einsatz Verluste erleidet«, wird sie nach Raeders Überzeugung »nach dem Siege in vergrößertem Umfange wieder erstehen«. Wenn nicht, »wird ihre Existenz bedroht sein«.

Mit einem solchen hypothetischen Wechsel auf die Zukunft kann ein erfahrener Flottenführer wie Wilhelm Marschall, der an die Praxis des Kriegshandwerks denken muß, wenig anfangen.

Während Raeder verlangt, seine Auffassung müsse »Gedankengut der gesamten Front« werden, zieht Marschall gerade das mit verblüffender Offenheit in Zweifel:

»Ich habe diese Verfügung«, meldet er Raeder, »nicht bekanntgegeben, da ich der Ansicht bin, daß ihr letzter Teil weder von den Befehlshabern noch den Kommandanten verstanden wird.«

Denn was trotz aller beschwörenden Worte auch der ObdM letztlich will, das ist der *Erfolg* seiner Flotte. Und Erfolg kann nicht erzielen, wer mutwillig ins offene Messer rennt.

Wer aber in der Führung einer Flotte erfahren ist und sein Wissen geschickt anwendet; wer dabei flexibel bleibt und sich neuen Lagen schnell anzupassen versteht; wer vor allem nicht durch starre Befehle vom grünen Tisch in der Erfüllung seiner Aufgaben eingeengt wird – dem mag als Frucht Erfolg zufallen, gewiß auch gegen einen überlegenen Feind.

Für das Unternehmen ›Juno‹ gibt es letztlich weder eine klar umrissene Aufgabe noch die so notwendige Handlungsfreiheit für den Flottenchef in See. Das liegt an Raeders Führungsorganisation.

Er selber, der Chef der Seekriegsleitung, erläßt die grundsätzlichen Weisungen für das Unternehmen. Sie können in dem Satz zusammengefaßt werden:

»Entlastung der Gruppe Dietl durch wirkungsvolle Bekämpfung englischer Seestreitkräfte und Transporter im Raum Narvik-Harstad«.

Der von Raeder zwischen Skl und Flotte eingeschaltete Gruppenbefehlshaber Saalwächter faßt den Befehl viel enger:

»Erste und Hauptaufgabe ... ist überraschendes Eindringen in den And- und Vaagsfjord (Harstad) und Vernichtung der dort angetroffenen feindlichen Kriegs- und Transportschiffe und der eingerichteten Stützpunkte ...«

Während Raeder im Rahmen der von ihm gestellten Hauptaufgabe an eine gewisse Handlungsfreiheit für den Flottenchef denkt, fesselt Saalwächter ihn an den Befehl, direkt in die Fjorde einzudringen.

Auch Hitler OKW nimmt Einfluß auf den Einsatz der Schiffe. An einem der letzten Maitage wird Marschalls Stabschef Backenköhler direkt von der Skl angerufen: Der Führer wünsche, daß die Flotte die an Land nach Norden vordringende Truppe vor Überfällen britischer Seestreitkräfte schütze.

Es handelt sich um die ›Gruppe Feurstein‹: Gebirgsjäger, die von Drontheim aus zum Entsatz Dietls in Richtung Narvik vorstoßen* . 700 Kilometer Luftlinie, noch dazu durch schroffes Gebirge, meist ohne Weg und Steg, unterbrochen durch zahlreiche

* Siehe Karte auf Seite 150.

Fjordarme ... Und an den Übersetzstellen werden die Jäger von britischen Seestreitkräften beschossen, die in die Fjorde hineinfahren. Diesem Treiben soll die Marine auf Wunsch Hitlers ein Ende setzen.

Flottenchef Marschall: »Es handelte sich nunmehr um zwei Aufgaben, die operativ und räumlich weit auseinanderlagen, zeitlich aber zusammenfielen.«

Diesmal läßt Saalwächters Operationsbefehl dem Flottenchef freie Hand, ob er »die weitere Aufgabe ... gleichzeitig mit der Hauptaufgabe oder nach deren Durchführung« in Angriff nehmen wolle.

Verständlich, daß Marschall auf Klarheit dringt, als er am 31. Mai dem Chef der Seekriegsleitung gegenübersteht, um sich zum Unternehmen ›Juno‹ abzumelden.

Das Gespräch findet im Dienstzimmer Raeders am Berliner Tirpitzufer statt. Zunächst unter vier Augen. Korrekt steht Marschall während der ganzen Dauer in der Mitte des Raumes. Entspannung wird nicht gewährt.

Raeder kommt offenbar gar nicht auf den Gedanken, sich mit dem zur Zeit wichtigsten Mann für die Ausführung seiner ureigensten Wünsche und Vorstellungen, eben mit dem Flottenchef, zu einem vertrauensvollen Gespräch zusammenzusetzen. Der Marinechef kann nicht über seinen Schatten springen. Er bleibt überkorrekt, nicht unfreundlich, um Liebenswürdigkeit bemüht, aber eben ohne Ausstrahlung.

Marschall bittet um ein klares Wort, ob er eine der verschiedenen Aufgaben als Schwerpunkt zu betrachten habe:

»Steht die Weisung des Führers auf Sicherung der Gruppe Feurstein gleichberechtigt neben der Aufgabe Harstad?«

»Durchaus«, antwortet Raeder, »gleichgeordnet zum ursprünglichen Befehl. Es kommt alles darauf an, Dietl zu helfen.«

So jedenfalls erinnert sich Admiral Marschall an die Worte des ObdM. Als er später, in seiner Rechtfertigung, auf diesen Punkt hinweist, malt Raeder ein dickes Fragezeichen an den Rand und schreibt darunter: »Vielleicht auch zu starr verstanden!«

Tatsächlich versteht Marschall den ObdM so, daß er beide Aufgaben ›gleichgeordnet‹, also auch etwa *gleichzeitig* lösen solle; er hat ja außer den Schlachtschiffen einen Kreuzer und Zerstörer, die er dafür detachieren kann. Raeder aber meint nur, daß alles, was Dietl helfen könne, *gleich wichtig* sei.

Marschall nimmt Raeders Worte für eine Ergänzung und sogar Änderung von Saalwächters Operationsbefehl. Raeder hat es aber gar nicht so gemeint; er hält Marschalls Folgerung für »zu starr«.

So gründlich können Männer sich mißverstehen.

Und es kommt noch schlimmer.

Inzwischen nimmt auch der Chef des Stabes der Skl, Admiral Otto Schniewind, an der Besprechung teil. Schniewind ist in den Operationsbefehlen Saalwächters und Marschalls die sehr enge Bindung der Flotte an das Eindringen in den And- und Vaagsfjord aufgefallen.

Schniewind: »So eindeutig lautete die Weisung der Skl nicht.«

In einer Notiz des Operationschefs der Skl, Konteradmiral Fricke, »Einige Punkte für die Besprechung mit dem Flottenchef«, heißt es:

»Es wird Aufgabe des Flottenchefs sein, aufgrund der Darstellung der Lage an Land und aufgrund der Kenntnisse, die er durch die Nachrichtenübermittlung der Gruppe West von der Seekriegslage im Raum Narvik–Harstad–Drontheim gewinnt, seine Entschlüsse zu fassen.«

Raeder benutzt dieses Papier im Gespräch mit Marschall nicht. Eindeutig aber möchte er dem Flottenchef das Gefühl nehmen, starr an Einzelheiten gebunden zu sein.

Raeder: »Es können auch lohnende *Seeziele* um Harstad herum angegriffen werden – etwa vom Vestfjord bis Tromsö.«

Spätestens jetzt muß Marschall den Eindruck gewinnen, daß das Wort seines Oberbefehlshabers den schriftlichen Befehl des ihm ebenfalls noch vor die Nase gesetzten Gruppenbefehlshabers ergänzt, ändert, oder – wie Marschall sagt – »lockert«.

Weiß Raeder, was er da tut?

Er selber hat die Gruppe als operative Führungsstelle eingesetzt. Für das zurückgestufte Flottenkommando ist die Gruppe ungeliebt, ja: »überflüssig«. Und jetzt, bei der persönlichen Verabschiedung des Flottenchefs zu einem so wichtigen Unternehmen, hebt der ObdM durch seine Worte praktisch einen Teil des Operationsbefehls der Gruppe wieder auf.

Das liegt zwar gar nicht in Raeders Absicht, aber letztlich meint er es doch so. Er ist im Grunde mit dem Befehl Saalwächters unzufrieden, aber er sagt es Saalwächter nicht. Er sagt es Marschall, der Saalwächters zwischengeschaltete Befehlsbefugnis für überorganisierten Unsinn hält.

Saalwächter ist bei der Besprechung nicht anwesend – und wird auch nicht über den ändernden Charakter der Worte Raeders unterrichtet.

So kompliziert kann höhere Führung sein.

Als Marschall das Berliner Tirpitzufer verläßt, hat er den starken Eindruck, mit seinem Oberbefehlshaber einig zu sein. Wichtigstes Ergebnis ist für ihn die Lockerung des Operationsbefehls: Die Flotte darf auch lohnende *Seeziele* angreifen! Sie muß nicht auf Gedeih oder Verderb in die Fjorde vor Harstad hineinrennen.

Marschall könnte in diesem Punkt noch sicherer sein, wüßte er, was der ObdM am Tage des Auslaufens der Flotte, am 4. Juni 1940, bei der Mittagslage dem Führer vorträgt.

Raeder nennt Hitler als Ziel des Flottenvorstoßes die »Entlastung von Narvik:

1. Durch Operieren gegen die Seestreitkräfte und Transporter auf dem Wege England–Narvik;
2. *wenn* dort nichts angetroffen wird und Luftaufklärung eine günstige Lage in den Fjorden ergibt, Angriff auf Stützpunkte durch entsprechende Streitkräfte.«

Das hat mit dem engen Operationsbefehl des Generaladmirals Saalwächter – der aber formell weiter in Kraft bleibt – nun wirklich nichts mehr gemeinsam. Höchstens noch die übergeordnete Absicht, Narvik zu entlasten.

Raeder ist überzeugt, dem Flottenchef die Größe seiner Aufgabe vor Augen gestellt und ihm für die Verwirklichung freie Hand gelassen zu haben. Später, tief enttäuscht, bringt er zu Papier:

»Chef Skl (Raeder) hatte Flottenchef selbst seine großzügige Auffassung dargelegt, innerhalb der ein entsprechender großer Führer mit Seelenstärke *alles* tun konnte.«

Alles ist zweimal unterstrichen.

Wirklich alles?

Am Nachmittag des 7. Juni marschiert die Flotte etwa auf der Breite von Harstad in Nordnorwegen, jedoch weit abgesetzt draußen im Nordmeer. Die Flotte: das sind die Schlachtschiffe *Gneisenau* und *Scharnhorst,* der Kreuzer *Hipper,* die Zerstörer *Hans Lody, Hermann Schoemann, Erich Steinbrinck* und *Karl Galster* – und schließlich der Marinetanker *Dithmarschen.*

Die *Dithmarschen* hat, als Russe getarnt, auf dieser entlegenen Position gewartet; und nun füllen schon den ganzen Tag über *Hipper* und die Zerstörer ihre Ölbunker, teils aus dem Tanker, teils aus den Schlachtschiffen.

Endlich, gegen 18 Uhr, ist die Ölübernahme beendet. Die eigentliche Angriffsoperation könnte beginnen.

Den ganzen 7. Juni über hat Admiral Marschall jedoch – wie schon in den Tagen zuvor – vergeblich auf die entscheidende Nachricht gewartet: die Luftaufklärung des And- und Vaagsfjordes. Die Bilderkundung der Gebiete um Harstad und Narvik. Mithin: Sichere Angaben über die feindlichen Schiffe und Stützpunkte, die er mit der Flotte »unter vollem Einsatz« angreifen soll.

Die einzig sicheren Meldungen kommen wieder einmal vom ›B-Dienst‹, der deutschen Funkaufklärung, die den englischen Funkverkehr mithört, die Sender, auch auf den Schiffen, einpeilt und einen Großteil der feindlichen Sprüche sogar entziffert vorlegt.

Diese Funkaufklärung, eine Abteilung des Marinenachrichtendienstes, kurz ›B-Dienst‹ (B von Beobachtung) genannt, war nicht nur das bestgehütete Geheimnis, sondern auch der zuverlässigste, bestfunktionierende Dienst der deutschen Marine im Zweiten Weltkrieg.

Schon seit seinem Dienstantritt im Herbst 1934 hatte der Chef der B-Leitstelle, der damalige Korvettenkapitän Heinz Bonatz, den englischen Marinefunkverkehr systematisch beobachten lassen. Das Äußere der Funksprüche, ihr meist gleichbleibender Aufbau, bestimmte Programmzeiten und Gebegewohnheiten, die favorisierten Wellenlängen – lauter solche ›Kleinigkeiten‹ ergaben, durch Jahre gesammelt, ein sehr genaues Bild von der Art und Weise, wie die Royal Navy ihren Funkverkehr abwickelte.

Bonatz faßte alle Erkenntnisse in einer Geheimbroschüre ›Funkwesen England‹ zusammen: Und mit Hilfe dieser Unterlagen gelangen im Kriege sehr schnell die ersten ›Bisse‹:

Die Deutschen erkannten die wesentlichen Grundlagen britischer Schlüsselverfahren, sie drangen als unbemerkte Horcher in die fremden Schlüssel ein, entzifferten zahlreiche Funksprüche und konnten mitlesen, was der Gegner sich geheim zufunkte.

Auch jetzt, Anfang Juni 1940, ist die deutsche Marineführung durch ihren B-Dienst sehr genau über die Verteilung der englischen Flotte unterrichtet. Zweimal täglich, früh um 8 Uhr und nachmittags um 17 Uhr, finden im OKM am Berliner Tirpitzufer sogenannte XB-Lagen statt: Die Funkaufklärung legt ihre letzten Ergebnisse vor. Wichtige Einzelmeldungen werden auch außerhalb dieser Zeiten direkt gemeldet.

Eine der wichtigsten Erkenntnisse am 6. und 7. Juni: Teile der Royal Navy machen Jagd auf ein Phantom!

Mittags am 5. Juni hat ein englisches Q-Schiff (eine U-Boot-Falle) im Seegebiet nordöstlich der Färöer »zwei unbekannte Schiffe« mit westlichem Kurs und 20 Knoten Fahrt gesichtet. Abends liegt die Meldung beim Chef der Home Fleet vor – und ebenso, entschlüsselt, bei der deutschen Seekriegsleitung.

Admiral Sir Charles Forbes befürchtet den Durchbruch zweier deutscher Hilfskreuzer in den Atlantik. Womöglich sind es sogar die beiden deutschen Schlachtschiffe, die wieder, wie im November, die Northern Patrol aufrollen wollen?

Forbes jagt seine Schlachtkreuzer *Renown* und *Repulse* mit Kreuzern und Zerstörern in Richtung Island, um dort die Deutschen abzufangen. Er stößt ins Leere.

Und all das wird – aus den britischen Funksprüchen – in Berlin mitgehört. Die Engländer wissen nichts vom Vorstoß der deutschen Flotte. Aber die Deutschen wissen fast alles über die Bewegung der Home Fleet.

Renown und *Repulse* sind zur Zeit die einzigen britischen Schiffe, die den deutschen *Scharnhorst* und *Gneisenau* an Schnelligkeit gewachsen und artilleristisch überlegen sind. Der Skl in Berlin kann es nur recht sein, daß Admiral Forbes sie in die falsche Richtung schickt; vorläufig werden sie der eigenen Flotte nicht in die Quere kommen.

Das heißt nicht etwa, daß Nordnorwegen vom Feind entblößt sei. In der Morgenlage am 7. Juni meldet der B-Dienst, die Engländer unterhielten lebhaften Funkverkehr mit ihrem Hauptstützpunkt Harstad. Im dortigen Gebiet werden, allein aus den mitgehörten Funksprüchen, folgende Streitkräfte festgestellt: das Schlachtschiff *Valiant,* die Flugzeugträger *Ark Royal* und *Glorious,* die Kreuzer *Devonshire, Southampton* und *Coventry,* dazu rund 15 Zerstörer, ferner in See der alte Kreuzer und Minenleger *Vindictive** .

Mittags – die Flotte ist bei der Ölübernahme – funkt die Gruppe West die in Nordnorwegen erkannten Feindeinheiten an den Flottenchef und setzt, gewiß nicht ohne Absicht, hinzu:

»Hauptstützpunkt Harstad«.

Abgesehen davon, daß dieser Funkspruch auf der Gneisenau gar nicht gehört wird – er kommt erst um 16 Uhr auf dem ungewöhnlichen Wege durch einen Wurfbeutel vom Zerstörer *Hans Lody* an Bord des Flottenflaggschiffs – abgesehen davon bringt er dem Flottenchef auch nicht die ersehnten Details.

Marschall will ja Harstad angreifen. Aber dafür braucht er Unterlagen über die feindlichen Stützpunkte und die Verteilung der »generell in diesem Raum« gemeldeten Streitkräfte. So tüchtig der B-Dienst auch ist: diese Unterlagen kann nur die Luftaufklärung der betreffenden Fjorde verschaffen.

Nachmittags am 7. aber kommt der lakonische Funkspruch:

»Luftaufklärung Narvik–Harstad wegen Wetterlage ausgefallen. Seeaufklärung planmäßig.«

Was soll der Flottenchef nun tun?

Abends gegen 20 Uhr treffen die Befehlshaber und Kommandanten der anderen Schiffe an Bord der *Gneisenau* ein. Auf Kriegsmarsch gewiß ein ungewöhnlicher Vorgang: Marschall hat

* Der einzige Irrtum des B-Dienstes: In Wirklichkeit befindet sich Schlachtschiff *Valiant* in See, auf dem Marsch von Scapa Flow nach Norden, und die *Vindictive* im Raum Harstad. Der B-Dienst verwechselt offenbar die Funk-Rufnamen der beiden britischen Schiffe.

sie zusammengerufen, um sie in die Einzelheiten des Vorgehens gegen Harstad einzuweisen.

Da sind drei Admirale: neben dem Flottenchef sein Chef des Stabes, Konteradmiral Otto Backenköhler, und der Befehlshaber der Aufklärungsstreitkräfte, Konteradmiral Hubert Schmundt, der seine Flagge auf *Hipper* gesetzt hat.

Eine ganze Handvoll Kapitäne zur See: die Kommandanten der Schlachtschiffe, Harald Netzbandt und Kurt Cäsar Hoffmann, und des Kreuzers, Hellmuth Heye. Der Führer der Zerstörer, Erich ›Achmed‹ Bey, der 1. Asto, Ulrich Brocksien, und weitere Offiziere des Flottenstabes: Richard Rothe-Roth und Dipl.-Ing. Walter Fröhlich. Der Navigationsoffizier der *Gneisenau,* Fregattenkapitän Hans Eberhard Busch, und andere Spezialisten.

Und nicht zuletzt die Zerstörerkommandanten: von *Lody* Hubert Freiherr v. Wangenheim, von *Schoemann* Theodor Detmers, der eineinhalb Jahre später als Kommandant des Hilfskreuzers *Kormoran* Aufsehen erregen wird, von *Steinbrinck* Rolf Johannesson und von *Galster* Theodor Freiherr v. Bechtolsheim.

Und da ist niemand unter all diesen erfahrenen Seeoffizieren, der die Lage nicht für ungewöhnlich hielte.

Gewiß will der Flottenchef nicht etwa erkunden, was seine Untergebenen von dem ganzen Unternehmen halten. Aber das persönliche Treffen gibt zwangsläufig Gelegenheit zu einem Meinungsaustausch. Später fällt das abqualifizierende Wort vom ›Kriegsrat‹, den die Offiziere der Flotte hier gehalten hätten. Den Strategen am grünen Tisch müssen wohl die Ohren geklungen haben. Denn in Wahrheit sind die Befehlshaber und Kommandanten, die sich für ihre Schiffe und ihre Soldaten verantwortlich fühlen, empört darüber, daß die Flotte in ein von der Aufklärung so miserabel vorbereitetes Unternehmen geschickt wird.

Admiral Marschall biegt jede Diskussion darüber von vornherein ab: »Sie können beruhigt sein«, sagte er nicht ohne Schärfe zum BdA, Konteradmiral Schmundt, »ich werde die Schiffe nicht vor Aufgaben stellen, die sinnlos sind.« Natürlich bleibt dem Flottenchef die Stimmung seiner Offiziere nicht verborgen. Und haben sie nicht recht?

Wo die vom B-Dienst erfaßten Feindstreitkräfte im einzelnen liegen, ist nicht bekannt. Die Sicht ist phantastisch, die Schiffe sind schon auf 25 Seemeilen zu entdecken, eine unbemerkte Annäherung an die Küste erscheint im Gebiet der Mitternachtssonne ausgeschlossen. Und aus den Fjorden selbst fehlt jede Information über die Stützpunkte.

Marschall: »Wo die Minen, Netzsperren, Torpedobatterien, Artilleriebefestigungen lagen, war, obwohl damit gerechnet wurde, ebensowenig bekannt wie die Lage der Ausladestellen, der Truppen- und Nachschubdepots des Gegners.«

Sollen die Schiffe auf eine unbekannte Minensperre laufen? Sollen sie mit den Schrauben in Unterwassernetzen hängenbleiben? Sollen sie in einen Feuerüberfall geraten und – wie der unglückliche Kreuzer *Blücher* im Oslofjord – nicht einmal wissen, woher? Sollen die Schiffe in den Fjorden, wo sie schwer ausweichen können, einem Angriff britischer Torpedoflugzeuge von den gemeldeten Trägern ausgesetzt werden?

Nein, sie sollen nicht. Aber die Gefahr besteht. Die Marinegruppe West hat es so befohlen. Und Admiral Wilhelm Marschall, selbst voller Bedenken, hält sich vorerst an diesen Befehl.

»Die deutsche Flotte – denn die ist mit ihren Resten praktisch hier versammelt – kann verlorengehen, ohne den Feind zu schädigen«, notiert Korvettenkapitän Wolfgang Kähler, I. Artillerieoffizier der *Gneisenau* in sein Tagebuch.

Die Kommandantensitzung, der angebliche ›Kriegsrat‹, geht gerade zu Ende, als der Nachrichten-Asto der Flotte, Korvettenkapitän Günther Bormann, Marschall mehrere wichtige Funksprüche reicht: die Ergebnisse der Luftaufklärung über See.

Mittags zwischen 12.30 Uhr und 14 Uhr sind im Seegebiet von Harstad und Tromsö drei Gruppen von Schiffen beobachtet worden: darunter die beiden britischen Flugzeugträger, darunter auch zwei große Dampfer, geleitet von einem Kreuzer und zwei Zerstörern.

Das Wichtigste aber: Die Schiffe fahren alle nach Westen. Weg von der norwegischen Küste.

Marschall und Backenköhler sehen sich an: Was hat das zu bedeuten? Schon zweimal im Laufe des 7. Juni sind solche westgehenden Schiffsgruppen gemeldet worden. Einmal ein Konvoi von sieben Schiffen. Marschall hat sie laufen lassen, weil sie vermutlich leer nach England zurückfahren. Um Dietl zu helfen, muß er Konvois fassen, die vollbeladen nach Norwegen wollen.

Kein Schiff wird auf Nord- oder Ostkurs gesichtet. Sie fahren alle den umgekehrten Weg ...

»Ob die Engländer vielleicht abbauen?«

Die Admirale sehen auf. Der jüngste Mann des Flottenstabes, der Verwaltungs-Oberleutnant Ludwig Köhler, erlaubt sich, seine eigene Meinung auszusprechen.

Gar nicht dumm, denkt Marschall. Aber eben auch nicht zu beweisen. Was sollte die Engländer veranlassen, gerade jetzt, da sie Narvik endlich erobert haben und Dietl aus dem letzten Loch pfeift, den Kampf von sich aus aufzugeben?

»Unwahrscheinlich«, sagt Backenköhler.

Aber das Unwahrscheinliche ist Wirklichkeit. Die bedrohliche Entwicklung in Nordfrankreich veranlaßt das britische Kriegskabinett, den ›Außenposten Nordnorwegen‹ zurückzuziehen. Narvik ist nur erobert worden, um es vor dem Abzug gründlich zu zerstören. Jede Flinte wird zur Verteidigung des Mutterlandes gebraucht. Vom 4. bis zum 8. Juni steigen 24 500 Mann in Harstad und Tromsö auf die Truppentransporter.

Tatsächlich: Die Engländer »bauen ab«.

Die deutsche Flotte stößt mitten in die Rückzugsbewegung hinein – ohne es zu wissen.

Und der Jüngste im Flottenstab – noch dazu ein ›Verwaltungsoffizier‹ – äußert als erster eine Vermutung, die aus den vorliegenden Meldungen den richtigen Schluß zieht.

Nicht die Admirale kommen darauf. Schon gar nicht die hohen Stäbe in Berlin und Wilhelmshaven, deren Metier es doch ist, die großen ›strategischen‹ Zusammenhänge zu erkennen.

Nicht einmal der clevere B-Dienst weiß diesmal Bescheid. Aus keinem der entschlüsselten Funksprüche des Gegners geht hervor, daß Harstad, daß ganz Nordnorwegen geräumt wird.

Die Flotte folgt einem Befehl, der durch die Ereignisse überholt ist.

Die Flotte hat jedoch die einmalige Chance, den Rückzug der Alliierten über See zu einer vernichtenden Niederlage zu machen. Denn – auch das darf nicht vergessen werden – die Engländer sind nicht weniger ahnungslos als die Deutschen. Durch die taktisch geschickte Führung ist der deutsche Vorstoß bisher unbemerkt geblieben. Weder Churchill noch der Erste Seelord, noch Admiral Forbes, noch irgend jemand in der Navy hat auch nur den geringsten Schimmer von der im Nordmeer drohenden Gefahr!

Wie sehr, entgegen aller noch so vorbedachten Planung, Kriegsereignisse – und damit Leben oder Tod für Tausende und aber Tausende – vom Zufall abhängen, beweisen die folgenden Ereignisse.

Gegen 22.30 Uhr reicht Nachrichten-Asto Bormann dem Flottenchef einen neuen Funkspruch. Freilich: ›Neu‹ ist er nicht. Bormann entschuldigt sich: Die Entschlüsselung ist wegen dringender anderer Arbeiten liegengeblieben.

Admiral Marschall starrt auf das Papier. Offenbar war nun doch endlich ein Aufklärer über Harstad. Dort ist das Flugzeug von einem Kanonenboot beschossen worden.

Nur von einem Kanonenboot?

Marschall zieht aus der Meldung den – keineswegs zwingenden – Schluß, es könne nur ein Kanonenboot in Harstad liegen. Wo sind aber dann die anderen Engländer? Das Schlachtschiff, die Kreuzer, Flugzeugträger und Zerstörer, die er mit seinem risikoreichen Eindringen nach Harstad überfallen soll?

Jedenfalls nicht in Harstad!

Marschall: »Diese Feststellung war sozusagen der letzte Tropfen, der das Faß zum Überlaufen brachte.«

Ob der Flottenchef den »Tropfen« auch so bewertet hätte, wenn der Funkspruch auf seinem Flaggschiff nicht liegengeblieben wäre?

Auf *Hans Lody,* dem Führerboot ›Achmed Beys‹, wird der Funkspruch bereits um 16.50 Uhr ins Kriegstagebuch eingetragen. Fünfeinhalb Stunden, bevor Admiral Marschall davon Kenntnis erhält.

Bey wußte also davon, als er zum ›Kriegsrat‹ auf der *Gneisenau* war. Vielleicht hat er darauf hingewiesen. Vielleicht auch nicht. So aufregend ist der Spruch auch gar nicht, den der ›Admiral Norwegen‹ bereits mit Uhrzeitgruppe 11.10 Uhr für die Flotte abgesetzt hat:

»In der Nacht Minen durch zwei Flugzeuge Hellemofjord gelegt. Im Vaagsfjord Flugabwehr durch Kanonenboot ...«

Also ein Vorfall in der Nacht vom 6. zum 7. Juni. Längst passé. Den Flottenchef aber erreicht die Meldung in einem Augenblick, da er mit sich selbst um eine Entscheidung ringt. Jetzt wird diese Meldung, obwohl im Grunde belanglos und auch noch falsch verstanden, zum Zünglein an der Waage. Zum »Tropfen, der das Faß zum Überlaufen bringt.«

Marschall: »Ein Angriff auf Harstad drohte ein Schlag ins Wasser zu werden.«

Die Launen des Kriegsglücks sind unverkennbar mit im Spiel. Doch der deutsche Flottenchef faßt den richtigen Entschluß:

Er wird vorerst nicht nach Harstad eindringen! Die Wahrscheinlichkeit, dort wertvolle Ziele anzutreffen, ist ihm zu gering. In der Tat: Er hätte das Nest leer gefunden.

Marschall beschließt, eine der mit Westkurs gemeldeten Schiffsgruppen anzugreifen, und zwar die beiden großen Dampfer, die laut Luftaufklärung von einem Kreuzer und zwei Zerstörern geleitet werden. Zur Begründung schreibt er um 23.30 Uhr ins Kriegstagebuch:

»Die ungewöhnlich starke Sicherung läßt auf einen wertvollen Geleitzug schließen.« Und dann: »Zugleich kommt mir der Verdacht, daß die auffälligen Westbewegungen vielleicht auf eine Räumung Nordnorwegens durch die Engländer hindeuten ...«

So findet die Vermutung des jungen Mannes auf der Admiralsbrücke, des Oberleutnants Köhler, durch den Flottenchef sanktioniert, kurz vor Mitternacht Eingang in das Kriegstagebuch der Flotte.

Kurz nach Mitternacht erfahren die anderen Schiffe durch den UK-Sprechfunk von den neuen Absichten ihres Admirals. Ein Aufatmen geht durch die Flotte.

Gegen 05.00 Uhr früh gibt Marschall ein für die Stäbe in der Heimat bestimmtes Kurzsignal ab:

»Beabsichtige Angriff auf feindlichen Geleitzug.«

Die Gruppe West in Wilhelmshaven sieht nicht ein, warum. Mit Uhrzeitgruppe 05.30 Uhr sendet Generaladmiral Saalwächter einen KR-Funkspruch an Marschall:

»An Seebefehlshaber. Falls hier unbekannte wichtige Gründe für den Angriff Geleitzug nicht vorliegen, an Hauptaufgabe ›Harstad‹ festhalten. Gruppe West.«

Das ist sehr deutlich. Der Flottenchef wird an den Operationsbefehl erinnert. Aber ein solcher Eingriff stimmt ihn nicht mehr um. Die der Gruppe angeblich »unbekannten wichtigen Gründe« liegen ja in der Tat vor.

Zudem: Als der Funkspruch um 05.58 Uhr auf der *Gneisenau* eintrifft, hat die Flotte bereits seit einer Dreiviertelstunde einen breiten Aufklärungsstreifen gebildet, um den Geleitzug zu fassen. Und *Hipper* hat soeben – um 05.55 Uhr – als erstes Schiff einen Tanker gesichtet.

Aber auch der Gruppenbefehlshaber in Wilhelmshaven läßt nicht locker. Saalwächter telefoniert mit Berlin. Die Skl meint ebenfalls, Harstad müsse angegriffen werden. Darauf greift Saalwächter nochmals mit einem KR-Funkspruch in die laufende Operation ein:

»Anheimstelle Angriff Geleitzug durch *Hipper* und Zerstörer. Danach Drontheim. Hauptaufgabe bleibt Harstad.«

Dieser Funkspruch trifft in einem Augenblick bei Marschall ein, als die Flotte schon im – allerdings sehr einseitig geführten – Gefecht liegt: *Hipper* hat den britischen Bewacher *Juniper* versenkt, und der gestellte Tanker, die norwegische *Oilpioneer,* brennt lichterloh.

Marschall ist wütend. Die Gruppe regiert in seine Befugnisse hinein. Saalwächter will ihn starr an den Operationsbefehl binden. Ohne Rücksicht auf die Lage an Ort und Stelle. Marschall bleibt bei seinem Beschluß.

Jetzt wirkt sich aus, daß auch Raeder in die vorher an Saalwächter delegierte Befehlsbefugnis eingegriffen hatte. Denn der ObdM hatte ja selber dem Flottenchef bei der Verabschiedung in Berlin freigestellt, auch *lohnende Seeziele* anzugreifen. Er hatte Marschall ausdrücklich freie Hand gelassen.

Marschall: »Ich war nicht geneigt, gegen mein Gewissen zu handeln. Ich war mir darüber im klaren, daß ich mich vor einem Kriegsgericht verantworten mußte, falls meine Entscheidung falsch war.«

08.00 Uhr. Der Zerstörer *Hermann Schoemann* versenkt den von der Mittelartillerie der *Gneisenau* in Brand geschossenen Tanker *Oilpioneer* durch einen Torpedofangschuß. Die Besatzung und die 29 Überlebenden der *Juniper* werden gerettet.

08.26 Uhr. Die Bordflugzeuge der *Scharnhorst* und der *Hipper* starten zur Aufklärung. Und die Flotte harkt wiederum einen breiten Streifen der See ab, um den wertvollen Geleitzug zu finden.

Zunächst aber sichten die Flugzeuge und bald darauf die Schlachtschiffe nur zwei Einzelfahrer: das Lazarettschiff *Atlantis* und den Truppentransporter *Orama*. Die *Atlantis* bleibt ungeschoren. Die *Orama* ist ein 20 000-Tonner, der in Harstad bei der Verladung von Truppen nicht mehr gebraucht wurde und daher leer nach England fährt. Ein Feuerüberfall des Zerstörers *Lody* und des Kreuzers *Hipper* macht dieser Fahrt ein Ende. 274 Überlebende werden von den deutschen Schiffen aufgenommen.

Inzwischen glaubt der Beobachter des Bordflugzeugs von *Hipper* die gesuchte feindliche Schiffsgruppe mit einem schweren Kreuzer, zwei Zerstörern und einem Handelsschiff zu sichten. Die Flotte sucht dreieinhalb Stunden lang in der angegebenen Richtung. Ohne Erfolg. Ob der Beobachter eine Gruppe der eigenen Streitkräfte für feindliche gehalten hat?

13.10 Uhr. Der Flottenchef gibt die erfolglose Suche auf. Die im Südosten vermutete Feindgruppe steht in Wirklichkeit im Norden. Marschall hat viel Zeit verloren. Die bisherigen Erfolge rechtfertigen noch nicht das Abweichen vom Operationsbefehl der Gruppe. Der »wertvolle« Geleitzug ist bisher nicht gefunden. Aufklärungsergebnisse der Luftwaffe vom heutigen Tage liegen nicht vor.

Aber Marschall hat noch einen letzten Trumpf: An Bord seines Flaggschiffs ist eine Gruppe des B-Dienstes eingeschifft. Der Leiter dieser Gruppe, Korvettenkapitän Reichardt, meldet mehrere Funksprüche des Kreuzers *Southampton* und der Flugzeugträger *Ark Royal* und *Glorious*. Die Schiffe müssen, nach der Einpeilung der Funksprüche, weiter im Norden stehen.

Marschall beschließt, auf die Feindpeilungen des B-Dienstes zu operieren, aber nur mit seinen beiden Schlachtschiffen. Den Kreuzer und die Zerstörer entläßt er nach Drontheim.

Maßgebend für diesen Beschluß, den der Flottenchef bald bereuen wird, ist die von Hitler gewünschte und von Raeder als »gleichgeordnet« bezeichnete zweite Aufgabe der Flotte: die Unterstützung der Gruppe Feurstein an der norwegischen Küste.

Marschall fühlt sich verpflichtet, *Hipper* und die Zerstörer für diese Aufgabe zu detachieren, die sie von Drontheim aus wahrnehmen sollen. Er hat keine Ahnung davon, daß General Dietl gar nicht mehr auf die Hilfe der Gruppe Feurstein angewiesen ist, weil die Alliierten über Nacht das Feld geräumt haben.

Dietl weiß zu dieser Stunde – mittags gegen 13 Uhr am 8. Juni – längst, daß Narvik wieder feindfrei ist. Er telefoniert – über Schweden! – mit seinem Oberbefehlshaber, General v. Falkenhorst, in Drontheim. Und Falkenhorsts Stabschef, Oberst Buschenhagen, teilt die überraschende Neuigkeit sogleich dem Stabschef des ebenfalls im Drontheimer Hotel Britannia residierenden ›Admiral Norwegen‹, Kapitän zur See Theodor Krancke, mit. Aber es dauert und dauert, bis diese entscheidende Meldung in Berlin zur Kenntnis genommen wird. Und bis zum Flottenchef auf See dringt sie erst recht nicht durch.

Wieder führt mangelnde Information zu einem verhängnisvollen Entschluß.

Zunächst läßt es sich gar nicht so verhängnisvoll an. Während *Scharnhorst* und *Gneisenau* nunmehr allein, nach Norden dampfen, hat der Fähnrich zur See Goß Ausguck auf dem höchsten Stand der *Scharnhorst*, dem Vormars. Um 16.45 Uhr meint Goß an Steuerbord voraus und weit, weit entfernt, ein Dunstwölkchen zu sehen. Er ahnt es mehr, als daß er es sieht. Aber die riesenhaft vergrößernde Optik des Basismeßgeräts bestätigt die Wahrnehmung:

Die Dunstwolke. Und ein hauchfeiner Strich darunter – der Mast eines Schiffes! Entfernung 460 Hundert. Das sind 46 Kilometer!

Die Aufmerksamkeit des Fähnrichs Goß leitet einen der tragischsten Verluste der Royal Navy im Zweiten Weltkrieg ein. Und den Erfolg, den Marschall braucht.

Zunächst herrscht größte Spannung, welcher Gegner unter der feinen Mastspitze über dem Horizont auftauchen wird.

Stabschef Backenköhler: »Und wenn es ein Schlachtschiff ist?«

Marschall: »Auch dann greifen wir an!«

17.02 Uhr. Die Flotte gibt Alarm.

17.06 Uhr. Der Gegner scheint mit hoher Fahrt an Steuerbord zu passieren. Die Flotte wendet auf 30 Grad, wenig später auf 70 Grad, um näher heranzukommen.

17.10 Uhr. Auf dem Vormars der *Scharnhorst* beobachtet der I. Artillerieoffizier, Fregattenkapitän Wolf Löwisch, den jetzt rasch über dem Horizont auftauchenden Gegner. Telefonisch meldet er seinem Kommandanten:

»Dicker Schornstein und Mast mit Gefechtsstand. Wahrscheinlich auch Landedeck.«

Die erste Andeutung, daß es sich um einen der gesuchten Flugzeugträger handeln kann!

Drei Minuten später glaubt Löwisch die *Ark Royal* zu erkennen. Und daneben noch zwei Masten: wahrscheinlich sichernde Zerstörer.

Tatsächlich ist es die 22 500 ts große *Glorious*, geführt von Captain G. d'Oyly-Hughes, und geleitet von den Zerstörern *Acasta*, Commander C. E. Glasfurd, und *Ardent*, Commander J. F. Barker. Der Träger kommt aus Harstad. Er hat nicht nur seine eigenen 48 Flugzeuge an Bord, sondern noch dazu etliche *Hurricanes* und *Gladiators*: Jäger der Royal Air Force, die eigentlich bei der plötzlichen Räumung Nordnorwegens zerstört werden sollten. Aber die Piloten sind – zum erstenmal in ihrem Leben – mit den Maschinen auf einem Flugzeugträger in See gelandet. Sie wollen die Jäger für den Schutz der Heimat retten.

Und nun läuft ihr schwimmendes Flugfeld der deutschen Flotte in die Arme...

17.15 Uhr. Auch *Glorious* sichtet jetzt die deutschen Schiffe und sucht ihnen mit Höchstfahrt zu entkommen. Wahrscheinlich setzt Captain d'Oyly-Hughes mehr Vertrauen in seine Geschwindigkeit als in seine Torpedoflugzeuge, die den Feind doch angreifen könnten. Um sie zu starten, müßte die *Glorious* in den Wind drehen: ausgerechnet in die Richtung, aus der die Deutschen kommen. Sie würde ihnen also entgegenlaufen und die Distanz verringern. D'Oyly-Hughes muß angenommen haben, mit Höchstfahrt außerhalb der Reichweite der deutschen Geschütze bleiben zu können.

Um 17.21 Uhr befiehlt der deutsche Flottenchef eine neue Kursänderung auf 150 Grad und nimmt die Verfolgung des nach Süden entweichenden Gegners auf. Bereits elf Minuten später folgt der Befehl an die jetzt vor der *Gneisenau* laufende *Scharnhorst*:

»Feuer eröffnen auf den Flugzeugträger!«

Die Entfernung zum Gegner ist ungeheuer: 26 Kilometer! Steil ragen die Rohre der beiden vorderen 28-cm-Drillingstürme ›Anton‹ und ›Bruno‹ in die Höhe. I. AO Löwisch ruft in das Mikrofon des Zielgebers:

»Anton und Bruno – eine Salve!«

Sechs Schuß verlassen donnernd die Rohre. Die ersten sechs von insgesamt 212 28-cm-Granaten, die allein *Scharnhorst* auf den Gegner schießt.

Brauner Pulverqualm zieht über das Schlachtschiff hinweg. Dann ist die Sicht wieder frei. Nach 52 Sekunden drüben die ersten, zu kurz liegenden Aufschläge. Löwisch verbessert, und drei Sekunden später schießt Turm Anton die zweite Salve* .

17.38 Uhr. Der erste Treffer schlägt auf der *Glorious ein. Acht Minuten später beginnt auch die Gneisenau,* deren Mittelartillerie sich schon seit einer Viertelstunde mit dem am nächsten stehenden Zerstörer *Ardent* herumschlägt, auf den Flugzeugträger einzuhämmern.

Bei Beginn des Gefechts beobachtet Admiral Marschall selbst durch das Meßgerät auf seiner Brücke, wie drei oder vier Trägerflugzeuge mit den Aufzügen auf das Flugdeck gehoben und fieberhaft zum Start vorbereitet werden. Der englische Kommandant muß seine Absicht geändert haben. Doch ehe er in den Wind drehen kann, verhindern vernichtende Treffer den Start der Maschinen.

Die selbst auf größte Entfernung exakt und schnell schießende deutsche Artillerie ist den Engländern zuvorgekommen. Daß der Flugzeugträger – mangels jeden Hinweises seiner Admiralität auf das mögliche Auftreten deutscher Seestreitkräfte – zurückmarschiert, ohne sich von seinen eigenen Flugzeugen sichern zu lassen, wird ihm nun zum Verhängnis.

Und noch eine Tatsache bleibt unverständlich und wird nie geklärt werden: Warum funkt die *Glorious* nicht sofort nach dem Sichten der deutschen Schiffe um 17.15 Uhr eine Feindmeldung? Zeit genug hatte sie; zwischen der Sichtung und dem Einschlagen der ersten deutschen Granate auf dem Träger liegen mindestens 23 Minuten.

Auf der *Gneisenau* haben Kapitän Reichardt und seine B-Dienst-Spezialisten alle in Frage kommenden Wellen des Gegners besetzt und warten darauf, daß der Brite endlich funkt. Sie wollen versuchen, die Abgabe des Spruches zu stören.

Reichardt ist sicher, daß ihnen das Signal der *Glorious* nicht entgangen sein kann. Denn es wird auch nicht, wie sonst üblich, von anderen englischen Funkstellen wiederholt.

17.52 Uhr. Der Träger ist in ein Meer von Rauch und Flammen gehüllt. Aber er läuft immer noch hohe Fahrt.

Jetzt endlich funkt die *Glorious!* Sie ruft Scapa Flow, auf der britischen Flottenkurzwelle 36,19 Meter. Sie gibt ihre Feindmeldung mit der Uhrzeitgruppe 16.15 Uhr (gleich 17.15 Uhr deutscher Zeit) ab.

Aber ihr Sender schwankt stark. Er unterbricht mehrmals. Die deutschen Horcher haben Mühe, aus den Fetzen den ganzen Funkspruch zusammenzusetzen. Es ist tatsächlich die *erste* Feind-

* Siehe Anhang 5, »Leitung der schweren Artillerie der *Scharnhorst* am 8. Juni 1940«.

meldung des Trägers von 17.15 Uhr. Die Meldung ist 37 Minuten alt. Kein Wort von dem laufenden Gefecht!

Außerdem wird der Funkspruch weder von Scapa Flow bestätigt noch von irgendeiner anderen englischen Funkstelle wiederholt. Reichardt nimmt an, der Hilferuf der *Glorious* sei ungehört verhallt.

Erst um 18.19 Uhr versuchen es die englischen Funker ein zweites Mal. Nun rufen sie auf der Nordnorwegenwelle den Chef der Flugzeugträger an. Weiter kommen sie nicht. Die Spezialisten auf der *Gneisenau* funken mit einem auf die britische Welle abgestimmten starken Sender dazwischen.

»Danach«, heißt es im Bericht des B-Dienstes* , »meldete sich *Glorious* nicht mehr.«

Gegen 18.30 Uhr hat der Träger so starke Schlagseite, daß die Flugzeuge auf dem Landedeck ins Rutschen kommen und ins Meer stürzen. Eine halbe Stunde später sinkt die *Glorious.* Nur 4 Seeleute, erst Tage später aus dem Meer gefischt, überleben die Katastrophe.

Doch auch die deutschen Schiffe kommen nicht ungeschoren davon. Ihr unangenehmster Gegner sind die beiden britischen Zerstörer, die ihren Träger verteidigen.

Admiral Marschall zollt dem ebenso kühnen wie geschickten Verhalten der *Ardent* und *Acasta* hohe Anerkennung: Wie sie mit wechselnder Fahrt und wechselnden Kursen – von der deutschen Artillerie nur schwer zu fassen – ihren Schützling durch Schwarzqualmen der Sicht der Deutschen zu entziehen suchen, wie sie aus den Rauchschleiern vorstoßen und ihre Torpedofächer schießen – das ist beste britische Zerstörertradition.

Jetzt könnten die eigenen Zerstörer helfen, die Marschall vor mehr als vier Stunden nach Drontheim entlassen hat. *Hipper* und die Zerstörer kehren auch sofort um, als sie durch ein Kurzsignal vom Gefecht der Flotte mit einem »Flugzeugträger und leichten Streitkräften« erfahren. Aber sie sind viel zu weit entfernt, um noch eingreifen zu können.

So kommt, was gerade der deutsche Flottenchef bei den bisherigen Einsätzen der schweren Schiffe ohne Zerstörersicherung immer befürchtet hat.

18.30 Uhr. Die *Acasta,* selber schwer getroffen, kämpft allein weiter. Der Flugzeugträger ist nur noch ein brennendes Wrack, die *Ardent* vor wenigen Minuten gesunken. Commander Glasfurd gibt nicht auf. Er läßt plötzlich vom Schutz der *Glorious* ab, kreuzt mit höchster Fahrt etwa 14 Kilometer vor dem Bug der *Scharnhorst*

---

* Siehe Anhang 6, Auszug aus dem Bericht des B-Dienstes vom 9. Juni 1940.

deren Kurs, zuerst von Backbord nach Steuerbord und dann nach einer harten Kehrtwendung wieder zurück.

Dutzende von Augen auf der *Scharnhorst* verfolgen dieses seltsame Manöver. Und sehen auch, wie von der *Acasta* drei oder vier Torpedos ins Wasser klatschen. Aber aus ganz spitzem Winkel von vorn. Wider alle Regeln der Torpedoschießkunst. Ist es nur ein Versuch des Engländers, durch ein verwirrendes Manöver von der *Glorious* abzulenken?

Dennoch korrigiert *Scharnhorst*-Kommandant Kurt Cäsar Hoffmann den Kurs des Schiffes, um ganz sicherzugehen. Die 15-cm-Türme an Backbord nehmen den Feindzerstörer unter Dauerfeuer. Nach einigen Minuten dreht das Schlachtschiff auf den alten Kurs zurück.

Plötzlich, um 18.39 Uhr, trifft ein gewaltiger Schlag die *Scharnhorst* an Steuerbord achtern – also an der Seite, auf der das Gefecht gar nicht geführt wird!

Torpedotreffer!

Commander Glasfurds letztes, verzweifeltes Manöver hat Erfolg, weil niemand auf dem deutschen Schiff an die lange Torpedolaufzeit – fast neun Minuten – bei so großer Schußentfernung denkt. *Scharnhorst* hat den gesteuerten Ausweichkurs zu früh wieder verlassen.

Der Torpedo reißt ein Riesenloch in die Bordwand, genau unter dem achteren Drillingsturm, der bisher noch gar nicht in das Gefecht eingegriffen hat. Der Stoß schleudert die Männer auf den unteren Plattformen des Turmes zu Boden. Seewasser und schmieriges Öl aus einem getroffenen Tank überfluten die Räume binnen Sekunden. 48 Soldaten lassen hier unten ihr Leben, elf andere können sich wie durch ein Wunder in höhere Decks retten.

Die *Acasta* sinkt, von Granaten zerrissen, wenig später. Nur ein Mann, der Obermatrose C. Carter, überlebt. Carter erzählt später, Commander Glasfurd habe noch kurz vor dem Kentern seines Zerstörers in der Brückennock gelehnt und sich eine letzte Zigarette angezündet.

Glasfurds letzter Torpedo beendet den Vorstoß der deutschen Flotte. Admiral Marschall bricht die Operation ab, um die *Scharnhorst* mit ihrem zwölf Meter langen und vier Meter hohen Loch in der Bordwand sicher nach Drontheim zu geleiten.

Glasfurds letzter Torpedo rettet wahrscheinlich eine ganze Reihe weiterer britischer Schiffe.

So den Kreuzer *Devonshire,* der bei Beginn des *Glorious*-Gefechts nur etwa 80 Seemeilen nordwestlich des Kampffeldes steht. Die *Devonshire* ist das einzige britische Kriegsschiff, das den verstümmelten Hilferuf des Flugzeugträgers hört. Aber der Kreuzer schweigt. Er antwortet weder, noch gibt er den Funkspruch weiter.

Der Grund?

Der auf der *Devonshire* eingeschiffte Vizeadmiral J. H. D. Cunningham will – als ahnte er etwas von den B-Dienst-Spezialisten auf der *Gneisenau* – den eigenen Standort nicht durch Funken verraten. Er hat den aus seinem Lande fliehenden König Haakon, die norwegische Regierung – und den Staatsschatz an Bord . . .

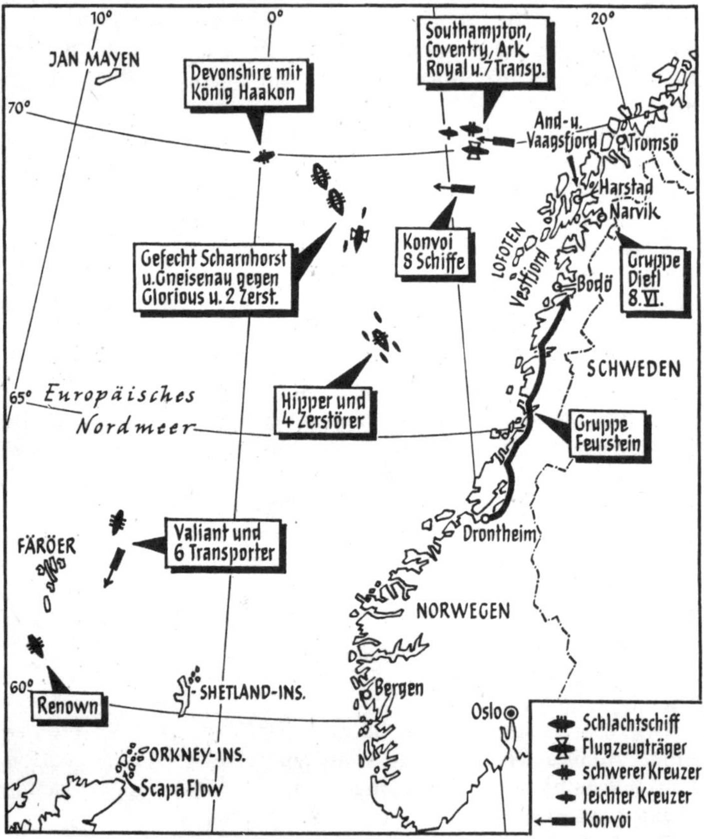

Beim Unternehmen ›Juno‹ stößt die deutsche Flotte überraschend in die alliierte Rückzugsbewegung aus Nordnorwegen hinein. Die Karte zeigt die Lage am 8. Juni, 17.30 Uhr, dem Zeitpunkt, da Scharnhorst *und* Gneisenau *den britischen Flugzeugträger* Glorious *zum Gefecht gestellt haben.*

So erfährt die Admiralität in London erst am nächsten Tag, dem 9. Juni, davon, daß die deutsche Flotte wie der Wolf unter Schafen im Nordmeer gewütet hat. Daß ein Flugzeugträger und zwei Zerstörer vernichtet sind, mit schwersten Menschenverlusten: mit 1515 Mann. Dazu ein Transporter, ein Tanker und ein Bewacher.

Die Engländer erfahren es auf zweierlei Weise:

Zuerst durch das von den Deutschen nicht angetastete Lazarettschiff *Atlantis,* das aber nur vom Auftauchen der feindlichen Flotte berichten kann.

Und dann durch den deutschen Wehrmachtsbericht vom 9. Juni 1940, der die eigenen Streitkräfte und ihre Erfolge reichlich voreilig beim Namen nennt.

Admiral Marschall erntet für den Erfolg, den er trotz aller mangelhaften Vorbereitung des Unternehmens erzielt hat, keinen Dank, sondern nur Kritik und Vorwürfe.

Jetzt auf einmal besteht Großadmiral Raeder darauf, das »Eindringen in die Fjorde vor Harstad« sei als Hauptziel festgelegt gewesen. Hat er seine eigenen Worte bei Marschalls Verabschiedung in Berlin vergessen, der Flottenchef könne auch auf lohnende Seeziele operieren?

Jetzt auf einmal doziert Raeder, bei derartigen, lange vorüberlegten Operationen sei »ein Abweichen von dem durchdachten und durchprüften Operationsplan« ohne zwingende Gründe nicht richtig. Hat er vergessen, daß er selber dem Flottenchef seine »großzügige Auffassung« dargelegt hatte, er könne draußen »alles« tun? Und war das völlige Versagen der Aufklärung am Angriffsziel etwa kein »zwingender Grund«?

Was immer Marschall getan und entschieden hat – Raeder läßt kaum ein gutes Haar daran.

Die Versenkung des Tankers *Oilpioneer* und des Transporters *Orama* befremdet den ObdM; sie hätten als Prisen aufgebracht werden können.

Die Entlassung *Hippers* und der Zerstörer war »Mangel an eigener Entschluß- und Verantwortungsfreudigkeit«.

Die »*Glorious*-Affäre« war in den Augen des ObdM ein »Scheibenschießen, daher kein großer Erfolg«; der Torpedotreffer auf *Scharnhorst* »nicht zu verantworten«.

Und Harstad, immer wieder Harstad. Eigensinnig beharrt Raeder noch Monate später darauf:

»Vorgehen gegen Harstadt hätte, so wie die Lage war, sicher Erfolg im Rahmen der Gesamträumung gebracht – ohne daß Skl das wissen konnte. Aber Glück hat eben nur der Tüchtige und Draufgehende.«

Am meisten wurmt es den Marinechef und die Seekriegsleitung, daß ihre hochfliegenden strategischen Pläne aufgeflogen sind. Die Flotte sollte, mit dem Stützpunkt Drontheim im Rücken, wochenlang erfolgreich im Nordmeer operieren. Nun ist die *Scharnhorst* gleich im ersten Gefecht ausgefallen ...

Commander Glasfurds letzter Torpedo trifft ins Herz der deutschen Seekriegsplaner. Der Flottenchef muß dafür herhalten. Ihm wird vorgeworfen, daß er die günstige operative Lage nicht zur Erringung weiterer Erfolge genutzt habe.

Tatsächlich ist Marschall, kaum daß er in Drontheim Munition und Öl ergänzt hat, mit *Gneisenau, Hipper* und den Zerstörern wieder ausgelaufen: am 10. Juni morgens um 09.00 Uhr.

Doch nun ist die Royal Navy gewarnt. Sie läßt sich nicht mehr überraschen. Die beiden noch auf Heimatkurs befindlichen, aber weit nach Westen umdirigierten Konvois mit Truppen und Material aus Harstad werden durch Schlachtschiffe und Kreuzer, Flugzeugträger und Zerstörer geschützt. Marschall kehrt bereits am nächsten Vormittag nach Drontheim zurück.

Jetzt häufen sich die Gerüchte. Die Disharmonie zwischen Seekriegsleitung und Flottenchef wird offensichtlich. Dennoch erfährt Marschall offiziell gar nichts von den Vorwürfen. Er hört alles nur durch Dritte, alles nur hintenherum.

Raeder scheut die Auseinandersetzung von Mann zu Mann. Er gibt Marschall nicht einmal Gelegenheit, selber zu begründen, warum er die Flotte so und nicht anders geführt hat. Das Mißfallen der Seekriegsleitung sickert durch alle Kanäle, aber Marschall kann sich nicht dagegen wehren.

Schließlich meldet er sich krank. Krank vor Ärger über das utopische Wunschdenken der obersten Marineführung.

Raeder zögert nicht lange. Er überträgt Vizeadmiral Günther Lütjens die Führung der Flotte und bestätigt ihn bereits Anfang Juli 1940 offiziell als Marschalls Nachfolger.

So wird, binnen weniger Monate, bereits der zweite deutsche Flottenchef in Ungnade abgelöst.

Marschall versucht in der Folgezeit mehrmals, Gehör für eine Rechtfertigung seines Handelns zu finden. Vergebens. Die Seekriegsleitung verfaßt Mitte Juli 1940 eine Verfügung über den »Einsatz der Schlachtschiffe und des Kreuzers *Hipper* im ersten Kriegsjahr«, die Raeders Unzufriedenheit, wenn auch in gemilderter Form, zum Ausdruck bringt.

Marschall über diese Verfügung: »Eine doktrinäre, teils vorschnelle, teils nicht den Tatsachen entsprechende Kritik.«

Der geschaßte Flottenchef wehrt sich, im Dezember 1940, mit einer »Meldung«: In 31 Punkten widerlegt er das Urteil der Seekriegsleitung.

Raeder ist zu keiner Diskussion noch zu einem klärenden Wort oder einer versöhnlichen Geste bereit. Er läßt Marschall durch Schniewind mitteilen, er sehe sich außerstande, nochmals auf diese Dinge einzugehen, und das gelte auch für die Skl. Er nehme als ObdM das Recht für sich in Anspruch, die maßgebliche Meinung zu haben, der sich der Soldat fügen müsse. Kritik dürfe nicht als Kränkung aufgefaßt werden.

Gleichzeitig aber versieht Raeder Marschalls 31 Punkte mit zahlreichen Bemerkungen, bei denen es schwerfällt, sie nicht als Kränkung aufzufassen. Sie gipfeln in dem bösen Wort:

»Hauptsache: M fehlte es an der Seelenstärke des großen Führers ... Daher ist seine Kommandoführung im ganzen eben ein Versager.«

Die Enttäuschung seines Oberbefehlshabers erspart Marschall künftigen Streit. Sein Nachfolger, Admiral Lütjens, hält sich wortgetreu an Raeders Befehl – und findet im Mai 1941 beim Untergang des Flottenflaggschiffs *Bismarck* den Tod.

In der Tat: Raeder verlangt Draufgängertum bis zur Selbstaufopferung, in geradezu hektischer Furcht, der Krieg könne gewonnen sein, ohne daß sich ›seine‹ Flotte durch unsterbliche Taten ausgezeichnet habe.

Erst bittere Verluste lassen den ObdM die Grenzen seines eigenen Konzepts erkennen. Das Wunschbild, kühnes Draufgehen erzwinge automatisch Erfolg, hält der Wirklichkeit nicht stand. Hier zeigt sich, wie sehr sich der Marinechef Hitlers Erfolgsrezept zu eigen machte und es mit der Marine anzuwenden suchte.

Marschall: »Mut zum Risiko hatte die Flotte oft bewiesen. Aber das, was Raeder verlangte, war Hasard.«

Am 20. Juni 1940 läuft Admiral Lütjens mit *Gneisenau* und *Hipper* zu einem hastig befohlenen neuen Vorstoß aus. Er kommt nicht weit.

Dicht vor den Schären lauert Lieutenant-Commander D. C. Ingram mit Seiner Majestät Unterseeboot *Clyde*. Einer von Ingrams Torpedos trifft die *Gneisenau* dicht hinter dem Bug. Das haushohe Loch geht durch beide Bordwände. Man kann bequem mit einem Boot hindurchfahren.

Nun ist auch das zweite, das zur Zeit letzte deutsche Schlachtschiff für Monate ausgefallen! Nach Norwegen liegt ein Großteil der deutschen Marine auf dem Meeresgrund – oder in den Werften, um die schweren Schäden zu beheben* .

Seltsam genug: Im Sommer 1942 ernennt Raeder seinen ehema-

---

* Siehe Anhang 7, Liste der deutschen Streitkräfte, die im Sommer 1940 ›außer Kriegsbereitschaft‹ sind.

ligen Flottenchef Marschall – den »Versager« – zum Oberbefehlshaber des Marinegruppenkommandos West. Marschalls Versuch, bei dieser Gelegenheit die alten Unstimmigkeiten zu klären, scheitert. Raeder will nicht darüber sprechen.

Aber ist nicht die Berufung des früher in Ungnade gefallenen Flottenchefs in eine der höchsten Befehlsstellen der Marine Beweis genug, daß Raeder seine eigenen Fehler eingesehen hat?

Marschall glaubt ja.

Marschall: »Aber er hätte sich eher die Zunge abgebissen, als es zuzugeben.«

Vabanque um Norwegen · Erfahrungen und Lehren

1. Die Besetzung Norwegens im Frühjahr 1940 forderte – anders als bei Heer und Luftwaffe – den vollen Einsatz der gesamten deutschen Marine. Für sie stand alles auf dem Spiel. Daß die europäische Nordflanke in deutsche Hand gebracht wurde, war zum großen Teil der Marine zu danken, doch die oberste Führung dankte es ihr nicht.

2. Hitler und das Oberkommando der Wehrmacht griffen, ohne auf die strategischen Grundüberlegungen der Seekriegsleitung Rücksicht zu nehmen, bestimmend in die Verwendung einzelner Schiffe ein. Raeder vermochte sich nicht durchzusetzen. Die Marineführung hielt die schweren Schiffsverluste vor Norwegen durch den Gesamterfolg des Unternehmens für gerechtfertigt – in dem irrigen Glauben, der Krieg werde nur kurze Zeit dauern.

3. Die Kriegführenden beider Seiten achteten die Unverletzlichkeit eines um Neutralität bemühten Landes wie Norwegen gering – sie haben sich insofern gegenseitig nichts vorzuwerfen. Beide begründeten ihre eigenen Operationen mit der Notwendigkeit einer Reaktion auf die gleichen Absichten des Gegners. Allerdings wäre den deutschen Zwecken schon mit einer strikten Neutralität Norwegens gedient gewesen, während die Engländer, besonders Churchill, um jeden Preis die für Deutschland essentielle Erzzufuhr aus den nordschwedischen Minen via Narvik unterbinden zu müssen glaubten. Tatsächlich waren die Deutschen den Engländern bei der Besetzung norwegischer Häfen nur um eine Nasenlänge Entschlossenheit voraus.

4. Die deutschen Torpedoversager brachten die U-Boote um viele Erfolgsmöglichkeiten, ersparten der Royal Navy Verluste und ganz England einen weiteren, in seiner bedrohten Lage womöglich tödlichen Schock. Das Beispiel beweist, wie sehr menschliches Versagen Kriegsereignisse beeinflussen kann. Es zeigt aber auch, wie wenig sich militärische Führung oft die Warnungen und Bedenken techni-

scher Fachleute zu eigen macht.

5. Eine genaue Analyse des Unternehmens ›Juno‹ offenbart das Versagen der höchsten Führungsstäbe der Marine in nahezu allen Belangen, in denen ihr erfolgreiches Wirken vonnöten gewesen wäre.

6. Schon die Befehlsgebung war widersprüchlich, die Vorbereitung des Unternehmens mangelhaft. Eine Aufklärung des befohlenen Angriffsziels fand nicht statt. »Schlechtes Wetter« wurde als Entschuldigung für nicht einmal versuchte Luftaufklärung hingenommen. Der Marine fehlte die Kraft, die Luftwaffe zu überzeugen, wie entscheidend Aufklärung unter allen Umständen sei. Diese Überzeugungskraft hätte von der höchsten Marineführung ausgehen müssen.

7. Auch der wichtigste Führungsdienst – schnelle und exakte Information – versagte mangels Vorbereitung. Die Übermittlung von Aufklärungsergebnissen an die Flotte, die danach hungerte, lief umständliche Wege und dauerte unerklärlich lange Zeit. Die grundlegende Änderung im Feindlagebild, die Räumung Nordnorwegens, erkannte die Marineführung zuerst gar nicht, und als sie sie wenigstens vermutete, gab sie nicht einmal diese höchst wichtige Information sofort an den Flottenchef weiter.

8. Statt dessen aber regierten die Führungsstäbe von Land aus in die laufende Operation der Flotte hinein und versuchten, den Flottenchef an einen durch die Ereignisse überholten Befehl zu fesseln. Das war schlechtest denkbarer Führungsstil und stand in Widerspruch zu der »Handlungsfreiheit«, die der Oberbefehlshaber dem Flottenchef vor dem Auslaufen persönlich gegeben hatte.

9. »Daß trotzdem Erfolge eintraten« (Zitat Raeder), lag an dem taktischen Geschick, mit dem die deutschen Schiffe auf See geführt wurden; mehr noch aber daran, daß die britische Marineführung ebenso schwerwiegende Fehler machte wie die deutsche.

10. Ein Lichtblick ist die Tätigkeit des B-Dienstes, der deutschen Funkaufklärung. Was die unbekannten und ungenannten Spezialisten dieses Dienstes bei der Aufnahme und Entzifferung britischer Marinefunksprüche leisteten, war mehr wert als manche hochdekorierte Heldentat. Die Royal Navy wußte nichts davon. Wieder hatte England Glück, daß die Deutschen keine Marine von Gewicht besaßen, um diese Vorteile richtig zu nutzen.

11. Großadmiral Raeder glaubte seine eigene Autorität unter allen Umständen wahren zu müssen. Er machte den Flottenchef, Admiral Marschall, trotz des erzielten Erfolges für sein Abweichen von einem starren Befehl verantwortlich und löste ihn ab. Der Oberbefehlshaber rief damit eine neue Vertrauenskrise hervor, die sich nachhaltiger auf kommende Seekriegsereignisse auswirken sollte, als es zu jener Zeit irgend jemand zu erkennen vermochte.

III. OHNMÄCHTIGE SIEGER

8 Wollte Hitler in England landen?

Anfang September 1940. Über das Kap Gris Nez, wo die französische Kanalküste von Süden, von Boulogne kommend, nach Nordosten in Richtung Calais und Dünkirchen abbiegt, fliegt eine dreimotorige *Ju 52* hinweg: kaum 100 Meter hoch und mit gedrosselten Motoren.

Die ›alte Tante Ju‹, das meistgebaute deutsche Verkehrs- und Transportflugzeug, hat nichts mit den rollenden Angriffen der Luftwaffe auf England zu tun. An Bord des Flugzeuges befindet sich der ›Kommandierende Admiral Frankreich‹ mit seinem Stab. Die Herren in Blau bilden eine Art Begrüßungskomitee:

Unten auf See schippert eine Flotte heran, wie sie diese Küste seit den Tagen des Normannen Wilhelm der Eroberer nicht mehr gesehen hat: die deutsche Invasionsflotte zur Landung in England!

Der Flugzeugführer fliegt eine Schleife, und Admiral Karlgeorg Schuster schaut beklommen hinunter: »mit Erstaunen und mit gelindem Grausen«, wie er selber sagt. Sehr vertrauenerweckend sieht sie auch nicht aus, diese Flotte:

Motorboote und Fischkutter, Segelyachten und Küstendampfer, Leichter und kleine Fährschiffe. Und Schleppzüge! So weit das Auge reicht: Schlepper mit gebündelten Flußkähnen. Wie auf dem Rhein, der Elbe und der Oder. Von dort kommen sie auch her.

Das gelinde Grausen des Admirals, dem diese Armada nun unterstellt ist, erfüllt bisweilen auch die leitenden Seeoffiziere in den Absprunghäfen. So den Korvettenkapitän Heinrich Bartels in Dünkirchen. Noch vor drei Monaten haben die Engländer hier unter den rollenden Angriffen der Bomber und Stukas ihr Expeditionskorps eingeschifft. So sieht der Hafen auch aus. Gesunkene Schiffe versperren die Hafenbecken, Bombenkrater bedecken die Kais, die Schuppen sind zerstört, die Schleusen beschädigt.

Tatsächlich finden die Deutschen in den französischen Häfen so gut wie keine brauchbaren Seefahrzeuge vor. Die Engländer haben bei ihrer Flucht alles mitgenommen oder, was sie nicht selber brauchen konnten, zerstört. Schon aus diesem Grunde ist der bisweilen geäußerte Gedanke, die Deutschen hätten dem geschlagenen Feind auf dem Fuße folgen und sofort auf die Insel vorstoßen sollen, absurd. Womit denn? Schiffe sind keine da. Sie müssen erst mühsam aus Deutschland herangeholt werden.

Bei Bartels in Dünkirchen laufen bis zum 10. September rund 60 Schlepper mit 180 Prähmen und rund 120 Motorboote ein, die alle untergebracht werden wollen. Zwei Infanteriedivisionen, die 17. und die 35. I. D., sollen, wenn die Stunde schlägt, mit diesen fahrbaren Untersätzen zur englischen Küste transportiert werden, als handele es sich nur um einen Flußübergang.

Bartels kennt das Geschäft seit Wochen, und er kennt seine ganzen Schwierigkeiten. Bevor er nach Dünkirchen kam, leitete er bei Emden eine Versuchsgruppe, die alle nur denkbaren Landeverfahren ausprobierte – ohne Landungsboote, denn solche besitzt die deutsche Marine nicht. Das Einladen in den Absprunghäfen mag noch gehen. Ein Prahm faßt, je nach Größe, 30 bis 70 Mann, dazu ein paar Fahrzeuge und Pferde. Ja: Pferde. Die Divisionen der ersten Welle haben zum Teil bespannte Fahrzeuge bei sich!

Wie aber sollen die Eroberer, wenn sie überhaupt so weit kommen, an der feindlichen Küste ausgeschifft werden? Wie sollen Fahrzeuge und leichte Panzer über die behelfsmäßigen Rampen von Bord kommen? Von feindlicher Gegenwehr ganz zu schweigen.

All das muß geübt werden. Nur die Praxis kann helfen, Bartels läßt nicht locker. Er schickt morgens einen Lautsprecherwagen durch die Straßen, mit dem Englandlied: als Signal zur täglichen Landeübung.

In den anderen Häfen ist es kaum anders. In Ostende, wo der Chef der Kriegsmarinedienststelle (KMD), Korvettenkapitän Erich Lehmann, am Tage X einen Geleitzug von rund 50 Schiffen und Booten und einen Verband von 25 Schleppzügen auf die gefährliche Reise schicken soll.

Oder in Calais, von wo der Kapitän zur See Gustav Kleikamp mit der ›Transportflotte C‹, die allein 16,5 Kilometer lang sein wird, auszulaufen hat.

Die größte Ansammlung der kaum seetüchtigen Prähme konzentriert sich auf Boulogne. Dort gebietet Kapitän zur See Werner Lindenau über nicht weniger als 165 Schleppzüge mit rund

330 Prähmen, dazu 15 Minensuch- und -räumboote und an die 25 Fischdampfer. Mit dieser Armada soll Lindenau bereits nachmittags starten und in breiter Front in den Kanal hinausmarschieren – vier Stunden bei vollem Tageslicht –, dann die ganze Nacht hindurch bis zum Ziel seiner ›Transportflotte D‹, dem Küstenstrich östlich Beachy Head, bei dem englischen Seebad Eastbourne.

Ob er so weit kommen wird? Lindenau bleibt skeptisch, während der ihm zugeteilte ›Badegast‹ auf dem Tender *Hela,* der Kommandierende General des XXXVIII. Korps, Erich v. Manstein, voller Optimismus ist. Kein Wunder: Der exzellente Landkriegsstratege kann sich kaum vorstellen, wie es ist, wenn ein Rudel britischer Zerstörer über die lähmend langsamen und hilflosen Schleppzüge herfällt.

Dampfer, Motorboote und Schleppzüge liegen außer in den genannten Häfen auch in Rotterdam, Antwerpen und Le Havre bereit. Zwar läuft mancher stolze Invasionskahn auf eine Mine oder wird von britischen Bomben getroffen. Aber Mitte September verfügt die Armada immer noch über gut 3000 Fahrzeuge aller Art. Und der Tag X kann nicht mehr fern sein.

»Was meinen Sie, schaffen wir es, hinüber nach England?« fragt Großadmiral Raeder den Kapitän Bartels, nachdem er seine Vorbereitungen in Dünkirchen besichtigt hat, »sind Sie Optimist?«

Bartels wundert sich etwas über seinen Oberbefehlshaber, aber dann sagt er: »Ohne Optimismus geht's gar nicht, Herr Großadmiral.«

Zu dieser Zeit, im August und September 1940, als die Vorbereitungen der Invasionsflotte auf Hochtouren liefen, war das Unternehmen ›Seelöwe‹ – die Landung in Südwestengland – bei Hitler bereits gestorben. Auch wenn die Beerdigung offiziell erst am 12. Oktober stattfand.

Mit den Worten des damaligen Oberstleutnants i. G. und späteren Generals Adolf Heusinger: »Hitler behielt den Seelöwen noch eine Zeitlang in der Tasche, ohne ernstlich an ihn zu denken.«

Wie war das möglich? Wie konnte die Invasion Großbritanniens, die den Deutschen, wenn sie gelang, den endgültigen Sieg in diesem Blitzkrieg bringen sollte, wie konnte ein so entscheidendes Unternehmen von Hitler selbst so hinhaltend behandelt werden?

Das Unternehmen ›Seelöwe‹ trägt in seiner ganzen Planungsphase den Charakter des Seltsamen, ja des Unglaubwürdigen.

Die Frage, ob Hitler überhaupt in England landen wollte, stellt sich von selbst, wenn man den ›Seelöwen‹ von seinen ersten Schritten an verfolgt.

Der Feldzug in Frankreich dauerte erst zehn Tage, als die deutschen Panzerspitzen bei Abbéville an die Kanalküste vorstießen. An diesem 20. Mai 1940 sah sich Hitler schon am Ziel seiner geheimsten Wünsche. Nichts und niemand war dem deutschen Soldaten, seinen Waffen und seiner überlegenen Taktik gewachsen. Was die Generale für unmöglich gehalten hatten, trat ein: Ganz Nordfrankreich war durch einen kühnen Sichelschnitt vom übrigen Lande abgetrennt. Ganze Armeen saßen in der Falle.

Dies mußte, folgerte Hitler, auch England von der Unüberwindlichkeit der deutschen Waffen überzeugen. Aufgeräumt wie selten, kehrte der Führer an diesem 20. Mai den Großzügigen heraus:

»Ich will nichts von England«, sagte er zum Chef des Wehrmachtführungsamtes, Generalmajor Jodl, »England kann jederzeit einen Sonderfrieden haben. Wir wollen nur unsere Kolonien zurückhaben, sonst nichts.«

In diese euphemistische Stimmung platzte am nächsten Tage der Oberbefehlshaber der Marine mit einer jedenfalls zur Zeit recht deplazierten Warnung. Er bat Hitler um ein »Gespräch unter vier Augen« und legte ihm dar, die Schwierigkeiten einer eventuell erwogenen Landung in England seien nicht zu unterschätzen.

Hitler reagierte nicht darauf. Was redete der Großadmiral da? Eine Landung? In England? Hitler dachte gar nicht daran!

Raeder fühlte sich verpflichtet, »in der Wehrmachtführung unter keinen Umständen irgendwelche irrealen Vorstellungen über die Erfolgsaussichten eines solchen Unternehmens« aufkommen zu lassen.

Der Sprung nach Norwegen war trotz der Schwäche der deutschen Marine zum großen Teil geglückt. Das konnte, wenn deutsche Soldaten an der Kanalküste standen und drüben, greifbar nahe, England liegen sahen, zu dem Trugschluß führen, hier werde es genausogut gehen und sicherlich doch leichter sein.

Raeder warnte Hitler: »Eine Landung in England darf nicht kurzfristig befohlen werden. Eine lange Vorbereitung ist erforderlich. Erste Voraussetzung ist die absolute Luftherrschaft. Sonst wäre das Wagnis zu groß und nicht zu verantworten . . .«

Hitler hörte höflich zu. Aber er äußerte sich nicht. Wie so oft, zielte der Großadmiral weit an der Gedankenwelt des Führers vorbei. Vorbereitungen für eine Invasion Englands? Nein. Keine

Vorbereitungen.

Das Westheer, die Panzer, die Luftwaffe siegten weiter. Die britische Festlandsarmee unter General Lord Gort floh unter Zurücklassung aller Fahrzeuge und schweren Waffen und rettete sich mühsam über den Kanal. War das kein großer Sieg? Mußte England nicht froh sein, von einem solchen Gegner einen passablen Frieden zu erhalten?

Am 2. Juni war Hitler Gast im Stabsquartier der Heeresgruppe A, bei Generaloberst Gerd v. Rundstedt. Beim Spaziergang im Garten äußerte er zu Rundstedt und seinem Stabschef Sodenstern, er erwarte, England werde jetzt zu einem vernünftigen Friedensschluß bereit sein.

Hitler: »Dann habe ich endlich die Hände frei für meine große und eigentliche Aufgabe: die Auseinandersetzung mit dem Bolschewismus.«

Das Datum für dieses ›Führerwort‹ sei hier wiederholt: der 2. Juni 1940.

Frankreich wollte erst geschlagen sein, England friedensbereit gemacht werden; aber schon beschäftigten sich die Gedanken des Diktators mit dem nächsten Gegner, mit Rußland. Und dieser Gedanke ließ ihn nicht mehr los. Er zieht sich wie ein roter Faden durch alle Pläne und Überlegungen der kommenden Wochen und Monate – auch durch die Pläne, die auf die Invasion Englands zielten.

Am 20. Juni war Raeder wieder bei Hitler. Diesmal im Hauptquartier ›Wolfsschlucht‹, in einem Bauernhaus des evakuierten belgischen Dorfes Bruly de Pêche. Hitler erwartete hier die Kapitulation Frankreichs. Von Raeders England-Vorstellungen nahm er nur unwillig Kenntnis.

Am 25. Juni – dem Tag, an dem die Waffen in Frankreich schwiegen – legte der Luftwaffenmajor i. G. Freiherr von Falkenstein seinem Generalstabschef Jeschonnek eine Notiz über den möglichen Einsatz von Fallschirm- und Luftlandetruppen für »einen Übergang über den Kanal« vor. Jeschonnek wies das Papier unwirsch zurück: Der Führer habe einen Kanalübergang nicht in Aussicht genommen.

Dennoch bewegte die Gemüter allmählich die Frage, wie der Krieg denn weitergehen solle, wenn England seine aussichtslose Lage nicht von selber einsehe.

Am 30. Juni äußerte sich Generalmajor Jodl mit einer Denkschrift zu dieser Frage. Der Widerstandswille Englands müsse mit Gewalt gebrochen werden, »wenn politische Mittel nicht zum Ziele führen«. Jodl sah dafür drei Möglichkeiten:

1. die Belagerung des englischen Mutterlandes durch Marine

und Luftwaffe,

2. Terrorangriffe gegen die Bevölkerung, und erst als

3. letztes Mittel: »die Landung mit dem Ziel, England zu besetzen«.

Luftwaffe und Kriegsmarine, davon war Jodl überzeugt, waren allein in der Lage, »England militärisch niederzuwerfen«. Die eventuelle Landung sei nur ein letzter Todesstoß, »falls er noch erforderlich sein sollte«.

»Trotzdem muß die Landung«, so lautet Jodls seltsame Schlußfolgerung, »in allen Einzelheiten als *ultima ratio* vorbereitet werden.«

Dieser Gedanke stand auch Pate, als Hitler am 2. Juli seine Zustimmung zu einer Weisung des OKW-Chefs Keitel gab, die den drei Wehrmachtteilen Vorüberlegungen für eine mögliche Landung in England auftrug. Klarer konnte Unentschlossenheit kaum formuliert werden als in diesem Papier:

»Alle Vorbereitungen müssen dem Rechnung tragen, daß der Plan, in England zu landen, noch keineswegs feste Gestalt angenommen hat, und daß es sich nur um die Vorbereitung eines möglichen Falles handelt . . .«

Was Hitler wirklich beabsichtigte, sagte er noch nicht. Aber der Chef des Generalstabes des Heeres, General Franz Halder, muß seinen Führer gut gekannt haben. Denn schon am 3. Juli 1940 beschäftigte er sich mit dem Gedanken, »wie ein militärischer Schlag gegen Rußland zu führen ist, um ihm die Anerkennung der beherrschenden Rolle Deutschlands in Europa abzunötigen«.

Marinechef Raeder besaß keine solche Antenne für das tiefere Sinnen und Trachten seines Obersten Befehlshabers. Dennoch war die nächste Besprechung Raeder–Hitler am 11. Juli 1940 auf dem ›Berghof‹ bei Berchtesgaden bemerkenswert.

Hitler fragte nämlich den Großadmiral, was er von seiner Absicht halte, den Engländern in einer großen Rede vor dem Deutschen Reichstag ein Friedensangebot zu machen.

Welch eine Szene: Der Mann, der alle Macht, über die er verfügte, durch die Kraft des gesprochenen Wortes errungen hatte, fragte den Mann, der offenen Auseinandersetzungen am liebsten aus dem Wege ging, dem alles Laute, Auftrumpfende zuwider war, nach der Wirkung einer Massendemonstration!

Raeder verbarg seine Abneigung nur mühsam. Die Rede, erklärte er gewunden, werde ihre Wirkung nicht verfehlen, wenn das englische Volk überhaupt den Inhalt erführe. Damit bezweifelte er praktisch die Wirksamkeit einer Führerrede als Mittel zur Beendigung des Krieges. Aber, einmal gefragt, sprach er aus, wie er sich die Lösung vorstellte:

»Es ist nötig, daß das englische Volk den Krieg stark am eigenen Leibe spürt. Erstens durch die Abschnürung seiner Seezufuhren. Zweitens durch starke Luftangriffe auf seine Hauptzentren.«

Liverpool sei ein solches Zentrum. Einen konzentrierten Angriff auf diese wichtige Hafenstadt werde das ganze Volk zu spüren bekommen. *Erst,* betonte der ObdM, sei solch ein Angriff zweckmäßig: *dann* könne der Führer seine Rede halten ...

Von einer Landung in England hielt Raeder nach wie vor nichts. Das sei wirklich nur das *letzte* Mittel, um England friedensbereit zu machen. Diesem Teil von Raeders Ausführungen stimmte Hitler zu.

Unabhängig davon hatte sich der Gedanke einer Landung aber inzwischen in den Köpfen der führenden Generale festgesetzt. Kein Wunder, wenn man bedenkt, daß sie den Sprung über den vom Feind beherrschten Meeresarm »im Verfahren eines großen Flußübergangs auf der Strecke Ostende–Le Havre« zu meistern dachten. Generalstabschef Halder hatte diese irrige Vorstellung als erster am 3. Juli. General Jodl verschärfte den Begriff und sprach am 12. Juli von einem »gewaltsamen Flußübergang in breiter Front, wobei der Luftwaffe die Rolle der Artillerie zufällt«; Jodl war immerhin klargeworden, daß England im Besitze der Seeherrschaft und die Landung somit »schwierig« sei.

Am Tage darauf, dem 13. Juli, sprachen Heeresoberbefehlshaber von Brauchitsch und Generalstabschef Halder bei Hitler auf dem Berghof vor. Die Generale entwickelten ihre Flußübergangstheorie im Detail. Hitler stimmte wohl zu, schien aber nicht recht bei der Sache.

Den Führer beschäftigten viel mehr die politischen Aspekte der augenblicklichen Situation: Warum wollte England keinen Frieden schließen? Worauf wartete es noch?

»Auf Rußland«, sagte Hitler. »Rußland hat ein Interesse daran, uns nicht zu groß werden zu lassen. Rußland ist Englands letzte Hoffnung.«

Die Frage, um die es hier eigentlich ging: England Gewalt anzutun, behagte dem deutschen Staatschef gar nicht.

Halder: »Der Führer tut so etwas aber nicht gern.«

Hitler fürchtete in der Tat um den Bestand des Britischen Weltreichs, das er für eine wohlorganisierte und bewundernswerte Einrichtung hielt. Sein Zerfall würde Japan, Amerika und anderen Ländern nutzen – nicht aber dem Deutschen Reich.

Als Brauchitsch und Halder vom Berghof nach Berchtesgaden

zurückfuhren, waren sie recht nachdenklich. Es schien eher, als wolle der Führer England gar nicht angreifen ...

Aber der Soldat ist es gewohnt, Befehle auszuführen. Und der Befehl, die Landung vorzubereiten, traf – überraschend – bereits am 16. Juli mit der von Hitler unterzeichneten Weisung Nr. 16 ein. Selbst diese Weisung begann mit einem merkwürdigen Satz: »Da England, trotz seiner militärisch aussichtslosen Lage, noch keine Anzeichen einer Verständigungsbereitschaft zu erkennen gibt, habe ich mich entschlossen, eine Landungsoperation gegen England vorzubereiten und, wenn nötig, durchzuführen ...«

Was sollte die Vorbehaltsklausel »... und, wenn nötig, durchzuführen«? So etwas gehört nicht zur Befehlssprache, und gerade vom Führer war die Wehrmacht Zögern nicht gewohnt.

Hitler nannte, neben zahlreichen weiteren Einzelheiten, auch die Voraussetzungen für die Möglichkeit einer Landung:

»a) Die englische Luftwaffe muß moralisch und tatsächlich so weit niedergekämpft sein, daß sie keine nennenswerte Angriffskraft dem deutschen Übergang gegenüber mehr zeigt.

b) Es müssen minenfreie Wege geschaffen sein.

c) Durch eine dichte Minensperre muß die Straße von Dover in beiden Flanken sowie der Westeingang des Kanals etwa in der Linie Alderney–Portland abgesperrt sein.

d) Durch starke Küstenartillerie muß das Küstenvorfeld beherrscht und artilleristisch abgeschirmt sein.

e) Die Fesselung der englischen Seestreitkräfte kurz vor dem Übergang sowohl in der Nordsee als auch im Mittelmeer (durch die Italiener) ist erwünscht, wobei schon jetzt versucht werden muß, den englischen Seestreitkräften, die sich im Mutterland befinden, durch Luft- und Torpedoangriffe nach Kräften Abbruch zu tun.«

Mochte die Voraussetzung a) von Hermann Göring mit großer Geste als selbstverständlich abgetan werden; alle anderen Voraussetzungen aber waren höchst zweifelhaft. Weder konnte die Marine auf der ganzen Breite des ›Flußübergangs‹ minenfreie Seestraßen garantieren, noch mit ihren geringen Mitteln so gewaltige Flankensperren legen, wie sie Hitler verlangte. Und erst recht war klar, daß sich die englischen Streitkräfte nicht in der Nordsee oder gar im Mittelmeer fesseln lassen würden, wenn es um Sein oder Nichtsein des Mutterlandes ging.

Vielleicht schraubte Hitler die Vorbedingungen absichtlich so hoch, um eine unüberwindliche Barriere gegen die Landung aufzurichten? Oder jedenfalls eine Barriere, hinter die er den ›Seelöwen‹ jederzeit zurückpfeifen konnte, wenn eine der Voraussetzungen ihm nicht genug erfüllt schien.

Es war nur die Ironie der Geschichte, daß später gerade die »sichere« Voraussetzung a), die eigene Luftherrschaft, wegen Nichterfüllung als Grund herhalten mußte, das ganze Unternehmen abzublasen.

Am 19. Juli verwirklichte Hitler, wovon ihm Raeder abgeraten hatte: Abends um 19 Uhr trat in der Berliner Krolloper der Reichstag zusammen. Was im Dritten Reich Rang und Namen hatte, war hier versammelt. Hitler redete zwei Stunden. Es war, laut Halder, eine »großartige Dankeskundgebung an die Wehrmacht«. Der Führer ernannte Göring zum Reichsmarschall und nicht weniger als zwölf führende Offiziere zu Generalfeldmarschällen. Einer von ihnen, Albert Kesselring, war noch nach dem Kriege »der festen Überzeugung, daß wir alle nach dem Westfeldzug keine Feldmarschälle geworden wären, wenn Hitler nicht an die Wahrscheinlichkeit des Friedens gedacht hätte«.

»In dieser Stunde fühle ich mich verpflichtet«, sagte Hitler, »vor meinem Gewissen noch einmal einen Appell an die Vernunft auch in England zu richten ... Ich sehe keinen Grund, der zur Fortführung dieses Kampfes zwingen könnte. Ich bedaure die Opfer, die er fordern wird ...«

Englands Außenminister Lord Halifax antwortete drei Tage später: »In Großbritannien herrscht ein Geist unerbittlicher Entschlossenheit. Wir werden nicht aufhören zu kämpfen ...«

Hitler wollte es noch nicht glauben. Was mochte England zu dieser starren Haltung veranlassen?

Am 21. Juli rief er Göring, Brauchitsch und Raeder zu sich und entwickelte ihnen seine Gedanken. Die Lage Englands sei aussichtslos. Der Krieg sei gewonnen, die Umkehr der Erfolgsaussichten unmöglich.

Und trotzdem gab England nicht auf. Warum nur?

Hitler erwog die Hoffnung auf einen Umschwung in Amerika, die Aufgabe der strikten Neutralitätspolitik in den USA. Vor allem aber nannte er Englands Hoffnung auf Rußland.

Auch wenn er zwischendurch vom ›Seelöwen‹ sprach: Die Vorbereitungen müßten so schnell wie möglich getroffen werden; wann denn die Marine bereit sei; das Übersetzen komme aber wegen des großen Risikos nur in Frage, wenn kein anderer Weg mehr offen sei – Hitler kam doch wieder auf Rußland zurück.

Moskau sehe die großen Erfolge der Deutschen mit einem weinenden Auge, meinte er. Gewiß, es werde von sich aus keinen Krieg anfangen. Aber wenn es London gelinge, die Russen dahin zu bringen, daß sie die Erdöllieferungen nach Deutschland drosselten und auch in Rumänien Unruhe stifteten? Die Brennstofflage konnte sehr bald zum entscheidenden Engpaß der deutschen Kriegführung werden.

Der Oberbefehlshaber des Heeres verließ diese Besprechung mit dem Auftrag, »das russische Problem in Angriff zu nehmen«. Auch hier sei das Datum wiederholt: der 21. Juli 1940.

Am Tage darauf besprach Brauchitsch bereits Einzelheiten der Planung mit Generalstabschef Halder: den Aufmarsch von 80 bis 100 Divisionen im Osten, vielleicht schon in diesem Herbst. Und die Frage, welche Operationsziele gestellt werden können: das Baltikum, die Ukraine, die rumänischen Ölfelder ...

Der Oberbefehlshaber der Marine, Großadmiral Raeder, verließ die Besprechung am 21. Juli offenbar ohne den Eindruck, daß sich der Führer bereits gegen Rußland wandte. Er blieb fixiert auf den Gedanken an die Landung in England.

Vier Tage später, am 25. Juli, war Raeder erneut bei Hitler und warnte ihn eindringlich: Die Vorbereitungen zum ›Seelöwen‹ brachten die deutsche Wirtschaft durcheinander. Die Binnenschiffahrt und ein großer Teil der Seeschiffahrt mußten stillgelegt werden, die Werften hatten alle andere Arbeit liegenzulassen – so das wichtige U-Boot-Bauprogramm oder die Fertigstellung des Schlachtschiffes *Tirpitz* –, um nur noch die Prähme und andere Landungsfahrzeuge umzurüsten.

Raeder legte seine ganze Überzeugungskraft in diesen Vortrag, als gehe es darum, den Führer von einem bereits gefaßten, unsinnigen Vorhaben wieder abzubringen. Statt dessen bestätigte und festigte er mit jedem neuen Argument die Meinung, die Hitler ohnehin über den ›Seelöwen‹ hatte.

Hitler würde jedes andere Mittel, den Krieg zu beenden, einer Landung in England vorziehen.

Der entscheidende Tag in dieser sich über Wochen hinziehenden Meinungsbildung, der Tag, an dem der »rote Faden« aller Überlegungen, die Sowjetunion, deutlich hervortrat, war der 31. Juli 1940.

An diesem Donnerstag waren Brauchitsch und Raeder, Keitel, Halder und Jodl erneut bei Hitler auf dem Berghof. Als erster trug der Marinechef vor: ausschließlich über den ›Seelöwen‹. Die Vorbereitungen seien »mit großem Nachdruck« angelaufen. Dennoch sei der 15. September der früheste Termin – wenn nicht das Wetter oder der Feind einen Strich durch die Rechnung machten.

Raeder ging ausführlich auf die Meinungsverschiedenheiten zwischen Heer und Marine über die Breite der Landung und die beste Landezeit ein. Er bestand darauf, daß die Forderungen der Marine erfüllt werden müßten; sonst sei jede Landung von vornherein zum Scheitern verurteilt.

Schließlich schoß er seinen Hauptpfeil ab: Bei allen zu erwartenden Schwierigkeiten sei es besser, die Landung nicht zu überstürzen. Der beste Zeitpunkt sei der Mai 1941.

Hitler antwortete ausweichend. Er wolle die Vorbereitungen zunächst für den Termin 15. September weiterlaufen lassen. Die Luftwaffe beginne jetzt mit ihren Angriffen auf England. Nach acht Tagen werde man sehen, ob die Luftangriffe die gewünschte Wirkung hätten.

Hitler: »Befriedigt das Ergebnis des Luftkrieges nicht, dann wird die Vorbereitung angehalten.«

Nach diesem neuen, für das ganze Unternehmen ›Seelöwe‹ so typischen, weil abwartenden Bescheid, verabschiedete sich der Großadmiral.

Kaum war er draußen, da entwickelte Hitler seinen Generalen auf einmal ganz andere Ideen. Er ging zwar noch vom ›Seelöwen‹ aus, sah ihn aber mit größter Skepsis. Was den Führer seit Wochen wirklich bewegte, war Rußland.

Hitler: »Rußland ist unangenehm berührt von der schnellen Entwicklung in Westeuropa. Rußland braucht nur anzudeuten, daß es Deutschland nicht zu groß werden lassen will, dann hoffen die Engländer wie Ertrinkende, daß die Sache in sechs bis acht Monaten ganz anders aussehen wird! Ist aber Rußland zerschlagen, dann ist Englands letzte Hoffnung getilgt . . .«

Hier auf dem Berghof, am 31. Juli 1940 – zu einem Zeitpunkt, da die Marineführung alle Kraft in die Vorbereitung des ›Seelöwen‹ setzte, und vor allem, *bevor* die Luftschlacht um England überhaupt begonnen hatte – an diesem 31. Juli sprach Hitler zum erstenmal offen aus, daß eine Landung in England ihn nur noch am Rande interessierte. Er, der deutsche Staatschef, hatte beschlossen, ›Rußland zu erledigen‹:

»Je schneller wir Rußland zerschlagen«, eröffnete er seinen Generalen, »desto besser!« Am liebsten noch in diesem Jahr, bestimmt aber im Frühjahr 1941.

Hitler tat diese Äußerungen nicht in Raeders Gegenwart. Er spürte wohl, daß der Marinechef keine Entwicklung gutheißen würde, die »eine Abwendung von der Hauptgefahr England« darstellte. Der Großadmiral wurde sogar bewußt getäuscht. Dem Leiter seiner kriegsgeschichtlichen Abteilung, Admiral Kurt Assmann, gab Raeder später die vertrauliche Auskunft:

»Die Truppenverschiebungen an die Ostfront im August 1940 bezeichnete *mir* der Führer noch als großzügige Tarnung des

›Seelöwen‹!«

Die Marine, die Luftwaffe, das Heer – alle machten sich daran, England zu bezwingen. Ihr Oberster Befehlshaber jedoch sah von fern und mit deutlicher Reserve zu. Es schien nur so, als sei England sein nächstes Ziel. Und gäbe es nicht diese ungewohnt zaudernd formulierten Weisungen und Befehle, die Täuschung wäre vollkommen.

Am 1. August 1940, am Tage nach seinem geheimen Beschluß, Rußland anzugreifen, erließ Hitler die Weisung Nr. 17 für die Führung des Luft- und Seekrieges gegen England. Eine weitere OKW-Weisung vom selben Tage über die Durchführung des Unternehmens ›Seelöwe‹ setzte die Tradition der vagen Formulierungen fort. »Nach acht oder spätestens 14 Tagen«, hieß es darin, »gerechnet vom Beginn des Großkampfes zur Luft gegen England, ... wird der Führer je nach dem Ergebnis dieses Kampfes entscheiden, ob ›Seelöwe‹ noch in diesem Jahr stattfindet oder nicht.«

Solche Feinheiten entgingen den Frontbefehlshabern nicht. Feldmarschall v. Rundstedt glaubte zu keiner Zeit an den ›Seelöwen‹. Feldmarschall Kesselring war überzeugt, »daß Hitler mit dem Gedanken einer Invasion in England nur spielte«. Und Oberst Paul Deichmann, Stabschef des im Brennpunkt der Luftschlacht eingesetzten II. Fliegerkorps, erinnerte sich:

»Diese Befehle machten auf mich den Eindruck, daß wir also *nicht* landen.«

Tatsächlich verfolgte die Luftwaffe, von Görings Ehrgeiz getrieben, das Ziel, England im Alleingang zu bezwingen. Die beginnende Luftschlacht, die berühmte ›Battle of Britain‹, diente *nicht* dem Ziel, den ›Seelöwen‹ vorzubereiten, wenn man einmal davon absieht, daß die Niederkämpfung der Royal Air Force, von der Luftwaffe als Voraussetzung für das Durchbringen der eigenen Bomber angesehen, natürlich *auch* einer Landung zugute kommen mußte.

Tatsächlich waren es auf allen Führerbesprechungen immer Raeder und die Heeresgenerale gewesen, die die Luftwaffe als wesentliche Voraussetzung für das Landungsunternehmen mit einplanten. Göring hatte dem nie zugestimmt.

Stabschef Deichmann: »Ich selbst habe den ›Seelöwen‹ und die Luftschlacht um England als zwei völlig getrennte Projekte angesehen.«

So kam, was kommen mußte: Die Luftschlacht entbrannte, aber die Luftherrschaft blieb den Deutschen versagt. Sie errangen sie weder nach acht noch nach 14 Tagen, noch nach vier Wochen, als der als Fiktion aufrechterhaltene Termin für den

›Seelöwen‹ dicht bevorstand.

Raeder und seine Admirale in der Seekriegsleitung waren bitter enttäuscht, daß die Luftwaffe weder Häfen noch Schiffe angriff. Eine der Hauptvoraussetzungen für den ›Seelöwen‹, die Dezimierung der britischen Flotte, fand nicht statt.

Hitler schien das nicht im geringsten zu stören. Seine Vorbedingungen – jene Barriere, die er schon in der ersten ›Seelöwe‹-Weisung errichtet hatte – wurden nicht erfüllt.

Heusinger: »Im Grunde war er froh, als er die Sache abblasen konnte.«

Damals zirkulierte in der Flüsterpropaganda das Bonmot:

»Mit Raedern soll man nicht übers Wasser fahren.«

Raeder selbst, ohnehin ein humorloser Mann, aber diesmal mit Recht verbittert über die viele vergebliche Mühe, erkannte am Schluß, daß Hitler diesmal nicht, wie sonst immer, die treibende Kraft, ja nicht einmal mit ganzem Herzen dabeigewesen sei.

Raeder: »Die für das geplante Unternehmen aufgewandten Energien sind nutzlos verbraucht worden.«

Den tieferen Grund für Hitlers Desinteresse erkannte der Marinechef damals nicht. Der Landkrieger Adolf Hitler machte lieber den Riesenumweg über Moskau, statt den kleinen Sprung über den Kanal zu wagen.

Am 14. Juni 1941, eine Woche bevor die Sowjetunion überfallen wurde, deckte Hitler seine Karten auf. Das Zerfallen Rußlands, sagte er seinen Generalen, werde England veranlassen, den Kampf aufzugeben.

Glasklar formulierte Generalstabschef Halder: »Der Krieg gegen Rußland hat England zum Ziel.«

9 Die Zeit der grauen Wölfe

Nach dem schweren Rückschlag durch die Torpedoversager muß die deutsche U-Boot-Waffe im Frühsommer 1940 praktisch wieder von vorn anfangen. Aber seit dem Debakel vor Norwegen ist viel geschehen. Die meisten Boote sind in den Werften überholt worden. Nur eingeschossene und erprobte Torpedos kommen an die Front, was vorher wegen des langen, harten Eiswinters nicht möglich gewesen war. Die aufgebrachten Kommandanten sind in der mehrwöchigen Zwangspause wieder ruhiger geworden. Sie wären keine echten U-Boot-Fahrer, wenn sie nicht hinaus an die Front drängten. Der BdU, Karl Dönitz, kennt seine jungen Soldaten, er weiß sie richtig zu nehmen. Und selbst Operationschef Eberhard Godt, der auf dem Höhepunkt der April-Katastrophe erklärt hatte, es sei nicht mehr zu verantworten, Boote und Besatzungen weiter in den Kampf zu schicken, plant neue Operationen.

Fast drei Monate lang hat der U-Boot-Krieg gegen die britischen Zufuhren geruht. Nun soll der Kampf um Englands Lebensadern wiederaufgenommen werden.

Dönitz grübelt lange: Wer fährt als erster hinaus? Es ist mehr als ein Test. Hat das erste Boot wieder Erfolg, dann werden auch die anderen ihm nacheifern. Versagt es, so bedeutet das eine weitere psychologische Belastung.

Der BdU entscheidet sich für den 1. Asto seines eigenen Stabes, den 32jährigen Kapitänleutnant Victor Oehrn. Damals, am 3. September 1939, hat Oehrn in der Stabsbaracke der U-Boot-Führung miterlebt, wie erregt sein Chef auf die Kriegserklärung Englands reagierte. Jetzt, acht Monate später, vertraut Dönitz ihm das Kommando über *U 37* an: eines der großen Boote vom Typ IX A. Mit 48 Mann Besatzung. Eine 10,5-cm-Kanone vor dem Turm. Mit sechs Torpedorohren. Und 22 Torpedos an Bord.

Am 19. Mai 1940 steuert Oehrn sein Operationsgebiet an: nordwestlich Kap Finisterre, am Westausgang der Biskaya. Nach alter Erfahrung bündelt sich dort der Verkehr, der aus dem Mittelmeer und von Westafrika nach England läuft. Oehrn braucht nicht lange zu suchen.

U 37, das zur Zeit einzige deutsche U-Boot im Kampf gegen England, das Boot, an dem die Hoffnung der ganzen Waffe hängt, greift an: mit Magnettorpedos ... Oehrn beobachtet den Gegner durch das Sehrohr, und sein Herzschlag stockt: die Wassersäule, die Detonation, weit vor dem feindlichen Schiff!

Frühzünder. Torpedoversager. Das alte Leiden ...

Erst als Oehrn die Magnetpistole abschalten läßt und seine Aale mit Aufschlagzündung schießt, hat er Erfolg. In knapp zwei Wochen versenkt *U 37* neun Schiffe mit 41 207 BRT und beschädigt ein weiteres.

Dönitz: »Der Bann war gebrochen.«

Auf Oehrns Meldung, daß von fünf geschossenen Magnettorpedos vier zu früh oder gar nicht gezündet haben, zieht der BdU die äußerste Konsequenz. Er verbietet ab sofort den Magnetschuß. Mag er theoretisch die größere Wirkung am Ziel haben, in der Praxis, im harten Fronteinsatz, versagt er und setzt die U-Boote selbst schwersten Gefahren aus. Zweieinhalb Jahre lang, genau bis zum Höhepunkt der Schlacht um den Atlantik, schießen die deutschen U-Boote jetzt wieder mit Aufschlagzündung, mit Torpedos, die ›nur‹ ein Loch in die Bordwand reißen, statt dem Gegner den Kiel zu brechen. Aber Dönitz ist froh, daß seine Boote überhaupt wieder eine brauchbare Waffe besitzen.

Noch ehe Oehrn von seiner erfolgreichen ›Restfahrt‹ zurück ist, laufen in zwei Wellen zwölf weitere U-Boote aus, um die Schlacht wiederaufzunehmen. Was in der noch kleinen U-Boot-Waffe Rang und Namen hat, ist dabei: *U 28* und *U 29* mit den Kommandanten Kuhnke und Schuhart, *U 30, U 32* und *U 38* mit Lemp, Jenisch und Liebe, *U 46, U 47* und *U 48* mit Endraß, Prien und Rösing, ferner *U 43* Ambrosius und *U 51* Knorr und als erstes neues Boot *U 101* mit Kapitänleutnant Fritz Frauenheim.

Die Zeit der grauen Wölfe beginnt. Die kurz bemessene Zeitspanne, in der einzelne Boote hohe Erfolge erringen. Denn die alliierte Schiffahrt wiegt sich in Sicherheit; von einer deutschen U-Boot-Gefahr war in den letzten Monaten so gut wie nichts mehr zu spüren. Die Engländer brauchen ihre Zerstörer und Geleitfahrzeuge für die Räumung Dünkirchens, für den Schutz der Rücktransporte aus anderen französischen Häfen. Und sie sind weiter gezwungen, zahlreiche Zerstörer zur Abwehr einer möglichen deutschen Landung in England zurückzuhalten.

Wenigstens dies bewirkt die Drohung mit dem ›Seelöwen‹: Die deutschen U-Boote profitieren davon. Sie fallen wie reißende Wölfe über die schwach geschützten Herden der Handelsschiffe her.

Unter den Kommandanten entwickelt sich sehr bald ein Wettstreit um die höchsten Versenkungsziffern. Sie operieren zwar einzeln und haben gegenseitig kaum Fühlung in der endlos scheinenden Wasserwüste. Trotzdem hören sie voneinander: Durch den gemeinsamen U-Boot-Funk erhalten sie nicht nur Dönitz' Befehle, sondern erfahren auch von den Erfolgsmeldungen der Kameraden.

Da ist der Oberleutnant zur See Engelbert Endraß, 29 Jahre jung. Im Oktober 1939 war er noch Priens Wachoffizier auf *U 47,* beim denkwürdigen Eindringen nach Scapa Flow. Jetzt hat er *U 46* übernommen. Und auf seiner ersten Feindfahrt als Kommandant dieses Bootes kommt ihm am 6. Juni einer der großen Hilfskreuzer der Northern Patrol in die Quere. Diese Chance läßt sich Endraß nicht entgehen.

Seine Torpedos reißen den 20 000-Tonner *Carinthia* in die Tiefe. Und 20 000 Tonnen wiegen schwer auf dem Erfolgskonto eines so jungen Kommandanten. Dieses ›Polster‹ tröstet über viele Enttäuschungen hinweg. Über Tage vergeblicher Suche nach neuer Beute. Über die mühsame und letztlich erfolglose

Jagd nach schnellen und gewitzten Gegnern. Oder über das Mißgeschick, wenn wieder ein Torpedo ›in die Wicken‹ geht, weil das Opfer im letzten Augenblick abdreht und entkommt.

Am 22. Juni trifft Endraß westlich der Biskaya auf einen schnellen britischen Flottenverband. Der Schlachtkreuzer *Hood* ist dabei, steht aber zu weit entfernt. Dafür hält sich Endraß an die *Ark Royal* und bringt sein Boot in eine günstige Schußposition zu dem schon mehrmals angegriffenen, aber nie getroffenen Flugzeugträger.

Der Torpedofächer fällt – und geht ins Leere. Endraß kann es nicht fassen. Er hat doch nicht fehlgeschossen! Also müssen wieder die Torpedos versagt haben. Die schon sicher geglaubte Beute entkommt. Die britischen Schiffe treffen am nächsten Tag in Gibraltar ein. Sie bilden dort zusammen mit anderen Schlachtschiffen, Kreuzern und Zerstörern unter dem Befehl des Admirals Sir James Somerville die ›Force H‹, deren erste Tat am 3. Juli 1940 der Überfall auf die französische Flotte vor Oran ist.

Trotz des Pechs mit der *Ark Royal* kommt *U 46*, dessen Torpedos nun alle verschossen sind, mit einem runden Erfolg nach Hause: Fünf Schiffe mit einem Rauminhalt von 35 347 BRT, darunter die *Carinthia,* kommen auf sein Konto. Dazu noch ein sechstes von 8782 BRT, das Endraß getroffen hat und versenkt glaubt, das aber in Wirklichkeit nur beschädigt wurde* .

Endraß ist eben wieder zu Hause, da läßt Dönitz auf der U-Boot-Welle seine Erfolgsmeldung hinausfunken. Für Günther Priens *U 47* kommt diese ›Warnung‹ gerade noch zurecht. Natürlich gönnt die alte Besatzung ihrem »kleinen Eins WO« den Erfolg mit seinem neuen, eigenen Boot. Aber muß man sich denn, wie Prien sagt, »die jungen Leute gleich über den Kopf wachsen« lassen? *U 47* hat auf dieser Fahrt noch nicht soviel Tonnage versenkt wie *U 46.* Kein Wunder, sie sind zehn Tage später ausgelaufen. Und nun hat ›Papa‹ Prien noch ganze zwei Torpedos in Reserve. Ob sie reichen werden, um den Rückstand zu ihrem ›jungen Mann‹ aufzuholen und zu zeigen, wer der Lehrmeister ist?

Auch einem Fuchs wie Prien laufen die besten Brocken nicht immer schußgerecht vor die Rohre. Auch er und seine Besatzung kennen das zermürbende Warten, den mühsamen Ausguck Tag um Tag, wenn der Atlantik, wie Prien oft ins Tagebuch schreibt, »leergefegt« zu sein scheint. Und *U 47* hat nur noch zwei Torpedos . . .

---

* Alle Tonnageangaben erscheinen hier mit den nach dem Kriege überprüften und berichtigten Zahlen. Die Angaben der U-Boot-Kommandanten lagen, da die Größe vieler Schiffe geschätzt werden mußte, meist um 10 bis 40 Prozent höher.

Der erste trifft am 30. Juni südwestlich von Irland: einen griechischen 5000-Tonner, den Dampfer *Georgios Kyriakides*. Aber soviel Priens Männer auch rechnen: Endraß hat immer noch mehr versenkt als sie. Und der zweite Torpedo – ihr letzter – ist nicht einmal schußbereit.

Es hilft nichts. Das Treiböl geht zur Neige. Das Boot muß nach Hause. U 47 marschiert im weiten Bogen um Irland herum nordwärts. Vielleicht, denkt Prien, stößt er vor dem Nordkanal noch auf ein lohnendes Ziel. Nach stundenlanger, mühsamer Arbeit meldet Torpedomechanikersmaat Peter Thewes seinem Kommandanten, der letzte Aal sei wieder klar.

Am 2. Juli findet sich auch das Ziel: Dicht außerhalb des Nordkanals zackt ein großer Passagierdampfer auf das unter Wasser lauernde Boot zu. Prien schätzt die Größe treffend auf 15 000 BRT, und er sieht auch die Kanonen am Bug und am Heck des Schiffes.

Der letzte Torpedo von *U 47* läuft eineinhalb Minuten. Dann steigt beim Gegner in der Höhe des vorderen Schornsteins die Treffersäule hoch. Das große Schiff duckt sich, wie von einer Faust angehalten, und legt sich langsam zur Seite. Viele der halb ausgeschwungenen Rettungsboote kommen nicht mehr zu Wasser, bevor der Dampfer sinkt.

Es ist die 15 501 BRT große *Arandora Star*, die noch vor drei Wochen alliierte Soldaten aus Nordnorwegen evakuierte. Am 8. Juni 1940 gehörte der Transporter zu dem Truppenkonvoi vor Harstad, gegen den die deutsche Flotte unter Admiral Marschall operieren wollte; damals verdankte das Schiff seine Rettung wahrscheinlich dem letzten Torpedo Commander Glasfurds von der *Acasta*, der die *Scharnhorst* traf* . Jetzt fällt die *Arandora Star* selber dem letzten Torpedo des Kapitänleutnants Prien zum Opfer.

Nur: Diesmal sind keine alliierten Truppen auf dem Dampfer eingeschifft. Sondern deutsche und italienische Zivilinternierte auf dem Wege nach Kanada . . .

Überschäumende Freude herrscht unter den U-Boot-Fahrern, daß sie diesen dicken Burschen noch erwischt haben. Und drüben, nur zwei, drei Meilen entfernt, kämpfen Hunderte ihrer Landsleute ums Leben und versinken stumm im Meer.

Die Versenkung der *Arandora Star* macht Prien zum Tonnagekönig. Niemand hat so viel versenkt wie er: acht Schiffe mit 51 189 BRT auf einer einzigen Feindfahrt!

Fritz Frauenheims *U 101* kommt, wie Victor Oehrns *U 37*, auf

---

* Siehe oben, Seite 149.

mehr als 40 000 BRT, und eine ganze Reihe von Booten folgen mit ihren Ergebnissen dichtauf. Da der ersten und der zweiten Welle auslaufender U-Boote im Juni 1940 noch eine dritte folgt – darunter *U 34* Rollmann, *U 65* Stockhausen und erstmalig Otto Kretschmers *U 99* –, hat Konteradmiral Dönitz einige Tage lang 19 Boote im Operationsgebiet eingesetzt.

Keine berauschende Zahl, gewiß. Und doch sind diese 19 schon zwei Drittel aller Frontboote, über die Dönitz zur Zeit verfügt. Das ist die Crux der U-Boot-Waffe: Trotz der plötzlich hochschnellenden Versenkungserfolge ist sie viel zu schwach, um die kraftstrotzenden Lebensadern Englands über See öfter als nur hier und da etwas anzuzapfen.

»Wenn wir jetzt 100 Boote hätten«, sagt Dönitz zu seinem Operationsoffizier Godt, als die Erfolgsmeldungen kommen, »nicht auszudenken!«

Godt zuckt die Schultern. Wann sie jemals 100 Boote haben werden – 100 einsatzbereite Frontboote! – steht in den Sternen. Bis dahin wird sich auch die britische Abwehr entsprechend verstärkt haben.

Dönitz: »Was wir heute versenken, ist wirkungsvoller als alles, was wir in zwei oder drei Jahren versenken können.« Immer wieder, bei jeder Gelegenheit, vertritt der BdU diesen Standpunkt. Aber die neuen Boote werden nicht aus dem Boden gestampft. Und jeder Verlust reißt eine empfindliche Lücke.

So gehen von der dritten Welle auslaufender U-Boote binnen zehn Tagen, vom 21. Juni bis zum 1. Juli 1940, drei Boote verloren: *U 26* unter Kapitänleutnant Heinz Scheringer durch ein *Sunderland*-Flugboot und die Korvette *Gladiolus; U 102,* Kapitänleutnant v. Klot-Heydenfeldt, und *U 122,* Kapitänleutnant Hans G. Looff, aus ungeklärter Ursache. Für die drei Verluste kommen aber im ganzen Monat Juni 1940 nur drei neue Boote von den Werften; und davon gehören auch noch zwei zum kleinen Typ II, der für die beginnende Schlacht im Atlantik nicht geeignet ist.

Dennoch wird der Juni 1940 mit seinen drei nach der Zwangspause ausmarschierenden U-Boot-Wellen zum bisher erfolgreichsten Monat für die deutschen Wölfe: 63 Schiffe mit 355 431 BRT sinken auf den Grund des Meeres.

Für England, das die U-Boot-Gefahr schon überwunden geglaubt hat, stehen die Zeichen plötzlich auf Sturm. Zusätzlich zu dem, was die Wölfe reißen, versenkt auch die deutsche Luftwaffe in diesem Monat 105 000 BRT. Und zusammen mit den Schiffen, die durch Minen, Hilfskreuzer, Schnellboote oder unbekannte Ursachen verlorengehen, erleidet die für England fahrende Handelsflotte allein im Juni 1940 einen Aderlaß von rund 600 000 BRT. Das ist weit mehr, als zu dieser Zeit durch Neubauten ersetzt werden kann, ganz zu schweigen von den unermeßlichen Werten, die mit den Ladungen verlorengehen.

Schlimmer kann es kaum noch kommen: Zu der permanenten Invasionsbedrohung auch noch »die Gefahr des Würgetodes« der lebenswichtigen Zufuhren, wie es der britische Premierminister nennt.

Churchill erkennt den Hauptfeind:

»Das einzige, was mich während des Krieges wirklich beängstigte, war die Bedrohung durch die U-Boote . . . Diese Schlacht beunruhigte mich stärker als jene ruhmreichen Kämpfe, die als die Luftschlacht um England bezeichnet werden.«

Tatsächlich hat die britische Admiralität der plötzlichen Offensive der U-Boote wenig entgegenzusetzen. Der Mangel an Geleitfahrzeugen ist so groß, daß die aus Amerika nach England strebenden Konvois nur auf den letzten zwei bis drei Tagesreisen vor der Einfahrt in den Nordkanal überhaupt geschützt werden können. Und auch dort rackern sich oft nur wenige ›Escorts‹, unterstützt von *Sunderland*-Flugbooten, mit einer Herde von 30 bis 40 vollbeladenen Schiffen ab.

In diesem Sommer 1940 ist der Royal Navy jedes Boot willkommen, das schnell genug ist, ein U-Boot zu jagen, und wäre seine sonstige Bewaffnung auch um Jahrzehnte veraltet. Aus solcher Zwangslage heraus kommt Anfang September, nach langwierigen Verhandlungen zwischen Churchill und US-Präsident Roosevelt, ein merkwürdiger Tausch zustande: England übernimmt 50 ›eingemottete‹ amerikanische Zerstörer – Veteranen aus dem Ersten Weltkrieg – und tritt dafür in sogenannter Erbpacht für 99 Jahre Stützpunkte auf Neufundland, den Bermudas, den Bahamas und auf mehreren westindischen Inseln an die USA ab.

Die 50 Zerstörer werden sogleich mit Asdic ausgerüstet: mit hochempfindlichen Unterwasserschall-Geräten, die das unsichtbare U-Boot orten und die Zielrichtung und -entfernung für die Wasserbomben angeben. Die alten Zerstörer müssen die Lücke bis zum Frühjahr 1941 füllen. Bis die neuen U-Boot-Jäger von den Werften kommen.

Indessen gehen die U-Boot-Erfolge nach dem Anfangsschlag im Juni von selber zurück. Das liegt an ihrer eigenen Schwäche. Die Boote müssen ja zurück in die Häfen, sie müssen überholt und neu ausgerüstet werden, bevor sie wieder hinauskönnen.

Die ›Lücke‹ der zu geringen Bootszahlen trifft für beide Gegner zu, für die Angreifer genauso wie für die Verteidiger.

Allerdings bringt der Sommer den Deutschen einen wichtigen Vorteil. Mit dem Westfeldzug, der raschen Niederwerfung Frankreichs, nehmen sie alle Häfen an der französischen Atlantikküste in Besitz. Lorient in der Bretagne wird deutscher U-Boot-Stützpunkt. Bereits am 5. Juli läuft Fritz-Julius Lemps *U 30* zur ersten Versorgung in Lorient ein – und ist wenige Tage später erneut auf Feindfahrt.

Mit den französischen Häfen – auf Lorient folgen bald Brest und La Pallice, St. Nazaire und La Baule – mit diesen Stützpunkten im Rücken vergeuden die Boote keine Zeit und kein Treiböl mehr für den langen Hin- und Rückmarsch durch die Nordsee und oben um Schottland herum. Sie stehen jetzt viel schneller im eigentlichen Operationsgebiet. Und viel länger.

Dieser neue, unverhoffte Vorteil läßt den BdU, Konteradmiral Dönitz, den akuten Bootsmangel nicht mehr ganz so drückend empfinden. Die Operationen der kommenden Monate werden es zeigen.

Anfang September gelingt es den U-Booten zum erstenmal, die im Frieden in der Ostsee so oft geübte Rudeltaktik anzuwenden. Das einzelne Boot, das meist zufällig auf den Geleitzug trifft, soll ihn zuerst nicht angreifen. Es hat seine Entdeckung so schnell wie möglich über Funk zu melden. Mit eigenem Standort. Nun kann der BdU von seiner Befehlsstelle aus andere, günstig stehende Boote auf die gemeldete Schiffsherde ansetzen. Je länger das erste Boot am Konvoi Fühlung hält und für die herbeistrebenden Kameraden Peilzeichen sendet, desto sicherer wird sich das Rudel um die Herde sammeln.

Wenn sie gemeinsam angreifen, sind sie stärker. Die Verwirrung beim Gegner ist größer. Die Abwehr zersplittert.

Anfang September 1940 nehmen sich die U-Boote den Konvoi SC 2 zum Ziel. SC-Konvois sammeln im kanadischen Sydney am St.-Lorenz-Golf und kommen dann mit einer Geschwindigkeit von 7–8 Seemeilen pro Stunde über den großen Teich nach England.

Der SC 2 besteht aus 53 Schiffen und trifft sich am 6. September mit den Geleitfahrzeugen für die letzten, gefährlichsten Tage seiner Reise. Doch die Vereinbarung dieses ›Rendezvous‹ ist von der deutschen Funkaufklärung mitgehört und entschlüsselt worden. So erhält Dönitz früh genug den entscheidenden Hinweis und kann seine Boote ebenfalls zum Rendezvous schicken.

Als erster ist Hans-Gerrit v. Stockhausen mit *U 65* zur Stelle. Aber die britische Sicherung zwingt das Boot zum Tauchen, jagt es mit Wasserbomben, drängt es ab.

Stockhausen gibt nicht auf. Trotz wütenden Sturms, trotz

schwerer See stößt er nach und hat Glück: Nachts hängt er sich dem Konvoi wieder an die Fersen. Durch seine Meldungen wissen drei andere Boote, wo sie den Gegner finden. Noch in der Nacht kommt Günther Prien mit *U 47* heran. Er fackelt nicht lange und schießt drei Schiffe aus dem SC 2 heraus. Drei Fünftausendtonner.

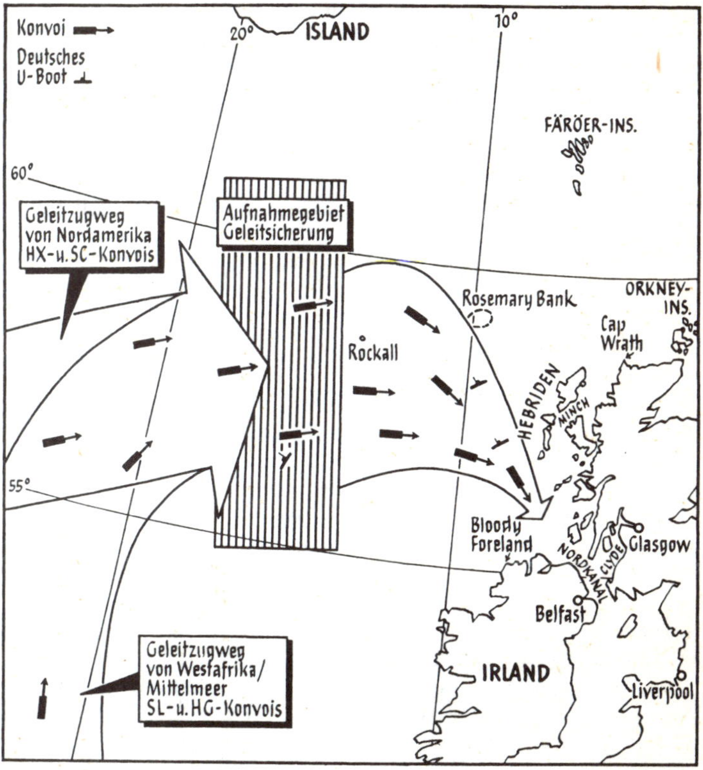

Die Hauptgeleitzugwege der Alliierten im Nordatlantik und die Bündelung des nach England laufenden Verkehrs vor dem Nordkanal. Hier schlugen deutsche U-Boote im Herbst und Winter 1940/41 die ersten großen Geleitzugschlachten.

Dann dämmert der neue Tag, und mit dem ersten Morgenlicht hängen *Sunderland*-Flugboote über dem Konvoi und verstärken die Sicherung. Wieder werden die Angreifer unter Wasser gedrückt und abgehängt. Wieder klotzen sie hinterher, aber es dauert zwei Tage, bis sie die vorwärtsdrängende Herde erneut gefunden haben.

In der Nacht zum 9. September kommen außer *U 47* und *U 65* noch Günther Kuhnke mit *U 28* und Otto Kretschmer mit *U 99* an den SC 2 heran. Aber es gelingt nur Prien und Kuhnke, noch je ein Schiff zu versenken – dann läuft der Konvoi in den Schutz der Britischen Inseln ein.

Der SC 2 verliert in dieser ersten, über mehrere Tage und Nächte geführten Gruppenoperation von U-Booten fünf Schiffe mit 21 000 BRT. Das mag nicht viel erscheinen, doch die U-Boote wären schon froh, wenn sie aus *jedem* Konvoi zehn Prozent der Schiffe herausschießen könnten. Die meisten Geleitzüge kommen ungeschoren ans Ziel. Das größte Problem besteht darin, sie überhaupt zu finden.

Praktisch spielen sich alle Geleitzugschlachten bis zum Höhepunkt des Kampfes um den Atlantik im Frühjahr 1943 nach dem gleichen Grundschema ab:

Erst einmal sichten.

Dann melden.

Fühlung halten.

Andere Boote heranführen.

Und gemeinsam angreifen.

Die größten Erfolge gibt es meist in der ersten Nacht, wenn die britische Sicherung noch nicht auf den Gegner eingespielt ist. Und alles ist mühsamer, härtester Kampf. Ohne Pardon auf beiden Seiten.

Nach dem Angriff auf den SC 2 hat Priens Boot wieder alles verschossen, bis auf einen letzten Torpedo. Dönitz schickt *U 47* daraufhin weit in den Atlantik hinaus. Dort hat das Boot nichts anderes zu tun, als auf und ab zu fahren und mehrmals täglich das Wetter zu melden; ein Dienst, den die ohnehin zu schwache U-Boot-Waffe für die Luftwaffe leistet.

Plötzlich, am 20. September, reißen die Ausgucks die Augen auf: Rauchwolken am Horizont! Ein großer Geleitzug dampft direkt auf sie zu. Und das, obwohl das ›Wetterboot‹ ständig gefunkt hat und sein Standort daher von den Engländern eingepeilt sein müßte. Eine Nachlässigkeit des Gegners? Oder mangelndes Vermögen des englischen Peildienstes, die funkenden U-Boote genau zu lokalisieren? Die Schlüsse, die der BdU in Deutschland aus diesem und aus ähnlichen Vorfällen zieht, werden mehr als zwei Jahre später, auf dem Höhepunkt der Schlacht verhängnisvolle Folgen haben.

Jetzt aber, am 20. September 1940, folgt U-Prien dem auf so unverhoffte Weise gefundenen Konvoi wie ein Schatten. Es ist der HX 72 aus Halifax in Neuschottland mit 41 vollbeladenen Schiffen. Und dieses Mal liegt ein größeres Wolfsrudel sprungbereit als vor zwei Wochen beim SC 2.

Das erste Boot, das auf Priens Peilzeichen hin den Konvoi findet, ist Kretschmers *U 99*. Noch ehe die britische Geleitsicherung heran ist, hat Kretschmer schon drei Schiffe torpediert. Den größten Erfolg am HX 72 aber erringt Kretschmers Crewkamerad Joachim Schepke mit *U 100*.

Abends am 21. September, nach dem Dunkelwerden, taucht Schepkes Boot zum Überwasserangriff auf und kurvt vier Stunden lang innerhalb des Konvois, ohne daß die aufgescheuchte Sicherung ihn entdeckt. Das ist, neben dem Wolfsrudel, der zweite taktische Schachzug, den Dönitz mit seinen Kommandanten schon vor dem Kriege eingeübt hat: Nachts über Wasser angreifen! Der schmale U-Boot-Turm, der allein aus dem Wasser ragt, ist nur schwer zu erkennen. Der Gegner baut auf seine Asdic-Schallortung, und die ist über Wasser nutzlos.

Schepke beweist es. Während die Geleitfahrzeuge ziellos nach ihm suchen, torpediert er mitten unter ihnen ein großes Schiff nach dem anderen. Sieben sind es schließlich.

Sieben Schiffe mit mehr als 50 000 BRT versenkt ein einziges deutsches U-Boot in vier Nachtstunden!

Insgesamt verliert der HX 72 zwölf Schiffe, nahezu ein Drittel seiner ursprünglichen Zahl.

Im Oktober kommt es noch schlimmer.

An fünf aufeinanderfolgenden Tagen und ganz besonders in den Nächten vom 15. bis zum 20. Oktober sinken nicht weniger als 42 alliierte Schiffe aus vier verschiedenen Konvois. Geradezu vernichtend trifft es den SC 7. Als der Geleitzug, knapp drei Tagesreisen vor England, die Rockall-Bank passiert, besteht er noch aus 34 Schiffen. Dann bricht, wie die U-Boot-Fahrer sagen, »die Nacht der langen Messer« über ihn herein.

Kapitänleutnant Kretschmer mit *U 99* versenkt allein sechs Schiffe und torpediert ein siebtes. Zwischen 23 Uhr und 2 Uhr früh läuft das Boot aufgetaucht zwischen den Kolonnen des Konvois und sucht sich seine Ziele.

Kretschmer: »Die Zerstörer wissen sich nicht zu helfen und schießen zu ihrer Beruhigung dauernd Leuchtgranaten . . .«

Drei, vier Boote greifen den SC 7 fast gleichzeitig an. Überall dumpfe Torpedodetonationen, Brandfackeln getroffener Schiffe, ein grausiges Bild der Vernichtung.

Der Konvoi löst sich auf, die Schiffe suchen ihr Heil in der Flucht. Als die restlichen Dampfer schließlich in den Nordkanal einlaufen, sind es nur noch 13. Im Seegebiet nordwestlich Irlands, dort vor dem ›Bloody Foreland‹, als gelte es einen Beweis für diesen Namen, sinken 21 von den 34 Schiffen des Konvois SC 7 auf den Grund des Meeres. Den nachfolgenden HX 79 geht es trotz starker Zerstörersicherung nicht viel besser.

Eine Handvoll Angreifer – im ganzen nur zehn Boote – erringt diesen Erfolg, und es sind immer dieselben Namen: Prien, Kretschmer und Schepke natürlich. Und dieses Mal erfolgreichster Kommandant: Bleichrodt mit *U 48*. Ferner die ›jungen Leute‹ Endraß, Claus Korth und Frauenheim. Schließlich *U 38* Liebe, *U 123* Moehle und *U 124* Schulz.

Auf die Hiobsnachrichten hin trommelt Churchill in London den Verteidigungsrat zusammen. Jetzt, da die U-Boote mit einem Schlage alle Vorkriegsprognosen widerlegt haben, drängt der Premier auf Soforthilfen: Radargeräte für Geleitfahrzeuge und Flugzeuge. Verbesserte Flugzeugwasserbomben. Funksprechgeräte, damit alle Geleitboote und Flugzeuge am Konvoi sich miteinander verständigen können.

Churchill vergleicht Englands Lage mit der eines Tauchers am Meeresgrund, dessen Leben von seinem Luftschlauch abhängig ist: »Wie muß ihm zumute sein, wenn er sieht, wie ein ständig wachsender Schwarm von Haifischen danach schnappt?«

In Berlin eilt Großadmiral Raeder zu Hitler: England fürchtet die U-Boote als ernsteste Gefahr – nicht etwa Görings Luftangriffe! Der Marinechef beschwört den Führer, alle Kräfte der Marine und der Luftwaffe auf das eine Hauptziel zu konzentrieren: die Unterbrechung der englischen Zufuhr. Noch sei die britische Geleitsicherung schwach; lange werde dieser glückliche Umstand nicht mehr dauern.

In England füllt sich die ›Lücke‹. Und in Deutschland?

Der Marinechef klagt seit Monaten über die Verzögerungen im U-Boot-Bauprogramm. »Nach heutigem Stand«, sagt Raeder am 14. November zu Hitler, »werden bis 1941 schon 37 U-Boote weniger fertig als nach Plan beabsichtigt. Ich muß dringend um Abhilfe bitten ...«

Hitler stimmt zwar zu, aber er setzt nicht seine eigene Autorität hinter Raeders Forderungen. Erst will er Rußland niederwerfen. Das ist für ihn die höchste Dringlichkeit, auch für die Rüstung. Danach können die U-Boote an die Reihe kommen ...

England ist für den deutschen Staatschef kein vordringlicher Gegner. Jedenfalls nicht im Herbst 1940. Und für seine schärfste

Waffe gegen dieses England, für die U-Boote, hat er bisher kaum anderes als höfliches Interesse bekundet.

Mochte die deutsche Marineführung im letzten Friedensjahr dem Glauben an die überragende Bedeutung einer zukünftigen Schlachtflotte verfallen sein – als der Krieg wider Erwarten schon 1939 ausbrach, schwenkte sie sofort um, und der ObdM verlangte, »U-Boote und nochmals U-Boote« zu bauen.

Diese Absicht in die Tat umzusetzen, fiel jedoch schwer. Nach dem großen Z-Plan* vom Februar 1939 sollten in den kommenden Jahren bis einschließlich 1942 nicht einmal zwei Boote pro Monat fertig werden. Nun auf einmal verlangte Raeder 29 Boote monatlich. Das war, wenn überhaupt, nur nach einer langwierigen Umstellungs- und Anlaufzeit möglich. Aber die Werften sollten auch die Schlachtschiffe und die Kreuzer und den Flugzeugträger und die zahlreichen anderen Schiffe und Boote weiterbauen. Ihre Kapazität war nicht wesentlich steigerungsfähig. Woher also sollten Platz und Zeit, Material und Arbeitskräfte für ein zwanzigfach gesteigertes U-Bootprogramm genommen werden?

Der Kommodore Dönitz verfügte bei Kriegsausbruch über 57 Boote. Davon konnte er höchstens 26, nicht einmal die Hälfte, im Atlantik einsetzen. Dönitz verlangte 300 Frontboote, wenn er etwas Entscheidendes gegen England ausrichten sollte. Sie zu bauen, vor allem schnell zu bauen, überforderte die Kräfte der kleinen Marine bei weitem.

Es kam also darauf an, ob das Oberkommando der Wehrmacht, ob letztlich Hitler selbst den U-Boot-Bau für ebenso vordringlich hielten wie Raeder und Dönitz. Für so wichtig, daß dafür andere Rüstungsvorhaben zurückzustehen hatten. Der Kampf um die Prioritäten war einer der härtesten innerhalb der deutschen Führung.

So wie die Marine die U-Boote für kriegsentscheidend hielt, so die Luftwaffe ihre Bomber, so das Heer seine Panzer.

Der Oberste Befehlshaber bezog in diesem immerwährenden Kampf keine klar umrissene Stellung. Seine Entscheidungen schwankten. Er versuchte es allen recht zu machen. Aber Hitlers Denken war kontinental ausgerichtet, große seestrategische Zusammenhänge blieben ihm verschlossen. Schon beim Anblick einer Seekarte, bekannte er einmal, werde ihm übel. Konnte man von diesem Führer ernstlich erwarten, daß er gerade einer Seekriegswaffe, dem Unterseeboot, den Vorzug einräumen würde?

---

* Z-Plan, Einzelheiten siehe Anhang 2.

Zum Nachteil von Land und Luft, die sich von Kriegsbeginn an zu bewähren schienen?

Am 28. September 1939 war Hitler in Wilhelmshaven und stattete der U-Boot-Waffe einen Besuch ab. Ein großer Tag! Dönitz hatte sich gut vorbereitet. Die Gelegenheit, dem Führer selbst seine Ansichten nahezubringen, sollte nicht ungenutzt bleiben.

Die U-Boote, trug Dönitz vor, seien wirklich in der Lage, England in die Knie zu zwingen. Aber es müßten viele Boote sein, 300, und je schneller, desto besser.

Der FdU legte alle Überzeugungskraft in seine Worte. Vergebens. Hitler blieb unbeteiligt. Er hörte nur zu, warf nichts ein, stellte keine Fragen, äußerte sich weder zustimmend noch kritisch, er ging einfach zum nächsten Punkt der Tagesordnung über, als habe er eben einen Vortrag gehört wie tausend andere auch.

Später aber, nach dem Essen an dem großen ovalen Tisch im Offizierskasino, ging Hitler aus sich heraus. Im Kreise, in dichten Reihen, standen die jungen U-Boot-Offiziere um ihn herum. Und hörten staunend, was ihr Führer ihnen erzählte:

»Feldmarschall Göring wird mit seiner Luftwaffe die britische Flotte um ganz England herumjagen!«

Die U-Boot-Fahrer sahen sich an: Dann waren sie ja wohl überflüssig?

Anfang Oktober 1939 hatte das OKM die Pläne für den forcierten U-Boot-Bau fertig. Bis zum Jahresende 1939 konnten nur vier neue Boote in Dienst gestellt werden; daran war nichts zu ändern. Auch im ersten Halbjahr 1940 wurde es kaum besser. Erst ab August 1940 sollte die Produktion auf sechs Boote und im Dezember auf neun Boote monatlich steigen.

29 pro Monat hatte Raeder bei Kriegsausbruch gefordert!

Dieses Ziel ließ sich nach Plan nicht einmal 1941 erreichen. Die Ablieferungsquoten stiegen von 14 Booten im Januar über 20 Boote ab Mai auf 25 Boote im September 1941. Weiter wagte man noch gar nicht zu denken.

Vorläufig stand diese ganze Planung nur auf dem Papier. Die Marine hatte weder ausreichende Werftkapazitäten, noch erhielt sie die benötigten Rohstoffe. Den zahlreichen Unterlieferanten fehlten sowohl Werkzeugmaschinen als Arbeitskräfte, um alles zeitgerecht fertigzustellen.

Raeder legte Hitler am 10. Oktober 1939 alle Unterlagen auf den Tisch. Einschließlich eines bereits formulierten Führerbefehls, nach dem die Marine besondere Vollmachten für die vordringliche Durchführung des U-Boot-Programms erhalten sollte. Ohne die Autorität dieses höchsten Befehls ging überhaupt nichts.

Hitler schreckte, wie nicht anders zu erwarten, zurück. Er befahl zwar mündlich, das U-Boot-Programm anlaufen zu lassen, aber Raeders Papier unterschrieb er nicht. Im nächsten Jahr werde man weiter sehen, vertröstete er den Großadmiral.

Das Unangenehme überließ Hitler gern seinem OKW-Chef Keitel, der Raeder am 23. Oktober schriftlich darauf hinwies, daß Göring bereits umfassende Vollmachten besitze. Der Führer habe »davon abgesehen, darüber hinaus eine besondere Ermächtigung für die Dauer des U-Boot-Programms zu vollziehen«.

Also hatte Göring das letzte Wort, wie viele U-Boote gebaut werden konnten. Ausgerechnet Göring.

Bei anderen Programmen griff Hitler sehr wohl selber ein. So sicherte er durch OKW-Erlaß den Vorrang für das Munitionsprogramm des Heeres. Arbeitskräfte und Werkzeugmaschinen mußten den Munitionsfabriken zugewiesen werden, »unter Rückgriff auf andere Programme«.

Und ›andere‹ Programme, die sich alle in der 1. Dringlichkeitsstufe drängten, gab es viele. Nicht nur die U-Boote. Nicht nur Ju-88-Bomber und Flakgeschütze. Nicht nur die Ausrüstung der Panzerdivisionen. Sondern die Motoren- und Triebwerke-Fertigung. Die Wälzlagerindustrie. Die Sprengstoffchemie. Das Reichsbahn-Waggon- und Lokomotivprogramm. Das Kriegskraftfahrwesen. Das Donau-Schiffbauprogramm ... um nur einige zu nennen.

Am 31. Juli 1940 verfügte Hitler für die dringendsten Rüstungsprogramme eine »Sonderstufe«, die noch vor der 1. Dringlichkeitsstufe rangierte. Aber das war nur eine neue Bezeichnung für das alte Übel. Denn nun drängten sich die U-Boote und die Panzer III und IV, die 5-cm-Pak und die Torpedos, die Jäger *Me 109* und *Me 110,* der Stuka *Ju 87* und die Bomber *Ju 88, He 111* und *Do 217,* ja sogar die alte *Ju 52* und die Lastensegler in dieser Sonderstufe.

Wie sich das stete Gerangel um die Prioritäten auf den U-Bootbau auswirkte, ist nicht schwer zu erraten. Nach einer im September 1940 erstellten Rechnung mußten die Ablieferungszahlen um 28 Boote hinter dem Soll des Gesamtprogramms zurückbleiben, und nach Raeders Angaben gegenüber Hitler (siehe oben) war der voraussichtliche Fehlbestand bis November schon auf 37 Boote gestiegen.

Das Marinewaffenamt nannte auch die Gründe: »Verzögerungen, verursacht durch Arbeitermangel, zahlreiche Hilfsschiffsumbauten bei Kriegsbeginn, ungewöhnlich strenger erster Kriegswinter, verzögerter Ausbau der Werften, Rohstoffmangel,

Sparmetalle, verspätete Zulieferung von Stahlguß und Torpedorohren, Transportschwierigkeiten, Verdunkelung und Fliegeralarme, Typänderungen, Sofortprogramme für das Unternehmen ›Seelöwe‹ . . .«

So gleichen sich im Kriege Vorteile und Nachteile aus: Die Landung in England – eine Drohung nur, die nie verwirklicht wurde – zwang die Briten, zahlreiche Zerstörer zum Eingreifen zurückzuhalten, was den U-Booten eine Zeitlang den Kampf am Geleitzug erleichterte; sie war aber ebenso mitverantwortlich dafür, daß viel weniger U-Boote gebaut wurden.

Schwierigkeiten über Schwierigkeiten in der überforderten Heimat gaben den Hintergrund ab für den Kampf der U-Boote auf See. So kam es, daß nach einem Jahr Krieg immer noch nicht mehr Boote vorhanden waren als bei Beginn.

In diesem ersten Jahr verlor Dönitz 28 Boote, meist in der Nordsee und im Nordatlantik. Und genau 28 neue Boote kamen hinzu. Die U-Boot-Waffe trat auf der Stelle. Genau genommen ging ihre Einsatzzahl sogar zurück. Denn von den 28 Neubauten gehörten zehn zu dem kleinen Bootstyp II, der für die Schlacht im Atlantik nicht geeignet war. Auch die älteren Typ-II-Boote mußten nun aus der Front zurückgezogen werden und der Ausbildung neuer Besatzungen in der Ostsee dienen.

Denn das war, neben der Produktion, eine weitere Voraussetzung, wollte man jemals hohe Zuwachsraten von Frontbooten erreichen: möglichst viele und gut ausgebildete Besatzungen heranzuzüchten. Stellten sie endlich ein neues Boot – *ihr* Boot – in Dienst, dann verging noch einmal eine drei- bis fünfmonatige Einfahrzeit, bis sie in eine der Frontflottillen eingereiht werden konnten.

All diese Gründe führten dazu, daß der BdU statt der 39 Frontboote aller Typen am 1. September 1939 ein Jahr später nur noch 27 Frontboote besaß. Und bis zum Februar 1941 sank die Zahl auf den Tiefpunkt von 21 Frontbooten.

21 statt der 300, mit denen Karl Dönitz glaubte, die Lebensadern Englands über See abdrosseln zu können.

Daß die wenigen, die zehn oder zwölf Boote, die tatsächlich einmal gemeinsam im Operationsgebiet vor dem Nordkanal stehen konnten, zuzuschlagen vermochten, bewiesen sie in den Geleitzugschlachten im September und Oktober 1940.

Es war die Zeit der grauen Wölfe.

Nach zwei, drei solchen Nächten aber mußten die Boote zurück, weil sie alle Torpedos verschossen hatten. Sie gaben das Kampffeld wieder preis. Wenn zwei Konvois angefallen worden waren, passierten zwanzig das Gefahrengebiet unangefochten.

Dann kamen die Winterstürme und machten den Soldaten in den U-Boot-Röhren das Leben schwer. Die Erfolge sanken. Und die britische Abwehr rüstete sich zum Gegenschlag. Denn was Hitler nicht erkennen wollte, stand für Churchill außer Frage:

Hier auf dem Atlantik ging es um die eigentliche Entscheidung: um Leben oder Tod.

Seit Januar 1941 fliegen die viermotorigen Focke-Wulf *Condor* »bewaffnete Aufklärung« für die U-Boote: Sie spüren die Konvois auf, greifen selber mit ihren vier 250-Kilo-Bomben an – mehr fassen die ehemaligen Zivilflugzeuge nicht – und versuchen durch Standortangaben U-Boote heranzuführen. Doch diese neue Art von Zusammenarbeit zwischen Luftwaffe und Marine steckt noch in den Kinderschuhen – sie gelingt nur selten. Außerdem kann Oberstleutnant Petersen, der Kommandeur der I. Gruppe des KG 40 in Bordeaux-Merignac, trotz besten Willens pro Tag nur sechs bis acht Viermotorige einsatzbereit halten ... wenn es hochkommt. Oft fliegt nur eine einzige *Condor* für die U-Boote.

Es hilft nichts: Die ›Wölfe‹ müssen nach wie vor selber nach ihrer Beute Ausschau halten.

Am 6. März 1941, kurz vor Dunkelwerden, sichtet Günther Priens *U 47* die Rauchfahnen eines Geleitzuges. Es ist einer der von England nach Amerika zurückfahrenden Konvois, der OB 293. Prien gibt mitten in der Nacht seine Fühlunghaltermeldungen ab. Daraufhin findet Kretschmer mit *U 99* Anschluß, und ein weiteres Boot, *U 70* unter Kapitänleutnant Matz.

U 70 greift als erstes an. Matz trifft zwei Schiffe, wird aber gleich darauf von zwei Korvetten entdeckt, mit Wasserbomben gejagt und versenkt. Dann ist *U 99* am Konvoi. Kretschmer zündet einen Tanker an, torpediert auch einen 20 000-Tonner. Doch die aufmerksame Geleitsicherung drängt ihn ebenso ab wie Prien.

U 47 meldet am Morgen des 7. März, daß es den Geleitzug nach einer Wasserbombenverfolgung vorübergehend verloren hat.

Prien: »Ich stoße nach.«

Abends hat er den Konvoi wieder, und nachts greift er an. Aufgetaucht, an der Steuerbordkolonne der Schiffe. Dort suchen die Zerstörer *Verity* und *Wolverine* nach dem unsichtbaren Feind. Sie sind gewarnt. Drüben, auf der anderen Seite des Konvois, hat bereits ein Boot angegriffen und ist mit Wasserbomben verfolgt worden.

Commander J. M. Rowland auf der *Wolverine* hält nichts von dem verdammten Leuchtgranatenschießen. Man wird nur selbst geblendet und verrät sich dem Feind. Er hält lieber Augen und Ohren offen.

23 Minuten nach Mitternacht zum 8. März liegt plötzlich leichter Rauch über dem Wasser, und der Geruch von Motorabgasen weht Rowland in die Nase. Auch das Horchgerät gibt eine Peilung. Dann ist deutlich Kielwasser zu sehen. Und gleich darauf das mit Höchstfahrt ablaufende U-Boot: Priens *U 47*.

Der britische Zerstörer nimmt die Verfolgung auf.

»Klar zum Rammen«, befiehlt Rowland.

In diesem Augenblick – es ist genau 00.30 Uhr – greift das Nachbarboot *Verity* mit Leuchtgranaten an. Prien, nun gewarnt, taucht sofort weg. *U 47* ist verschwunden, ehe *Wolverine* herankommt. Wütend schickt Rowland eine Salve Wasserbomben hinterher.

Es ist der Auftakt zu einer mehr als fünfstündigen Verfolgungsjagd. Asdic und Horchgerät lassen den Feind unter Wasser nicht entweichen. Immer wieder läuft Rowland an, läßt Serien von Wasserbomben werfen.

Kurz nach 4 Uhr breitet sich auf dem Wasser ein dicker Ölfleck aus. Eine Stunde später meldet der Mann am Horchgerät laute, ratternde Geräusche. Das U-Boot taucht auf – und kommt um 05.19 Uhr wieder in Sicht. *Wolverine* springt mit Höchstfahrt an und versucht erneut, das Boot zu rammen. Noch einmal sackt *U 47* mit Alarmtauchen weg. Ein Zehnerteppich Wasserbomben mit flach eingestellter Zündung prasselt auf die Tauchstelle.

Um 05.43 Uhr trägt Commander Rowland in sein Logbuch ein:

»Schwacher rötlicher Lichtschein an der Stelle, wo wir den Zehnerteppich geworfen haben. Verlöscht nach zehn Sekunden . . .«

So oft in den nächsten Tagen im U-Boot-Funk nach *U 47* gerufen wird – das Boot meldet sich nicht mehr. Korvettenkapitän Günther Prien und seine Besatzung sind gefallen.

Neun Nächte später brechen mehrere U-Boote in den von Lemps *U 110* gemeldeten Konvoi HX 112 ein. Wieder einmal läuft Otto Kretschmer mit *U 99* über Wasser im Geleitzug mit und schießt ein Schiff nach dem anderen heraus: Sechs sind es, mit fast 44 000 BRT. Bis alle Torpedos verbraucht sind, geradeso wie damals im Oktober, in der ›Nacht der langen Messer‹.

Aber eins hat sich geändert: Die britische Geleitsicherung ist zahlreicher geworden, und sie ist nicht mehr so hilflos wie damals. Die 5. Escort Group unter Commander Donald Macintyre auf dem Zerstörer *Walker* steht mit sieben Booten im Konvoi. Und sein Zerstörer *Vanoc* hat eines dieser neuen, noch unvollkommenen Radargeräte an Bord, die den Angreifer über Wasser auch im Dunkel der Nacht sichtbar machen.

Kurz nach 4 Uhr früh hat die *Vanoc* einen deutlichen Radarkontakt. Gut 900 Meter querab vom eigenen Boot. Zu sehen ist nichts, aber der Captain dreht sofort auf die Ortung zu und läuft mit Höchstfahrt an. Nach 30 Sekunden kommt das Boot in Sicht. Es ist *U 100* mit Joachim Schepke, dem ›Draufgänger‹. Er dringt gerade in den Konvoi ein, um Kretschmers Werk fortzusetzen, als – völlig überraschend – der Zerstörer auf ihn zudreht.

Vanocs Rammstoß trifft *U 100* genau auf der Höhe des Turms. Schepke selbst wird eingeklemmt und sinkt mit seinem Boot. Die Engländer retten sechs Mann der U-Boot-Besatzung.

Kurz darauf greift Commander Macintyre mit *Walker U 99* an. Kretschmer hat die beiden Zerstörer beobachtet und kommt nun ebenfalls nicht schnell genug unter Wasser. *Walkers* Wabos bersten dicht neben dem Boot und zwingen es, wieder aufzutauchen. *U 99* liegt hilflos im Granatfeuer der beiden britischen Zerstörer. Macintyre merkt bald, daß der Feind sich nicht mehr wehren kann.

Korvettenkapitän Otto Kretschmer und 39 Mann seiner Besatzung werden gerettet – die anderen nimmt das Boot mit in die Tiefe.

Am 23. März wird noch ein weiteres Boot, *U 551* unter Kapitänleutnant Schrott, südlich von Island versenkt.

Binnen zwei Wochen verliert die U-Boot-Waffe fünf Boote und damit ein Fünftel ihrer augenblicklichen Frontstärke. Der Verlust wiegt um so schwerer, als es der erste seit drei Monaten ist.

Und gerade die ›Asse‹, die sich als Könige des Kampffeldes gefühlt haben, gerade Kretschmer, Prien und Schepke!

Auch für England ist der März 1941 wieder ein harter Monat, der härteste seit dem Juni 1940. Allein die U-Boote versenkten 43 Schiffe mit 236 000 BRT. Dazu die Luftwaffe 41 Schiffe mit 113 000 BRT. Zusammen mit anderen Verlustursachen – so die im Atlantik Kreuzerkrieg führende deutsche Flotte – beträgt der Aderlaß der britischen Zufuhr in diesem einen Monat wieder mehr als eine halbe Million Tonnen. Aber England kann hoffen. Der Kampf gegen die U-Boote erhält durch die Erfolge mächtigen Auftrieb. Und er ist aussichtsreicher als je zuvor.

Wer in diesen Wochen mit dem BdU, Karl Dönitz, in seiner neuen Befehlsstelle im Château Kernevel bei Lorient zu tun hat, erlebt einen in sich gekehrten, verschlossenen Mann. Der Verlust seiner erfahrensten Kommandanten trifft Dönitz schwer. Früher als erwartet findet er bestätigt, was er selber oft befürchtet, ja vorausgesagt hat. Die Engländer geben sich nicht geschlagen. Ihre Abwehr wird immer stärker. Die Härte des Kampfes nimmt zu.

Taktisch zieht der BdU die Konsequenz, das stark überwachte Seegebiet dicht vor dem Nordkanal aufzugeben und weiter in den Atlantik hinaus vorzustoßen. Damit verläßt er aber auch das Gebiet der dichtesten Bündelung des Verkehrs. Das Problem, die Konvois überhaupt zu finden, wächst mit der Entfernung von diesem Brennpunkt. Die Luftaufklärung kann nun auch nicht mehr helfen; so weit fliegen die *Condor*-Maschinen nicht. Helfen kann nur eine große Zahl von U-Booten. Die Zeit der grauen Wölfe, die Zeit der Einzelerfolge ist vorbei.

10 Ozeanischer Zufuhrkrieg

»Als wichtigste Erfahrung des bisherigen Kriegsverlaufs betrachtet die Seekriegsleitung die klare Erkenntnis, daß trotz der außerordentlichen Entwicklung und der Erfolge der Luftwaffe sowie trotz der Erfahrung des U-Boot-Krieges und der Minenkriegführung das Großkampfschiff keineswegs an Bedeutung verloren hat . . .«

So steht es in einer Denkschrift der Skl »zum Aufbau der Flotte nach dem Kriege«, die deutlich die Handschrift des Chefs der Operationsabteilung, Konteradmiral Kurt Fricke, trägt. Diese Gedanken, Anfang Juli 1940 formuliert und von Großadmiral Raeder und seinem Chef des Stabes, Admiral Schniewind, durchaus gebilligt, beweisen unter dem Eindruck des bereits »so gut wie gewonnenen Krieges« eine recht wirklichkeitsfremde Einstellung an der Spitze der Marine. Weiter heißt es:

»Die Seekriegsleitung ist überzeugt davon, daß der Kriegsverlauf dazu berechtigt, geradezu von einer *Wiedergeburt des Schlachtschiffes* zu sprechen . . .«

Die stark gesicherten atlantischen Seewege können »nur mit starken Schlachtschiffen« entscheidend bedroht werden; zwar sei für die Übergangszeit – da die Schlachtflotte ja erst gebaut werden mußte – auch eine starke U-Bootsflotte erforderlich, deren Zahl Fricke auf »etwa 200 Boote« einschließlich der Schulboote bezifferte; aber sie dienen in der Vorstellungswelt der Skl nur als eine Art Lückenbüßer, bis die Schlachtschiffe an ihre Stelle treten können. Dann will Fricke die U-Boot-Waffe auf dem erreichten Stand einfrieren. Denn:

»Der Hauptträger der ozeanischen Kriegführung gegen die

feindlichen Seeverbindungen ist *das Schlachtschiff selbst.*«

Freilich: Noch scheint der Krieg nur gewonnen, noch ist er es nicht.

Noch können die schweren deutschen Schiffe den Beweis für die Richtigkeit der hochfliegenden Gedanken des Berliner Tirpitzufers antreten. Sie können es um so mehr, weil der Marine unverhofftes Glück in den Schoß gefallen ist:

Die Eroberung der französischen Atlantikhäfen schafft nicht nur den U-Booten eine vorzügliche Ausgangsbasis für die Schlacht um die atlantischen Seewege; sie kommt, glaubt man, ebenso den Überwasserstreitkräften zugute.

Wenn Brest und St. Nazaire als Stützpunkte benutzt werden, ist die deutsche Flotte endlich aus der Enge der Deutschen Bucht befreit. Endlich muß nicht mehr bei jedem geplanten Vorstoß darum gezittert werden, ob die Schiffe durch die britischen Überwachungslinien in der Shetland-Bergen-Enge und in den anderen Passagen zum freien Atlantik unbemerkt hindurchkommen.

Die französischen Stützpunkte ermöglichen ferner einen ununterbrochenen Druck auf die britischen Lebensadern. Das sind Aussichten, wie sie die Skl nicht in ihren kühnsten Träumen erhofft hatte.

Allerdings lassen die schweren deutschen Schiffe auf sich warten. Die Schlachtriesen *Bismarck* und *Tirpitz* sind im Sommer 1940 noch in der Ausrüstung oder im Bau; ebenso der neue Kreuzer *Prinz Eugen.* Die Reparatur der Torpedotreffer auf *Scharnhorst* und *Gneisenau,* die sie vor Norwegen erhalten haben, zieht sich ebenfalls in die Länge. Der Kreuzer *Lützow* mit seinem abgeknickten Achterschiff ist nicht vor 1941 wiederhergestellt. *Scheer* hat seinen Umbau zwar beendet, muß aber wegen Maschinenschadens erneut in die Werft. Und *Hipper* ist Ende September 1940 schon auf dem Wege zum Durchbruch in den Atlantik, als ebenfalls Maschinenstörungen ihn zur Umkehr zwingen.

Die deutsche Flotte ist also trotz der günstigen Stützpunktlage vorläufig gar nicht kriegsbereit.

Die Seekriegsleitung drängt und drängt. Für das vorbereitete Unternehmen ›Seelöwe‹ werden schwere Schiffe ebenfalls gebraucht wenn auch nur zur Ablenkung des Gegners von der eigentlichen Landung.

Am 14. Oktober 1940 gibt Raeder dann »den Fortfall der bestehenden Bindung an ›Seelöwe‹« bekannt. Jetzt könne sich die Marine wieder ihrer entscheidenden Hauptaufgabe dem Zufuhrkrieg gegen England, zuwenden. Die seestrategische Lage

– mit der ganzen Küste vom Nordkap bis zu den Pyrenäen in deutscher Hand – biete »außergewöhnlich günstige Möglichkeiten für den Kampf gegen die feindlichen und die Aufrechterhaltung der eigenen Seeverbindungen«.

Raeder begrüßt den »Fortfall des langen, vom Gegner flankierten Ausmarsches«, wodurch jetzt auch die Möglichkeit überraschenden Auftretens der *Hipper* und der beiden Schlachtschiffe gegeben sei. Der Marinechef schließt mit der Erwartung, daß »die einzigartige strategische Ausgangslage auch mit den schwachen Kräften der Kriegsmarine eine Zeitspanne wirkungsvollster operativer Seekriegsführung« herbeiführen werde.

»Die Besetzung der französischen Kanal- und Atlantikküste«, heißt es in einer zweiten Weisung der Skl, »ist seit langem Wunschbild unserer Seekriegführung gegen England.«

Dem Wunschbild müssen nur noch Taten folgen: die Wirklichkeit.

Theodor Krancke, Kapitän zur See und Kommandant des schweren Kreuzers *Admiral Scheer*, beugt sich gespannt über die Brückennock seines Schiffes. Das Katapult ist ausgeschwenkt, das Bordflugzeug steht startbereit, und um 09.40 Uhr wird die *Arado* hinausgeschleudert. Der Start glückt, das kleine Schwimmerflugzeug verschwindet rasch im Südwesten. Krancke hat den Flugzeugführer, Oberleutnant Pietsch, zu äußerster Vorsicht angehalten: Entdeckt er die gesuchten Schiffe, dann soll er sich außerhalb ihrer Sichtweite halten. Und nicht funken. Hoffentlich bringt er ein gutes Aufklärungsergebnis mit.

Es ist der 5. November 1940. Seit mehreren Tagen kreuzt *Scheer* – eines der beiden noch vorhandenen ›pocket-battleships‹ – suchend auf dem breiten Geleitzugweg Nordamerika–England. Einzelne Schiffe sind wohl gesichtet worden, aber Krancke ist ihnen ausgewichen. Er will einen ganzen Geleitzug fassen, und es ist auch einer ›angekündigt‹.

Der B-Dienst im fernen Deutschland hat aus dem englischen Funkverkehr entnommen, daß der Konvoi HX 84 am 27. Oktober von Halifax abgedampft ist. Soweit Kranckes einziger Anhaltspunkt. Anhand seiner bekannten Vormarschgeschwindigkeit von acht bis neun Knoten kann ungefähr mitgekoppelt werden, welche Strecke der Konvoi bisher zurückgelegt hat. Er müßte irgendwo in der Nähe stehen. Aber wo?

Admiral Scheer – unerklärlicherweise eins der Schiffe, die in der Marine für ›männlich‹ gehalten werden, denn der Eingeweihte sagt ›der‹ *Scheer*, aber ›die‹ *Lützow* oder ›die‹ *Bismarck* – der *Scheer* also tritt als erstes deutsches Überwasserkriegsschiff seit der spektakulären Sprengung der *Graf Spee* vor Montevideo wieder im Atlantik auf. Für Großadmiral Raeder ist die Tätigkeit dieser Handelsstörer auf den Weltmeeren ein wesentlicher Stein im Spiel seines seestrategischen Gesamtkonzepts. Schon Anfang April 1940 sollte *Scheers* Schwesterschiff *Lützow* unter Kapitän zur See Thiele zum Kreuzerkrieg auslaufen; aber Hitler hielt die *Lützow* zurück, um sie zunächst in den Oslofjord zu schicken, und auf dem Rückmarsch von Oslo vereitelte dann der Torpedotreffer des britischen U-Boots *Spearfish* alle weiteren Pläne* .

Seit dem Auslaufen am 23. Oktober aus Gotenhafen war das Glück dem Kapitän Krancke und seinem *Scheer* wohlgesonnen. Der Kreuzer wich, unter geschicktem Einsatz seines Funkmeßgeräts, allen unbekannten Schiffen aus, vermied jede Sichtung durch feindliche Aufklärungsflugzeuge, und schließlich schützten ihn beim Durchbruch durch die Dänemarkstraße zwischen Island und Grönland orkanartiger Sturm, haushohe Seen und miserable Sicht.

Scheer verlor zwei Soldaten, die von einem Brecher einfach fortgerissen wurden. Aber jetzt, da der Sturm abgeflaut ist, steht der ›Raider‹ unbemerkt dort, wo er den großen Dampfertrack vermutet.

Es schlägt gerade Mittag, als das Bordflugzeug von seiner Aufklärung zurückkehrt. Und tatsächlich: Oberleutnant Pietsch hat den HX-Konvoi gefunden. Er zieht ein paar Stunden weiter im Süden vorbei; Pietsch konnte keine Sicherung bei den Handelsschiffen entdecken.

Krancke beschließt, noch am selben Tage anzugreifen. Wer weiß, was in der Nacht dazwischenkommt und ob der Konvoi am nächsten Morgen noch so günstig steht.

Gegen 14.30 Uhr kommt zunächst ein einzelner Dampfer in Sicht. Pech, so was: Wenn der Brite jetzt funkt, wenn er seine RRR-Meldung hinausruft und seinen Standort verrät, ist der HX-Konvoi gewarnt.

Krancke kann dem Einzelfahrer auch nicht ausweichen, das würde ihn zu weit vom Kurs abbringen. Er hält direkt auf ihn zu und fordert ihn zum Stoppen auf. Der Brite gehorcht sofort, die Besatzung geht in die Boote – ohne zu funken! Es ist ein Bananendampfer, die *Mopan,* 5389 BRT groß. Normalerweise würde Krancke sie mit einem Prisenkommando besetzen und nach Frankreich schicken. Aber das dauert jetzt viel zu lange. Jeden Augenblick kann der Geleitzug über dem Horizont auftauchen. Deshalb muß die *Mopan* unter Wasser. Schnell.

---

* Siehe oben, Seite 99 und 109.

Um 16.05 Uhr sinkt der schöne Bananendampfer, von 10,5-cm-Granaten in der Wasserlinie getroffen. Auf der Brücke des *Scheer* hat man kaum ein Auge dafür. Krancke drängt weiter. Im Süden läuft, bereits mit bloßem Auge sichtbar, der große Geleitzug. Diese *Mopan*-Affäre kostet mehr als eine Stunde wertvolle Zeit.

Mit hoher Fahrt hält *Scheer* vierkant direkt auf den Geleitzug zu. Er weist sich dadurch als Kriegsschiff aus, aber sein Typ ist nicht zu erkennen. Prompt wird er von einem großen Dampfer an der Spitze des Konvois angemorst:

»What ship?«

»Ein Hilfskreuzer«, stellt Krancke fest, »nicht antworten.«

Die Entfernung beträgt noch 25 Kilometer. Sie müssen erst näher heran, damit auch die Mittelartillerie wirkungsvoll in das kommende Gefecht eingreifen kann.

Der Engländer blinkt weiter. Er fragt und fragt nach dem Erkennungssignal. Müssen ganz sture Böcke sein auf der Brücke des anlaufenden Kreuzers! Woher soll der britische Hilfskreuzerkommandant, Captain E. S. F. Fegen auf der *Jervis Bay,* wissen, daß hier mitten im Atlantik aus heiterem Himmel ein deutscher Raider auftauchen kann?

Endlich, um 16.40 Uhr, ist der Abstand auf 170 Hundert, auf 17 Kilometer geschrumpft. Jetzt läßt Krancke die Tarnkappe fallen. *Scheer* dreht bei, zeigt seine Breitseite, und Sekunden später fällt die erste Salve der schweren 28er Türme gegen den britischen Hilfskreuzer.

Beim Gegner herrscht einen Augenblick lähmendes Entsetzen. Aber Captain Fegen gibt sich nicht geschlagen. Er läuft mit der *Jervis Bay* an, erwidert das Feuer. Und er schießt rote Signalsterne:

Konvoi zerstreuen, heißt das. Rette sich, wer kann.

Augenblicklich drehen die 37 Handelsschiffe nach Süden ab und stieben auseinander. *Scheer* kann es nicht verhindern. Er muß erst einmal den tapfer aufdampfenden Hilfskreuzer niederkämpfen.

Bald steht die Brücke der *Jervis Bay* in hellen Flammen. Treffer auf Treffer schlägt in das hochbordige Schiff. Kurz nach 17.00 Uhr legt sich der 14 000-Tonner auf die Seite und sinkt.

Inzwischen schießt die Mittelartillerie des deutschen Kreuzers auf einen noch größeren Truppentransporter, die *Rangitiki,* und auf einen langgestreckten Tanker, die *San Demetrio.* Beide Schiffe brennen bald, aber der Qualm entzieht sie den Blicken der Angreifer. Zudem wird es jetzt schnell dunkel.

Scheer stößt nach Süden, dorthin, wo noch vor einer knappen

Stunde der Geleitzug beisammen war; jetzt ist er in alle Winde zerstoben. Wo immer Schiffe auftauchen, werden sie unter Feuer genommen. Doch die meisten rettet die Nacht. Sechs, sieben, acht Schiffe glauben die Deutschen zu versenken. Manche verwechseln sie in der Dunkelheit und greifen sie zum zweitenmal an.

So den 8000-Tonnen-Tanker *San Demetrio,* der gegen 20 Uhr erneut in Brand geschossen wird. Aber die Besatzung, die in die Boote geflüchtet war, geht wieder an Bord, löscht das Feuer und rettet das Schiff.

Gegen 20.40 Uhr läßt Kapitän zur See Krancke die Schießerei einstellen. Das ungleiche Gefecht dauert nun seit vier Stunden an. Bei den 15-cm-Geschützen ist schon die Hälfte der Munition verbraucht.

»Die Versenkungsziffer ist nicht ausschlaggebend für den Erfolg«, hieß es zuvor in der Weisung der Seekriegsleitung. Raeder erwartet von dem ›hit and run‹, dem überraschenden Auftauchen, Zuschlagen und wieder Verschwinden seiner Handelsstörer »nicht immer große, zählbare Erfolge – aber stärkste Auswirkungen auf das feindliche Zufuhr- und Geleitsystem«.

Damit hat der deutsche Marinechef fraglos recht.

Insgesamt versenkt *Scheer* durch seinen unvermuteten Überfall auf den HX 84 außer dem Hilfskreuzer *Hervis Bay* sechs Schiffe mit 38 720 BRT, den einzelfahrenden Bananendampfer eingerechnet, und beschädigt drei weitere. Die Royal Navy reagiert – wie bisher jedesmal, wenn deutsche Kriegsschiffe plötzlich auf den Ozeanen auftauchten – höchst empfindlich.

Die nächsten beiden, bereits auf dem Wege befindlichen HX-Konvois werden wieder umgeschickt. Von Scapa Flow laufen nicht weniger als zwei Schlachtschiffe und zwei Schlachtkreuzer mit weiteren Streitkräften aus, um dem Raider den Rückweg – sei es in die Nordsee oder nach Frankreich – zu verlegen. Der C-in-C Home Fleet, Admiral Forbes, sieht sich gezwungen, sogar sein Schlachtschiff *Rodney* zum Geleitschutz abzuteilen. Tatsächlich tritt auf dem Nordatlantik-Geleitweg eine Pause von zwölf Tagen ein, bis die HX-Konvois wieder zu laufen beginnen.

Scheer kann das alles nur recht sein. Er hat, wie befohlen, Unruhe gestiftet und verschwindet wieder.

Hit and run.

Krancke denkt gar nicht daran, nach Frankreich oder gar durch die nördlichen Passagen zurückzulaufen. Er setzt sich weit nach Süden ab. Seine nächsten Ziele liegen im Mittel- und Südatlantik, ja im Indischen Ozean.

Scheer braucht Treibstoffknappheit nicht zu fürchten. In einer

Woche trifft er sich in einem abgelegenen Seegebiet mit seinem Versorger *Nordmark*. Die genügsamen Dieselmotoren erlauben dem Kreuzer die außerordentliche Fahrstrecke von 19 000 Seemeilen – ohne tanken zu müssen. Das Schiff ist wie geschaffen für eine weiträumige ozeanische Kriegführung.

Eben das kann man von dem schweren Kreuzer *Admiral Hipper* nicht sagen. Im Gegensatz zum *Scheer* ist er ein ›Renner‹: ein schnelles, aber kurzatmiges Schiff. Die Höchstgeschwindigkeit liegt über 32 Knoten; auf Kosten empfindlicher Hochdruckkessel und Turbinen. Und auf Kosten einer Fahrstrecke von nur 6800 Seemeilen – nicht bei äußerster Kraft, sondern bei mittlerer Fahrt von 20 Meilen pro Stunde.

Dennoch folgt die *Hipper* unter dem Kommando des Kapitäns zur See Wilhelm Meisel dem *Scheer* einen Monat später auf demselben Weg durch die Dänemarkstraße in den Atlantik. Eine aufwendige Operation: Allein vier Tanker müssen in Marsch gesetzt werden, damit der Kreuzer nicht Gefahr läuft, mit leeren Ölbunkern auf den Feind zu treffen. Der für die geographische Lage Deutschlands ganz ungeeignete Typ des sogenannten ›Washington-Kreuzers‹ war, weil alle großen Seemächte solche schweren Kreuzer hatten, gedankenlos nachgebaut worden. Das schwach gepanzerte und daher leicht verwundbare Schiff eignet sich nur für kürzere Flottenvorstöße.

Gerade deshalb will die Skl *Hipper* an der französischen Küste haben. Von dort kann der Kreuzer, so glaubt Operationschef Fricke, überraschend in den Atlantik vorstoßen, ohne sich zu weit vom eigenen Stützpunkt zu entfernen. Und wenn er, wie *Scheer*, auf dem Wege dorthin einen HX-Geleitzug vor die Rohre bekommt, so kann auch das nur willkommen sein. Gefechten mit gleichwertigen Gegnern soll *Hipper*-Kommandant Meisel möglichst aus dem Wege gehen.

Aber Meisel hat Pech. *Hipper* muß südöstlich von Grönland einen Orkan abreiten, die See schlägt mit haushohen Brechern auf den Kreuzer ein. Kaum ist diese Gefahr überstanden, da fällt die Steuerbordmaschine aus. Das Schiff kann vorerst nur noch 25 Meilen laufen. Außerdem wird das Heizöl knapp. Den ganzen 11. Dezember über sucht Meisel am vereinbarten Treffpunkt nach dem Tanker *Friedrich Breme*. Spätabends, als die Treibstofflage bereits kritisch geworden ist, stößt er endlich auf den Tanker.

Auch die nächsten Tage werden nicht besser – obwohl es dem Maschinenpersonal unter Leitung von Korvettenkapitän (Ing.) Alfred Goeldner gelungen ist, die defekte Steuerbordmaschine wieder in Gang zu setzen. Ruhelos kreuzt *Hipper* auf dem großen

Dampfertrack, nirgends kommt ein Konvoi in Sicht. Dafür gerät der Kreuzer in einen neuen, noch schwereren Orkan . . .

Nach einem dritten, ebenso vergeblichen Versuch glaubt Meisel sich von dem Streben nach einem Prestigeerfolg freimachen zu müssen und läuft mit östlichen Kursen ab, in Richtung auf Brest. Vorher kreuzt er noch den Geleitzugweg Afrika–England, vielleicht mit mehr Glück.

Tatsächlich stößt *Hipper* am Heiligabend, 24. Dezember, auf einen Konvoi. Die erste Meldung des Gegners kommt um 20.45 Uhr vom Funkmeßgerät. Und mit Radar hält der Kreuzer auch die ganze Nacht Fühlung. Als Meisel am 1. Weihnachtstag in der Frühe angreifen will, taucht auf der anderen Seite plötzlich ein schwerer britischer Kreuzer aus dem Dunst, die *Berwick*. Und vom Konvoi her laufen zwei leichte Kreuzer, die *Bonaventure* und die *Dunedin*, ebenfalls auf den Angreifer zu.

Meisel hat ausgerechnet einen stark gesicherten Militärkonvoi, den WS.5A, erwischt: 20 große Truppentransporter und den Träger *Furious*, der aber nur als Flugzeugtransporter eingesetzt ist. Der WS.5A transportiert Truppen und Kriegsmaterial für den Nahen Osten, für die Nordafrikafront.

Eingedenk seines Operationsbefehls muß Meisel abdrehen und kann den britischen Kreuzern nur ein Rückzugsgefecht liefern. Zwei Treffer schlagen auf der *Berwick* ein; einer der Transporter, der 14 000-Tonner *Empire Trooper*, wird ebenfalls beschädigt.

Hipper geht heil aus dem Gefecht hervor und läuft am 27. Dezember in Brest ein, nachdem er zuvor noch einen britischen Einzelfahrer versenkt hat.

Das Unternehmen hat zwar nicht den ›meßbaren‹ Erfolg gebracht, den Raeder und die Skl neben der allgemeinen Beunruhigung des Gegners ebenso anstreben. Aber was die *Hipper*-Besatzung auf dieser Sturmreise unter schwierigsten Bedingungen geleistet hat, war hervorragend.

Und jetzt, zu Beginn des Jahres 1941, hat Raeder noch andere Eisen im Feuer.

Am 3. und 4. Februar 1941 passieren die Schlachtschiffe *Gneisenau* und *Scharnhorst* die Dänemarkstraße – dicht an der Grenze des Packeises. Eine Woche zuvor hat der Flottenchef, Admiral Günther Lütjens, schon einmal einen Durchbruch versucht: südlich von Island, weil ihm das Wetter günstig schien. Dabei wäre er ums Haar der Home Fleet vor die Rohre gelaufen.

Die Londoner Admiralität ist dieses Mal rechtzeitig über das Auslaufen der schweren Schiffe unterrichtet. Agenten haben sie gemeldet, als sie durch den Großen Belt dampften. Der neue C-in-C Home Fleet, Admiral Sir John Tovey, fährt mit drei Schlachtschiffen, acht Kreuzern und elf Zerstörern in eine Auffangstellung südlich von Island. Und genau dort setzt Admiral Lütjens beim ersten Versuch seinen Durchbruch an.

Dann aber reagieren die Deutschen schneller als die Briten. Als sie kurz nach 6 Uhr früh am 28. Januar zwei Schatten sichten und mit Funkmeß weitere Schiffsziele orten, nimmt Lütjens zu Recht an, in eine Falle zu laufen. Er macht auf der Stelle kehrt und setzt sich weit ins Nordmeer ab.

Der britische Kreuzer *Naiad* sichtet die deutschen Schiffe wenige Minuten später als sie ihn, kann aber nicht Fühlung halten. Wieder ist der Feind entkommen!

Der nächste Brite, der ihn für einen Augenblick schemenhaft zu Gesicht bekommt, ist das alte Schlachtschiff *Ramillies;* es sichert den Konvoi HX 106 im Nordatlantik.

Inzwischen schreibt man den 8. Februar. *Gneisenau,* Kommandant Kapitän zur See Otto Fein, und *Scharnhorst,* nach wie vor von Kapitän zur See Kurt Cäsar Hoffmann geführt, haben die Dänemarkstraße unbehelligt passiert. Zum erstenmal stehen deutsche Schlachtschiffe im freien Atlantik. Sie haben aus einem Tanker Treiböl ergänzt und sind nun auf Taten aus.

Anders als bei *Scheer* und *Hipper* gibt sich die Skl in Berlin jetzt nicht mehr mit einer Beunruhigung des feindlichen Zufuhr- und Geleitsystems zufrieden; die Schlachtschiffe sollen vielmehr laut Operationsbefehl »nach England laufenden Handelsschiffraum vernichten«.

Damit treten die Überwasserstreitkräfte in Konkurrenz zur Unterseebootwaffe. Raeder, Schniewind und Fricke, die Strategen am Berliner Tirpitzufer, hätten gern Beweise für ihre Behauptung, »das Schlachtschiff selbst« sei »der Hauptträger der ozeanischen Kriegführung«. Und wie hoch immer die Abnutzung der Feindflotte, der Diversionseffekt oder andere strategische Auswirkungen eingeschätzt werden mögen: Was letztlich *zählt,* sind die versenkten Schiffe.

Flottenchef Lütjens: »Es kommt darauf an, möglichst viele Dampfer unter Wasser zu bringen.«

Freilich wird auch dieses Sinnen und Trachten wieder einschränkenden Bedingungen unterworfen. Denn noch vordringlicher als das Versenken ist das Prinzip des ›hit and run‹, ist die Erhaltung der eigenen Schiffe. Die Schlachtschiffe haben Befehl, Schießereien mit gleichwertigen Gegnern aus dem Wege zu gehen. Als ›gleichwertig‹ gilt sogar ein einzelnes Schlachtschiff auf der Gegenseite.

So tut die britische Admiralität gut daran, möglichst vielen ihrer lebenswichtigen Nordatlantik-Konvois Schlachtschiffe als Schutz beizugeben. Wie sich die gegenseitigen Befehle und Maßnahmen auswirken, zeigt der 8. Februar:

08.35 Uhr. Vom Vormars der *Gneisenau* meldet der I. AO, Korvettenkapitän Wolfgang Kähler, Mastspitzen am südwestlichen Horizont. Der erwartete Geleitzug!

Admiral Lütjens befiehlt einen Zangenangriff: Er selbst wird mit dem Flaggschiff nach Süden ausholen, während *Scharnhorst* von Norden auf die Beute stoßen soll.

09.47 Uhr. Die nördliche Kolonne des Konvois ist noch gut 28 Kilometer von der *Scharnhorst* entfernt. Fregattenkapitän Wolf Löwisch, als I. AO auf dem ›Hochsitz‹ im Vormars prädestiniert für erste Sichtungen, entdeckt ein Schlachtschiff beim Geleitzug.

Große Enttäuschung auf der Brücke der *Scharnhorst:* Jetzt dürfen sie nicht angreifen. Aber eine List wird wohl erlaubt sein. *Scharnhorst*-Kommandant Kurt Cäsar Hoffmann läuft weiter auf den Gegner zu – ein Verhalten, das später vom Flottenchef schärfstens gerügt wird. Dabei will Hoffmann nur die Aufmerksamkeit des Briten auf sich lenken, er will ihn vom Geleitzug weglocken. Fällt der Gegner auf die List herein, dann wird die *Scharnhorst* mit ihrer überlegenen Geschwindigkeit ablaufen, und die *Gneisenau,* die ja von der anderen Seite kommt, hat freie Bahn auf die Schiffe des Konvois.

Aber weder der britische Kommandant noch der deutsche Flottenchef gehen auf Hoffmanns Absichten ein.

09.58 Uhr. Der Navigationsoffizier der *Scharnhorst,* Fregattenkapitän Helmuth Gießler, erkennt die *Ramillies:* ein Veteran aus dem Ersten Weltkrieg, nur 21 Knoten schnell, aber mit acht 38,1-cm-Geschützen, während die deutschen Schiffe lediglich 28-cm-Kaliber besitzen.

09.59 Uhr. Die Entfernung zwischen beiden Schiffen beträgt nur noch 23 Kilometer. Mächtige Qualmwolken puffen aus dem Schornstein des Briten, offenbar macht er Dampf auf für höchste Fahrt. *Scharnhorst* dreht ab ... aber die *Ramillies* folgt ihr nicht.

Admiral Lütjens weiß nichts von dieser speziellen Spielart des ›tip and run‹, die von einem seiner Schiffe versucht wird. Sobald er von *Scharnhorst* die Sichtmeldung eines feindlichen Schlachtschiffs erhält, folgt er wörtlich Raeders Weisung und gibt – gewiß enttäuscht – seine Angriffsabsicht auf:

»Abbrechen!« befiehlt er über Funk und läßt den Hinweis folgen: »Ich weiche nach Süden aus.«

Damit ist der HX 106 gerettet. Die alte *Ramillies* braucht nur ein paar zornige Dampfwolken auszustoßen, und schon suchen die beiden deutschen Schlachtschiffe – trotz ihrer modernen Feuerleitung, trotz ihrer bewiesenen artilleristischen Kampfkraft auch auf große Entfernungen – das Weite.

So sieht die Kehrseite von Raeders Konzept aus: Der einzelne Gegner könnte gewiß niedergekämpft werden. Die Gefahr, daß die eigenen Schiffe dabei beschädigt werden, daß sie vor allem ihre hohe Geschwindigkeit einbüßen, ist aber nicht auszuschließen. Folglich bleibt der Gegner ungeschoren.

Schon die taktisch geschickt vorgetäuschte Gefechtsabsicht der *Scharnhorst* ist für den Flottenchef eine Sünde wider das Konzept. Admiral Lütjens hält es für selbstverständlich, daß Kapitän zur See Hoffmann gleich nach der Sichtung eines Schlachtschiffs versuchen würde, unerkannt zu entweichen. Als er am Abend von der ›Sondervorstellung‹ der *Scharnhorst* erfährt, ist er außer sich. Er glaubt sich durch diese Eigenmächtigkeit erkannt, glaubt seine Operationsabsicht verraten.

Tatsächlich ist das nicht der Fall. Im Gegenteil: Der kurze Sichtkontakt schlägt eher zum Vorteil für die Deutschen aus.

Denn die *Ramillies* sichtet ja nur eines der beiden Schlachtschiffe. Und da sich alle schweren deutschen Schiffe, zumindest auf größere Entfernung, zum Verwechseln ähnlich sehen, meldet der britische Kommandant eine feindliche Einheit, »vermutlich Kreuzer der *Hipper*-Klasse«.

Diese Meldung fügt sich ausgezeichnet in das Bild der Londoner Admiralität von der Lage auf dem Atlantik. Die *Hipper* ist seit über einer Woche aus Brest verschwunden, wo sie im Bombenhagel der Royal Air Force gelegen hat. Womöglich versucht sie, durch die nördlichen Passagen nach Deutschland zurückzukehren. Vielleicht ist es auch nicht die *Hipper,* sondern das ›pocket-battleship‹ *Scheer* . . .

Jedenfalls dampft Admiral Tovey mit der Home Fleet erneut in das Seegebiet südlich von Island, auf Abfangposition. Das kann seinem Gegenspieler, Admiral Lütjens, nur recht sein. Doch er setzt sich, nachdem er vergebens nach einem neuen Konvoi gesucht hat, in ein entlegenes Seegebiet ab.

Der nächste Schlag fällt daher weit im Südosten, zwischen den Azoren und der Straße von Gibraltar. Und ausgerechnet der schwere Kreuzer *Hipper,* den die Briten hoch im Norden bei Island suchen, ist daran beteiligt.

Tatsächlich erreicht der ›ozeanische Zufuhrkrieg‹, wie ihn die deutsche Seekriegsleitung zwecks Zersplitterung der überlegenen britischen Seemacht schon so lange anstrebt, in diesen Wochen seinen Höhepunkt:

● Am 12. Februar 1941 mit dem ersten Tageslicht bricht *Hipper* östlich der Azoren in einen ungeschützten Konvoi von 19 Schiffen ein. Es ist der SLS 64, von Sierra Leone in Westafrika nach England. Eigentlich wollte *Hipper*-Kommandant Meisel gegen den von Kapitänleutnant Nicolai Clausen auf *U 37* gesichteten und angegriffenen Gibraltar-Konvoi HG 53

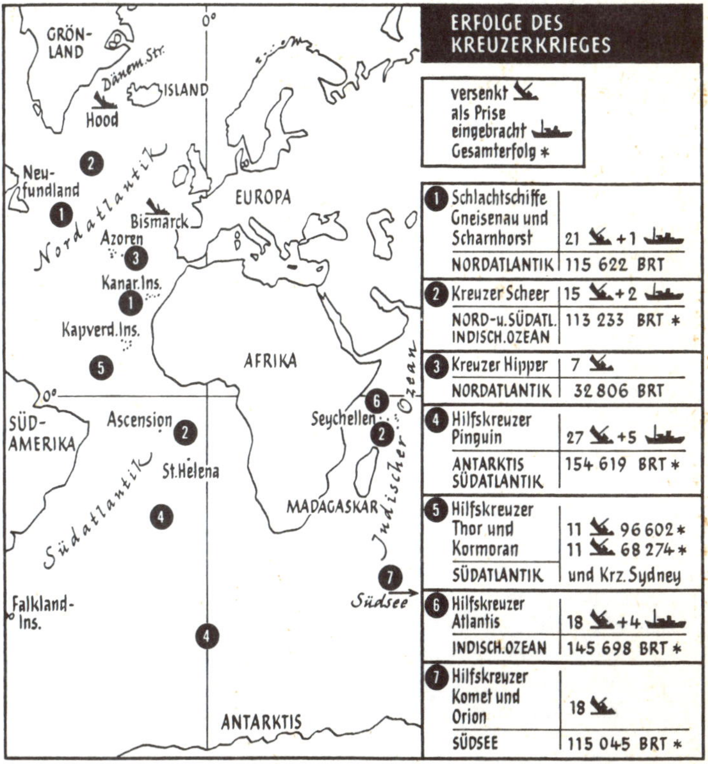

Der Höhepunkt des ozeanischen Zufuhrkrieges durch deutsche Überwasserstreitkräfte vom Januar bis März 1941. Der Verlust des Schlachtschiffes Bismarck *im Mai 1941 beendete diese Phase des Seekrieges.*

operieren. Aber Clausen selbst und Hauptmann Fliegels 2. Staffel des KG 40 mit den viermotorigen *Focke-Wulf 200,* die auf die Peilzeichen des U-Boots schneller zur Stelle sind als Meisels Kreuzer, versenken acht von den 16 Schiffen. *Hipper* erwischt nur einen Dampfer von dem versprengten Rest.
Dann aber findet er den SLS 64 und fährt, nach allen Seiten schießend und Torpedos feuernd, durch den hilflosen Konvoi. Trotzdem entkommen mehrere Schiffe. Eins läßt Meisel absichtlich unversehrt und morst hinüber:
»Save the crews«.

- Vom 20. bis 22. Februar tritt der Kreuzer *Scheer* plötzlich im Indischen Ozean in Erscheinung. Zwischen Madagaskar und den Seychellen versenkt er vier Einzelfahrer; den beiden letzten gelingt es, einen RRR-Notruf hinauszufunken. Der britische Kreuzer *Glasgow* steht nur fünf Stunden entfernt, sein Bordflugzeug findet und beschattet *Scheer.* Die Engländer ziehen sechs Kreuzer und den Flugzeugträger *Hermes* zu einer Jagdgruppe heran – *Scheer*-Kommandant Krancke entkommt dennoch seinen schnelleren Gegnern.
- Ebenfalls am 22. Februar taucht Admiral Lütjens mit *Gneisenau* und *Scharnhorst* wieder auf dem Konvoikurs im Nordatlantik auf. Ein Geleitzug ist nicht in Sicht, und so jagen die Schlachtschiffe fünf Einzelfahrer und bringen sie unter Wasser.
- Schließlich stiften nicht weniger als sechs deutsche Hilfskreuzer auf fernen Meeren und abgelegenen Schiffahrtsstraßen Unruhe.
- Bereits Mitte Januar 1941 hat Kapitän zur See Ernst-Felix Krüder mit *Schiff 33 Pinguin* – von den Engländern als *Raider F* bezeichnet – wahrhaft ›fette‹ Beute in der Antarktis gemacht. Er pirscht sich an das norwegische Walfangmutterschiff *Ole Wegger* und den gerade eingetroffenen Versorger *Solglimt* heran und nimmt beide Schiffe nachts im Handstreich – ohne daß ein Schuß fällt. Ebenso ergeht es 24 Stunden später einer zweiten Walfangflotte: *Pinguin*-Soldaten entern die *Pelagos,* rufen über Sprechfunk die Fangboote herbei und kapern auch sie. Kapitän Krüder schickt drei 12 000-Tonner mit Prisenbesatzungen nach Hause: die beiden Walkochereien mit 22 200 t Walöl, im blockierten Deutschland hochwillkommen, den ebenfalls wertvollen Versorgungstanker – und elf Fangboote. Nur drei Fangboote gehen verloren. Alle anderen erreichen wohlbehalten französische Häfen.
- Im Indischen Ozean bringt *Schiff 16 Atlantis (Raider C)* unter

Kapitän zur See Bernhard Rogge nicht weit vor Ostafrika drei Schiffe auf – das 14., 15. und 16. Opfer auf seiner langen Reise – und stellt zwei davon als eigene Versorger in Dienst. Als sich Rogge zwei Wochen später mit Kranckes *Scheer* trifft, bringt er den gekaperten Tanker *Ketty Brövig* gleich zum Treffpunkt mit. *Scheer* kann mitten im Indischen Ozean erneut seine Bunker mit Treiböl füllen.

- Zwei weitere Hilfskreuzer operieren in der Südsee: *Schiff 36 Orion* Kommandant Fregattenkapitän Kurt Weyher, und *Schiff 45 Komet* unter Konteradmiral Robert Eyssen.
- Den Mittel- und Südatlantik beunruhigen *Schiff 41 Kormoran,* Korvettenkapitän Theodor Detmers, und *Schiff 10 Thor,* Kapitän zur See Otto Kähler. Detmers versenkt halbwegs zwischen Westafrika und Südamerika vier Schiffe, darunter den Flugzeugtransporter *Eurylochus,* dessen Kriegsladung für die Nordafrikafront bestimmt war. Zwei britische Kreuzer, *Norfolk* und *Devonshire,* suchen vergebens nach dem deutschen Raider.*

So hält die kleine deutsche Marine die mächtige Royal Navy auf allen Weltmeeren in Atem. In diesem Frühjahr 1941 besitzt Großadmiral Raeder in Berlin unbestreitbar die Initiative des Seekrieges, während sein Gegenspieler in London, der Erste Seelord und Admiral of the Fleet Sir Dudley Pound, immer nur auf die letzten Streiche der Deutschen reagieren kann. Die Frage ist, wann er sie letztlich stellt.

Endlich, nach vergeblichen Versuchen, gelingt auch dem deutschen Flottenchef, Admiral Lütjens, noch ein großer Schlag. *Gneisenau* und *Scharnhorst,* die zusammen mit ihren Versorgern *Uckermark* und *Ermland* in einem breiten Aufklärungsstreifen den mittleren Nordatlantik abharken, stoßen am 15. und 16. März 1941 auf zahlreiche Einzelfahrer. Sie stammen aus einem aufgelösten Konvoi von England nach Amerika, dessen Schiffe Kurs auf ihre verschiedenen Zielhäfen genommen haben.

In diesem ungleichen Duell versenken die Schlachtschiffe 13 Tanker und Frachter und schicken drei weitere Tankschiffe mit Prisenkommandos auf den Weg nach Hause. Im selben Augenblick aber, da ein gleichwertiger Gegner naht – das britische Schlachtschiff *Rodney* – muß Lütjens wieder das Weite suchen, statt mit seinen beiden Schiffen das Gefecht anzunehmen.

Früh am Morgen des 22. März laufen *Gneisenau* und *Scharnhorst* unbehelligt in ihrem neuen Stützpunkt Brest ein. Wenige Tage später marschieren die Kreuzer *Hipper* und *Scheer* getrennt

* Einzelheiten über die deutschen Hilfskreuzer siehe Anhang 9.

durch die Bismarkstraße zurück in die Heimat und machen am 28. März und am 1. April 1941 wieder in Kiel fest.

Großadmiral Raeder eilt von Hafen zu Hafen. Er beglückwünscht die Kommandanten und Besatzungen, er strahlt vor Freude. Die schweren Schiffe haben ihren eigenen Wert bewiesen. Noch wichtiger: Sie haben einen Beweis dafür geliefert, wie richtig das Konzept des ObdM für die ozeanische Kriegführung der Überwasserstreitkräfte ist.

Oder sollte dieser Eindruck täuschen?

Gneisenau und *Scharnhorst, Scheer* und *Hipper* haben in den Monaten ihres ozeanischen Zufuhrkrieges dem Feind, der die See zu beherrschen vorgibt, 48 Schiffe mit zusammen fast 270 000 BRT weggenommen: die meisten versenkt, drei sogar in die eigenen Häfen eingebracht.

Aber ist das nicht eine Versenkungsziffer, wie sie die Handvoll deutscher U-Boote an den Geleitzügen Monat für Monat erzielt?

Lohnt dieser Erfolg den ganzen Aufwand mit den schweren Schiffen?

Gewiß: Das Auftreten der Überwasserflotte bringt das englische Geleitzugsystem für eine Weile durcheinander.

Aber hat es die Royal Navy nicht sehr wohl verstanden, ihre wertvollsten Konvois wirkungsvoll zu schützen? Sollte Flottenchef Lütjens nicht ausdrücklich »*nach England laufenden* Handelsschiffraum vernichten«, während er in Wirklichkeit gerade das nicht schaffte? Und mußte er nicht gleich davonlaufen, wenn sich ihm auf der Gegenseite eine stärkere Kanone entgegenreckte?

Von solchen Argumenten wollen der Großadmiral und sein Stab in der euphoristischen Stimmung des Frühjahrs 1941 nichts wissen. Für sie ist erst die einleitende Phase der ozeanischen Kriegführung abgeschlossen. Es war ein Test, und der Test ist positiv verlaufen. Die Skl will »durch möglichst häufige Wiederholungen derartiger Operationen ihre Wirkung erhalten und vertiefen«. Entscheidend komme es darauf an, »die englische Zufuhr vernichtend zu treffen«.

Die Voraussetzungen scheinen günstig.

In der Ostsee nähert sich das Schlachtschiff *Bismarck* dem Ende seiner Einfahr- und Ausbildungszeit. Auch die *Tirpitz* steht kurz vor der Vollendung. Ein neuer schwerer Kreuzer, *Prinz Eugen,* ist ebenfalls einsatzbereit.

Besonders zählt die »einzigartige strategische Ausgangslage«, die durch den Stützpunkt Brest gegeben ist. Wenn die neuen schweren Schiffe, wie üblich, durch die Dänemarkstraße kommen und sich unter Führung des Flottenchefs im weiten Atlantik mit dem Brest-Geschwader vereinigen, dann besitzt die Marine endlich eine Kampfgruppe im freien Ozean, die es mit einem feindlichen Schlachtschiff und folglich auch mit geschützten Geleitzügen aufnehmen kann.

In solche Zukunftsmusik fallen allerdings schon bald einige schrille Mißtöne.

Zunächst müssen beide Schlachtschiffe in Brest ins Dock. Ergebnis: mehrmonatige Maschinenreparatur bei der *Scharnhorst.*

Außerdem läßt der Gegner die lebensgefährdende Bedrohung nicht tatenlos auf sich zukommen. Die französische Küste liegt – worauf Generaladmiral Saalwächter aus Paris warnend hinweist – im Nahbereich der Royal Air Force.

Der erste 100-Bomber-Angriff auf das eingenebelte Brest erfolgt bereits in der Nacht vom 30. zum 31. März 1941. Ohne Erfolg. Der Bombenhagel geht fehl, nur ein Blindgänger landet im Dock der *Gneisenau.* Aber der Angriff gibt einen Vorgeschmack davon, was dieser exponierte Hafen in den nächsten Monaten erleben wird.

Eine Woche später, im Morgengrauen des 6. April, dringen vier *Beaufort*-Torpedoflugzeuge gegen Brest vor. Vorhergehende Luftaufklärung hat die *Gneisenau* im Außenhafen festgestellt. Dort liegt sie nicht. Nur eine Maschine fliegt weiter: die *Beaufort* des Flying Officer Kenneth Campbell, mit den Sergeanten Hillman, Mullis und Scott als Besatzung.

Campbell drückt die Maschine tief aufs Wasser. Tiefer als Masthöhe der ringsum liegenden Schiffe. Er sieht das Schlachtschiff im inneren Hafenbecken. Breit und massig liegt es direkt vor seiner Kanzel.

Von allen Seiten hämmert Flakfeuer auf die einzelne Maschine ein. Campbell achtet nicht darauf. Er muß noch über eine Mole springen, dann hat er freie Bahn und löst den Torpedo – kaum 500 Meter vor der *Gneisenau.*

Sekunden später zerschellt die *Beaufort,* von Granaten zerrissen, am Boden. Die vier wahrhaft kühnen Flieger erleben nicht mehr, wie ihr Torpedo die Abteilung IV beim achteren Turm der *Gneisenau* zerstört. Das Schiff muß erneut ins Dock und erhält dort, fünf Nächte später, bei einem weiteren Bombenangriff vier direkte Treffer ...

Nur wenige Tage genügen, um die Seekriegsleitung zu ernüchtern. Ihre Pläne zerrinnen. Die gepriesene Hit-and-run-Taktik gerät ins Zwielicht.

Die Schiffe, die auf See unter Verleugnung ihrer eigenen erheblichen Kampfkraft jedem ernsthaften Gefecht aus dem

Wege gehen mußten, werden, kaum daß sie im Hafen sind, mit Bomben und Torpedos außer Gefecht gesetzt! Offensichtlich hat die deutsche Marineführung die Gefahr aus der Luft ebensosehr unterschätzt wie sie den Wert ihrer schweren Schiffe überschätzte.

Auch dem Chef der deutschen Seekriegsleitung, Großadmiral Dr. h. c. Erich Raeder, müßte die Entschlossenheit, die Todesverachtung des britischen Torpedofliegers zu denken geben. Doch die Skl möchte lieber an einen ›Zufallstreffer‹ glauben. Die geschaffenen Tatsachen bewirken keine Änderung in ihrer grundsätzlichen Haltung zum ozeanischen Zufuhrkrieg. Raeder ist kein Mann, der sich so schnell vom einmal eingeschlagenen Wege abbringen läßt.

11 Der Rückzug, der wie ein Sieg aussah

Am 26. April, einem Samstag, meldet sich Flottenchef Lütjens bei Großadmiral Raeder in Berlin zu seiner nächsten Atlantik-Unternehmung ab, die den Decknamen ›Rheinübung‹ trägt. Lütjens macht kein Hehl aus seiner Auffassung: Die Lage ist jetzt, da die Engländer gewarnt sind, da *Gneisenau* und *Scharnhorst* in Brest festgenagelt liegen, viel schwieriger geworden.

Lütjens hat zwar mit der *Bismarck* das zur Zeit modernste und wahrscheinlich auch stärkste Schlachtschiff der Welt zur Verfügung; aber *Bismarck* und *Prinz Eugen,* die zusammen auslaufen sollen, sind vor allem in der Seeausdauer zu unterschiedlich, sie bilden keinen homogenen Verband. Die neue Operation beginnt mit ungünstigeren Vorzeichen als die vorhergehende, während die Engländer besser dastehen.

»Gewichtige Gründe«, sagt Lütjens, »sprechen dafür, zumindest auf die Reparatur der *Scharnhorst* zu warten – wenn nicht gar auf den Abschluß der Gefechtsausbildung der Tirpitz.«

Die *Tirpitz,* der zweite Schlachtriese der Bismarck-Klasse, bildet ihre Besatzung erst seit zwei Monaten aus. Dennoch hat *Tirpitz*-Kommandant Karl Topp den Flottenchef gebeten, sein Schiff bereits jetzt mit in den Atlantik zu nehmen.

Bismarck und *Tirpitz* zusammen – das wäre eine Kampfgruppe, die so leicht keinen Gegner zu fürchten brauchte!

Die Engländer schicken, wenn Not am Mann ist, ihre neuen Schlachtschiffe *King Georg V* und *Prince of Wales* und selbst den Flugzeugträger *Victorious* von den Probefahrten weg direkt in den Einsatz. Auf deutscher Seite muß erst eine mindestens halbjährige Ausbildung absolviert werden, ehe das Schiff für frontreif erklärt wird.

Die Wirkungsmöglichkeit, sagt Lütjens zu Raeder, sei beschränkt, wenn er die Schiffe jetzt »teelöffelweise« einsetzen müsse: zuerst nur *Bismarck* und *Prinz Eugen,* später *Tirpitz* und, hoffentlich, *Scharnhorst* von Brest. Gemeinsam schlüge es sich besser.

Raeder hält seine gewichtigen Gründe dagegen: Jede Pause in der Schlacht um den Atlantik stärkt den Gegner. Je länger die Flotte wartet, desto kürzer werden die Nächte, desto geringer die Chance, wie im Januar unerkannt durchzubrechen und überraschend im Atlantik aufzutreten. Je weiter das Jahr fortschreitet, desto eher besteht die Gefahr, daß Amerika in den Krieg eingreift und eine völlig neue Lage schafft. Und schließlich: Raeder braucht wieder die Diversionswirkung im Atlantik, um die Engländer zum Abziehen von Streitkräften aus dem stark gefährdeten Mittelmeer zu zwingen.

Diesen Argumenten verschließt sich Lütjens nicht. Also doch »teelöffelweise«. Später könnte es schon zu spät sein.

Raeder: »Selbstverständlich ist bedächtiges, vorsichtiges Operieren angezeigt. Es wäre nicht richtig, für beschränkten, vielleicht unsicheren Erfolg hohen Einsatz zu wagen . . .«

Ähnliches hat Lütjens schon der allgemeinen Weisung der Skl entnommen:

»Hauptaufgabe auch dieser Operation ist die Vernichtung feindlichen Schiffsraumes, die Bekämpfung feindlicher Kriegsschiffe nur so weit, wie es die Hauptaufgabe nötig macht und wie es *ohne allzu großes Risiko geschehen kann.*«

Der Flottenchef ist nicht zu beneiden. Er gleicht dem Artist auf dem Hochseil, der wohl den festen Boden des Erfolges erreichen, aber auf dem halsbrecherischen Wege dorthin kein Risiko auf sich nehmen soll. Ob ihm das Glück, ohne das der Widerspruch unauflösbar bleibt, ein zweites Mal zur Seite stehen wird?

Am Tage, bevor sich Lütjens auf der *Bismarck* einschifft, besucht er noch einmal seinen Vorgänger, Admiral Wilhelm Marschall, der wegen schwerer Differenzen mit der Seekriegsleitung aus dem Amt des Flottenchefs geschieden ist. Marschall vertritt unbeirrt das Recht des Seebefehlshabers auf die Freiheit seiner Entscheidungen. Er möge sich, rät er Lütjens, bei veränderten Lagen nicht allzusehr an den Operationsbefehl gebunden fühlen.

Lütjens lehnt das ab – bezeichnenderweise nicht dadurch, daß er sich mit der Operation, so wie sie angelegt ist, identifiziert, sondern mit einer ganz anderen Begründung:

»Nein«, sagt er, »es sind nun schon zwei Flottenchefs in Unfrieden mit der Seekriegsleitung aus ihrem Kommando geschieden, *ich will nicht der dritte sein.* Ich weiß, was die Skl will, und werde ihre Befehle ausführen.«

Auch Großadmiral Raeder setzt, zum erstenmal in diesem Krieg, volles Vertrauen in seinen Flottenchef. Der in der Torpedobootswaffe groß gewordene und somit nach seiner Laufbahn zur Führung schwerer Schiffe nicht eben prädestinierte Lütjens hat nach Meinung der Skl in der ersten Atlantikunternehmung »sein großes Können bewiesen«. Es gilt als sicher, daß Lütjens auch weiterhin die Weisungen aus Berlin wörtlich befolgen wird.

Erheblich größere Schwierigkeiten bereitet dem Marinechef das ›Problem Hitler‹. Der Führer nährt erhebliche Bedenken gegen den Einsatz der *Bismarck*-Gruppe, wenn er auch vor Raeder vorläufig mit seiner Meinung zurückhält. Wieder einmal gelingt es dem ObdM nicht, Hitler von seiner Auffassung zu überzeugen.

Der deutsche Staatschef bewundert die Engländer, er bewundert den unermüdlichen Einsatz ihrer Navy auf See. Den Wert der eigenen schweren Schiffe beurteilt er dagegen äußerst skeptisch. Für ihn war die Atlantikoperation der Schlachtschiffe kein berauschender Erfolg, und die Bombentreffer in Brest habe er »kommen sehen«, wie er seinem Marineadjutanten, Kapitän zur See Karl-Jesko v. Puttkamer, anvertraut.

Mit Überraschung muß festgestellt werden, daß der Laie Hitler den Einsatz der schweren Schiffe nüchterner und sehr viel realistischer beurteilt als die Fachleute der Seekriegsleitung.

Am 5. Mai 1941 reist der Führer nach Gotenhafen und besichtigt die beiden Schlachtriesen *Bismarck* und *Tirpitz*. Er bleibt zurückhaltend, obwohl die geballte Kraft der Schiffe auch ihn beeindruckt. Ob er sich überlegt, wieviel wirksamer das hier aufeinandergetürmte Kriegsmaterial, wieviel sinnvoller die 4700 Mann beider Besatzungen bei anderen Waffengattungen eingesetzt werden könnten?

Flottenchef Lütjens vermag Hitlers Skepsis nicht auszuräumen, auch nicht mit der Bemerkung, die *Bismarck* habe kein feindliches Großkampfschiff zu fürchten. Größere Gefahr, meint der Admiral, drohe von Flugzeugträgern und deren Torpedoflugzeugen. Hitler sieht seine eigenen Befürchtungen durch den Vortrag des Flottenchefs eher bestätigt.

Dennoch greift er nicht ein, hält er das auslaufbereite Schiff nicht zurück. Raeder ist anderer Ansicht, und Hitler will es offensichtlich nicht mit ihm verderben. Noch nicht.

Entgegen seiner sonstigen Übung unterrichtet der Marinechef den Führer erst mehrere Tage nach dem Auslaufen von *Bismarck* und *Prinz Eugen,* daß die Operation begonnen habe. Seiner eigenen Erinnerung zufolge erreicht Raeder bei diesem Lagevortrag am 22. Mai 1941 gegen Hitlers Bedenken, daß die Unternehmung fortgesetzt wird. Das Unheil nimmt seinen Lauf.

An diesem 22. Mai bekommt der Gegner bereits den dritten wichtigen Hinweis über die *Bismarck*-Gruppe. Erst ist sie im Kattegat und dann im Korsfjord bei Bergen gesichtet worden. Und nun stellt die Luftaufklärung fest, daß das Nest leer ist.

Die Home Fleet besetzt ihre bekannten Positionen, um den Durchbruch der Deutschen in den Atlantik zu verhindern. Und dann wartet sie. Sie wartet darauf, daß einer ihrer zahlreich ausgesandten Kreuzer Fühlung an dem deutschen Schlachtschiff gewinnt.

Um 19.22 Uhr am Abend des 23. Mai ist es soweit. Der Kreuzer *Suffolk* unter Captain R. M. Ellis sichtet die Deutschen dicht vor der Eisgrenze in der Dänemarkstraße und hält mit seinem neuen Radargerät Kontakt. Aber seine genaue Fühlunghaltermeldung erreicht Admiral Tovey nicht! Erst als eine Stunde später auch Captain A. J. Philips' *Norfolk* an die deutschen Schiffe herankommt, dringt die wichtige Meldung durch. Die Engländer wissen jetzt, wo der Feind steht.

Auch Admiral Lütjens ist sich darüber klar. Die auf der *Bismarck* eingeschiffte B-Dienst-Gruppe unter Leitung des erfahrenen Korvettenkapitäns Reichardt hört die Funksprüche der britischen Kreuzer mit, und der Flottenchef weiß, daß sein Standort gemeldet wird.

Als die *Norfolk* gegen 20.30 Uhr für Augenblicke aus Dunst und Schneeschauern heraus in Sicht kommt, läßt Lütjens sie sofort mit der schweren Artillerie beschießen. Schon die Aufschläge verschluckt wieder der Nebel. Der Feind scheint sich in Nichts aufzulösen, er hält außerhalb der Sichtweite Fühlung.

Zu dieser Zeit steuert der Chef des britischen Schlachtkreuzer-Geschwaders, Vizeadmiral Sir Lancelot Ernest Holland, mit der mächtigen *Hood* und dem neuen Schlachtschiff *Prince of Wales* auf einen Treffpunkt mit den deutschen Schiffen zu.

Admiral Holland hält strikte Funkstille. Er untersagt sogar das Einschalten der Radargeräte, um sich dem Feind durch keinerlei Strahlung zu verraten. Damit hat Holland das Überraschungsmoment allein auf seiner Seite. Aber er nutzt es schlecht.

Die Deutschen kommen um 05.36 Uhr in der Frühe des 24. Mai in Sicht. Die Briten stoßen im spitzen Winkel auf sie zu, offenbar darum bestrebt, die Gefechtsentfernung schnell zu verringern. Damit ist für die führende *Hood* und für *Prince of Wales* der Nachteil verbunden, daß sie bei der Feuereröffnung um 05.53 Uhr nur ihre vorderen Geschütztürme A und B einsetzen können.

Ein anderer Fehler ist schwerwiegender: Um 05.49 Uhr gibt Admiral Holland das Signal »Feuervereinigung auf das führende Schiff!« Auf der Brücke der *Prince of Wales* stiftet der Befehl jedoch Verwirrung. Dort wird klar erkannt, daß bei den Deutschen nicht die *Bismarck,* sondern der weniger wichtige Kreuzer »führt«, also vorn fährt. Tatsächlich hat Admiral Lütjens am Abend zuvor die »Nummern wechseln« lassen, weil das vordere Funkmeßgerät auf der *Bismarck* durch die Erschütterung der schweren Salven ausgefallen ist, die auf den Schatten der *Norfolk* geschossen wurden. Seither dampft *Bismarck* also hinter *Prinz Eugen,* was auf der Brücke der *Hood* zunächst übersehen wird.

Auf *Prince of Wales* sind die Geschütze schon auf die richtige *Bismarck* eingerichtet. Der Kommandant, Captain John Catteral Leach, ordnet an, daß es trotz des irrtümlichen Signals von *Hood* dabei bleibt.

05.52 Uhr. Eine Minute vor Feuereröffnung erkennt Admiral Holland seinen Irrtum und befiehlt: »Zielwechsel rechts!«

Aber die Artillerie seines Flaggschiffs nimmt dennoch *Prinz Eugen* unter Feuer!

Binnen weniger Minuten bereits der zweite gravierende Fehler: Nicht nur, daß die Engländer wegen ihres spitzen Kurses ihre Breitseiten nicht einsetzen können – sie verzetteln auch noch ihr Feuer, statt es auf den wichtigsten Gegner zu konzentrieren.

Auf deutscher Seite werden durch das Aufblitzen der Abschüsse beim Engländer und durch die übergroßen Wasserfontänen der Einschläge die letzten Zweifel beseitigt, daß es sich drüben um zwei schwere Schiffe handelt. Endlich, um 05.55 Uhr, gibt Admiral Lütjens Feuererlaubnis. *Bismarck* und *Prinz Eugen* vereinigen ihr Feuer auf die *Hood.*

05.56 Uhr. Erste 20,3-cm-Treffer schlagen in das englische Schiff. In der Mitte glimmt Feuer auf, orangerot.

05.59 Uhr. Admiral Holland dreht zum laufenden Gefecht auf. Die Entfernung zwischen den feuernden Stahlkolossen beträgt nur noch 15 Kilometer.

Hood hat die Drehung gerade vollendet, da liegt eine Vollsalve der *Bismarck* deckend dicht um den britischen Schlachtkreuzer. Alle, die es sehen, halten den Atem an. Zwischen hinterem Schornstein und Mast der *Hood* bricht eine steile Kaskade glühenden Feuers hervor. Hunderte von Metern steigt die flammende Explosionswolke in die Luft. Binnen Sekunden ist das ganze Achterschiff ein glühender Klumpen. Ein dunkler Klotz, wahrscheinlich einer der achteren Geschütztürme, wird im hohen Bogen herausgeschleudert.

Im Kommandostand von *Prinz Eugen* ruft Kapitän zur See Hellmuth Brinkmann:

»An alle: Der vordere Gegner fliegt in die Luft!«

Captain Leach von *Prince of Wales* sieht voll Entsetzen, wie das Achterschiff der *Hood* mit offenen Spanten wie ein rotglühendes Totengerippe auf dem Meer liegt. Nach einem 38-cm-Volltreffer ist die achtere Munitionskammer mit 112 Tonnen Pulver explodiert!

Für *Prince of Wales* besteht die Gefahr, daß sie mit dem Wrack des Flaggschiffs zusammenstößt. Die ersten Worte, die Leach findet, sind Ausweichkommandos . . .

06.01 Uhr. Die *Hood* sinkt. Mit dem Befehlshaber, Admiral Holland. Mit ihrem Captain, R. Kerr. Und mit 1416 Offizieren und Mannschaften. Nur drei Mann überleben die Katastrophe.

Zur selben Zeit nehmen die deutschen Schiffe Zielwechsel auf das zweite britische Schlachtschiff vor, das sie für *King George V.* halten, weil die *Prince of Wales* – ähnlich wie die deutsche *Tirpitz* – noch gar nicht einsatzbereit sein soll. Dennoch schicken die Engländer sie ins Gefecht . . . auch wenn noch zahlreiche zivile Mechaniker an Bord sind. Die schweren Vierlingstürme vorn und achtern machen Ärger. Immer nur zwei von den vier 35,6-cm-Rohren im Turm können gleichzeitig abgefeuert werden. Und schon nach dem ersten Schuß auf die *Bismarck* fällt eines der vorderen Rohre aus.

06.02 Uhr. *Prince of Wales* liegt im konzentrischen Feuer der gut und schnell schießenden deutschen Artillerie. Entfernung 14 Kilometer. Der erste 38-cm-Treffer landet auf der Höhe des Flugzeugkrans. Die Sprengsplitter durchlöchern das Bordflugzeug, das voll aufgetankt startbereit auf dem Katapult steht. Es muß, wegen der Brandgefahr, sofort abgeschossen werden. Sekunden später zerschellt die *Walrus*-Maschine in der See.

06.03 Uhr. Ein Volltreffer schlägt in die Brücke der *Prince of Wales*. Die Granate bohrt sich in Feuerlee ihren Weg ins Freie und detoniert erst dort. Offiziere und Mannschaften – die gesamte Schiffsführung – werden zu Boden geschleudert, die meisten von den Sprengstücken getötet. Als Captain Leach nach einem Augenblick tiefer Bewußtlosigkeit benommen hochtaumelt, lebt außer ihm nur noch sein Signalmeister. Ringsum herrschen Tod und Vernichtung. Das Schiff hat weitere schwere Treffer erhalten. Von der eigenen Artillerie feuern nur einzelne

Rohre ...

Unter dem Eindruck dieses Geschehens gibt der Captain den Befehl, abzudrehen. Er hofft, sein Schiff durch künstlichen Rauch der Sicht des übermächtigen Gegners entziehen zu können. Nur zwei Rohre des achteren Vierlingsturms können noch schießen; die übrige schwere Artillerie ist ausgefallen. Doch zum Glück wächst die Gefechtsentfernung rasch. Ungläubig sehen sich die Engländer an:

Die Deutschen stoßen nicht nach! Sie behalten Fahrt und Kurs bei, statt zu versuchen, auch das zweite schwer angeschlagene Schlachtschiff zu vernichten.

»Sie könnten uns erledigen«, sagt der Artillerieoffizier zu Captain Leach, »aber sie kneifen aus ...«

Das verstehe, wer will.

Nach Aussagen von *Bismarck*-Überlebenden soll der Kommandant, Kapitän zur See Ernst Lindemann, den Flottenchef bedrängt haben, dem Gegner nachzusetzen und das Gefecht weiterzuführen. Lindemann ist Artillerist. Der unglaubliche Erfolg über die *Hood* reißt ihn mit. Heute ist seinem Schiff alles zuzutrauen.

Admiral Lütjens jedoch lehnt den Vorschlag ab. Warum, kann niemand mehr mit Sicherheit sagen. Drei Tage später gehen alle an solchen Erörterungen eventuell beteiligten Offiziere mit der *Bismarck* unter. In der Zwischenzeit hat Lütjens, trotz mehrerer langer Funksprüche, nichts über seine Beweggründe mitgeteilt. Auch der vom Flottenchef angeregte Versuch, sein Kriegstagebuch von einem U-Boot abholen zu lassen, mißlingt.

So kann nur vermutet werden, daß sich Lütjens bei seiner Entscheidung, die angeschlagene und abdrehende *Prince of Wales* nicht zu verfolgen, wiederum strikt an Raeders Weisung gehalten hat:

Seine Hauptaufgabe ist der ozeanische Zufuhrkrieg – nicht die Versenkung von Schlachtschiffen!

Die Lage hat sich vom einen auf den anderen Tag grundlegend geändert. Der unbemerkte Durchbruch in den Atlantik ist nicht gelungen. Das von den angreifenden Briten aufgezwungene Gefecht hat den Deutschen nach kurzem, dramatischen Verlauf Erfolg gebracht, und die Chance ist da, ihn noch durch einen weiteren Erfolg zu krönen.

Aber das alles reicht nicht, um die Kraft des Operationsbefehls der Skl aus den Angeln zu heben. Der Rocher de bronce Lütjens steht, unverrückbar, im Bann dieses Befehls. Der Flottenchef ist so sehr auf das strategische Wunschdenken der Skl fixiert, daß er seine eigentliche Aufgabe, aus der eingetretenen

Lage mit taktischem Geschick das Beste zu machen, nicht mehr wahrzunehmen vermag. Lütjens' Tragik liegt in dem unauflösbaren Widerspruch zwischen eigener Erkenntnis und soldatischem Gehorsam. Er rechnet fest damit, daß er sich, »früher oder später«, werde opfern müssen. Und wenn es geschehen soll, dann jedenfalls in Übereinstimmung mit den gegebenen Befehlen – kein Jota anders.

In den Hauptstädten der Kriegführenden trifft die Nachricht von dem dramatischen Seegefecht in den frühen Morgenstunden ein. In Berlin gratuliert Hitler Großadmiral Raeder persönlich zu dem großen Erfolg. In London gibt Churchill eine Probe seiner psychologischen Beeinflussungskunst. Die Katastrophenmeldung reißt ihn aus dem Schlaf. Er stürzt in das Zimmer Averell Harrimans und sagt finster:

»Die *Hood* ist in die Luft geflogen ...«, um sogleich entschlossen fortzufahren: »Aber wir haben die *Bismarck* fest im Griff!«

Anschließend, so will es die Überlieferung wissen, sei der Premier wieder zu Bett gegangen und habe ruhig weitergeschlafen.

Doch so fest, wie Churchill meint, ist der Griff der Royal Navy um das deutsche Flottenflaggschiff vorläufig nicht. Der weitere Verlauf dieser raumgreifenden Verfolgungsjagd, dieser Hatz auf das edle Wild, das sich allein der von allen Seiten einstürmenden Meute erwehren muß, ist immer wieder rekonstruiert, in zahlreichen Studien untersucht, in mehr als 100 Darstellungen geschildert und sogar in Filmen verzerrt worden.

Der Weg des Flottenflaggschiffes *Bismarck* bis zu seinem Untergang gegen 10.35 Uhr am 27. Mai 1941 gleicht einer modernen Odyssee:

- Wie die Entschlüsse des deutschen Flottenchefs durch einen von *Prince of Wales* erzielten Treffer im Vorschiff der *Bismarck* mit starkem Ölverlust beeinflußt werden;
- wie es gelingt, den Kreuzer *Prinz Eugen* unbemerkt aus der feindlichen Fühlung zu lösen;
- wie die Torpedoflugzeuge des Trägers *Victorious* die *Bismarck* finden, ihr auch einen Treffer mittschiffs beibringen, der aber wirkungslos am Seitenpanzer des Riesen verpufft;
- wie sich Admiral Lütjens unentrinnbar vom Feind beschattet wähnt, während die völlig erschöpften britischen Fühlungshalter den Kontakt in Wirklichkeit verloren haben;
- wie die *Bismarck* darauf einen langen Funkspruch des Flottenchefs mehrmals absetzt, der natürlich von den Engländern eingepeilt wird;

- wie aber das Peilergebnis dem C-in-C Home Fleet, Admiral Tovey, auf seinem Flaggschiff *King George V.* falsch übermittelt wird und sich die Jäger dadurch selber in die Irre führen;
- wie der Flying Officer Briggs mit seinem *Catalina*-Flugboot die zwei Nächte und einen Tag lang ›verlorengegangene‹ *Bismarck* auf dem direkten Kurs in die Biskaya wiederfindet;
- wie nur noch die aus Gibraltar herandampfende ›Force H‹ des Vizeadmirals Somerville dem deutschen Schlachtschiff den Weg verlegen kann, die Torpedoflugzeuge seines Trägers *Ark Royal* aber den eigenen Kreuzer *Sheffield* für die *Bismarck* halten und ihn angreifen;
- wie eine zweite Welle von Torpedoflugzeugen schließlich doch den Feind findet und einen Treffer in die Ruderanlage der *Bismarck* erzielt, der das Schiff manövrierunfähig macht und seinen Gegnern ausliefert ...

Das alles bietet Stoff genug für ein menschliches Drama voller Irrungen und Wirrungen. Und es bestätigt die Erfahrung, daß Zufälle, Fehldeutungen, menschliches Versagen, aber auch unverhofftes Glück – zumal im Kriege – eine mindestens ebenso große Rolle spielen wie alle noch so fachmännisch vorbedachte Planung.

Als die *Bismarck* gesunken ist und mit ihr der gesamte Flottenstab, die Schiffsführung und rund 2100 Mann, während nur 115 gerettet werden – als der Stolz des deutschen Schlachtschiffbaus, der bisweilen für unsinkbar erklärte 42 000-ts-Koloß das gleiche Schicksal erlitten hat, das er zahlreichen gegnerischen Handelsschiffen zufügen sollte, kehrt in Berlin Ernüchterung ein. Zwar möchte die Seekriegsleitung den Verlust des Schiffes nicht überbewertet wissen; bei der gewagten Anlage der Operationen mußte von Anfang an mit solchen Schlägen gerechnet werden. Aber diesmal sieht sich Raeder einem verhärteten Hitler gegenüber.

Ungehalten will der Führer von seinem Marinechef wissen, warum die *Bismarck* nach der Versenkung der *Hood* im Vertrauen auf ihre Gefechtsstärke nicht auch die *Prince of Wales* niedergekämpft habe?

Hitler: »Selbst bei Verlust der *Bismarck* wäre das Endergebnis dann zwei englische Verluste gegen einen deutschen gewesen.«

Eine höchst einfache, auch einleuchtende Rechnung, die aber den Großadmiral eher verzweifeln läßt, weil sie erneut Hitlers Nichtverstehenwollen des Konzepts der atlantischen Kriegführung ausdrückt.

Raeder nimmt Lütjens in Schutz. Als Grund nennt er die »Schädigung des feindlichen Handelns, die der Flottenchef als Hauptziel im Auge zu behalten hatte«. Damit liegt die Verantwortung für den Verlust des Schiffes und der Besatzung beim Großadmiral selbst, der sie auch uneingeschränkt auf sich nimmt, aber nicht die Konsequenzen daraus zieht.

Im Gegenteil, er versucht sein Konzept durch Spekulationen zu stützen: »*Hätte* er (Lütjens) ein Gefecht gegen *Prince of Wales* durchgeschlagen, so *hätte* er selbst bei günstigem Erfolg mit schweren Beschädigungen rechnen müssen, die ihm die Weiterführung des Handelskrieges unmöglich machten.«

Solche Beschädigungen sind aber schon vorher eingetreten, und überdies ist im Einsatz stets damit zu rechnen.

Schlachtschiffe müssen schlagen! Erst recht unter einem so günstigen Stern wie am 24. Mai 1941. Der schwere Fehler, das Gefecht mit halbem Erfolg zu beenden, geht zu Lasten der theoretisch-utopischen Befehlsgebung der Seekriegsleitung, bestimmend geprägt vom Großadmiral selbst.

Gerade die frische Erfahrung der Atlantikoperation der Schlachtschiffe, bei der *Gneisenau* und *Scharnhorst* ›geschickt‹ jeder Berührung mit feindlichen Seestreitkräften aus dem Weg gegangen sind, nur um dann im Hafen sogleich außer Gefecht gesetzt zu werden, mußte die Seekriegsleitung veranlassen, ihr Konzept kritisch zu überprüfen. Geändert aber wurde nichts.

Obwohl Raeder sich selber große Sorgen um die Luftgefährdung der französischen Atlantikstützpunkte macht, behauptet er vor Hitler:

»Ohne den verhängnisvollen Rudertreffer *hätte* er (Lütjens) aller Wahrscheinlichkeit nach den Bereich wirksamer Unterstützung durch deutsche Luftstreitkräfte erreicht und seine Reparaturen in St. Nazaire ausführen können ...«

Und was *wäre* – um diese Hypothesen ein einziges Mal weiterzuführen – was wäre dort unter den ständigen Angriffen britischer Bomber geschehen?

Hitler ist von den Ausführungen seines Marinechefs weniger überzeugt denn je. Der Großadmiral spürt deutlich die Wandlung im Verhalten des Führers.

Raeder: »Während er mir bis dahin im allgemeinen freie Hand gelassen hatte, wurde er jetzt sehr viel kritischer und bestand mehr auf seinen eigenen Ansichten als vorher.«

Hitler verweist auf das kurz bevorstehende Anlaufen des Unternehmens ›Barbarossa‹, des Angriffs auf Rußland, von dem er sich nach wie vor eine starke Wirkung auf England verspricht. Vorläufig hält er es daher für unzweckmäßig, das Risiko weiterer

Einsätze schwerer Schiffe auf sich zu nehmen.

Mit dieser Entscheidung bricht der ozeanische Zufuhrkrieg mit Überwasserstreitkräften praktisch zusammen. Alle Versuche Raeders und der Seekriegsleitung, Hitler im Laufe der kommenden Monate umzustimmen, scheitern.

Der Kreuzer *Prinz Eugen* läuft zwar wohlbehalten am 1. Juni in Brest ein. Aber die Royal Navy macht Jagd auf die Versorgungsschiffe der deutschen Kampfgruppe, stellt sechs Tanker oder zwingt sie zur Selbstversenkung und schaltet damit eine der wesentlichen Voraussetzungen für jeden weiteren Atlantikeinsatz der Überwasserschiffe aus.

Zu allem Unglück wird die *Scharnhorst,* die Ende Juni 1941 ihre Maschinenreparatur beendet hat, beim schwersten Angriff der Royal Air Force am 24. Juli in La Pallice von fünf Bomben getroffen und fällt dadurch erneut für mehrere Monate aus. Beide Schlachtschiffe sind bis in den Winter festgenagelt, was die Engländer durch ihren Nachrichtendienst genau zu wissen scheinen.

Dem *Prinz,* wie Kapitän Brinkmanns gut geführter Kreuzer genannt wird, ergeht es nicht besser. Bei einem Angriff der RAF auf Brest in der Nacht zum 2. Juli schlägt eine einzelne Bombe durch mehrere Decks und detoniert in der vorderen Rechenstelle, dem Herzstück der schweren Artillerie. Zusammen mit dem I. Offizier, Fregattenkapitän Otto Stooss, fallen 60 Mann. Auch der Kreuzer wird erst zum Jahresende wieder einsatzbereit sein.

So siecht die Flotte, die sich nach Raeders Konzept auf See nicht schlagen soll, im Hafen dahin. Und die U-Boote, die den eigentlichen Kampf um die britischen Zufuhren auf ihren schmalen Schultern tragen, müssen ständig um genügende Werft- und Reparaturkapazitäten ringen, damit die so dringend notwendige Zahl einsatzbereiter Boote schneller steigt.

Karl Dönitz, BdU und seit Herbst 1940 Vizeadmiral, schreibt am 26. November 1941 in einer Betrachtung »über die Wirkungssteigerung des U-Boot-Krieges«, Werftarbeiter dürfen nur noch für Neubauten und Reparaturen eingesetzt werden, die »für die Kriegführung unumgänglich notwendig« sind.

Dann fällt Dönitz sein Urteil über die schweren Schiffe. Die Atlantikvorstöße seien »Operationen größter Kühnheit« gewesen. Aber die Zeiten hierfür seien vorbei. Der Einsatz entspreche nicht mehr dem zu erwartenden Nutzen. Statt selber anzugreifen, würden sich die Schiffe nur noch der feindlichen Übermacht entziehen müssen.

Dönitz: »Für die Atlantikkriegführung möchte daher der BdU

es klar verneinen, daß unsere Schlachtschiffe und Kreuzer hierfür unumgänglich notwendig sind ...« Und: »So muß die klare, logische Schlußfolgerung gezogen werden, daß diese Schiffe nicht mehr zur dringenden Kriegführung in diesem Kriege gehören und bei dem dringenden Bedarf an Reparaturkräften für die kriegführende U-Boot-Waffe Reparaturkräfte für die Schlachtschiffe und Kreuzer daher nicht mehr eingesetzt werden dürfen.«

Wüßte Hitler von diesem Papier des U-Boot-Chefs, er würde weitgehende Übereinstimmung mit seinen eigenen Ansichten feststellen.

»Alle unsere Schlachtschiff- und Kreuzerunternehmungen«, betont Dönitz, »erfordern größten Einsatz bei geringen Erfolgsaussichten, die Unterhaltung dieser Schiffe dagegen großen materiellen und personellen Aufwand. Unsere Kriegsmarine kann nur noch durch das U-Boot entscheidend an der siegreichen Beendigung des Krieges mitwirken ...«

Das sind Ansichten, die denen der Seekriegsleitung diametral entgegenlaufen und die von Raeder wohl nur mit Nachsicht entgegengenommen werden, weil er dem Befehlshaber einer Teilstreitkraft zugesteht, sich aufs äußerste für seine eigene Waffe einzusetzen. Daß Dönitz recht hat, will in der Skl niemand wahrhaben.

Aber Hitler handelt nun. Und er handelt gegen Raeders Vorschläge.

Am 13. November 1941 trägt der ObdM dem Führer vor, die schweren Schiffe in Brest würden im Februar 1942 wieder einsatzbereit sein. Kürzere Atlantikoperationen seien nach wie vor durchaus erfolgversprechend. Nach der langen Liegezeit müßten jedoch zuerst die Besatzungen wieder ausgebildet werden – und darin liege, unter der ständigen britischen Luftbedrohung, die Schwierigkeit.

Hitler geht auf diese Ausführungen nicht näher ein, fragt aber plötzlich:

»Ist es möglich, die Schiffe überraschend *durch den Kanal* zurückzuführen?«

Raeder wirkt irritiert.

»Für *Prinz Eugen* ja«, sagt er, »für die Schlachtschiffe bisher nicht.« Er wolle die Frage prüfen.

Daß Hitler, der an der Ostfront genug Sorgen hat, zur Zeit nicht bereit ist, einer neuen Atlantikoperation zuzustimmen, geht schon aus seiner Ablehnung eines anderen Antrags des Großadmirals hervor. Raeder möchte den *Scheer* wieder zum Kreuzerkrieg in den Atlantik und den Indischen Ozean hinausschicken.

Hitler will davon nichts wissen. Ginge *Scheer* verloren, so wäre das ein »schwerer Prestigeverlust«. Raeder solle den schweren Kreuzer an die norwegische Küste verlegen, dort zeichne sich ein neuer Schwerpunkt der Kriegführung ab.

Am 2. Weihnachtstag 1941 kommt Hitler darauf zurück. Ausgelöst durch den Antrag der Skl an die Luftwaffe, starken Jagdschutz für die Fahr- und Gefechtsübungen der *Gneisenau* und der *Scharnhorst* zu stellen, entwickelt er seinem Marineadjutanten v. Puttkamer folgende Gedanken:

Übungen in diesem Seegebiet seien ausgeschlossen, ohne daß Schiffe und Besatzungen aufs äußerste gefährdet würden. Das einzig richtige sei, die Schiffe ohne vorherige Probefahrten und Übungen so schnell wie möglich durch den Kanal zurückzuführen. Es sei nicht zu verantworten, die Schiffe auch nur einen Tag länger als zur Reparatur nötig in Brest liegen zu lassen. Die Engländer würden alles daransetzen, neue Bombentreffer zu erzielen, und dann könne nur der Zufall die Schiffe retten.

Puttkamer teilte solche Einzelheiten eiligst an Raeders Stabschef Schulte-Mönting mit und übermittelt Hitlers Wunsch, vom Großadmiral und von Vizeadmiral Fricke baldigst ein sachverständiges Urteil über die Rückführungsmöglichkeiten der Brest-Schiffe zu hören.

Doch die Seekriegsleitung, seit Admiral Schniewinds Wechsel ins Flottenkommando unter dem neuen Stabschef Fricke, hält die hier Gestalt gewinnenden Pläne des Führers für höchst gefährlich.

»Ein Marsch durch den Kanal entfällt für die Schlachtschiffe völlig«, hatte sie bereits im Frühsommer bei den »Lehren« aus dem *Bismarck*-Unternehmen konstatiert.

Raeder und Fricke bleiben auch dabei, als sie am 29. Dezember das von Hitler gewünschte ›sachverständige Urteil‹ abgeben: Sie bestehen auf der vorgeschlagenen Ausbildung, damit die Schiffe voll einsatzbereit werden.

»Die Ausbildung«, betont Raeder, »würde auch nötig sein, wenn der Durchbruch in die Heimat durch den Kanal gewählt würde, der aber nach den bisherigen Feststellungen *unmöglich* ist, da das Risiko – neben Bedrohung durch leichte See- und Luftstreitkräfte, durch Minen und navigatorische Schwierigkeiten – ein ungeheuer großes ist . . .«

Hitler hört nur ungeduldig zu. Dann hält er den Admiralen vor, ein englischer Angriff auf Nordnorwegen sei zu erwarten und könne von kriegsentscheidender Bedeutung sein. Die deutsche Flotte müsse ihre ganze Kraft für die Verteidigung Norwegens einsetzen, alle Schlacht- und Panzerschiffe gehörten dort hinauf! Und dafür müssen die Schiffe aus Brest zurück. Hitler bleibt dabei:

»Am besten völlig überraschend durch den Kanal! Ohne vorherige Bewegungen zur Ausbildung. Das führt nur zu verstärkten Angriffen der Engländer!«

Hitler bietet, wenn die Skl ihr ›Unmöglich‹ aufrechterhält, nur eine Alternative an: die Schiffe außer Dienst zu stellen und wenigstens Geschütze und Besatzungen nach Norwegen zu schicken . . .

Raeder ist wie versteinert. Er bittet nur, die ganze Frage nochmals prüfen zu dürfen, ehe die Entscheidung fällt.

Die Prüfung endet erneut negativ.

»Die Rückführung der Brest-Streitkräfte durch den Kanal«, schreibt Raeder am 8. Januar 1942 an Hitler, »wird mit hoher Wahrscheinlichkeit zu Totalverlusten oder zumindest schweren Beschädigungen führen . . . Ich sehe mich daher nach meiner innersten Überzeugung nicht in der Lage, eine derartige Überführungsoperation in Vorschlag zu bringen.«

Der Großadmiral bietet statt dessen erneut an, die Schlachtschiffe einsatzbereit in Brest zu lassen – genau das, was Hitler auf keinen Fall will.

Von einer Außerdienststellung und Desarmierung der Schiffe müsse er als ObdM »mit allem Ernste abraten«, weil er darin eine schwere Belastung der Kriegsmarine und einen großen Erfolg der feindlichen Seekriegführung sieht.

Die entscheidende Besprechung findet am 12. Januar 1942 im Führerhauptquartier ›Wolfsschanze‹ in Ostpreußen statt. OKW-Chef Keitel ist dabei und General Jodl, Luftwaffen-Generalstabschef Hans Jeschonnek und das Jagdflieger-As Oberst Adolf Galland. Raeder bringt neben Fricke den Befehlshaber der Schlachtschiffe, Vizeadmiral Otto Ciliax und seinen 1. Asto Reinicke, ferner den Befehlhaber der Sicherung West, Kommodore Friedrich Ruge, mit.

Hitler weist auf die großen Gefahren hin, die nach seinen vorliegenden Nachrichten in Nordnorwegen drohen. Er wünsche »unter allen Umständen die Verlegung des Schwergewichts der deutschen Seestreitkräfte in diesen Raum«.

Dann trägt Admiral Ciliax vor. Er hält Hitlers Absicht jedenfalls für aussichtsreicher als den langen, gefahrdrohenden Rückweg rings um die Britischen Inseln und durch die nördlichen Passagen. Für den Fall des Durchbruchs durch den Kanal verlangt Ciliax vor allem stärksten Jagdschutz aus der Luft. Jeschonnek sagt, 250 Jäger stünden zur Verfügung, aber das reiche nicht, um die Schiffe völlig zu sichern. Ruge stellt dar, wie aus zahlreichen Teilstücken ein minenfreier Weg – nicht hundertprozentig sicher – zusammengefügt werden könne, ohne daß diese Such- und Räumarbeiten als zusammenhängende Maßnahme zu erkennen seien.

Schließlich wieder Hitler: Er greift Ciliax' Vorschlag auf, die Schlachtschiffe im Dunkeln aus Brest auslaufen zu lassen, damit sie nicht gleich an die Engländer gemeldet werden. Dann aber passieren sie die Enge zwischen Calais und Dover zwangsläufig am Tage! Dennoch sieht Hitler gerade in dieser überraschenden Maßnahme eine Chance. Die Engländer werden es nicht glauben wollen, sie werden nicht schnell genug reagieren.

Hitler zieht das Fazit:

»Bleiben die Schiffe in Brest, so werden sie von der feindlichen Luftwaffe außer Gefecht gesetzt. Es ist wie bei einem Krebskranken: Ohne Operation geht er bestimmt kaputt. Mit Operation aber *kann* er gerettet werden. Also wird operiert. Der Kanalmarsch muß durchgeführt werden!«

So beginnt das Unternehmen ›Cerberus‹, der berühmte Kanaldurchbruch der deutschen Flotte. Am Abend des 11. Februar 1942 läuft Admiral Ciliax auf der *Scharnhorst* mit *Gneisenau* und *Prinz Eugen* während eines Fliegeralarms aus dem dicht vernebelten Hafen aus. Die Geheimhaltung war das A und O aller Vorbereitungen, und nun bleibt auch das Auslaufen unbemerkt.

Dennoch scheint es so gut wie aussichtslos, daß die Absicht der Deutschen den Briten verborgen bleibt. Das Coastal Command läßt durch Aufklärer lückenlose Luftüberwachung fliegen. Und Air Marshal Joubert, Chef des Coastal Command, teilt am 8. Februar mit:

»In den letzten Tagen haben die drei großen deutschen Schiffe Gefechtsübungen im offenen Wasser abgehalten; sie dürften folglich seeklar sein. Vom 10. Februar ab sind die allgemeinen Bedingungen *im Kanal* ausgesprochen günstig, um einen Durchbruch *im Dunkeln* zu versuchen. Am 15. Februar wird Neumond sein. Die Gezeiten in der Dover-Enge würden die Durchfahrt zwischen 4 und 6 Uhr beschleunigen . . .«

Diese für die Skl, hätte sie davon erfahren, gewiß erschreckend genaue Vorwarnung hatte nur einen entscheidenden Fehler: Die Engländer erwarten den deutschen Durchbruchsversuch in dunkler Nacht. Aber sie kommen am hellen Tage. Sie passieren die Dover-Enge zur Lunch-Time!

Den Schutz des Durchbruchsverbandes übernimmt zunächst der Führer der Zerstörer, Konteradmiral Erich Bey, auf *Z 29* und mit den weiteren Booten *Z 25, Paul Jacobi, Richard Beitzen,*

Friedrich Ihn und *Hermann Schoemann*. Später stoßen mit den Chefs der 2., 3. und 5. T-Flottille, den Korvettenkapitänen Heinrich Erdmann, Hans Wilcke und Moritz Schmidt, nicht weniger als 14 Torpedoboote zur Sicherung hinzu.

Aber was nützte das alles, wenn nicht gerade in der Auslaufnacht das britische Flugzeug-Radar ASV (Air to Surface Vessel) seine letzte Schlappe in diesem Krieg erlitte? Das Coastal Command läßt zwischen Brest und Le Havre tagsüber und nachts drei Aufklärungsstreifen abfliegen, die Linien ›Stopper‹ direkt vor der Ausfahrt von Brest, ferner ›Line SE‹ und ›Habo‹. Und ausgerechnet bei den Hudson-Flugzeugen auf ›Stopper‹ und ›Line SE‹ fallen die Radargeräte aus – zur selben Zeit, da unten auf See der deutsche Durchbruchsverband ungesehen vorüberrauscht.*

Auch als der Morgen graut und bis in den späten Vormittag hinein bleiben die Schiffe unentdeckt. Ab 10 Uhr beginnen zahlreiche Störsender an der französischen Küste gezielt ihre volle Leistung abzustrahlen. Erst jetzt, da ihre Radargeräte gestört werden, beginnen die Engländer zu ahnen, daß sich etwas Außergewöhnliches im Kanal ereignet . . .

Gegen Mittag steht die Armada des Admirals Ciliax bereits vor Boulogne und steuert auf die Kanalenge zu. Und immer noch keine Gegenwehr! Hitler behält recht: Der Feind ist nicht in der Lage, auf den überraschenden Vorstoß am hellichten Tage prompt zu reagieren.

Um 13.15 Uhr nimmt die Entfernung von Dover für die deutschen Schiffe schon wieder zu. Da endlich blitzt drüben auf der Insel grelles Mündungsfeuer von schwerer Artillerie auf. Der Verband läuft schon fast an der Grenze ihrer Reichweite. Die am weitesten außen mitfahrenden Schnellboote der 2., 4. und 6. S-Flottille nebeln, und das Feuer hört wieder auf.

Jetzt erst erwachen Navy und Air Force aus ihrer Lethargie. Bis zum Einbruch der Dunkelheit greifen sie an: mit Torpedoflugzeugen und Bombern, mit Motorkanonenbooten und Zerstörern. Aber alles prallt von der Sicherung des Verbandes ab.

Dennoch gibt es auf dem Flaggschiff am Nachmittag eine bange halbe Stunde: Um 15.28 Uhr läuft die *Scharnhorst* vor der Scheldemündung auf eine Mine, verliert ihre Fahrt und bleibt schließlich bewegungslos liegen. Jedoch: Nach zwölf Minuten fährt der L. J., Korvettenkapitän (Ing.) Walter Kretzschmar, die Kessel langsam wieder an. Bald darauf kommt auch der ausgefallene Strom zurück: Die Artillerie, bis dahin hilflos, kann wie-

* Ausführliche Darstellung der Radar- und Störeinsätze beim Kanaldurchbruch in C. Bekker, ›Augen durch Nacht und Nebel. Die Radar-Story‹, Oldenburg 1964, Seiten 133 ff.

der schießen. Um 15.49 Uhr läuft die Backbordmaschine an. Und eine halbe Stunde nach dem Minentreffer ist die *Scharnhorst* klar für Äußerste Kraft. Erneut hat das technische Personal des Schiffes eine Meisterleistung vollbracht.

Fast schon zu Hause, erhalten beide Schlachtschiffe nochmals je einen Grundminentreffer, die sie aber noch weniger aufhalten können.

Eine Operation, deren Durchführung die Seekriegsleitung für »unmöglich« erklärt hat, die aber dann, auf Hitlers Befehl, von allen Beteiligten mit großem Geschick vorbereitet und entschlossen ›durchgeschlagen‹ worden ist, bringt die deutsche Flotte mit nur geringen Beschädigungen nach Hause zurück. Ein Sieg scheint errungen.

In England ergießen sich Spott und Entrüstung über die verantwortlichen Kommandostellen. »Seit dem 17. Jahrhundert«, schreibt die ›Times‹ am folgenden Tage, »hat unsere Seeherrschaft in heimischen Gewässern keine größere Demütigung erfahren.«

Doch der taktische Erfolg des Kanaldurchbruchs darf nicht darüber hinwegtäuschen, daß die deutsche Überwasserflotte mit diesem strategischen Rückzug eine Niederlage erlitten hat. Die Stützpunkte an der französischen Atlantikküste, vor wenig mehr als eineinhalb Jahren mit den größten Hoffnungen der Seekriegsleitung in Besitz genommen, sind unter der Gewalt des britischen Bombenhagels nicht zu halten. Nicht mit schweren Schiffen.

Die »einzigartige strategische Ausgangslage« ist wieder eingebüßt, das »Wunschbild unserer Seekriegführung gegen England« zerbrochen.

Für die Überwasserstreitkräfte der deutschen Marine ist die Wendemarke vom Angriff zur Defensive bereits überschritten.

Bedarf es noch eines Beweises, wie überholt der Schlachtschiffglaube der führenden Männer der Seekriegsleitung ist? Die Royal Air Force liefert ihn bereits in der Nacht zum 27. Februar 1942.

Die *Gneisenau,* das Flottenflaggschiff der ersten Kriegsjahre, erhält im Dock in Kiel einen schweren Bombentreffer und wird durch Brände verwüstet.

Mit Glück und Können ist das Schiff durch die Höhle des Löwen, durch den Englischen Kanal marschiert. Jetzt läuft es schwer beschädigt durch die Ostsee nach Gotenhafen – und blockiert dort erneut Tausende Stunden von der knappen Werft- und Reparaturkapazität.

Die *Gneisenau* kommt nie mehr in Fahrt. Im März 1945, kurz vor dem Eindringen der Russen, wird sie in die Hafeneinfahrt geschleppt und dort versenkt.

Ohnmächtige Sieger · Erfahrungen und Lehren

1. In seltener Übereinstimmung mit Großadmiral Raeder hielt Staatschef Hitler eine Landung in England für so gut wie unmöglich und bezeichnete ein solches Wagnis nur als ›ultima ratio‹ zur Beendigung des Krieges. Die Deutschen glaubten den Krieg schon gewonnen; sie waren ohnmächtige Sieger.

2. Daß Großbritannien nach den deutschen Blitzsiegen nicht Frieden schließen wollte, führte Hitlers rastloser Geist darauf zurück, England klammere sich an Rußland als letzte Hoffnung. Der deutsche Führer beschloß Rußland anzugreifen und niederzuwerfen, nicht zuletzt deshalb, um Englands Hoffnung zunichte zu machen.

3. Hitler täuschte die Marine über seine wahren Absichten und ordnete, um den Schein aufrechtzuerhalten, halben Herzens die Vorbereitung der England-Landung an. Nur eine unwahrscheinlich günstige Kampfentwicklung im Westen, die aber kaum jemand erwartete, hätte Hitler veranlassen können, dieses ›Unternehmen Seelöwe‹ tatsächlich auszulösen. Letztlich war er froh, als er es abblasen konnte.

4. Die nutzlose, in der Marine aber mit aller Kraft betriebene Vorbereitung des ›Seelöwen‹ blockierte monatelang ihre Kapazitäten für wichtigere Aufgaben.

5. Dazu gehörte in erster Linie das U-Boot-Bauprogramm, dessen überragende Bedeutung außerhalb der U-Boot-Waffe nicht voll erkannt wurde. Die wenigen U-Boote, die Admiral Dönitz ab Sommer 1940 im Atlantik einsetzen konnte, bewiesen zur Überraschung von Freund und Feind, daß sie die einzige ernst zu nehmende Bedrohung der englischen Zufuhr und damit Englands selbst darstellen.

6. Die deutsche Führung zog daraus nur halbe Konsequenzen. Hitler blieb auf Rußland fixiert und vertröstete die U-Boot-Waffe auf später. Raeder setzte sich zwar für das U-Boot-Programm ein, wollte aber auch seine schweren Schiffe nicht missen, von denen er sich größere seestrategische Auswirkungen versprach.

7. Der ozeanische Zufuhrkrieg mit diesen schweren Streitkräften erwies sich entgegen hochgespannten Erwartungen und Behauptungen über seinen Erfolg als Schlag ins Wasser. Wohl trug das Auftreten der Schiffe im Atlantik über das Versenkungsergebnis hinaus Verwirrung in die England versorgende Schiffahrt. Doch spornte sie den Gegner an, sich dieser lästigen Gefahr zu entledigen, was ihm nur zu schnell mit gutem Erfolg gelang.

8. Gewiß hielten die wenigen deutschen Schiffe für kurze Zeit die ganze britische Flotte in Atem. Die Royal Navy wurde sogar gezwungen, ihre Schlachtschiffe im Geleitdienst zu verschleißen. Aber der Anteil der schweren Schiffe am gesamten Potential der deutschen Marine war sehr viel höher als solcher Teilerfolg, gemessen am erzielbaren Gesamterfolg. Das Gesetz des ökonomischen Einsatzes der aktivierbaren Mittel wurde verletzt. Die U-Boote erreichten absolut und vor allem relativ zu ihrem Anteil am Gesamtpotential viel mehr.

9. Ohne die Bedrohung durch die deutschen Schiffe wäre auch das sehr viel größere Potential der britischen Schlachtflotte – sieht man von den durch die Schwäche Italiens bedingten Einsätzen im Mittelmeer ab – weitgehend nutzlos gewesen. Gerade durch das deutsche Auftreten konnte sich die Home Fleet entfalten und ein letztes Mal bewähren.

10. Schlachtschiffe waren dafür bestimmt, Seeschlachten zu schlagen. Diese ›Schlachtentscheidung‹ aber galt als überholt, wie die Marine in der Theorie schon 1938 richtig erkannt hatte. Für den tatsächlich entbrennenden Zufuhrkrieg mußte das Schlachtschiff denkbar ungeeignet sein. Dies nicht von Anfang an erkannt zu haben, war der Grundirrtum der deutschen Seekriegsleitung.

11. Das Gefecht der ›Bismarck‹-Gruppe gegen die britischen ›Hood‹ und ›Prince of Wales‹ zeigt deutlich die Chancen der schweren deutschen Schiffe, wenn sie einmal ihre Kräfte mit gleichwertigen Gegnern messen und das Gefecht unter günstigen taktischen Voraussetzungen entschlossen durchschlagen durften. Aber die am grünen Tisch ersonnenen, mit zu vielen ›wenn‹ und ›aber‹ befrachteten Weisungen der Skl hinderten die Seebefehlshaber in der Phase des ozeanischen Zufuhrkrieges daran, mit ihren Schlachtschiffen wirklich zu kämpfen. Das war es, was die Engländer nicht verstanden, was Hitler nicht verstand und was auch letztlich unverständlich bleibt.

12. Alle großen Erwartungen, die in die Stützpunkte an der französischen Küste gesetzt wurden, trogen, weil die Luftgefährdung dieser von britischen Bombern leicht zu erreichenden Ziele nicht auszuschalten war. Letztlich war es der Laie Hitler, der seine realistischere Einstellung zu den schweren Schiffen der Seekriegsleitung aufzwang.

IV. KAMPF UM DAS MITTELMEER

12 Eine Lektion in Seeherrschaft

Mitternacht vom 8. zum 9. November 1941. Im Ionischen Meer, 135 Seemeilen ostwärts des sizilianischen Hafens Syrakus, läuft ein italienischer Geleitzug nach Süden: fünf Transportschiffe und zwei Tanker, Nachschub für die deutsch-italienische Front in Nordafrika.

Der Geleitzug kommt aus Neapel, hat die Straße von Messina passiert und ist um das Kap Spartivento an der Fußspitze des italienischen Stiefels herum scharf nach Osten abgebogen, obwohl sein Bestimmungshafen, Libyens Hauptstadt Tripolis, in südwestlicher Richtung liegt. Die Italiener können sich ihrem Ziel nur auf einem weit nach Osten ausholenden Bogen nähern; denn auf dem direkten Kurs müßten sie dicht an der britischen Inselfestung Malta vorbei, und Malta mit seinem U-Boot-Stützpunkt, mit seinen Bomben und Torpedoflugzeugstaffeln meiden sie wie die Pest.

Wie ein Stein am Wege, über den der Unachtsame stolpert, so liegt dieses Malta an der Nachschubstraße von Italien nach Nordafrika. »Wie ein Pfahl im Fleische der italienischen Seekriegführung«, so nennt es Eberhard Weichold, der deutsche Admiral beim italienischen Admiralstab ›Supermarina‹.

Der Geleitzug wird am Nachmittag des 8. November östlich Kap Spartivento von einem britischen Bomber entdeckt und gemeldet. Die Nachschubschiffe, darunter der deutsche 7400-Tonner *Duisburg,* sind gut geschützt. Sechs italienische Geleitzerstörer sichern die wertvolle Fracht, und die schweren Kreuzer *Trieste* und *Trento* mit weiteren vier Zerstörern operieren als Deckungsgruppe nahebei. Auf jedes Handelsschiff kommen fast zwei Kriegsschiffe als Sicherung. Wenn es ihnen gelingt, ihr Abwehrfeuer wirkungsvoll zu vereinigen, werden die britischen Bomber kaum durchdringen. Kritisch wird es, sobald der neue Tag anbricht ...

Doch es ist erst eine halbe Stunde nach Mitternacht, als aus dem Dunkel heraus, für die Italiener völlig überraschend, Schiffsartillerie das Feuer auf den Geleitzug eröffnet.

Kapitänleutnant Milano, mit seinem Zerstörer *Fulmine* dem Feind am nächsten, dreht auf das Feuer zu, versucht anzugreifen. Volltreffer schlagen in das Boot, in die Brücke, Milano, schwer verwundet, stößt unbeirrt vor. Die *Fulmine* brennt, ihr Deck wird binnen weniger Minuten verwüstet. Unten steht Oberleutnant Garau, der Artillerieoffizier, am letzten feuerbereiten Geschütz und richtet es selber gegen den übermächtig erscheinenden Feind. Weitere Treffer zerreißen das Boot – die *Fulmine* sinkt wie ein Stein.

Ohne Furcht, doch ebenso planlos, wehren sich auch die anderen italienischen Boote ihrer Haut. Lauter Einzelaktionen, denen der gemeinsame Ansatz fehlt. Am Ende des Geleits stößt die *Grecale* zum Torpedoangriff vor – und bleibt auf halber Strecke zusammengeschossen liegen. Dann dringt Korvettenkapitän Cigala-Fulgosis Boot, die *Euro,* auf einen feindlichen Kreuzer ein. Nur 2000 Meter vor dem Ziel fürchtet Cigala-Fulgosi plötzlich, einen der eigenen Kreuzer anzugreifen: er dreht wieder ab, zumal er in diesem Augenblick von Flottillenführer *Maestrale* zum Sammeln auf die andere Seite des Geleitzuges gerufen wird. Gleich darauf liegt auch die *Euro* im Granathagel, ihr Irrtum ist offenkundig.

In der Minute des überraschenden Feuerüberfalls fahren die Kapitäne zur See Rouselle und Parmigiano mit ihren Kreuzern *Trieste* und *Trento* nur etwa drei Seemeilen vom Geleitzug entfernt. Dennoch können sie nicht eingreifen, weil sie Freund und Feind nicht zu unterscheiden vermögen.

Das Gefechtsfeld wird von den Brandfackeln der Tanker und Transporter, die einer nach dem anderen in Flammen aufgehen, zugleich beleuchtet und chaotisch verwirrt: die Angreifer halten sich hinter dem Feuerschein im Dunkeln. Als die italienischen Kreuzer zum Gefecht auflaufen, ist der Feind ebenso plötzlich verschwunden, wie er aufgetaucht war.

An diesem aus englischer Sicht vorzüglich geplanten und durchgeführten Überfall sind unter Führung von Captain W. G. Agnew nur die beiden leichten Kreuzer *Aurora* und *Penelope* mit den Zerstörern *Lance* und *Lively* beteiligt. Die Briten verstehen ihr Handwerk – und sie verfügen über einen entscheidenden technischen Vorsprung.

Captain Agnew führt seine ›Force K‹ gegen den mit Radar georteten Geleitzug in die günstigste Schußposition, bevor er mit einem Schlage den Überfall beginnt; die Italiener besitzen kein solches Wunderauge, für sie bleibt die Nacht undurchdringlich, ihre Überraschung ist vollkommen. So kommt es, daß sie von einem an Zahl weit unterlegenen Gegner eine empfindliche Niederlage hinnehmen müssen.

Der Geleitzug wird vernichtet, alle sieben Schiffe sinken, mehr als 60 000 Tonnen Nachschub für die Armee in Nordafrika gehen verloren; Treibstoffe vor allem, ohne die weder Panzer noch Flugzeuge den Krieg in der Wüste führen können.

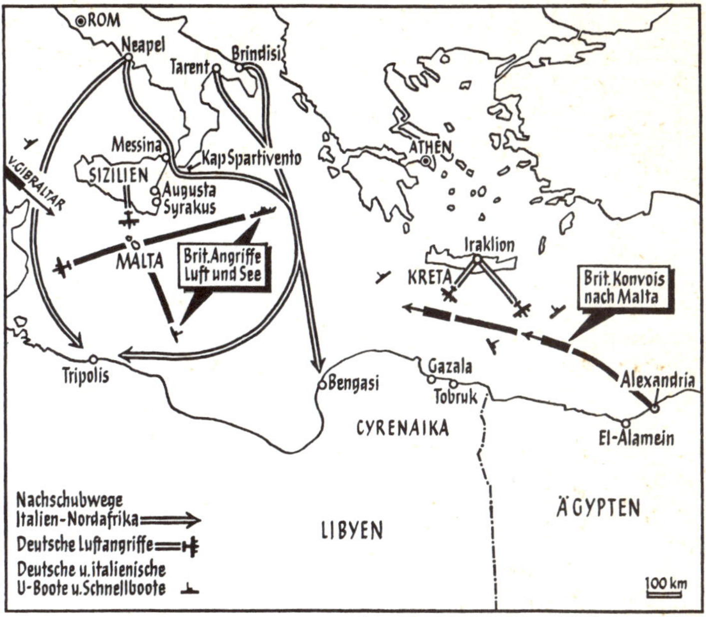

Die beherrschende Lage der britischen Inselfestung Malta im Mittelmeer. Von diesem Stützpunkt aus fügten Bomber und Torpedoflugzeuge, Überwasserstreitkräfte und U-Boote dem deutsch-italienischen Nachschub nach Afrika schwere Verluste zu, obwohl die Geleitzüge einen großen Bogen um die Insel schlugen. Alle Forderungen, Malta zu besetzen, scheiterten an Hitlers Widerstand.

Mittags am 9. November 1941 läuft Agnews ›Force K‹ wieder in ihren Stützpunkt auf Malta ein – ohne jede Beschädigung. Am selben Tage beklagt sich der Befehlshaber des Deutschen Afrikakorps, General Erwin Rommel, über das Ausbleiben der Nachschubtransporte: Von den zugesagten 60 000 Mann Verstärkungen seien bis zur Stunde nur 8093 im Hafen von Bengasi eingetroffen. Rommel beobachtet mit Sorge die britischen Vorbereitungen zur Gegenoffensive. Die Front steht zwar jenseits der ägyptischen Grenze, aber der Gegner ist überlegen. Der deutsche ›Wüstenfuchs‹ wird seinem Angriff nur mit einer beweglichen Kampfführung gewachsen sein – und dafür braucht er Treibstoff und nochmals Treibstoff, aber seine Reserven sind kümmerlich. Nur über das Mittelmeer kann der alles entscheidende Nachschub kommen.

Die Seetransportwege sind jedoch so gut wie abgeriegelt. Immer wieder versuchen die Italiener, wenigstens Kleingeleitzüge durchzubringen, und ein paarmal kommen auch zwei Schiffe in Nordafrika an. Für den Nachschub einer ganzen Armee ist das nur ein Tropfen auf den heißen Stein.

Sobald Captain Agnews ›Force K‹ auch nur gemeldet wird, drehen die Geleitzüge um und suchen den schützenden Hafen. Die Italiener setzen darauf U-Boote und schnelle Kreuzer zum Transport des wichtigsten Nachschubs für die bedrohte Nordafrikafront ein. Auf den Decks der Kreuzer stapeln sich die Benzinfässer – ein groteskes Bild und im Gefecht tödliche Bedrohung; zugleich aber der Beweis, daß die italienische Marine Risiken nicht scheut, wenn nur eine Aussicht auf Erfolg besteht.

Die Engländer sind über die ungenügende Versorgung ihres Gegners Rommel sehr gut unterrichtet. Sie selber besitzen keinerlei Nachschubprobleme. Am 18. November tritt die britische 8. Armee in der Wüste zur Großoffensive an, und in wenigen Wochen verliert Rommel die ganze, erst im Frühjahr eroberte Cyrenaika wieder an den Feind.

Wenn es noch eines Beweises bedurfte, so ist es jetzt offensichtlich: Die Wüstenfront steht und fällt mit ihrem Nachschub über See. Rommel mag ein blendender Truppenführer und Taktiker des Wüstenkrieges sein; ohne die Seeherrschaft über das mittlere Mittelmeer in seinem Rücken muß er letztlich scheitern.

Die deutsche Seekriegsleitung wird nicht müde, auf diese Zusammenhänge hinzuweisen. Mitte September 1941 legt Großadmiral Raeder im Führerhauptquartier eine Aufstellung der Verluste im Mittelmeer vor. Danach sind insgesamt versenkt oder beschädigt worden:

im Juli 1941	21 Dampfer und Tanker mit 78 000 BRT,
im August	25 Dampfer und Tanker mit 84 800 BRT,
vom 1. bis 14. Sept.	10 Dampfer und Tanker mit 39 500 BRT.

Kaum ist diese Liste aufgestellt, da versenkt das britische U-Boot *Upholder* unter Lieutenant-Commander M. D. Wanklyn im Überwassernachtangriff zwei vollbeladene Truppentransporter auf dem Wege nach Tripolis: die beiden 19 500-Tonner *Neptunia* und *Oceania*.

Raeder betont in der ›Wolfsschanze‹:

»Die geschilderte Lage ist unhaltbar. Die vorgesehenen italienischen Maßnahmen sind als völlig unzureichend zu beurteilen . . .«

Der Marinechef fordert »erneut eindringlichst«, sofort für Abhilfe von deutscher Seite zu sorgen, »wenn nicht die gesamte deutsch-italienisch-nordafrikanische Position verlorengehen soll« – von einer Offensive Rommels in Richtung Kairo–Suezkanal ganz zu schweigen.

Dennoch beherrscht immer eindeutiger der auf Malta gestützte Feind das Mittelmeer, und es kommt schließlich zu der Novemberkatastrophe. Die von Admiral Weichold aus Rom nach Berlin gemeldete Verlustquote steigt auf 77 Prozent der Nachschubtransporte.

Wieder eilt Raeder zu Hitler und wirft ihm vor, die Seekriegsleitung habe diese bedrohliche Entwicklung von jeher richtig erkannt und auf Änderung gedrungen. »Heute«, stellt der Marinechef bitter fest, »besitzt der Gegner die absolute See- und Luftherrschaft im Überführungsraum deutscher Transporte und operiert völlig ungehindert in allen Teilen des Mittelmeeres.«

Das war freilich nicht immer so. Die Vorherrschaft im Mittelmeer neigte sich in verblüffendem Wechsel mal der einen und dann wieder der anderen Seite zu und zog stets Erfolg oder Mißerfolg auf dem Schlachtfeld in Nordafrika nach sich. Letztlich erhielten die Deutschen auf diesem Kriegsschauplatz eine Lektion in Seeherrschaft – von denselben Engländern, die sie schon 1940 entscheidend geschlagen zu haben glaubten.

Der Kampf um das Mittelmeer wurde indes nicht nur zwischen Neapel und Tripolis, zwischen Gibraltar, Malta und dem Suezkanal ausgetragen, sondern ebenso im deutschen Führerhauptquartier; die Hauptkontrahenten dieses Kampfes waren, wie so oft, Marinechef Raeder und Hitler selbst.

Anfang September 1940 liefen die Vorbereitungen der Marine für die Landung in England – das Unternehmen ›Seelöwe‹ – auf Hochtouren. Freilich zeichnete sich ab, daß die Luftherrschaft als Voraussetzung für ein erfolgversprechendes Landungsunternehmen nicht so leicht zu erringen war, wie Luftwaffenchef Göring es sich vorgestellt hatte. Was sollte eigentlich geschehen, wenn der ›Seelöwe‹ ins Wasser fiel?

Zum erstenmal wies Raeder in einem Vortrag vor Hitler am 6. September 1940 auf die »entscheidende strategische Bedeutung der deutsch-italienischen Kriegführung im Mittelmeerraum« hin. Italien war zwar, als Frankreich bereits am Boden lag, am 10. Juni in den Krieg eingetreten, aber die Erwartungen, die von deutscher Seite an diesen Schritt geknüpft wurden, hatte der Verbündete seither nicht erfüllt. Später äußerte Hitler einmal ironisch, die Italiener hätten leider ihre militärische Aktion zunächst auf die Erklärung beschränkt, daß sie sich im Kriegszustand befänden.

In der Tat brachte Italien seine eigene überlegene Seemacht nicht zur Geltung, noch nutzte es die augenblickliche Schwäche Englands im Mittelmeer, um etwa Malta handstreichartig zu besetzen. Die Felseninsel mit ihrem gut ausgebauten Flotten- und Luftstützpunkt, nur 80 Kilometer von der Südküste Siziliens entfernt, zweifellos eine strategische Schlüsselposition von unschätzbarem Wert, blieb weiter in britischer Hand. Die Deutschen wunderten sich zwar darüber, doch wollten sie ihrem Bundesgenossen nicht in seine eigenen Angelegenheiten hineinreden.

Das änderte sich allerdings sehr bald. Am 28. Oktober 1940 fiel Mitstreiter Mussolini in Griechenland ein, obwohl sein eigener Generalstab dringend von diesem Abenteuer abgeraten hatte. Der Duce, verärgert über den Einmarsch deutscher Truppen in Rumänien, handelte ohne vorherige Konsultation Berlins. Mussolini: »Hitler stellt mich immer vor vollendete Tatsachen. Diesmal werde ich ihm mit gleicher Münze heimzahlen.«

Die Überraschung gelang nur zu gut. Sie schlug bei den Deutschen in Empörung um, als sich herausstellte, was die Italiener mit ihrem eigenmächtigen Vorgehen angerichtet hatten. Nicht nur, daß sie selber einen Rückschlag erlitten; schlimmer war der Gegenzug der Engländer, die Kreta und Lemnos besetzten, ihre Position im östlichen Mittelmeer festigten und auf einmal die deutsche Balkanflanke bedrohten.

Der »bedauerliche Versager der italienischen Führung«, so notierte Skl-Operationschef Fricke am 4. November, habe den Engländern die »Absprungmöglichkeit für Kampfverbände zum Bombenangriff gegen die rumänischen Ölfelder« verschafft. Die Seekriegsleitung schürte Hitlers Ärger über den Duce mit der Feststellung, das italienische Vorgehen gegen Griechenland sei ein ausgesprochen schwerer strategischer Fehler. Nutznießer seien die Engländer, und es sei zu fürchten, daß ihre Flotte nun nicht mehr aus dem Mittelmeer vertrieben werden könne.

Großadmiral Raeder empfand diese unerwartete Entwicklung nach der Siegeszuversicht des Sommers 1940 als harten Schlag. Er selber hatte seit Wochen gerade die Bedeutung des Mittelmeerraumes herausgestellt. Hier konnte England entscheidend geschlagen werden – auch wenn der ›Seelöwe‹ vorläufig nicht sprang.

Zudem gewann Raeder um die Septembermitte 1940 die alarmierende Erkenntnis, daß der Führer mit dem Gedanken spielte, vorerst nicht gegen England, sondern gegen Rußland vorzugehen. Für den Marinechef bedeutete »die Rückenfreiheit im Osten eine unerläßliche Voraussetzung für unsere gesamte Kriegführung«. Die Gefahr eines neuen Zweifrontenkrieges mußte nach seiner Auffassung unter allen Umständen vermieden werden.

Am 26. September 1940 bat der Großadmiral Hitler um ein Gespräch unter vier Augen, in dem er »auch über sein eigenes Ressort hinaus« auf den weiteren Lauf des Krieges Einfluß zu nehmen suchte.

»Die Engländer«, sagte Raeder, »haben das Mittelmeer stets als Zentrum ihrer Gesamtstellung betrachtet.« Daher müsse sich die deutsche Kriegführung dem Mittelmeer zuwenden, »und zwar ohne Verzug, ehe Amerika wirksam eingreifen kann«. Der Chef der Seekriegsleitung empfahl, Gibraltar und den Suezkanal zu erobern; die westliche Eingangspforte des Mittelmeers mit Hilfe oder unter Duldung Spaniens, die östliche durch die von den Italienern geplante Offensive in Nordafrika. Raeder bezweifelte allerdings, daß sie allein dazu in der Lage seien; sie würden deutsche Hilfe brauchen.

Stünden die Achsenstreitkräfte erst am Suezkanal, dann könnten sie auch durch Palästina und Syrien bis an die türkische Grenze vorrücken. Und warum das alles?

Raeder: »Das Rußlandproblem erhält dann ein anderes Aussehen ... Es ist fraglich, ob dann noch ein Vorgehen gegen Rußland von Norden her nötig sein wird.«

Nach eigener Erinnerung appellierte Raeder in diesem Gespräch ohne Zeugen sogar an Hitlers Moral: Es sei unmöglich, den mit Rußland geschlossenen Nichtangriffsvertrag zu brechen, aus dem Deutschland im übrigen große Vorteile ziehe.

Hitler schien auf diese Vorstellungen einzugehen. Er werde mit Mussolini und auch mit dem spanischen Staatschef Franco über die Mittelmeerstrategie sprechen. Raeder nährte eine Zeitlang die Hoffnung, er habe dem Führer tatsächlich »den ganzen Rußlandplan ausgeredet«. Auch in den folgenden Wochen ließ er keine Gelegenheit ungenutzt, darauf hinzuweisen, England sei

Deutschlands Hauptgegner; alle Kräfte müßten auf seine Ausschaltung konzentriert werden. Mussolinis griechisches Abenteuer gab dem deutschen Marinechef fast willkommenen Anlaß, die rapide Verschlechterung der Mittelmeerlage festzustellen und darauf zu dringen, daß dort die kriegsentscheidende Schlacht zu schlagen sei, nicht aber im Osten, nicht in Rußland.

Daß alle Warnungen in den Wind gesprochen waren, erwies sich am 18. Dezember 1940, dem Tage, an dem Hitler die Weisung Nr. 21 für den Fall ›Barbarossa‹ erließ und seine Absicht, Rußland »in einem schnellen Feldzug niederzuwerfen«, als unwiderruflich bezeichnete. Raeder erhob noch einmal, am 27. Dezember, schwere Bedenken gegen ›Barbarossa‹, bevor England niedergerungen sei; dann resigniert er. Auf eine vertrauliche Befragung des Leiters seiner kriegsgeschichtlichen Abteilung, Vizeadmiral Kurt Assmann, nannte der Großadmiral Anfang 1944 seine Gründe: Weitere Warnungen seien erfahrungsgemäß völlig zwecklos gewesen. Obwohl er als Chef der Seekriegsleitung von der »Notwendigkeit zu ›Barbarossa‹ nie überzeugt« gewesen sei, habe er sich doch, wie nicht anders möglich, dem Zwang gefügt.

Inzwischen war jedoch die Unterlegenheit der Italiener so offenkundig geworden, daß sie bewirkte, was Raeder aus strategischen Gründen vergebens angestrebt hatte: das deutsche Eingreifen im Mittelmeer. Italiens Rückschlag in Nordafrika – statt selber zum Nil vorzustoßen, mußte es die ganze Cyrenaika preisgeben – veranlaßte den italienischen Generalstab zu Ende des Jahres 1940, die Deutschen selber zu Hilfe zu rufen. Hitler entsprach dem Wunsch eigentlich nur, weil er befürchtete, Italien werde sonst aus dem Bündnis ausbrechen. Nun sprang General Geislers X. Fliegerkorps von sizilianischen Flughäfen ab, und für die Engländer begann ein anderer Wind im Mittelmeer zu wehen. Bei einer Großoperation der gesamten britischen Mittelmeerflotte zur Verstärkung Maltas erzielten zwei Stuka-Gruppen unter Major Enneccerus und Hauptmann Hozzel am 10. Januar 1941 sechs schwere Bombentreffer auf dem Flugzeugträger *Illustrious,* und am folgenden Tage versenkten sie den 10 000-Tonnen-Kreuzer *Southampton.* Die *Illustrious* rettete sich zunächst nach Malta, lag hier weiter im deutschen Bombenhagel und erreichte schließlich mit viel Glück Alexandria.

Das Eingreifen des X. Fliegerkorps diente freilich einem begrenzten Ziel: Malta sollte niedergehalten werden, damit das Afrikakorps des Generals Rommel sicher nach Tripolis übersetzen konnte. Das geschah in mehreren Geleitzügen ab Februar 1941. Die Wechselwirkung war auffallend, ja verblüffend.

Erstmalig wurde Malta wirkungsvoll angegriffen und schon fuhren die Schiffe unbehelligt, konnten Deutsche und Italiener den Transportweg durch das zentrale Mittelmeer ihren Zwecken nutzbar machen und ihn andererseits dem Feind verwehren. Rommel trat bereits Ende März 1941 zu seinem ersten überraschenden Vorstoß an und warf die Briten wieder aus der Cyrenaika.

Damit hatte niemand gerechnet. Daß der Erfolg nicht nur Rommels taktischem Geschick entsprang, sondern auf der zeitweisen deutschen Luft-Seeherrschaft im Seegebiet um Malta beruhte, gab dem Wehrmachtführungsstab durchaus zu denken. General Jodls Vorschlag, die Schlüsselposition Malta zu besetzen, fand jedoch nicht die Zustimmung Hitlers. Auch Großadmiral Raeder stellte dem Führer am 18. März 1941 die besondere Bedeutung Maltas vor Augen und empfahl seine »Inbesitznahme« durch einen Luftlandeangriff. Hitler entgegnete sofort, das Inselgelände sei durch zahlreiche kleine Mauern unterteilt, eine Luftlandung werde dadurch problematisch.

Mindestens ebenso gewagt war die Luftlandung auf Kreta, aber sie wurde im Mai 1941 durchgeführt, während das sechsundzwanzigmal kleinere, strategisch wichtigere Malta verschont blieb. Sobald das X. Fliegerkorps zur Teilnahme am Balkanfeldzug von Sizilien abgerufen wurde, erstarkte Malta wieder: das Pendel schlug, fast zwangsläufig, erneut zugunsten der britischen Seite aus.

Im Gegensatz zur deutschen Führung wußten die Engländer die Schlüsselposition der Inselfestung sehr wohl zu schätzen. Im Juli 1941 brachten sie einen Nachschubkonvoi nach Malta durch, im September folgte ein weiterer – jede dieser Operationen begleitet von einer respektheischenden Flottendemonstration mit Schlachtschiffen und Flugzeugträgern, Kreuzern und Zerstörern. Italienische Torpedoflugzeuge trafen zwar am 27. September das Flaggschiff des britischen Vizeadmirals Somerville, die *Nelson* und versenkten im Engpaß der Sizilienstraße den großen Transporter *Imperial Star,* doch sie konnten nicht verhindern, daß acht Transporter den Grand Harbour von La Valetta erreichten und dort jubelnd begrüßt wurden.

Willkommene Verstärkung bedeuteten ferner die von Flugzeugträgern auf die Insel eingeflogenen fast 200 britischen Jäger, denen Bomber und Torpedoflugzeuge folgten. Die britische 10. Unterseebootsflottille mit den kleinen, wendigen Booten der U-Klasse operierte von Malta aus, und schließlich traf am 21. Oktober Captain Agnews ›Force K‹ mit zwei Kreuzern und zwei Zerstörern in La Valetta ein.

Noch im Frühjahr 1941 hatte die Insel sturmreif darniedergelegen; jetzt erholte sie sich schnell. Maltas ›Schwert‹ war wieder scharf. Aus der Luft, über und unter Wasser griffen die Engländer im Sommer und sich steigernd im Herbst 1941 den deutsch-italienischen Nachschubverkehr an. Mit katastrophalen Folgen, wie bereits am Anfang dieses Kapitels geschildert.

Die Deutschen sahen diese Entwicklung wohl, doch der Rußlandfeldzug band ihnen die Hände. Die Warnungen des Großadmirals Raeder konnten kaum eindrucksvoller gerechtfertigt werden. Schon 1941 wurde offenbar, daß die deutsche Wehrmacht dem Mehrfrontenkrieg nicht gewachsen war. Hitler wies jeden Gedanken von sich, aus Rußland Kräfte abzuziehen, damit das Loch auf dem ›Nebenkriegsschauplatz‹ Mittelmeer gestopft werden könne.

Die Seekriegsleitung bohrte und bohrte. Wenn die Luftbasis Sizilien nicht durch Kräfteverschiebungen im Mittelmeerraum gestärkt werden könne, so schrieb Raeder am 23. September 1941 an Hitler, »halte ich die Verstärkung des X. Fliegerkorps durch zusätzliche Kräfte unter Inkaufnahme Abzug von der Ostfront . . . für unerläßlich«.

Damit drang Raeder auf Maßnahmen, die Hitler auf keinen Fall wollte. Auf die Gegenforderung des Führers, U-Boote ins Mittelmeer zu entsenden, mochte der Marinechef jedoch nicht eingehen, weil die Schlacht um den Atlantik die Konzentration aller U-Boote in diesem Seegebiet forderte; »nur bei dringenden Notlagen« dürften U-Boote für andere Kriegsschauplätze abgestellt werden.

War die Mittelmeerlage, die Raeder zur Begründung des geforderten Eingreifens der Luftwaffe zurecht in düsteren Farben malte, nicht mehr so bedrohlich, sobald U-Boote dafür abgestellt werden sollten? Beide Argumente lagen auf der gleichen Linie; die Schwerpunktbildung von Heer und Luftwaffe in Rußland und der Marine im Atlantik verhinderte, daß dem Mittelmeer notwendige Kräfte zugeführt wurden.

Wieder war es, wie schon vor Jahresfrist, erst die sich abzeichnende Katastrophe, die einen neuen Zustrom deutscher Streitkräfte in das Mittelmeer erzwang. Ende Oktober 1941 mußte Hitler anordnen, ein ganzes Fliegerkorps, das II. unter General Loerzer, nach Sizilien zu werfen. Schon die Verlegung forderte viel Zeit, weil die Verbände in der Heimat neu aufgestellt werden mußten; das Fliegerkorps hatte sich in Rußland völlig verausgabt.

Ende Oktober verlangte Hitler außerdem, und jetzt mit Nachdruck, eigene U-Boote ins Mittelmeer zu schicken. Den erneuten

Einwendungen des Stabschefs der Seekriegsleitung, Vizeadmiral Fricke, begegnete Hitler mit einem Argument Raeders: Das Mittelmeer sei jetzt der für die Fortführung des Krieges entscheidende Raum. Würden die Achsenmächte hier ausgeschaltet, so sei die Sicherheit des ganzen Kontinents gefährdet. »Unbedingt muß daher auch die Kriegsmarine in den Mittelmeerraum eingreifen.«

Die U-Boote führten sich mit einem Paukenschlag in ihrem neuen Operationsgebiet ein. Kaum hatten die ersten Boote im November 1941 die Straße von Gibraltar passiert, da lief ihnen die britische ›Force K‹ des Vizeadmirals Somerville vor die Rohre, auf dem Heimmarsch von einer Operation, bei der wiederum Jäger und Bomber nach Malta eingeflogen worden waren.

Am 13. November torpedierte Kapitänleutnant Friedrich Guggenberger mit *U 81* den Flugzeugträger *Ark Royal,* der so oft angegriffen, als versenkt gemeldet und doch immer verschont geblieben war. Auch diesmal schien es, als könne er nach Gibraltar eingeschleppt werden; am nächsten Morgen sank er, nur 25 Seemeilen vor dem Hafen.

Zehn Tage darauf war wieder Captain Agnews auf Malta gestützte ›Force K‹ am Zuge. Sie versenkte am 23. November 100 Seemeilen westlich von Kreta zwei deutsche Transporter, die mit Treibstoffen nach Bengasi unterwegs waren; fünf Tage nach Beginn der britischen Gegenoffensive in der Wüste ein schwerwiegender Verlust für Rommel.

Sogleich schlug auch die deutsche U-Boot-Waffe wieder zu. Zur Unterstützung der ›Force K‹ war Admiral Cunninghams Mittelmeerflotte ausgelaufen. Am 25. November schoß Oberleutnant zur See Hans-Diedrich Freiherr v. Tiesenhausen mit *U 331* einen Vierfächer gegen die Flotte. Captain Cookes Schlachtschiff *Barham* wurde vernichtend getroffen, kenterte und riß zwei Drittel seiner Besatzung mit sich in die Tiefe.

Damit nicht genug: In der Nacht zum 19. Dezember drangen italienische Torpedoreiter durch eine gerade geöffnete Netzsperre in den Kriegshafen von Alexandria ein und legten ihre Sprengladungen unbemerkt unter die Schlachtschiffe *Valiant* und *Queen Elizabeth.* Die Schiffe sanken auf den seichten Hafengrund. Binnen weniger Wochen hatte Admiral Cunninghams Mittelmeerflotte ihre schweren Streitkräfte eingebüßt.

Blitzartig wechselten jetzt die Schauplätze. Am 18. Dezember 1941 erschien die ›Force K‹ mit drei Kreuzern und vier Zerstörern auf der Jagd nach einem italienischen Nordafrikageleitzug vor Tripolis, rannte aber in ein neu gelegtes Minenfeld. Der

Kreuzer *Neptune* flog in die Luft und ließ nur einen Überlebenden zurück, der Zerstörer *Kandahar* sank ebenfalls und Captain Agnews *Aurora* wurde ebenso wie die *Penelope* durch Minentreffer beschädigt.

Der erbitterte Kampf um das zentrale Mittelmeer trieb seinem Höhepunkt zu, der Ausschaltung des britischen Flotten- und Luftstützpunktes Malta. Es gab keine andere Wahl: Malta mußte fallen, sonst war das deutsche Afrikakorps verloren.

Die deutschen Luftangriffe begannen um die Jahreswende 1941/42 nur zögernd, mit einzelnen Flugzeugen oder kleinen Gruppen. Doch vom 20. März 1942 an änderte das II. Fliegerkorps seine Taktik. Jetzt flog es mit geschlossenen Bomberverbänden an. Der erste Dämmerungsangriff dieser Art galt dem britischen Jägerflugplatz Ta Kali. Dann nahmen sich die Kampfgeschwader die anderen Flugplätze der Insel vor, und schließlich die Docks und Hafenanlagen von La Valetta.

In diesen Tagen lief auch ein neuer, stark gesicherter Nachschubkonvoi von Alexandria nach Malta. Die italienische Flotte versuchte ihn abzufangen, stieß aber auf die britischen Sicherungsstreitkräfte. Dafür faßten deutsche Bomber die Transportschiffe, kurz bevor sie Malta erreichten. Der 7000-Tonnen *Clan Campbell* sank 20 Meilen vor der Küste, der Marineversorger *Breconshire* kenterte erst am Strand. Die restlichen beiden Transporter kamen zwar in La Valetta an, wurden aber noch im Hafen von Bomben getroffen; nur ein Bruchteil ihrer Ladung konnte gelöscht werden.

Wieder schien Malta am Ende seiner Kraft. Zerstörer und U-Boote räumten den Inselstützpunkt nach schweren Verlusten. Die Bomber waren schon vorher abgeflogen. Und als am 20. April 1942 vom Deck des US-Flugzeugträgers *Wasp 47* nagelneue *Spitfire*-Jäger nach Malta einflogen, legte das II. Fliegerkorps einen Bombenteppich über das Flugfeld; 20 von den 47 erst vor wenigen Minuten gelandeten *Spitfires* wurden zerstört.

»In der Zeit vom 20. März bis 28. April 1942 wurde Malta als Flotten- und Luftstützpunkt völlig ausgeschaltet«, meldete General Loerzer vom II. Fliegerkorps.

Blieb nur noch eins, der krönende Abschluß: die Landung auf der Insel.

13 Entscheidung gegen ›Herkules‹

Sosehr die Wegnahme Maltas für Britanniens Premierminister Winston Churchill eine vollendete Katastrophe bedeutet hätte, sosehr entsprach sie dem heißen Wunsch Benito Mussolinis. Adolf Hitler dagegen betrachtete das Vorhaben zu keiner Zeit ohne größte Skepsis und war trotz andersklingender Äußerungen entschlossen, es gar nicht dahin kommen zu lassen.

Ganz anders die Seekriegsleitung. Seit Beginn des Krieges im Mittelmeer, so betonte der höchste Führungsstab der Marine bei jeder sich bietenden Gelegenheit, habe sich Malta in der Hand des Gegners als Schlüsselpunkt der »immer entscheidender ins Gewicht fallenden Bedrohung der deutsch-italienischen Seeverbindungen« erwiesen. Die Schwächung der Nordafrikaposition, schließlich die Gefahr ihres endgültigen Verlustes seien die Folgen dieser Entwicklung gewesen.

Erstaunlicherweise erhob die Skl diese Vorstellungen gerade im Frühjahr 1942, zu einer Zeit, da Malta unter den Schlägen der deutschen Bombenangriffe lag, und der eigene Nachschub wieder rollte. Wieder zeigte sich die Wechselwirkung: Kaum hatte Rommel die nötigsten Verstärkungen zur Hand, kaum hatte er eine geringe Treibstoffreserve gebildet, da stieß er am 21. Januar 1942 zwischen die Divisionen der britischen 8. Armee hinein, die sich gerade selber zu weiterer Offensive sammelten, und warf sie bis auf die Gazala-Stellung, nicht weit vor Tobruk, zurück.

Gerade jetzt, da die Zeichen günstig standen, wies die Marine auf die einmalige Gelegenheit hin, Malta »endgültig auszuschalten«. Es war abzusehen, daß die Luftwaffe die Insel nicht ständig unter Druck halten würde. Ein bis zwei Monate vielleicht. Aber dann würden die Kampfgruppen des II. Fliegerkorps mit Sicherheit wieder abgerufen und an andere Brennpunkte geworfen werden. Und Malta? Kaum wäre der deutsche Zugriff gelokkert, dann würden die zähen Engländer erneut die Verteidigungskraft der Insel stärken und ihre Sperriegel-Funktion wieder in Gang setzen.

Auf die Gunst des Augenblicks hatte nicht zuletzt das Deutsche Marinekommando in Italien hingewiesen. Konteradmiral Eberhard Weichold sah auch die Lage zur See günstiger denn je: »Eine kampfkräftige englische Alexandrien-Flotte gibt es zur Zeit nicht.« Admiral Somervilles ›Force K‹ sei ebenfalls zu schwach, um im zentralen Mittelmeer einzugreifen. Weichold: »Bevor sich diese Lage erneut ändert, muß als Abschluß des Großeinsatzes gegen Malta die Besetzung der Insel erfolgen.«

Der Pferdefuß bei all diesen Überlegungen war die Frage, ob

es den Italienern – denn *sie* sollten auf Malta landen – gelingen werde, ihre Vorbereitungen rechtzeitig abzuschließen und die Landung selber erfolgreich durchzuführen. Die Seekriegsleitung in Berlin hatte zwar mit vollem Recht darauf hingewiesen, daß die wiedergewonnene Seeherrschaft im zentralen Mittelmeer nicht etwa nur General Loerzers Kampfgeschwader, sondern ebenso »dem heldenhaften Einsatz der italienischen Kreuzer und Zerstörer bei der Sicherung der Transporte« zu danken war. Ob sie freilich Malta schaffen würden, stand auf einem anderen Blatt.

Hitler machte aus seinen Zweifeln keinen Hehl. Zu Großadmiral Raeder sagte er am 12. März 1942, die Wegnahme der Insel sei vom Duce wohl für Juli vorgesehen, doch er fürchte, die Italiener würden das Unternehmen nur wieder auf die lange Bank schieben. Er wisse nicht, ob er die Luftflotte des Feldmarschalls Kesselring so lange im Mittelmeerraum belassen könne. Der zweite Rußlandsommer warf seine Schatten voraus.

Klare Weisungen, wie der Krieg im Mittelmeer und in Nordafrika weiterzuführen sei, gab es nicht. Rommel improvisierte seinen Januarvorstoß ohne direkten Befehl und gegen den Widerstand des italienischen Commando Supremo. Und Kesselring, der neue ›Oberbefehlshaber Süd‹, lancierte den Großangriff seiner Luftflotte auf Malta, ohne daß festgestanden hätte, wie und wo und in welcher Reihenfolge es hinterher weitergehen sollte.

Die Mittelmeerstrategie der Achse ›schwamm‹. Gemeinsame Anstrengungen, sie wieder ans feste Ufer zu ziehen, unternahmen die beiden Staatschefs, Hitler und Mussolini, erst Ende April. Zu einem Zeitpunkt also, da die deutschen Bomber auf dem zerschundenen und in Trümmern liegenden Malta bereits »keine lohnenden Ziele mehr« fanden. Jetzt sei der rechte Augenblick für einen Landungsangriff, meinte Feldmarschall Kesselring. In ihrem augenblicklichen Zustand könne die Insel sogar »im Handstreich« erobert werden.

Tatsächlich erschien Mussolini am 29. April 1942 auf Hitlers Berghof in den Alpen mit der festen Absicht, den Führer für seinen Plan zu gewinnen, zuerst Malta zu erobern, bevor irgendeine andere Offensive in die Wege geleitet würde. Plan und Wirklichkeit klafften jedoch weit auseinander. Der italienische Generalstab forderte noch drei Monate Zeit für die Vorbereitung. Was sollte in der Zwischenzeit geschehen? Sollte man abwarten, bis der Malta-Igel seine Stacheln wieder aufstellte und die Initiative in Nordafrika an die Briten überging?

Die Hände in den Schoß zu legen, war der Generaloberst Erwin Rommel nicht der rechte Mann. Der ›Wüstenfuchs‹ hatte im Februar bei einem Besuch im Führerhauptquartier ebenfalls vorgeschlagen, den Sperriegel Malta zu beseitigen. Ihm war völlig klar, daß seine Operationen mit der Nachschubfrage standen oder fielen. Aber die sechs Wochen, die seither ins Land gegangen waren, änderten die Lage gründlich. Die britische 8. Armee rüstete zum Angriff und wurde von Woche zu Woche stärker. Rommel wollte dem Gegner unbedingt zuvorkommen.

Hitler und Mussolini legten daher bei ihrem Treffen in Berchtesgaden Ende April eine klare Reihenfolge fest:

1. Angriff der Panzerarmee Afrika ab Ende Mai 1942, Einnahme von Tobruk, Halt an der ägyptischen Grenze.
2. Landung auf Malta – genannt Unternehmen ›Herkules‹ – Mitte Juli 1942, spätestens August, zwecks Sicherung des Nachschubs für Rommel zur weiteren Offensive gegen Kairo und den Suezkanal.

Eine Übereinkunft, die nach dem Urteil des Generals Walter Warlimont vom Wehrmachtsführungsstab »nicht allseitig überzeugend oder auch nur aufrichtig« gewesen sei. In der Tat konnte ein Plan, der den Engländern auf Malta zwischen Luftbombardement und Landeangriff zwei bis drei Monate Zeit zur Erholung ließ, wenig überzeugen. Und nach wie vor glaubte Hitler, entgegen dem, was er mit Mussolini und seinem Stabschef Cavallero vereinbart hatte, gar nicht daran, daß diese Maltageschichte überhaupt funktionieren werde.

Das wurde spätestens am 21. Mai offenbar, als Fallschirmjägergeneral Kurt Student zur Berichterstattung im Führerhauptquartier erschien. Student bereitete zu dieser Zeit mit seinem XI. Fliegerkorps und mit den italienischen Fallschirm- und Luftlandedivisionen ›Folgore‹ und ›Superba‹ die Eroberung Maltas aus der Luft vor. Er hielt das Unternehmen für wesentlich besser vorbereitet als die verlustreiche Eroberung Kretas im Mai 1941. 30 000 Soldaten sollten mit dem Fallschirm abspringen oder mit Lastenseglern landen, weitere 70 000 über See kommen. »Eine erdrückende Streitmacht«, sagte Student, »fünfmal soviel wie bei Kreta.«

Hitler hörte dem Vortrag des Generals schweigend zu. Dann räumte er ein, daß es gelingen werde, aus der Luft einen Brükkenkopf auf Malta zu bilden. Die weitere Entwicklung aber sah er so: Die Engländer würden alles auf eine Karte setzen und von Gibraltar wie von Alexandria mit ihrer Flotte aufdampfen. Davor hätten die Italiener einen Heidenrespekt, und kein Nachschub käme mehr durch, keine Kriegsschiffe, keine Transporter.

»Und was dann?« fuhr er Student an. »Dann sitzen Sie mit

Ihren Fallschirmen allein auf der Insel!«

Das Fallschirmkorps blieb zwar in Süditalien, doch sein General durfte auf Hitlers Befehl nicht mehr dorthin zurück. Dem Wehrmachtsführungsstab erklärte Hitler, diese Landung auf Malta werde in einem glatten Mißerfolg enden, und deshalb lehne er sie ab. Nur zum Schein hielt er sie aufrecht, mit dem merkwürdigen Befehl: »Das Unternehmen ›Herkules‹ ist nur noch geistig vorzubereiten.«

Die Parallele zum Unternehmen ›Seelöwe‹ bietet sich an. Hier wie dort ließ der Oberste Befehlshaber der Wehrmacht nach außen hin eine Landungsoperation vorbereiten, die er selber für undurchführbar hielt und daher gar nicht wollte. Beide Male waren es die Engländer, vor deren vermuteter Entschlossenheit er zurückwich.

Anfang Mai 1942 hoben die Verteidiger auf der schwer geprüften Felseninsel die Köpfe aus der Deckung. Gönnte die Luftwaffe nur eine Atempause? Die Gewalt der Bombenangriffe nahm merklich ab. Zeit, um die eigene Abwehr zu stärken.

Am 9. März starteten von den Decks der Flugzeugträger *Asp* und *Eagle* wiederum 64 Jagdflugzeuge nach Malta; drei fielen ins Wasser, alle anderen kamen an, und dieses Mal kam der deutsche Gegenschlag zu spät. Am nächsten Morgen lag der britische Minenkreuzer *Welshman* im Hafen von La Valetta.

Unter dem Schutz des künstlichen Nebels wurden sieben Stunden lang Flakmunition ausgeladen.

Malta war wieder abwehrbereit. Der nach Kesselrings und Loerzers Meldung »völlig ausgeschaltete Luftstützpunkt« fügte deutschen Kampfgruppen, die nach dem 10. Mai angriffen, schwerere Verluste zu als je zuvor.

Aber diese Wende stand bald im Schatten der Ereignisse an der Wüstenfront. In der glühenden Mittagshitze des 26. Mai 1942 traten Rommels Divisionen zur Offensive an. Neun Tage lang wogte die Schlacht um den 65 Kilometer langen Minengürtel der Gazalafront. Sieg oder Niederlage hingen am seidenen Faden. Rommel siegte. Am 21. Juni rückte er in Tobruk ein; Hitler verlieh ihm den Marschallstab.

Feldmarschall Rommel kannte nur ein Ziel, den geschlagenen Feind zu verfolgen, ihm keine Ruhe, kein Aufatmen zu schenken. Er drängte weiter nach Osten, nach Ägypten hinein. Zehn Tage noch, dann wollte er am Nil stehen. Von Malta war keine Rede mehr. Hitler dachte nicht im Traum daran, Rommel jetzt anzuhalten, einer rückwärtigen Insel wegen, deren Besitz vielleicht schon bald bedeutungslos wurde, wenn die Armee an den Ufern des Nils und am Suezkanal stand und der Nachschub sich andere Wege suchen konnte.

Dafür aber sprachen die mehr auf Sicherung des Erreichten bedachten Italiener von Malta. Sie hatten die Nachschubkatastrophe vom Herbst 1941 nicht vergessen. Und schließlich gab es bindende Vereinbarungen. Am 21. Juni, wenige Stunden nach der Meldung vom Fall Tobruks, traf im Führerhauptquartier ein Brief Mussolinis ein; der Duce und Graf Cavallero erinnerten an die gemeinsamen Beschlüsse: erst Tobruk, dann Malta und dann erst Ägypten.

Um das Unternehmen ›Herkules‹ überhaupt ausführen zu können, baten sie die Deutschen um 40 000 Tonnen Heizöl für die Landungsflotte – eine Menge, die von der Seekriegsleitung als übertrieben bezeichnet wurde und die Raeder auch keineswegs abzugeben bereit war.

Doch darauf kam es nun nicht mehr an. Hitler antwortete Mussolini am 23. Juni: von Malta kein Wort. Statt dessen beschwor er den Duce, an diesem »historischen Wendepunkt« auf dem nordafrikanischen Kriegsschauplatz »die Fortführung der Operation zur vollständigen Vernichtung der britischen Truppen« zu befehlen – »bis zum letzten Hauch des einzelnen Mannes« ... »bis in das Herz Ägyptens hinein«. Tobruks Hafenanlagen seien fast unzerstört, ein Nachschubplatz von größter Bedeutung in italienischer Hand. Ägypten könne den Engländern entrissen, das ganze Orientgebäude des britischen Weltreichs zum Einsturz gebracht werden.

»Die Göttin des Schlachtglücks«, formulierte Hitler, streiche an den Feldherren immer nur einmal vorbei. Fasse man sie nicht, so bleibe nur »eine Unsumme späterer Sorgen«.

Das Pathos dieses Briefes schwemmte Mussolinis letzte Bedenken hinweg. Er sah sich schon an der Spitze seiner Truppen in Kairo einziehen. Nur Feldmarschall Kesselring widersprach dem weiteren Vordringen der erschöpften, schlecht versorgten Verbände. Hitler rief ihn barsch zur Ordnung.

Alexandria, der Hauptstützpunkt der britischen Mittelmeerflotte, war bereits geräumt, als Rommel vor dem knapp 100 Kilometer entfernten Dorf El Alamein ankam. Dort, vor dem letzten britischen Sperriegel, brach seine Offensive am 30. Juni 1942 zusammen. Um sie im Juli und August wiederaufzunehmen, wurden auch die Fallschirmtruppen aus Süditalien nach Ägypten geworfen. Das Unternehmen ›Herkules‹ war nun endgültig gestorben.

Malta blieb fest in britischer Hand, doch es erholte sich nur langsam von den im Laufe des Frühjahrs geschlagenen Wunden.

Zwei große Konvoioperationen zur Versorgung der Insel, die eine im Juni, die andere im August 1942, schlugen fehl. Sie führten zu den größten Geleitzugschlachten des Krieges im Mittelmeer – und deutsche Schnellboote waren daran beteiligt: die 3. S-Flottille unter Kapitänleutnant Friedrich Kemnade, die seit Beginn des Jahres vom sizilianischen Stützpunkt Augusta aus Minen vor Malta geworfen hatte. Am 14. Juni griff die Flottille in die Schlacht um den Maltakonvoi ›Vigorous‹ ein.

Oberleutnant zur See Friedrich Wuppermann gelang es, mit *S 56* nachts im feindlichen Geleit mitzulaufen. Obwohl mehrmals von Zerstörern angerufen, tat Wuppermann so, als gehöre er dazu – bis er auf nächste Schußentfernung neben einem Kreuzer lief. Dann erst feuerte *S 56* seine Torpedos und stob mit Höchstfahrt davon. Der Kreuzer, die *Newcastle,* wurde schwer getroffen und wenig später versenkte Oberleutnant zur See Horst Weber mit *S 55* den britischen Zerstörer *Hasty* aus demselben Geleit.

Beim Konvoi ›Pedestal‹, der Mitte August von Gibraltar nach Malta durchzudringen suchte, verlor die Royal Navy den Flugzeugträger *Eagle* – durch vier Torpedos des deutschen *U 73,* Kapitänleutnant Helmut Rosenbaum, und der moderne Träger *Indomitable* wurde von Stuka-Bomben schwer getroffen. Mit 14 großen Versorgern war der Konvoi ins Mittelmeer eingelaufen, aber nur fünf erreichten Malta, angeschlagen und mit letzter Kraft.

Alle Verluste änderten freilich nichts an Englands Entschlossenheit, Malta zu halten. Mit ›Pedestal‹ war der Höhepunkt der kombinierten deutsch-italienischen Attacken überschritten. Im Herbst nahm die Insel ihre Funktion als Sperriegel gegen den Afrikanachschub der Achse wieder auf. Das Pendel schlug erneut und dieses Mal endgültig zurück.

Am 23. Oktober 1942 begann Montgomerys Offensive bei El Alamein. Rommel wurde geschlagen. Und am 8. November landete Eisenhower nahezu ungehindert in Marokko und Algerien.

Fünf Monate erst waren vergangen, seit die Frage, ob Malta genommen werden müsse, die Gemüter erregt hatte. Das Unternehmen ›Herkules‹ sei schwierig und mit Risiko verbunden, hatte der I b der Seekriegsleitung, Fregattenkapitän Heinz Assmann, formuliert; es jedoch zu unterlassen, erscheine auf längere Sicht als noch größeres Risiko. Für die Sicherung der Nordafrikaposition oder gar den Griff nach dem Suezkanal werde die Wegnahme der Insel »als strategischer Zwang und damit als unerläßlich« angesehen.

Fünf Monate später war das Mittelmeer praktisch verloren.

Kampf um das Mittelmeer · Erfahrungen und Lehren

1. Die Erkenntnis, daß eine Landung in England nicht möglich sei, veranlaßte den Oberbefehlshaber der Marine im Frühherbst 1940, Hitlers Interesse auf das Mittelmeer zu lenken, Englands zweite Lebenslinie neben dem Atlantik.

2. Raeder verstärkte seine Bemühungen, als er gewahr wurde, daß Hitler Rußland anzugreifen beabsichtigte. Der großstrategische Gedanke der deutschen Seekriegsleitung, durch die Beherrschung des Mittelmeerraumes zugleich England zu schlagen und die von Hitler vorgegebene Bedrohung aus dem Osten zu entschärfen, vermochte die oberste Führung jedoch nicht von ihren eigenen Plänen abzubringen. Der Großadmiral wurde in dieser Zeit zum eindringlichsten und unbequemsten Mahner gegen den Überfall auf Rußland, ohne Gehör zu finden.

3. Erst die offen zutage tretende Unterlegenheit des italienischen Verbündeten erzwang dann doch ein Eingreifen deutscher Streitkräfte im Mittelmeerraum, die aber wegen des ungeheuren Kräfteverschleißes auf den russischen Schlachtfeldern zu keiner Zeit ausreichten, um die Südflanke Europas für die Achse zu sichern.

4. Die Schlüsselposition Maltas im zentralen Mittelmeer – für England eine Selbstverständlichkeit – wurde sowohl von der Seekriegsleitung als auch vom Wehrmachtführungsstab erkannt; ihrem Drängen, die Insel in Besitz zu nehmen, gab Hitler nicht nach.

5. Dieses Versäumnis hatte gewiß katastrophale Folgen für den deutsch-italienischen Afrikanachschub und damit für die Front in Nordafrika selbst. Jedoch konnte auch ein Malta im Besitz der Achse gegen die ab Ende 1942 schnell ansteigende Überlegenheit der Alliierten keine ausschlaggebende Bedeutung mehr haben. Der Entschluß zum Überfall auf Rußland, zum Mehrfrontenkrieg, war Hitlers entscheidender strategischer Fehler.

V. DAS DUELL RAEDER – HITLER

14 Höllisches Eismeer

Eine halbe Stunde nach Mitternacht am 30. März 1942 nimmt die Nachrichtenzentrale des BdS, des Befehlshabers der Schlachtschiffe, Vizeadmiral Otto Ciliax, im norwegischen Drontheim ein dringendes Fernschreiben auf. Als Geheime Kommandosache drahtet die ›Gruppe Nord‹ einen Bericht des finnischen Militärattachés in Stockholm, der über Verbindungen zur Gegenseite verfügt:

»Erfahre aus zuverlässiger Quelle, daß alliierte Landung nördliches Norwegen wahrscheinlich drohender geworden ist . . . Aus London Nachricht, daß Entscheidung getroffen wird oder schon ist. Sowjetrußland ausübt starken Druck, USA stimmen zu . . . Jetzt günstige Jahreszeit, später wegen Helligkeit und Schlamm kaum glaubbar . . .«

Vielleicht gilt das ›kaum glaubbar‹ für die ganze Meldung. Es wimmelt in diesen Wochen von solchen Gerüchten. Der geheime Nachrichtendienst, die ›Abwehr‹ des Admirals Wilhelm Canaris, bringt fast täglich neue Warnungen aus den verschiedensten Quellen.

Hitlers Furcht, die Alliierten planten zur Entlastung der russischen Front einen Landungsangriff im Norden, erhält immer neue Nahrung. Wenigstens hat er durchgesetzt, daß die Flotte aus dem Atlantik zurückgezogen und nach Norwegen geschickt worden ist.

Flottenchef Otto Schniewind setzt seine Flagge auf der *Tirpitz,* die im Faettenfjord bei Drontheim bereitliegt. Schniewind denkt sehr skeptisch über seine Aussichten, tatsächlich gegen eine feindliche Landungsflotte aufdampfen zu müssen:

»Ein solches Unternehmen kann den Gegner teuer zu stehen kommen«, schreibt er am 10. April auf eine zusammenfassende Meldung der deutschen Abwehr. Er glaubt nicht, daß die Engländer soviel »für ein im Enderfolg zweifelhaftes Unternehmen wagen« würden. Die Alarmnachrichten hält Schniewind für

»ausgestreute Gerüchte«, um die Russen zu beruhigen und die Deutschen in Atem zu halten.

Hitler denkt ganz anders darüber. Sein Argwohn richtet sich gegen alle Anstrengungen der Westalliierten, den so unverhofft widerstandsfähigen russischen Verbündeten zu stützen. In der Führeranweisung vom 14. März 1942 heißt es:

»1. Die Mehrzahl aller Nachrichten über die englischen und amerikanischen Absichten stimmen darin überein, daß es dem Gegner darauf ankommt, die Widerstandskraft Rußlands durch stärkste Zufuhr an Kriegsmaterial und Lebensmitteln zu erhalten und daneben eine zweite Front in Europa aufzurichten ... Der regelmäßige starke Geleitzugverkehr von Schottland nach Murmansk oder Archangelsk kann beiden Zwecken dienen. Mit Landungsoperationen des Feindes an der Eismeerküste ist daher zu rechnen ...

2. Aus diesem Grunde ist es erforderlich, die bisher fast ungestört bestehende Seeverbindung zwischen den Angelsachsen und Rußland im Polarmeer zu unterbinden ...«

Damit hat die Flotte, die zur Zeit im Nordraum über das Schlachtschiff *Tirpitz,* die Kreuzer *Scheer* und *Hipper* und über eine Handvoll Zerstörer verfügt, neben der imaginären Landungsabwehr noch eine zweite Hauptaufgabe: den Angriff gegen die Geleitzüge nach Murmansk.

Die Geschichte dieser mit den Buchstaben PQ bezeichneten Konvois hat bereits Ende September 1941 begonnen. Damals liefen die zehn Schiffe des PQ 1 unbehelligt in zwölf Tagen von Island an der Treibeisgrenze entlang bis ins Weiße Meer, nach Archangelsk. Auch die weiteren PQ-Konvois des Jahres 1941 erreichten ohne deutsche Gegenwehr ihre russischen Zielhäfen.

Den Anfang in der Bekämpfung dieser neuen Lebensader machten erneut die U-Boote. Der BdU mußte zum Jahresende nicht nur Boote ins Mittelmeer, sondern auch ins Nördliche Eismeer entsenden; er tat es nur widerstrebend, weil er überzeugt war, mit der Konzentration seiner Boote im Atlantik mehr zu erreichen.

Tatsächlich waren die U-Boote in den eisigen Regionen nördlich des Polarkreises, zumal in den Winterstürmen, aufs äußerste behindert. Aber das galt für alle, die in diesen Breiten zur See fahren mußten, ob Freund oder Feind, ob über oder unter Wasser. Fünf Schiffe des im Dezember laufenden Konvois PQ 6 fuhren sich im Packeis fest und blieben monatelang darin gefangen.

Zur Hölle aber wurde das Eismeer erst 1942.

Es begann am 2. Januar mit einem Angriff von *U 134,* Kapitänleutnant Rudolf Schendel, auf den PQ 7. Opfer war die 5135

BRT große *Waziristan,* der erste Verlust eines Nordmeerkonvois durch deutsche Waffenwirkung. Noch war die Zahl der Schiffe in den Konvois fast ebenso gering wie die Zahl der Angreifer. Aber das sollte sich binnen weniger Monate ändern.

Am 1. März 1942 startet in Island bereits der PQ 12 mit 15 Schiffen. Die Engländer setzen die in Ballast aus den russischen Häfen zurücklaufenden QP-Konvois derart in Marsch, daß sie mit einer Kriegsschiffgruppe etwa auf der Mitte des Weges beide Konvois gleichzeitig gegen Überraschungen schützen können.

Gut für eine solche Überraschung ist die 42 900 ts große *Tirpitz,* die unter ihrem Kommandanten, Kapitän zur See Karl Topp, und mit Vizeadmiral Otto Ciliax am 6. März von Drontheim ausläuft. Die Operation richtet sich gegen den von einem Fernaufklärer bei der Insel Jan Mayen gesichteten PQ 12. Drei Zerstörer, *Friedrich Ihn, Hermann Schoemann* und *Z 25* begleiten die *Tirpitz.*

Freilich: Aus der Überraschung wird nichts. Lieutenant R. P. Raikes steht mit seinem Unterseeboot *Seawolf* im Frohavet, dem Schärenfahrwasser vor Drontheim. Raikes kommt zwar nicht zum Angriff auf die *Tirpitz,* aber er meldet den deutschen Verband mit nördlichem Kurs. Admiral Tovey und die Home Fleet sind gewarnt.

In den nächsten Tagen hindert typisches Nordmeerwetter – Schneeschauer aus bleigrauem Himmel – die feindlichen Gruppen daran, einander zu finden. Admiral Tovey hat drei Schlachtschiffe und einen Flugzeugträger aufgeboten, um der *Tirpitz* ein ähnliches Schicksal zu bereiten wie der *Bismarck.*

Erst am 9. März klart es plötzlich auf. Am Himmel segeln Schäfchenwolken, zu dieser Jahreszeit ein ungewohntes Bild. »Ideales Angriffswetter für die Trägerflugzeuge«, meint der 2. Artillerieoffizier auf dem Vormars der *Tirpitz,* Korvettenkapitän Albrecht Schnarke. Daß eine feindliche Kampfgruppe mit Flugzeugträgern im selben Seegebiet nach ihnen sucht, wissen sie aus der Funkaufklärung. Aus diesem Grunde ist die *Tirpitz* bereits auf dem Rückmarsch.

Schnarke gebietet an Bord über sämtliche Flugabwehrwaffen: sechzehn 10,5-Zentimeter in Doppellafetten; sechzehn 3,7-Zentimeter-Doppelflak und 48 Zwozentimeter. Eine gewaltige Feuerkraft. Das Schiff wird sie brauchen.

Kurz nach Tagesanbruch entdeckt Oberbootsmann Finselberger vom achteren Flakleitstand ein Radarflugzeug, das weit hinter dem Kielwasser des Schiffes Schleifen fliegt. Im Vormars wird der Fühlunghalter in 35 Kilometer Entfernung gemessen. Als Vorstufe des Fliegeralarms gibt der Kommandant »Flakalarm«.

700 Mann besetzen die Waffen und Leitgeräte. Siebenhundert allein für die Flak auf diesem Schiff!

Dann geht alles sehr schnell. Der 2. Fla AO, Kapitänleutnant Spieß, sieht sie zuerst:

»Flugzeuge 320 Grad, mittel, im Angriff!« ruft er.

Es sind Doppeldecker. Torpedoflugzeuge. Die gleichen, die der *Bismarck* den alles entscheidenden Rudertreffer beigebracht haben.

Die Mittelartillerie und die schwere Flak hämmern auf die Angreifer ein. Weit vor dem Schiff drehen sie ab, aber ihre Torpedos laufen. Kapitän Topp läßt das Ruder nach Backbord legen, das Schiff dreht auf die Torpedos zu, und alle laufen vorbei, parallel zur Bordwand, einige nur 20 Meter entfernt.

Als nächste folgen zwei Angriffe von achtern und dann der Hauptangriff aus der Sonne heraus. Die *Albacore*-Torpedoflugzeuge drücken tief aufs Wasser hinunter und halten durch, bis in den Bereich der leichten Fla-Waffen hinein. Die *Tirpitz* gleicht nun einem feuerspeienden Vulkan. Mehrere Maschinen scheinen in der Luft zerfetzt zu werden. Eine brennt und stürzt ins Meer.

Die Torpedos dieser Welle sind Kreisläufer, oder sie detonieren durch den Artilleriebeschuß weit vor dem Schiff. Dennoch dreht die *Tirpitz* erneut in die Angriffsrichtung; ihr Kielwasser schreibt nach den beiden Gefechtswendungen ein riesiges S in die See.

Nach acht Minuten ist der mit großer Kühnheit vorgetragene Angriff der Briten abgeschlagen. Einige *Albacores* der letzten Welle sind so nahe an das Schlachtschiff herangeflogen, daß sie es sogar mit MG-Feuer bestreichen konnten.

Englischen Angaben zufolge sind zwei Flugzeuge abgeschossen worden. Kapitän Schnarke, der die Abwehr des Hauptangriffs leitete, kann das nicht glauben.

Schnarke: »Nach Auffassung der Gefechtsleitung im Vormars können kaum Flugzeuge dieser letzten Welle den Träger wieder erreicht haben.«

Auch die Engländer erwarten viel von der Wirkung ihrer Waffen. Den Torpedoflugzeugen folgt ein Bomberverband, doch das Kampffeld ist leer, weil die *Tirpitz* inzwischen in Moskenesstromen, eine enge Durchfahrt in den Lofoten, eingelaufen ist. Danach hört die B-Dienstgruppe an Bord eine britische Funkmeldung mit, nach der das deutsche Schlachtschiff »nicht mehr gesichtet, anscheinend versenkt« worden sei.

So endet der erste Einsatz der *Tirpitz* im Nordmeer für beide Seiten ergebnislos. Doch der Angriff der Trägermaschinen verfehlt seine Wirkung auf die deutsche Führung nicht.

Raeder selbst bezeichnet die britischen Flugzeugträger als gefährlichste Gegner der eigenen schweren Schiffe. In seinem Vortrag vor Hitler am Abend des 12. März 1942 erwähnt er die »schneidigen Torpedoflugzeugangriffe« der Engländer. Daß sie keinen Erfolg gebracht hätten, sei »neben geschicktem Abwehrmanöver *in erster Linie großem Glücksfall* zu verdanken«. Es sei bezeichnend für die eigene, äußerst schwache Abwehrposition, daß der Gegner in das unmittelbare Küstenvorfeld Nordnorwegens vorzustoßen wage, »ohne von der deutschen Luftwaffe vernichtend zerschlagen zu werden«.

Damit ist klar, worauf der Großadmiral zielt. Da die Marine immer noch keinen Flugzeugträger habe, verlangt er, daß weitere Flottenvorstöße im Nordmeer durch starke Luftstreitkräfte unterstützt werden müßten: durch Aufklärer, Bomber und Torpedoflugzeuge.

Raeder: »Von der Luftwaffe muß kategorisch der laufende Ansatz gegen die feindlichen Flugzeugträger gefordert werden.« Ihre Vernichtung müsse das oberste Ziel des Luftkrieges über See sein.

Hitler verschließt sich diesen Argumenten nicht. Er selber glaubt die Flotte zur Abwehr der befürchteten alliierten Landung zu brauchen. Folglich muß auch die Luftwaffe stark genug gemacht werden, weil ohne sie ein Seekrieg nicht mehr denkbar ist.

Angesichts der japanischen Erfolge im Pazifik und in den ostasiatischen Randmeeren setzte sich diese Erkenntnis auf einmal durch; Raeder hatte bei seinem vergeblichen Kampf um eine eigene Marineluftwaffe schon vor dem Kriege darauf hingewiesen. Und nun machten es die Japaner den Deutschen vor:

Am 10. Dezember 1941 zum Beispiel. Das japanische 22. Marineflieger-Geschwader fiel einen britischen Flottenverband vor der Küste der Halbinsel Malaya an. Durch kombinierte Angriffe von Sturzbombern und Torpedoflugzeugen wurde der Schlachtkreuzer *Repulse* unter Captain W. G. Tennant und Captain Leachs *Prince of Wales* auf einen Schlag vernichtet ... Eben jene *Prince of Wales*, die der *Bismarck* sechseinhalb Monate zuvor schwer angeschlagen entkommen war.

Die fernöstlichen Ereignisse verfehlten ihren Eindruck auf Hitler nicht. Der halbfertige in Gotenhafen liegende Flugzeugträger *Graf Zeppelin* wurde wieder einmal weitergebaut. Dem Führer schwebte eine starke deutsche Kampfgruppe im Nordmeer vor: mit *Tirpitz, Scharnhorst* und *Graf Zeppelin,* mit den Kreuzern *Hipper, Scheer* und *Lützow* und mit 12 bis 14 Zerstörern. Unterstützt von Kampfgeschwadern der Luftwaffe, die von Bardufoss und Banak abspringen sollten. Mit solchen Streitkräften mußten die feindlichen Absichten im Nördlichen Eismeer zunichte gemacht werden können.

Aber das alles war Zukunftsmusik. Nur die Luftwaffe verlegte die Kampfgeschwader 26 und 30 nach Nordnorwegen. Die Flotte hatte auf bessere Zeiten zu warten.

Daß die Schiffe erneut an die Kette gelegt werden mußten, hatte allerdings noch einen ganz anderen, schwerwiegenden Grund, der fortgesetzte Flottenvorstöße ohnehin illusorisch machte: den immer spürbarer werdenden Mangel an Heizöl.

Bis zum Angriff auf die Sowjetunion am 22. Juni 1941 hatte der Zufluß russischen Erdöls dazu beigetragen, die deutschen Operationen in Gang zu halten. Hitler hoffte, Rußland in fünf Monaten zu schlagen; eines seiner ›kriegswirtschaftlichen Ziele‹ war die endgültige Gewinnung der kaukasischen Ölfelder, um Deutschland von der Gunst oder Ungunst fremder Lieferungen unabhängig zu machen. Nachdem diese Hoffnungen in der Winterschlacht vor Moskau zerronnen waren, mußte fast ausschließlich rumänisches Erdöl die Kriegführung der Achse speisen. Die italienische Flotte im Mittelmeer war ebenso auf die Ölförderung von Ploesti angewiesen wie die deutsche Flotte im Nordmeer. Und das rumänische Öl floß immer spärlicher.

Schon am 17. Februar 1942 teilte die Marinegruppe Nord in einem Schnellkurzbrief mit, die Heizöllage sei äußerst angespannt, es gebe nur wenige Vorräte. Das Auslaufen der *Tirpitz* Anfang März war unter solchen Umständen ein Ausnahmefall.

Am 28. März ordnete die Seekriegsleitung an, wegen vordringlicher Heizölzuschüsse an Italien müsse »auf die Durchführung von Operationen Heizöl verbrauchender schwerer Seestreitkräfte erstmalig verzichtet« werden.

Der Höhepunkt der Krise schien erreicht, als es am 2. April hieß: »Aus Rumänien kommen statt 46 000 t nur 8000 t Heizöl . . .« Das war allenfalls ein Zehntel des Monatsbedarfs der Kriegsmarine. Die Skl sah sich zu einem rigorosen Befehl gezwungen:

»Alle Unternehmungen, einschließlich leichter Seestreitkräfte, haben zu unterbleiben. Nur die durch Angriffsoperationen des Gegners notwendig werdenden Operationen sind ohne Rücksicht auf die Heizöllage durchzuführen . . .«

Fehlendes Treiböl lähmte die deutsche Flotte, die nun, ähnlich wie im Ersten Weltkrieg, an ihre Liegeplätze gefesselt war und nicht einmal zu Übungen auslaufen durfte. Ab April 1942 stand jede Operationsplanung unter dem beherrschenden Gesichtspunkt, ob die Erfolgsaussichten groß genug seien, um das Auslaufen angesichts der Ölknappheit zu rechtfertigen.

»Voraussetzung für alles«, forderte *Hipper*-Kommandant Wilhelm Meisel, »ist die sofortige Änderung der lähmenden Brennstofflage.«

Es war fast ein Wunder, daß der zur operativen Führung eingesetzte ›Admiral Nordmeer‹ in Kirkenes, Admiral Hubert Schmundt, aus besonderem Grund die Genehmigung erhielt, wenigstens seine drei verfügbaren Zerstörer gegen ein ›lohnendes Ziel‹ in die Barentssee hinauszuschicken.

Um die Monatswende April/Mai 1942 läuft im Nordmeer eine neue Doppel-Konvoioperation der Alliierten: der PQ 15, nun schon 25 Schiffe stark, von Island nach Murmansk, und das Leergeleit PQ 11 mit 13 Schiffen auf dem umgekehrten Weg.

Admiral Schmundt setzt zunächst die aus sieben U-Booten bestehende ›Strauchrittergruppe‹ gegen den aus der Luft gesichteten PQ 11 an. Am 30. April gewinnt *U 88* Fühlung am Konvoi und meldet einen Kreuzer und sechs Zerstörer als Sicherung; sein eigener Torpedoangriff geht ins Leere.

Noch am selben Tage kommen nacheinander *U 436*, Kapitänleutnant Günther Seibicke, und *U 456*, Kapitänleutnant Max-Martin Teichert, an den Kreuzer heran. Seibickes Viererfächer geht fehl, aber Teichert erzielt um 16.18 Uhr zwei Torpedotreffer. Der Kreuzer – es ist die 10 000 ts große *Edinburgh* mit Konteradmiral S. S. Bonham-Carter an Bord – schert mit Schlagseite aus dem Verband aus und versucht offensichtlich, mit geringer Fahrt nach Murmansk zurückzulaufen.

Das ist die Chance für die drei in Kirkenes stationierten Boote der von Kapitän zur See Alfred Schulze-Hinrichs geführten ›Zerstörergruppe Nordmeer‹: *Hermann Schoemann*, Kommandant Korvettenkapitän Heinrich Wittig, *Z 24* und *Z 25*, Korvettenkapitäne Martin Saltzwedel und Heinz Peters.

Um 00.30 Uhr am 1. Mai 1942 bringt ein R-Boot den Operationsbefehl an Bord des Führerzerstörers *Schoemann*. Aufgabe ist die Vernichtung des angeschlagenen feindlichen Kreuzers. Die drei Zerstörer, bereits seit den Abendstunden in Bereitschaft, laufen sofort aus.

Zunächst operieren sie jedoch, auf einen neuen Funkbefehl des Admirals Nordmeer hin, nicht gegen die *Edinburgh*, deren Standort vorübergehend unbekannt ist, sondern gegen den Konvoi PQ 11. Jetzt noch, am 1. Mai, schwankt die Temperatur zwischen minus 5 und minus 9 Grad. Ein steifer Nordost treibt

Schneeschauer über die See. Die Gefahr, daß Waffen und Geräte durch Vereisung ausfallen, ist groß.

Vor drei Wochen hat Schulze-Hinrichs einen Vorstoß seiner Zerstörer gegen den gemeldeten Konvoi PQ 14 abbrechen müssen. Der Geleitzug war nicht zu finden – zwei Drittel seiner Schiffe gerieten ins Packeis und mußten umkehren –, und selbst wenn die Zerstörer durch Zufall auf das restliche Drittel gestoßen wären, hätten sie die Schiffe kaum angreifen können.

Damals herrschten 15 Grad Kälte, Nordweststurm in Stärke 9 und dichter Schneefall. Das überkommende Wasser gefror an allen Aufbauten, die Boote waren von einem dicken Eispanzer überzogen. Vereist waren die Klarsichtscheiben der Brücke, vereist die Doppelgläser und Zielfernrohre, vereist die Zielgeber auf dem Leitstand der Artillerie.

Die vorderen Geschütze auf der Back hatte das Eis völlig blokkiert. Ein Feuereröffnen wäre nur mit den hinteren Geschützen möglich gewesen und auch dort nur in direktem Richten über Kimme und Korn, also praktisch über den Daumen gepeilt, weil die zentrale Feuerleitung nicht funktionierte. Die Geschützbedienungen konnten auf dem spiegelglatten Deck keinen Halt finden, besonders die Munitionsträger mit den schweren 15-cm-Granaten waren betroffen. Eine Enteisung des Decks schien bei dem schweren Seegang aussichtslos. Die Wasserbomben und die Torpedorohre der Zerstörer waren ebenfalls festgefroren; alle Versuche, sie in Gang zu halten, schlugen fehl.

So sahen die äußeren Bedingungen des Kampfes im Nordpolarwinter aus. Schulze-Hinrichs gab den Winkspruch »Vernunft geht über Prestige« und kehrte um.

Drei Wochen danach, am 1. Mai um 13.40 Uhr, sichten die deutschen Zerstörer den Feind. Nicht den gesuchten Konvoi, sondern seine Nachsicherung, zuerst drei, später vier britische Zerstörer. Es kommt zum laufenden Gefecht, zwischen Treibeisfeldern, die Navigation ist schwierig.

Wenig später sind jenseits der Sicherungskräfte auch einige Dampfer des Konvois in Sicht. Sie fahren hart an der Eisgrenze entlang, das hält ihnen den Rücken frei.

Um 14.07 Uhr feuern *Z 24* und *Z 25* vier Torpedos in die Richtung des Konvois. Nach langer Laufzeit meldet das Horchgerät drei Detonationen; Kapitänleutnant Alfred Hoschatt, der zu dieser Zeit mit *U 378* im Kampfgebiet unter Wasser steht, hört sie auch. Tatsächlich sinkt aber nur ein sowjetischer Frachter aus dem PQ 11.

Sechsmal innerhalb vier Stunden versucht Schulze-Hinrichs mit seinen Booten an die Frachter heranzukommen, und sechsmal stehen die feindlichen Zerstörer dazwischen und wehren den Angriff ab. Die Briten erhalten mehrere Treffer, die Deutschen nicht. Ein englischer Torpedo detoniert an einem Eisberg, nicht weit von den deutschen Booten.

Die Bindung der Geleitfahrzeuge durch die laufenden Gefechte soll wenigstens bewirken, daß die U-Boote freie Bahn auf den Konvoi bekommen; aber auch diese Zusammenarbeit schlägt fehl, denn es gibt keine Möglichkeit zur Verständigung zwischen den Angreifern über und unter Wasser.

Bis 18.00 Uhr haben die deutschen Zerstörer zwischen ein und zwei Drittel ihrer Munition verschossen. Schulze-Hinrichs muß an seinen Hauptauftrag, die Bekämpfung der *Edinburgh,* denken und bricht die Jagd auf den Geleitzug ab. In sein Kriegstagebuch schreibt er:

»Schmerzlich ist die Feststellung, daß für einen Kreuzer in Zusammenarbeit mit den Zerstörern sicher gute Erfolgsaussichten bestanden hätten.«

Im Laufe der Nacht marschiert die Zerstörergruppe nach Osten. Dort hält U-Teichert an dem havarierten britischen Kreuzer Fühlung, kann ihm aber nicht selber den Fangschuß geben; das Angriffssehrohr ist ausgefallen, und britische Boote stehen schützend um die *Edinburgh*. Der Kreuzer macht nur wenig Fahrt nach Süden, auf den rettenden Hafen zu. Meist treibt er quer zum Wind. Zeitweise stehen hohe weiße Qualmwolken über dem Schiff.

Schulze-Hinrichs beabsichtigt, von Norden her, mit dem Wind im Rücken, gegen den gemeldeten Standort anzulaufen. Seine Zerstörer sollen eine breite Dwarsformation bilden, mit 3000 Meter Seitenabstand von Boot zu Boot. Sobald sie auf günstige Schußentfernung herangekommen sind, werden sie abdrehen und sämtliche vorhandenen Torpedos möglichst gleichzeitig abfeuern. Durch den großen Abstand zwischen seinen Zerstörern erhofft der Flottillenchef eine Kreuzwirkung der Torpedolaufbahnen; die ohnehin kaum manövrierfähige *Edinburgh* wird sich diesem Angriff nicht entziehen können. Gleich darauf sollen seine Boote hinter einer schützenden Nebelwand ablaufen.

Um 06.00 Uhr früh am 2. Mai 1942 passieren die Zerstörer große Ölfelder; die *Edinburgh* kann nicht mehr weit sein. Die Sicht beträgt, je nach den wechselnden Schneeschauern, zwischen drei und acht Seemeilen.

06.17 Uhr. *Z 25,* das am weitesten im Westen fahrende Boot, meldet einen Schatten, fünf Dez an Steuerbord voraus. Die Zerstörer drehen in ihrer Gefechtsformation darauf zu. Es ist der feindliche Kreuzer. Und beiderseits brechen britische Zerstörer hervor und greifen an!

Die Entfernung zwischen den Gegnern vermindert sich schnell. *Schoemann* steht der Feindgruppe am nächsten – und hält weiter vierkant darauf zu. An den Torpedorohrsätzen wird fieberhaft gearbeitet, um die Waffe von dem zuerst befohlenen ›Weitschuß‹ auf ›Nahschuß‹ umzustellen.

06.34 Uhr. Über Funksprech gibt der Flottillenchef allen Booten den Befehl, abzudrehen und die Torpedos zu schießen. Doch gerade jetzt schiebt sich für *Z 24* und *Z 25* ein Schneeschauer vor das Ziel – der Kreuzer kommt außer Sicht.

Nicht so für *Schoemann*. Die Entfernung beträgt noch 78 Hundert, als der Kommandant Feuerlaubnis für die Torpedowaffe gibt, abdreht und die Fahrt vermindert, damit die ›Aale‹ gut ins Wasser kommen.

In diesem Augenblick – es ist 06.36 Uhr – brechen 100 Meter hinter *Schoemann* drei Wassersäulen aus der See: Aufschläge von 15-cm-Granaten. Auch drüben auf der *Edinburgh* hat Captain Faulknor Feuererlaubnis gegeben. Und für einen Havaristen, der gerade den Todesstoß erhalten soll, schießt der Brite unerwünscht schnell und genau.

Bereits die 2. Salve trifft: Eine Granate liegt 40 Meter zu kurz, die anderen bohren sich in die beiden Turbinenräume des deutschen Führerzerstörers. Die Maschinen fallen sofort aus, die Stromversorgung bricht zusammen, sämtliche Schiffsführungs- und Feuerleitgeräte sind mit einem Schlage tot.

Schoemann-Kommandant Wittig: »Daß der Kreuzer mit seiner 2. Salve zwei so vitale Teile des Zerstörers treffen würde, war der allerungünstigste Fall, der überhaupt eintreten konnte.«

Das Boot dreht weiter nach Steuerbord, verliert seine Fahrt und bleibt mit Schlagseite liegen. Am Bug werden Nebelbojen geworfen. Die *Edinburgh* schießt nicht mehr, aber dafür setzen sich mehrere Feindzerstörer seitlich von dem künstlichen Nebel ab und eröffnen das Feuer. *Schoemann* kann sich nur mit Einzelfeuer wehren.

Das zweite Geschütz wird von Bootsmaat Diekmann über Kimme und Korn gerichtet und von Leutnant zur See Lietz mit der Hand am Stoßhebel abgefeuert. Auch Stabsgefreiter Keufgens am 4. und Oberbootsmann Schumacher am 5. Geschütz greifen selbständig in das Gefecht ein; Feuerleitung besteht nicht mehr.

Ein einziger Torpedoschuß ist vor den Treffern gefallen, bei den anderen Rohren klemmen jetzt die Abzugsgestänge. Der Torpedooffizier, Kapitänleutnant Hans Temming, geht zum vorderen Rohrsatz hinunter, um wenigstens einzelne Torpedos im

›Rohrmeisterschuß‹ zu lösen.

Der achtere Rohrsatz steht seit dem Treffer nach Backbord verblockt und läßt sich nicht mehr drehen. Dennoch wird hier ein Dreifächer gelöst, als ein Feindzerstörer in 4000 Meter Entfernung in die Schußrichtung läuft. Der vierte Torpedo rutscht aus dem Rohr ins Wasser, springt wie ein Delphin meterhoch heraus, fällt zurück und läuft – glücklicherweise in Richtung Feind.

Schoemann ist nicht mehr zu retten. Der Bericht des L. J., Kapitänleutnant (Ing.) Lorenz Böhmer, über den Totalausfall beider Maschinen läßt daran keinen Zweifel. Reaktionsschnell bannen zwar die Obermaschinenmaate Urbat und Rojem die plötzlich entstehende Dampfgefahr, und der im Turbinenraum I wütende Brand wird unter der sachkundigen Leitung des Wachingenieurs, Kapitänleutnant (Ing.) Schieber, gelöscht. Aber die Kraftwerke sind zerstört. *Schoemann* liegt, auf 72 Grad Nord und 34 Grad Ost, bewegungslos im feindlichen Feuer.

»Klarmachen zum Sprengen«, befiehlt Wittig. »Vernichten aller Geheimsachen. Aussetzen aller Rettungsmittel.«

Wenige Minuten nach dem Stromausfall gelingt es dem Gefreiten Rockenschaub, ein Reserve-UK-Funksprechgerät in Betrieb zu setzen, so daß der Flottillenchef wenigstens wieder Verbindung mit den anderen Booten bekommt.

06.45 Uhr. *Z 24* und *Z 25* haben kehrtgemacht, nebeln *Schoemann* ein und nehmen das Gefecht mit dem Feind auf. Drei Minuten später kommt für *Z 25* die *Edingburgh* wieder in Sicht. Erst jetzt kann Korvettenkapitän Peters einen Viererfächer seiner Torpedos schießen. Daß einer dieser Torpedos trifft und die Engländer zur endgültigen Aufgabe des Kreuzers zwingt, merken die Deutschen nicht. Sie sind in ein heftiges Artillerieduell mit britischen Zerstörern und Minensuchbooten verwickelt, die eigentlich den Kreuzer nach Murmansk einschleppen sollen.

Z 25 erzielt mehrere Volltreffer seiner 15-cm-Batterie auf der englischen *Forester,* die bewegungslos liegenbleibt, und auch die *Foresight* wird schwer beschädigt. Außerdem legt *Z 25* mit Höchstfahrt und schwarzqualmend einen Rauchschleier, um *Schoemann* zu schützen.

Denn inzwischen versucht, mitten im Gefecht, Korvettenkapitän Saltzwedel mit *Z 24* am Führerboot anzulegen und die Besatzung zu retten. Das mißlingt mehrmals, und der Flotillenchef muß sich fragen, ob es zu verantworten ist, den unbeschädigten *Z 24* auch noch aufs Spiel zu setzen.

07.10 Uhr. Schulze-Hinrichs entschließt sich zu dem UK-Befehl: »An alle. Zerstörer entlassen. Erich (Deckname für

Schoemann) muß aufgegeben werden.«

Z 24 fragt zurück: »Ist Längsseitkommen noch möglich?«

Und *Schoemann:* »Ja, bitte schnell!«

Aber es wird 09.00 Uhr, ehe Saltzwedels Boot, bis zum letzten Augenblick feuernd, mit der Back an *Schoemann* anlegt – und vom Seegang nach wenigen Sekunden wieder abgestoßen wird. Nur zwölf Mann gelingt es, auf *Z 24* hinüberzuspringen.

Um 08.15 Uhr, immer noch im feindlichen Feuer, ein neuer Anlauf. Dieses Mal machen beide Boote aneinander fest. Binnen weniger Minuten steigt die Besatzung, sofern sie nicht schon vorher im Kutter und auf Rettungsflößen von Bord gegangen ist, auf *Z 24* über. Darunter auch mehrere Verwundete, die Oberassistenzart Dr. Reinke während des Gefechts auf dem Tisch in der Offiziersmesse operiert hat und die nun, nackt und mit frischem Verbandsmull auf den Wunden, von Bord zu Bord hinübergeschafft werden.

Auf *Schoemann* sind die Bodenventile in den Kesselräumen geöffnet. Zusätzlich legt Bootsmaat von Rönn im achteren Wohndeck über der Munitionskammer 4 eine Wasserbombe und reißt den Zeitzünder an. Der I. Offizier, Kapitänleutnant Konrad Loerke, steigt als letzter in die Artillerierechenstelle hinunter und zündet auch dort auf gleiche Weise eine Wasserbombe. Dann verläßt er den Zerstörer auf einem Rettungsfloß und wird vom Kutter aufgenommen.

Um 08.30 Uhr detonieren die beiden Wasserbomben. *Z 7 Hermann Schoemann* richtet sich steil auf und sinkt auf den Grund der Barentssee. Die Hurras der Männer im Kutter und auf den Rettungsflößen klingen schaurig über das Meer.

Inzwischen befinden sich *Z 24* und *Z 25* auf dem Rückmarsch. *Z 24* mit 254 Geretteten von *Schoemann* an Bord. Um 08.26 Uhr versucht Flottillenchef Schulze-Hinrichs U-Boote zur Rettung der noch an der Untergangsstelle treibenden Überlebenden einzusetzen. Er läßt, an sich verbotswidrig, auf der U-Boot-Welle funken:

»Quadrat 5917 Überlebende *Schoemann* bergen.«

Tatsächlich nimmt Kapitänleutnant Heino Bohmann auf *U 88* diesen Hilferuf auf und läßt sich von den Zerstörern den genauen Kurs zur Untergangsstelle geben. So gelingt das Unwahrscheinliche: Mittags zwischen 13 und 15 Uhr rettet *U 88* weitere 56 Mann von den Flößen und aus dem Kutter, wobei sich der I. Wachoffizier des U-Boots, Leutnant zur See Heinz Müller, besonders auszeichnet. Nur ein Mann stirbt an Unterkühlung durch die eisige See.

Auf *Schoemann* und *Z 25*, der einen Treffer in den Funkraum erhalten hat, fallen insgesamt 13 Soldaten. Alle anderen kommen, trotz des Untergangs des Führerbootes, mit dem Leben davon.

Zu dieser Zeit weiß man auf deutscher Seite noch nicht, daß auch die *Edinburgh* gesunken ist. *U 456*-Kommandant Teichert berichtet nach seiner Heimkehr, er habe während des eigenen Zerstörerangriffs dicht bei dem britischen Kreuzer, aber 40 Meter unter Wasser gestanden, um sein Boot nicht zu gefährden.

Um 07.02 Uhr hört Teichert eine Torpedodetonation, um 08.52 Uhr, gut 20 Minuten nach dem Sinken der *Schoemann*, die typischen Sinkgeräusche eines großen Schiffes.

Teichert: »So nah, daß wir fürchteten, er fällt uns auf den Kopf.«

Später taucht *U 456* inmitten eines großen Trümmerfeldes auf. Viel Öl quillt an die Oberfläche, und dazwischen schwimmen Tropenhelme. Überlebende sind nicht mehr zu sehen.

Wenige Tage später gibt die Britische Admiralität außer der *Edinburgh* den Verlust eines weiteren Zerstörers bekannt. Die Deutschen sind daran unbeteiligt: Bei der Ferndeckung der Konvois hat Admiral Toveys Flaggschiff *King Georg V* den eigenen Zerstörer *Punjabi* gerammt und unter Wasser gedrückt. Die *Punjabi* ›rächte‹ sich unter dem Rumpf des Schlachtschiffes: Ihre Wasserbomben detonierten, *King George V* wurde beschädigt und mußte umkehren ...

Die Schlacht um das Nördliche Eismeer ist entbrannt. Die deutsche Marine verliert mit *Hermann Schoemann* ihren zweiten Zerstörer in kurzer Zeit; schon am 29. März ist *Z 26*, Kommandant Georg Ritter v. Berger, im Gefecht mit dem britischen Kreuzer *Trinidad* gesunken. Damals konnten *Z 24* und *Z 25* nur 96 Mann retten.

Die *Trinidad* wurde durch einen eigenen Torpedo, der für *Z 26* bestimmt war, getroffen, konnte aber Murmansk erreichen. Als der von Captain Saunders geführte Kreuzer am 14. Mai mit starkem Geleit zurückmarschiert, gerät er in heftige deutsche Luftangriffe und muß nach einem Bombentreffer aufgegeben werden.

Binnen weniger Wochen haben die Engländer zwei Kreuzer und mehrere Zerstörer eingebüßt, davon einige durch schwere Beschädigungen, die Deutschen zwei Zerstörer verloren.

Letztlich aber wird der Kampf um die Handelsschiffe geführt, um den Zustrom von Kriegsmaterial, mit dem die Westalliierten ihren russischen Verbündeten in diesem entscheidenden Jahr 1942 zum Aushalten befähigen wollen – koste es, was es wolle.

Im Mai 1942 streuen die Engländer neue Landungsgerüchte aus.

Am 19. weiß die ›Abwehr‹ zu berichten, in Dunfermline am Firth of Forth würden starke Kommandotruppen eingeschifft, dazu Artillerie- und technische Einheiten. Am Tage darauf heißt es sogar, das vermutete britische Landungsunternehmen werde am 23. Mai stattfinden. Der Termin verstreicht; die Agenten lassen sich nicht beirren. Am 27. melden sie erneut die ernstliche Absicht englischer Landungsversuche in Norwegen. Hitler verlangt, auslaufende U-Boote nicht in den Atlantik, sondern nach Narvik zu schicken.

Statt der Landungsschiffe aber kommt ein neuer Eismeerkonvoi, der PQ 16, mit 35 vollbeladenen Frachtern, größer und stärker gesichert als alle zuvor.

Am 27. Mai läuft der Konvoi bei der Bäreninsel innerhalb der Reichweite der deutschen Luftkampfverbände. Mehr als hundert *Ju 88* und *He 111* entfesseln eine See-Luftschlacht, aber trotz des Infernos verliert der PQ 16 nur sieben Schiffe mit 43 205 BRT.

Die Engländer haben ihre Kreuzer wegen der U-Boot-Gefahr rechtzeitig zurückgezogen. Die deutschen Überwasserstreitkräfte sind gar nicht erst ausgelaufen . . .

Dann rüsten beide Seiten für den PQ 17.

Die Deutschen verlegen den Kreuzer *Lützow* in die Bogenbucht bei Narvik. Zusammen mit dem *Scheer* sind nun beide ehemaligen Panzerschiffe im äußersten Norden. Die Befehlshaber machen sich indes Sorgen, wie sie diese ›P-Kreuzer‹ unter den einschränkenden Risikobedingungen überhaupt an einen PQ-Konvoi heranbringen sollen.

Generaladmiral Rolf Carls, der Marinegruppenbefehlshaber Nord, hält es für fraglich, ob die Luftaufklärung jederzeit über den Standort schwerer britischer Seestreitkräfte, der sogenannten ›Fernsicherung‹, im Bilde sein wird. Ohne Kenntnis, ob die britischen Schlachtschiffe und Flugzeugträger fern genug sind, um nicht eingreifen zu können, ist es, laut Carls, »fast ausgeschlossen, die Vorbedingungen für den Ansatz der Panzerschiffe zu erfüllen«.

Auch wenn *Scheer* und *Lützow* nur auf die ›Nahsicherung‹ des Konvois, auf britische Kreuzer und Zerstörer, stoßen, sind ihre Aussichten nicht gerade überwältigend. Ihre Geschwindigkeit ist mit 26 bis 28 Meilen gering, die überlegene Treffentfernung ihrer 28-cm-Türme kann bei den schlechten Sichtverhältnissen im Nordmeer kaum ausgenutzt werden. Die Mittelartillerie ist »anerkannt schwach«, die »Flakarmierung ausgesprochen kümmerlich«, wie es der frühere Operationsreferent der Seekriegsleitung und jetzige 1. Asto im Stabe Admiral Kummetz', Fregattenkapitän Hansjürgen Reinicke, ausdrückt.

Reinicke: »Die Feindlage im Nordmeer ist heute so, daß die P-Kreuzer auch mit sechs Zerstörern nichts ausrichten können, im Gegenteil sogar wahrscheinlich einen auf die Nuß kriegen!«

Allein durchschlagenden Erfolg haben könne nur der Entschluß, mit gesammelter Kraft, mit allen einsatzbereiten Streitkräften, einschließlich *Tirpitz* und *Hipper,* gemeinsam anzugreifen.

Tatsächlich wird diese Operation unter dem Decknamen ›Rösselsprung‹ von der Seekriegsleitung und der Gruppe Nord vorbereitet, ohne Rücksicht auf die Heizöl-Misere. Als Großadmiral Raeder beim Lagevortrag auf Hitlers Berghof am 15. Juni 1942 seine Absichten erläutert, ist der Führer jedoch voller Skepsis. Er hat Raeders im März vorgetragene Warnung vor den britischen Flugzeugträgern nicht vergessen und besteht nun seinerseits auf größter Vorsicht:

»Der Standort der Flugzeugträger muß vor dem Angriff eigener schwerer Schiffe festgestellt – und sie müssen vorher durch unsere *Ju 88*-Sturzbomber unschädlich gemacht sein!«

Hitler selbst schraubt also die Voraussetzungen so hoch, daß ein Einsatz der Flotte, hält man sich wörtlich an seine Weisung, so gut wie ausgeschlossen ist.

Respekt vor der Schlagkraft des Gegners haben freilich die Engländer ebenso wie die Deutschen. Bei einem Meinungsaustausch über die beste Sicherung des PQ 17 gehen die Ansichten des Ersten Seelords, Admiral Pound, und des C-in-C Home Fleet, Admiral Tovey, weit auseinander. Tovey will die Konvois des besseren Schutzes wegen verkleinern, aber sie werden immer größer. Pound lehnt Toveys Vorschlag ab, den PQ 17 in zwei Geleitzüge aufzuteilen. Tovey warnt nach den Erfahrungen mit der *Edinburgh* und der *Trinidad* eindringlich, die Kreuzer mit dem Konvoi so weit nach Osten marschieren zu lassen, daß sie den Angriffen deutscher Flugzeuge und U-Boote ausgesetzt werden. Und als der Erste Seelord seine Ansicht äußert, ostwärts der Bäreninsel könne es besser sein, den Konvoi aufzulösen und die Schiffe einzeln weiter nach Rußland zu schicken, hält Tovey solches Verfahren für »nackten, blutigen Mord«.

Am 1. Juli 1942 wird der PQ 17 mit seinen 37 Schiffen von der deutschen Aufklärung erfaßt. Er dampft bereits östlich der Insel Jan Mayen, während die gefürchtete schwere Deckungsgruppe Admiral Toveys noch weit im Westen bei Island kreuzt. Der Eingang dieser Aufklärungsmeldungen vermittelt den deutschen Admiralen in Berlin und Kiel, in Drontheim und Narvik ein überraschend günstiges Bild. Die eigenen Schiffe könnten ohne großes Risiko gegen den Konvoi vorgehen. Großadmiral Raeder befiehlt die Flotte zunächst nach Norden, auf ihre Absprungplätze.

Am späten Nachmittag des 2. Juli verläßt Flottenchef Admiral Schniewind mit *Tirpitz, Hipper,* vier Zerstörern und zwei Torpedobooten Drontheim; und in der Nacht läuft Vizeadmiral Kummetz mit der Kampfgruppe 2, mit *Scheer, Lützow* und weiteren sechs Zerstörern, aus dem Narvikgebiet zum gemeinsamen Treffpunkt Altafjord.

Doch schon der Anmarsch steht unter einem ungünstigen Stern. Gegen 03.00 Uhr nachts muß die Kampfgruppe Kummetz im Tjelsund das gefährlich enge Fahrwasser beim Storboen-Leuchtturm passieren. Nebel mindert die Sicht auf wenige hundert Meter, und der Strom schiebt mit, eine besondere Ungunst für die Passage. Prompt läuft die *Lützow,* das Unglücksschiff der Flotte, auf Grund und fällt für die weitere Unternehmung aus.

Schlimmer noch: Bei Admiral Schniewinds I. Kampfgruppe rennen im Grimsöystraumen drei Zerstörer auf Unterwasserfelsen, die in der Seekarte nicht eingezeichnet sind. *Karl Galster, Hans Lody* und *Theodor Riedel* können ebenfalls nicht mehr gegen den PQ 17 operieren. Die bekannten Tücken der Schärenfahrwasser nimmt die Flotte in Kauf; würde sie in freier See nach Norden verlegen, so könnte die Operation der feindlichen Luftaufklärung kaum verborgen bleiben.

Freilich bleibt sie es ohnehin nicht. Am Nachmittag des 3. Juli fotografiert ein britischer Aufklärer die Liegeplätze der deutschen Schiffe bei Drontheim: Sie sind leer. Von diesem Augenblick an muß die Admiralität in London mit einem Angriff der schweren Streitkräfte gegen den PQ 17 rechnen. Admiral Toveys Deckungsgruppe aber operiert 240 Seemeilen hinter dem Konvoi im Westen. Es steht außer Zweifel, daß die Deutschen über die Frachter herfallen können, ohne daß Toveys Schlachtschiffe einzugreifen in der Lage wären.

Generaladmiral Carls, der die Operation vom fernen Wilhelmshaven aus führen und sich ständig bei der Skl in Berlin rückversichern muß, zögert trotzdem. Denn die Fernaufklärer verlieren am frühen Morgen des 4. Juli die schwere Deckungsgruppe der Home Fleet, die Schlachtschiffe und den Flugzeugträger, außer Sicht; bis dahin standen sie, unverändert günstig, rund 300 Seemeilen westlich der Lofoten.

Flottenchef Schniewind muß in den Altafjord einlaufen und dort eine höchst unfreiwillige, 26stündige Wartezeit in Kauf nehmen. Solange Ungewißheit über den Verbleib und die Absichten Admiral Toveys herrscht, würde Hitler den Angriff der eigenen Flotte gegen den PQ 17 niemals gutheißen, und er hat sich seine ausdrückliche Genehmigung vorbehalten.

Später grollt Schniewind, die Luftwaffe habe sich zwar bis zum äußersten zur Vernichtung des Geleitzuges eingesetzt, aber »nicht die gleichen Anstrengungen unternommen, um das für den Einsatz der eigenen Seestreitkräfte besonders am 3. 7. entscheidend wichtige Fühlunghalten an den gesichteten schweren Feindgruppen zu gewährleisten . . .«.

Die Tatsache, daß die deutsche Flotte den ganzen 4. Juli über im Altafjord festgehalten wird, bleibt wiederum dem Gegenspieler in London, Admiral Pound, verborgen. Der Chef der Admiralität befürchtet, die Kampfgruppe *Tirpitz* könne bereits in den nächsten Stunden auf den Konvoi und seine Nahsicherung eindringen. Und Admiral Tovey ist weit, weit entfernt.

Einer der Gründe für dieses unverständliche Abseitsstehen der schweren ›Deckungsgruppe‹ liegt in der Vermutung, die Deut-

Der Kriegsschauplatz im Nordmeer und in der Barentssee. Im Frühjahr und Sommer 1942 fanden hier die Geleitzugschlachten um die PQ-Konvois von Island nach Rußland statt. Eingezeichnet ist der begonnene, jedoch wieder abgebrochene Vorstoß der deutschen Flotte gegen den PQ 17 im Juli 1942.

schen könnten die Konvoioperation nutzen, um die Kreuzer *Scheer* und *Lützow* unerkannt zum Handelskrieg in den Atlantik durchzubringen. Die Home Fleet steht also auf Abfangposition gegenüber einer Gefahr, die illusorisch ist, seit Hitler selbst bestimmend in die Operationen der Flotte eingreift.

Als zweiter Grund für Toveys Zurückhaltung wirkt der Respekt vor den Sturzbombern der Luftwaffe. Der Erste Seelord hat die Erwartung ausgesprochen, daß sich die Home Fleet nicht in diese Gefahr begeben werde – ausgenommen es bestünde die Chance, die *Tirpitz* in ein Gefecht zu verwickeln.

Eben diese Chance, so muß Admiral Pound glauben, wäre nun gegeben, aber Tovey ist weit hinter dem Konvoi zurück.

Diese dramatische Zuspitzung der in London angenommenen Lage führt am Abend des 4. Juli zu den Panikbefehlen der Britischen Admiralität, die das Schicksal des PQ 17 besiegeln. Um 21.11 Uhr funkt London:

»Äußerst dringend. Kreuzerverband mit Höchstfahrt nach Westen ablaufen.«

Damit ist der Konvoi seiner Nahsicherung beraubt, und Admiral Pound macht seine früher bekundete Absicht wahr. Um 21.23 Uhr funkt er dem entsetzten Konvoi-Kommodore:

»Dringend. Wegen Bedrohung durch Überwasserschiffe Konvoi auflösen und einzeln nach russischen Häfen weiterlaufen.«

Dreizehn Minuten später erweckt die verschärfte Fassung: »Äußerst dringend . . . Konvoi ist zu *zerstreuen*«, den Eindruck, die deutschen Kriegsschiffe müßten jeden Augenblick über dem Horizont auftauchen.

In Wirklichkeit liegen sie im Altafjord an der Kette. Erst die im Laufe der frühen Morgenstunden des 5. Juli eintreffenden Meldungen, daß der Konvoi sich aufgelöst habe und die englische Sicherung zurückgezogen worden sei, führen gegen 10.00 Uhr zum Auslaufen der deutschen Flotte.

Selbst diesem Vorstoß ist nur kurze Dauer beschieden. Während die U-Boote und Flugzeuge die nun schutzlosen Schiffe des PQ 17 jagen und eins nach dem anderen versenken, wird die Kampfgruppe *Tirpitz* vor der norwegischen Küste gleich zweimal gesichtet: von einem *Catalina*-Flugboot und von dem Unterseeboot *Unshaken*.

Der deutsche B-Dienst fängt die Sichtmeldungen der Engländer auf – und stürzt Großadmiral Raeder erneut in Zweifel. Das Auslaufen der deutschen Kampfgruppe ist dem Gegner bekannt, die Absichten der Home Fleet unter Admiral Tovey aber bleiben im Dunkel. Ein Zusammenprall der *Tirpitz* mit dem Feind erscheint nicht völlig ausgeschlossen, und der Führer hat jedes

Risiko untersagt. Raeder bleibt nichts anderes übrig, als die Flotte zurückzurufen. Mit den zerstreuten Schiffen des PQ 17 werden die U-Boote und Flugzeuge auch allein fertig werden.

Tatsächlich sinken 24 Frachter, 143 977 BRT, mit Tausenden von Kraftfahrzeugen, Panzern und Flugzeugen auf den Grund der Barentssee; aber zwölf Schiffe kommen doch, wenn auch auf Umwegen, in den russischen Häfen an.

Trotz des großen und nachhaltigen Erfolges – die deutsche Führung glaubt, der PQ 17 sei vollständig vernichtet worden – herrscht auf der Flotte tiefe Niedergeschlagenheit. Der Rückruf der Schiffe, ohne daß ihnen nach allen Mühen der Vorbereitung die geringste Chance gelassen wurde, sich zu bewähren, stößt bei allen Beteiligten auf Unverständnis und offene Kritik.

»Man hätte uns doch wenigstens *einmal* ranlassen sollen«, macht Fregattenkapitän Reinicke seinem Ärger in einem Brief an den Ib der Seekriegsleitung, Heinz Assmann, Luft, »nach drei bis vier Dampfern hätte man uns ja in Gottes Namen zurückholen können, man darf ja auch den psychologischen Effekt auf die Offiziere und Besatzungen nicht unterschätzen!«

»Hier herrscht eine sehr bittere Stimmung«, berichtet auch der 1. Asto im Stabe des FdZ, Korvettenkapitän Günter Schultz. »Man schämt sich bald, aktiver Offizier zu sein und zusehen zu müssen, wie die Wehrmachtteile kämpfen und wir als ›Kernflotte‹ im Hafen bleiben.«

Schultz beklagt, daß die Zerstörer seit dem Eintreffen der schweren Schiffe im Nordraum »an diese Unglücksvögel mit eisernen Ketten als Trabanten angekettet« seien. Auf dem Rückmarsch von dem mißlungenen Unternehmen ›Rösselsprung‹ schreibt er sich in der Brückenkammer von *Z 28* seinen Kummer von der Seele:

»Die Kommandanten der Schiffe, die nun seit fast einem halben Jahr hier oben auf den Einsatz warten, rauften sich vorher schon die Haare, als der PQ 16 durchgelassen wurde und sie ihren Leuten auf die berechtigte Frage, warum denn nun die Schiffe nicht eingesetzt würden, mit faulen Ausreden antworten mußten ... Man darf psychologisch nicht so im Porzellanladen herumtrampeln, wie das dieses Mal geschehen ist.«

Die Empörung der Front ist um so verständlicher, als sich sehr bald alle vermeintlichen Gefahren für die Kampfgruppe als Trugschlüsse erweisen.

Reinicke zum eingegangenen Risiko: »Es war keines da, jedenfalls kein größeres als beim Liegen in Drontheim oder im Altafjord.«

Flottenchef Schniewind übt ebenfalls Kritik an den Führungsentschlüssen. Nach seiner Überzeugung hat ›Rösselsprung‹ »vor Augen geführt, daß kriegerische Unternehmungen zur See, die Erfolge zeitigen sollen, ohne einen gewissen Einsatz kaum durchführbar sind«.

Deutlicher legt der Operationschef der Skl, Kapitän zur See Gerhard Wagner, die Wurzel allen Übels frei:

»Jeder Einsatz unserer schweren Überwasserstreitkräfte«, vermerkt Wagner am 7. Juli 1942, »ist belastet durch den Wunsch des Führers, Verluste und Rückschläge unter allen Umständen zu vermeiden ...«, Hitlers Bedingungen seien beim PQ 17 in einem Maße erfüllt worden, »wie es bisher bei den PQ-Geleitzügen noch niemals erreicht war und wahrscheinlich auch in Zukunft nicht mehr erreicht werden wird«.

So liegt die deutsche Flotte weiter an der Kette, von der lähmenden Risikofurcht ihres Obersten Befehlshabers festgehalten. Bald wird sich die Frage nach ihrer Existenzberechtigung, die an der Front unverhohlen in Zweifel gezogen wird, auch der Führung stellen.

Es bedarf nur noch eines kleinen Anstoßes, und Hitlers Zorn wird sich gegen seinen Marinechef wenden; gegen eben jenen Großadmiral, der sich stets bemühte, die Befehle seines Führers wörtlich zu nehmen und buchstabengetreu auszuführen.

15 Ein schlechtes neues Jahr

Am frühen Nachmittag des 30. Dezember 1942 erhält Vizeadmiral Theodor Krancke, seit Jahresfrist ständiger Vertreter des ObdM im Führerhauptquartier, ein dringendes Fernschreiben aus Berlin:

»U-Boot meldet mit Kurzsignal 50 Seemeilen südlich Bäreninsel Geleitzug ... aus sechs bis zehn Dampfern, schwach gesichert«, drahtet die Seekriegsleitung und ordnet an: »VAdm Krancke (dem) Führer melden, daß Chef Skl Einsatz *Hipper, Lützow,* Zerstörer grundsätzlich freigegeben hat. Durchführung wird ... davon abhängig gemacht, daß nach vorliegenden Unterlagen mit überlegener Sicherung bei Geleitzug nicht gerechnet werden muß.«

Hitler, der sich kurz zuvor wieder einmal abfällig über die schweren Schiffe und ihr »nutzloses Herumliegen in den Fjorden« geäußert hat, widerspricht diesmal Raeders Operationsabsicht nicht. Bei seiner Vorliebe für Zahlenmaterial weiß er recht gut, wie viele Waffen, Panzer und Flugzeuge mit einem solchen

Geleitzug nach Rußland transportiert werden. Jedes vor dem Nordkap auf den Meeresgrund sinkende Schiff bedeutet Entlastung für die Front im Osten, und die Front hat Hilfe bitter nötig: Die Vernichtung der 6. Armee bei Stalingrad ist fast zur Gewißheit geworden.

Der Führer bekundet dem Vertreter des ObdM daher sein besonderes Interesse an dieser Unternehmung. Er wünscht jederzeit, auch nachts, auf dem laufenden gehalten zu werden. Vielleicht gibt es zum Jahreswechsel doch noch eine gute Nachricht.

So beginnt das Unternehmen ›Regenbogen‹, das von der Marinegruppe Nord seit Wochen sorgfältig vorbereitet worden ist. Im Grunde bestand die Absicht, den weniger stark gesicherten Rückläuferverkehr von Murmansk nach Westen zu fassen, um auf diese Weise wenigstens Tonnageerfolge im Nordmeer zu erzielen. Ferner plante die Skl, den nach seiner Grundberührung im Juli soeben wieder im nordnorwegischen Altafjord eingetroffenen ›P-Kreuzer‹ *Lützow* zu einer mehrwöchigen Kontrollfahrt auf den nördlichen Seewegen einzusetzen; das Schiff verbrauchte nur Dieselöl, und daran war leichter zu kommen als an das knappe Heizöl. Der Feind hatte das System der stark gesicherten Konvois offensichtlich aufgegeben.

Nach dem PQ 17-Fiasko, dieser nach britischem Urteil »völlig unnötig heraufbeschworenen Tragödie«, war der Konvoirhythmus von Island nach Nordrußland zunächst unterbrochen und wurde nur noch einmal wiederaufgenommen: im September, mit dem PQ 18. Auch dieser letzte große PQ-Geleitzug verlor durch erbitterte Luftangriffe und durch U-Boote 13 Schiffe, ein Drittel seiner Gesamtzahl. Aber die Sicherung blieb beisammen und lieferte den Deutschen eine furiose Abwehrschlacht. Die Flotte hatte Hitler wiederum nicht aus den Fjorden auslaufen lassen.

Im Oktober und November hörte der Konvoiverkehr ganz auf. Nur Einzelfahrer dampften nach Murmansk, aber das war keine Hilfe, wie sie Moskau von seinen westlichen Alliierten erwartete. Indessen zogen die Seemächte allen verfügbaren Transportraum und ihre Seestreitkräfte zusammen, um am 8. November 1942 in Nordafrika zu landen. Die ›zweite Front‹, von Stalin beharrlich gefordert und von Hitler stets in Nordnorwegen erwartet, entstand im Mittelmeerraum; von Süden war der erste Angriff auf die ›Festung Europa‹ zu erwarten, nicht von Norden.

Kaum aus Afrika zurück, luden die Transporter in schottischen Häfen erneut Kriegsmaterial für Rußland. Die an so viel Unheil erinnernde Buchstabengruppe PQ verschwand, die Nordmeer-Konvois erhielten nun die Bezeichnung JW, mit einer Ziffer von 51 an. Der C-in-C Home Fleet, Admiral Tovey, setzte sich diesmal mit seiner Forderung durch, den großen Konvoi in zwei kleinere, übersichtliche Gruppen aufzuteilen und sie unabhängig voneinander nach Norden laufen zu lassen.

Der JW-51A verließ die schottische Küste am 15. Dezember 1942, blieb auf seiner Fahrt durch die Polarnacht unentdeckt, und seine 16 Schiffe trafen am 25. Dezember in Murmansk ein: mit 100 000 Tonnen Kriegsmaterial, ein willkommenes Weihnachtsgeschenk für Marschall Stalin.

Seit dem 22. Dezember waren auch die 14 Schiffe des JW-51B unterwegs, doch blieben sie den Deutschen nicht verborgen. Zwei Tage nach dem Auslaufen wurde der Konvoi bereits aus der Luft gesichtet und seither mehrmals wiederentdeckt. Dieser JW-51B war es, der von *U 354*, Kapitänleutnant Karl-Heinz Herbschleb, »50 Seemeilen südlich der Bäreninsel«, also schon recht weit auf seinem Marsch nach Osten, gemeldet wurde und das Unternehmen ›Regenbogen‹ auslöste.

»Bei Dunkelheit kann ich den Geleitzug nicht anpacken ... Die (eigenen) Schiffe dürfen grundsätzlich nächtlichen Zerstörerangriffen nicht ausgesetzt werden ... Somit bleibt nur übrig, den Geleitzug in den wenigen Stunden, in denen in diesen Breiten Dämmerung herrscht, zu fassen ...«

Solche Erwägungen bestimmen den Angriffsplan des Befehlshabers der Kreuzer, Vizeadmiral Oskar Kummetz. Am frühen Nachmittag des 30. Dezember 1942 ruft er die Kommandanten der an ›Regenbogen‹ teilnehmenden Kriegsschiffe auf sein Flaggschiff *Hipper* und macht sie mit dem Angriffsplan vertraut. Jetzt, um 14.30 Uhr, herrscht bereits nächtliches Dunkel. Tagähnliches Zwielicht wird es im Angriffsgebiet nur am späten Vormittag zwischen 10.00 und 12.00 Uhr geben, eine Stunde davor und danach Dämmerung und ansonsten Polarnacht.

Kummetz beabsichtigt, die Nacht zum Anmarsch zu nutzen, einige Stunden vor Beginn der Dämmerung seine sechs Zerstörer zu einem 85 Seemeilen breiten Aufklärungsstreifen auseinanderzuziehen und die Kreuzer hinter den Flügeln dieser Linie bereitzuhalten: die schnellere *Hipper* im Nordwesten, die langsame *Lützow* weiter im Süden. Diese ›Harke‹ muß, wenn die Fühlunghaltermeldungen stimmen, von hinten gegen den Konvoi stoßen.

Kummetz: »Mit Beginn der Dämmerung schließen die Schiffe heran. Hauptziel ist zunächst die Vernichtung der Sicherungsstreitkräfte, sodann der Dampfer, wobei es darauf ankommt, in kürzester Zeit möglichst viele bewegungsunfähig zu schießen ...«

Um dieses Ziel zu erreichen, denkt der Admiral an einen Zangenangriff: Seine eigene schnelle Gruppe mit *Hipper* und drei Zerstörern wird um den Konvoi herumholen, ihn bei Hellwerden von Norden angreifen und der von Süden aufdampfenden *Lützow* und ihren ebenfalls drei Zerstörern vor die Rohre treiben.

Gegen 17.00 Uhr passiert die Kampfgruppe die Sperren des Kaafjordes und läuft durch den Altafjord seewärts: Voran Kummetz' Flaggschiff *Hipper,* Kommandant Kapitän zur See Hans Hartmann, dann die *Lützow,* Kapitän zur See Rudolf Stange, und die sechs Zerstörer: *Friedrich Eckoldt* mit dem Chef der 5. Z-Flottille, Kapitän zur See Alfred Schemmel, der auf *Eckolt,* seinem eigenen alten Boot, zugleich den vor wenigen Tagen plötzlich verstorbenen Kommandanten, Korvettenkapitän Lutz Gerstung, vertritt. Ferner *Richard Beitzen,* Korvettenkapitän Hans v. Davidson, und *Theodor Riedel,* Korvettenkapitän Walter Riede, schließlich die drei neuen Zerstörer mit 15-cm-Artillerie, *Z 29, Z 30* und *Z 31* mit den Fregattenkapitänen Curt Rechel, Heinrich Kaiser und Hermann Alberts.

Der Verband hat den Altafjord noch nicht verlassen, da bekommt Kummetz um 18.40 Uhr einen Funkspruch, der die bestehende Weisung »Überlegenem Gegner ausweichen!« noch weiter einschränkt:

»Entgegen Operationsbefehl«, heißt es darin, »Verhalten am Feind: Bereits bei gleichstarkem Gegner Zurückhaltung üben, da Eingehen größeren Risikos für Kreuzer unerwünscht.«

Der Chef des Stabes der Skl, Admiral Kurt Fricke, will zwar nur an den bekannten Führerbefehl erinnern, doch die Formulierung fällt so unglücklich aus, daß Kummetz den Eindruck haben muß, er dürfe überhaupt nichts mehr wagen.

Ab 02.30 Uhr in der Nacht zum 31. Dezember zieht sich der deutsche Verband zum Suchstreifen auseinander. Die optische Sicht zwischen den Schiffen und ihren Zerstörern reißt ab, eine Verbindung besteht nur noch über den Sprechfunk auf Ultrakurzwelle (UK). Fünf Stunden lang tasten sich die Deutschen suchend nach Nordosten vor.

Dann, um 07.54 Uhr, gibt Admiral Kummetz über UK Alarm. Seit einer halben Stunde beobachten die Ausgucks auf *Hipper* schemenhafte Schatten in östlicher Richtung: einzelne Schiffe des Konvois. Da die Dunkelheit noch mindestens eine Stunde andauern wird und Kummetz nach seinen eigenen Überlegungen aus Furcht vor feindlichen Zerstörertorpedos solange nicht angreifen darf, hält er sich mit *Hipper* zunächst zurück. Jetzt ist es die Aufgabe der Zerstörer *Eckoldt, Beitzen* und *Z 29,* die Fühlung am Konvoi bis zur Dämmerung nicht wieder abreißen zu lassen. Soweit läuft alles nach Plan.

Auf britischer Seite führt Captain R. Sherbrooke, der Chef der 17. Destroyer-Flotilla, auf dem Zerstörer *Onslow* den Geleitschutz, der jetzt, am Silvestermorgen 1942, aus den Zerstörern *Obedient, Obdurate, Orwell* und *Achates* sowie fünf kleineren Geleitfahrzeugen besteht. Ein weiterer Zerstörer, die *Oribi,* hat vor zwei Tagen in einem heftigen Sturm den Anschluß verloren und findet den Konvoi nicht wieder.

Ungewißheit über den Standort der wertvollen Schiffe herrscht auch bei Konteradmiral R. L. Burnett, der den Konvoi mit seinen Kreuzern *Sheffield* und *Jamaica* zusätzlich zu sichern hat, falls die Deutschen aus den Fjord-Schlupfwinkeln herauskommen und angreifen sollten. Burnett vermutet den JW-51B ganze 150 Seemeilen weiter im Nordosten als er wirklich ist – eine Folge des Sturms und ein neuer Vorteil für die Kampfgruppe Kummetz.

Schließlich weicht die Nacht dem Dämmerlicht des Silvestermorgens, und auf 74 Grad Nord und 28 Grad Ost beginnt jenes ›Gefecht in der Barentssee‹, jene dramatische Eskalation von Unklarheiten und Verwechslungen, die sehr bald schwerwiegende Folgen für die gesamte deutsche Marine nach sich ziehen sollte.

Um 08.30 Uhr sichtet die indische Korvette *Hyderabad* hinter dem Konvoi zwei Schatten. Die Engländer nehmen zunächst an, es handele sich um russische Zerstörer, die sie zur Verstärkung erwarten. *Obdurate* stößt darauf zu, um sie zu identifizieren, doch die Schatten – inzwischen sind es drei – weichen nach Norden aus.

Dieses Versteckspiel dauert eine Dreiviertelstunde. Dann, um 09.15 Uhr, nimmt *Friedrich Eckoldt* den Briten kurz unter Feuer und decouvriert damit die Angriffsabsichten.

Inzwischen stößt auch Admiral Kummetz mit *Hipper* wieder gegen den Geleitzug vor. Von der Brücke des Kreuzers werden voraus rund ein Dutzend Schiffsschatten gesichtet, doch das diffuse Dämmerlicht verhindert jede genauere Beobachtung.

Kummetz klagt: »Die Beleuchtungsverhältnisse sind außerordentlich ungünstig. Die starke Bedeckung setzt die astronomisch zu erwartende geringe Aufhellung noch weiter herab. Alles erscheint wie mit einem grauen Schleier bedeckt, der die Umrisse verzeichnet und verschwimmen läßt ...«

Auf *Hipper* erkennt man den Feuerschein des Zerstörergefechts, aber man kann nicht einmal Freund und Feind auseinanderhalten. Kummetz muß seinen Booten den UK-Befehl geben, auf *Hipper* zu sammeln, damit sie nicht Gefahr laufen, von ihrem eigenen Kreuzer beschossen zu werden.

Um 09.29 Uhr sieht Captain Sherbrooke auf *Onslow* den feindlichen Kreuzer vor sich aus dem Dunst auftauchen, und wenige Minuten später eröffnet *Hipper* das Feuer.

»Bin im Gefecht mit Geleitzug«, meldet Kummetz um 09.36 Uhr mit Funksignal. Die Befehlsstellen an Land wissen nun Bescheid und hoffen auf einen günstigen Ausgang.

Auch Captain Sherbrooke bricht um 09.41 Uhr die Funkstille und gibt eine Feindmeldung ab, vor allem, um die Kreuzer des Admirals Burnett herbeizurufen. Burnett ist jedoch der irrigen Meinung, er stünde südlich des Konvois, und da er zudem im Norden einen Radarkontakt hat, folgt er zunächst dieser Ortung und entfernt sich dadurch vom Gefechtsfeld, statt dem Konvoi zu Hilfe zu eilen.

Die außergewöhnliche Gunst dieser Umstände vermögen freilich die Angreifer nicht zu nutzen. Sherbrookes Zerstörer *Onslow* und *Orwell* stoßen mehrmals mit großer Kühnheit auf den deutschen Kreuzer zu, täuschen Torpedoangriffe vor und zwingen *Hipper* dadurch zum Abdrehen.

Erst beim vierten Anlauf, um 10.19 Uhr, treffen *Hippers* überlegene 20,3-cm-Granaten die *Onslow* schwer: Der Schornstein wird aufgerissen, Dampf strömt aus den Kesseln, die beiden 12-cm-Geschütze auf der Back fallen aus, Munition explodiert – und Captain Sherbrooke selbst wird von einem Granatsplitter am Kopf schwer verwundet. 40 Tote und Verwundete liegen an Deck.

Die *Onslow* dreht ab, sie zieht sich hinter einem Rauchschleier auf den Konvoi zurück, und doch entsteht keine Lücke in der Sicherung; denn die *Obedient* unter Lieutenant-Commander Kinloch übernimmt das Kommando.

So sieht Kummetz immer noch keine Chance, durch die Abwehrlinie der britischen Zerstörer gegen den eigentlichen Geleitzug vorzustoßen, ohne *Hipper* dabei dem ausdrücklich verbotenen Risiko auszusetzen. Im übrigen hat sich der Konvoi angesichts der Gefechte an seiner Nordflanke und unter dem Schutz von Rauchschleiern nach Süden gewandt. So lautete Sherbrookes Befehl, und genau das haben die Deutschen erwartet: Von Süden schließt die *Lützow* mit den anderen drei Zerstörern heran, um die Schiffe in Empfang zu nehmen.

Tatsächlich meldet bei dieser Südgruppe *Z 31*-Kommandant Hermann Alberts den Konvoi bereits um 09.30 Uhr und stößt zusammen mit *Z 30* darauf zu. Die *Lützow*, die ebenfalls Rauch und Schatten in nördlicher Richtung feststellt, brauchte ihren Zerstörern nur zu folgen. Doch die kümmerlichen Sichtverhältnisse veranlassen *Lützow*-Kommandant Rudolf Stange, die Zerstörer im Gegenteil wieder an sich heranzuziehen. Die erste Chance, den Geleitzug von Süden aufzurollen, ist vertan; eine zweite bietet sich eine Stunde später.

Um 10.45 Uhr kommen erneut Schatten in Sicht – und verschwinden wieder in einer Schneebö. Dafür faßt das Funkmeßgerät der *Lützow* mehrere Ziele auf, einige nur zwei bis drei Kilometer entfernt. *Z 31* beschießt sogar eine Gruppe von Schiffen, die plötzlich aus dem Zwielicht auftauchen und sich ebenso schnell wieder aufzulösen scheinen.

In diesen Minuten fährt die *Lützow*-Gruppe ganz dicht an der Spitze des gesuchten Konvois vorbei, ohne daß Kapitän Stange seiner Sache sicher ist und die letzten paar tausend Meter Distanz durch entschlossenes Zudrehen vermindert. Auch er kann das Risiko nicht ausschließen, daß aus Dunst und Schneeschauern feindliche Zerstörer auftauchen und ihre Torpedos aus nächster Entfernung gegen die *Lützow* schießen. Auch hier lähmt der »Kein-Risiko«-Befehl jede eigene Initiative.

Hinterher weiß man's besser:

»Die feindlichen Sicherungsstreitkräfte sind zu dieser Zeit zum größten Teil in Gefechte mit der von Norden angreifenden Gruppe *Hipper* verwickelt, während am Geleitzug wahrscheinlich nur wenige schwache Einheiten stehen«, schreibt die Seekriegsleitung in ihrem abschließenden Bericht über den Gefechtsverlauf. Der Kommandant der *Lützow* – für den dieses Gefecht der erste Kriegseinsatz gewesen sei – habe diese Lage nicht erkannt.

Raeder: »Eine günstige Gelegenheit, zum Erfolg zu kommen und möglicherweise mit einem Schlage die gestellte Aufgabe zu lösen, bleibt hier ungenützt ...«

Wie unübersichtlich und verworren die Lage auf dem Gefechtsfeld ist, zeigt das weitere Verhalten der *Lützow:* Der Kreuzer steuert auf der Suche nach dem Feind eine halbe Stunde lang östliche Kurse, während der Konvoi dicht hinter seinem Rücken nach Süden dampft und dieser Art aus der deutschen ›Zange‹ ausbricht. Um 11.15 Uhr, als *Hipper* von Norden heranstürmt, sichten sich die beiden deutschen Kreuzer. Die Zange ist geschlossen, doch die Beute befindet sich nicht darin.

Dennoch scheint Admiral Kummetz den Angriff jetzt durchschlagen zu wollen. Er befiehlt der *Lützow,* auf Gegenkurs zu gehen, und so dringen beide Schiffe auf die britische Konvoisicherung ein, die wiederum versucht, sie von ihren Schützlingen fern zu halten.

Am schwersten trifft *Hippers* Feuerüberfall den Zerstörer

Angriffsplan
1. Phase (Dunkelheit) bis 08.45 Uhr Vormarsch in breitem Aufklärungsfächer.
2. Phase (Dämmerung) 09.00–10.15 Uhr Hipper *und drei Zerstörer umfassen den Konvoi von Norden, binden seine Sicherung, Konvoi dreht nach Süden ab.*
3. Phase (Zwielicht) 10.15–12.00 Uhr Lützow *und drei Zerstörer stoßen von Süden auf den Konvoi und greifen ihn an.*

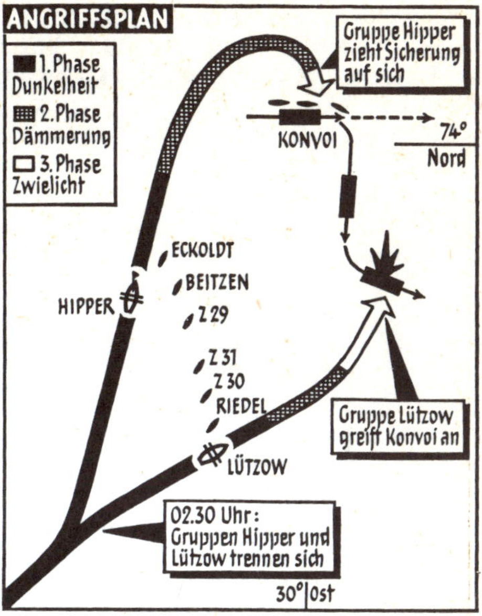

Tatsächlicher Ablauf
1. und 2. Phase wie Angriffsplan, jedoch drängen britische Zerstörer die Hipper-*Gruppe im Norden ab.*
3. Phase
Lützow *greift Konvoi wegen schlechter Sicht nicht an, sucht weiter nach Osten, Konvoi bricht nach Süden aus. Von Norden greifen britische Kreuzer* Sheffield *und* Jamaica *ein = »Risiko-Fall«, deutsche Kampfgruppe muß Gefecht abbrechen.*

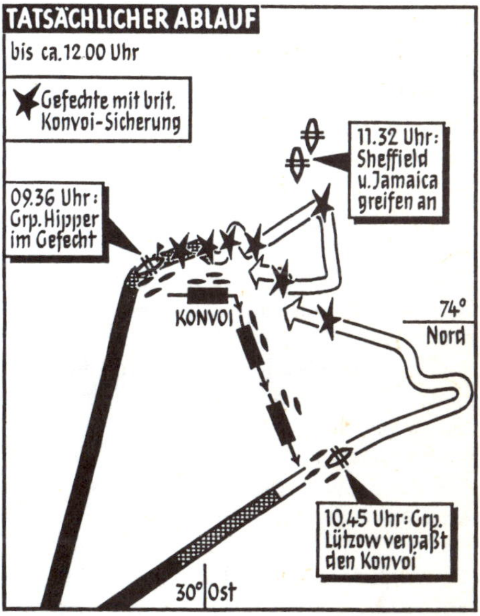

Achates, der schon beschädigt ist und nach weiteren Volltreffern in Brücke und Aufbauten zu sinken beginnt.

»Gefecht mit Sicherungsstreitkräften«, funkt Kummetz um 11.32 Uhr, »keine Kreuzer am Geleitzug.«

In derselben Minute schlagen dicht neben *Hipper* 15-cm-Granaten ins Wasser.

Eine Kreuzersalve!

Sheffield und *Jamaica,* die Kreuzer des Admirals Burnett, sind endlich zur Stelle und greifen in das Gefecht ein.

Das deutsche Flaggschiff hat seine ganze Aufmerksamkeit auf das Gefechtsfeld im Süden gerichtet und wird nun plötzlich in Feuerlee, also von Norden her beschossen. Der Gegner ist vor dem bereits dunkelnden Nordhorizont nicht zu erkennen. Aber er schießt, und das vorzüglich:

Bereits um 11.33 Uhr trifft eine 15-cm-Granate *Hippers* Steuerbordseite unterhalb des Panzerdecks und zerstört den dritten Kesselraum. Eine der drei Turbinen des Kreuzers fällt aus, seine Höchstgeschwindigkeit sinkt auf 28 Meilen.

Admiral Kummetz läßt sofort auf den neuen, noch nicht erkannten Gegner zudrehen. Er muß näher heran, muß ihn sehen, sonst kann er das Feuer nicht erwidern. Noch in der Drehung erhält *Hipper,* diesmal auf der anderen, der Backbordseite, zwei weitere Treffer, die den Flugzeugschuppen in Brand setzen.

In diesem Augenblick wird Kummetz ein soeben eingetroffener Funkspruch des Admirals Nordmeer gereicht. Drei Worte nur:

»Kein unnötiges Risiko.«

Kummetz bleibt keine andere Wahl. Über UK befiehlt er seinen Zerstörern um 11.37 Uhr:

»Abbrechen. Nach Westen laufen.«

Fast gleichzeitig kommt es zu einer neuen fatalen Verwechslung. Die Zerstörer der *Hipper*-Gruppe haben nördlich des Gefechtsfeldes den vom Konvoi abgespaltenen Minensucher *Bramble* versenkt und suchen nun wieder Anschluß an den eigenen Kreuzer.

Um 11.32 Uhr beginnt querab von *Friedrich Eckoldt* und gar nicht weit entfernt heftiges Artilleriefeuer. Zwei Schiffsschatten heben sich von dem bleigrauen Hintergrund ab. Nach der Feuerkraft muß das schießende Schiff ein Kreuzer sein. Die Offiziere auf der Brücke von *Eckoldt* glauben *Hipper* und einen Zerstörer vor sich zu haben – und drehen auf sie zu.

Um 11.34 Uhr fragt Flottillenchef Schemmel über UK:

»An *Hipper.* Frage Kurs und Fahrt. In welche Richtung schießen Sie?«

Hipper: »Kurs 80 Grad. Nach Norden.«

Schemmel stutzt. Der Geleitzug steht im Süden – und *Hipper* schießt nach Norden? Plötzlich wird *Eckoldt* selbst von Granaten eingedeckt. Hohe Aufschläge schießen rings um das Boot aus dem Wasser.

Eckoldt an *Hipper:* »Sie beschießen mich!«

Hipper: »Nein. Das ist ein englischer Kreuzer.«

Zu spät bemerken Kapitän Schemmel und die Brückenwache auf *Eckoldt* ihren Irrtum. Die verschwommenen Schatten, an die sie arglos heranschießen, sind die britischen Kreuzer *Sheffield* und *Jamaica.*

Admiral Burnett sieht den Zerstörer ebenfalls ganz plötzlich aus dem Zwielicht auftauchen. Er unterstellt einen schneidig geführten feindlichen Torpedoangriff – und überschüttet *Eckoldt* mit einem Feuerhagel aus allen Waffen.

Ob das deutsche Flottillenboot noch dazu gekommen ist, seine Torpedos abzufeuern, kann niemand sagen. Sieben 15-cm-Salven der *Sheffield* finden binnen weniger Minuten ihr Ziel und vernichten den Zerstörer auf nächste Entfernung. *Friedrich Eckoldt* sinkt – mit dem Flottillenchef, Kapitän zur See Schemmel, und mit der ganzen Besatzung.

Während sich diese Ereignisse am Nordrand des Kampffeldes abspielen, gibt ein abziehender Schneeschauer den Blick auf den weit nach Süden entwichenen Geleitzug frei. Jetzt endlich, um 11.40 Uhr, eröffnet auch die *Lützow* das Feuer. Eine Stunde zuvor hatte sie den ungeschützten Konvoi dicht vor den Rohren, ohne sich der Gunst der Lage bewußt zu sein. Jetzt beträgt die Entfernung wieder 16 Kilometer, und die britischen Zerstörer stehen erneut deckend zwischen dem Angreifer und den Schiffen.

Vor allem: Als *Lützows* schwere Artillerie endlich eingreift, ist *Hipper* bereits selbst getroffen und hat das Gefecht abgebrochen. *Lützow* beobachtet zwar noch einige Treffer ihrer 28-cm-Granaten, und in der Tat wird der britische Zerstörer *Obdurate* schwer beschädigt. Um 12.03 Uhr aber, in der rasch einfallenden Dämmerung, befiehlt Admiral Kummetz auch der *Lützow*-Gruppe, das Gefecht abzubrechen und sich seinem Rückmarsch nach Westen anzuschließen.

In der Theorie war der Angriffsplan des Admirals Kummetz perfekt, in der Praxis ist er gründlich mißlungen, weil trotz ihrer überlegenen Artillerie keiner der beiden deutschen Kreuzer gegen den von wenigen Zerstörern verteidigten Kern des Geleitzuges vorzugehen wagte. Nicht aus Mangel an Courage, sondern gebunden durch den eindeutigen und noch zur Unzeit wiederholten Befehl: Kein Risiko!

Und die sechs deutschen Zerstörer? Mehrmals hat gerade die Südgruppe mit *Z 30* und *Z 31* die Schiffe des Geleitzuges vor den Rohren und könnte sie bekämpfen. Aber sie werden zurückgerufen, zum Sammeln auf die Kreuzer, »angekettet an diese Unglücksvögel« von schweren Schiffen, die selber nichts wagen dürfen.

Während sich der deutsche Verband westlich des Kampffeldes sammelt und die zunächst noch nachstoßenden britischen Kreuzer mit der schweren Artillerie auf Distanz hält, gibt Kummetz zwei kurze Funksprüche ab: Das Gefecht sei abgebrochen; mit *Eckoldt* bestehe keine Verbindung mehr; der Feind halte Fühlung.

Diese Informationen müßten die Seekriegsleitung in Berlin und das Führerhauptquartier bei Rastenburg eher skeptisch stimmen, zumal sie nichts über einen Erfolg gegen den Geleitzug aussagen. Die vorhergegangenen Funksprüche klangen jedoch so günstig, daß niemand einen Mißerfolg in Betracht ziehen will.

Kummetz selbst hat um 09.36 Uhr gemeldet: »Bin im Gefecht mit Geleitzug«, und um 11.32 Uhr ergänzt: »Keine Kreuzer am Geleitzug.«

Wenig später, um 11.45 Uhr, teilte der mit *U 354* Fühlung haltende Kapitänleutnant Herbschleb seinen eigenen Eindruck des Kampfgeschehens mit. Die auf breiter Front aufblitzenden Geschütze, dieses überwältigende, ins Halbdunkel getauchte Gefechtspanorama, veranlassen Herbschleb zu dem Funkspruch:

»Nach hiesiger Beobachtung hat die Schlacht ihren Höhepunkt erreicht. Ich sehe nur rot.«

Das kann alles bedeuten. In Berlin und in Rastenburg wird der Spruch so gedeutet, daß *Hipper* und *Lützow* ein Schiff nach dem anderen in Brand schießen und versenken. Und als wiederum wenig später Kummetz' Signal »Gefecht abgebrochen« eintrifft, hofft man in Deutschland, seine Kampfgruppe habe einen großen Erfolg errungen.

Doch nun schweigt Kummetz. Der Verband hält auf dem Rückmarsch absolute Funkstille, damit der Gegner über seinen Standort im Ungewissen bleibt.

Kummetz schweigt am Nachmittag des 31. Dezember, am Silversterabend, die ganze Neujahrsnacht hindurch. Selbst als die Schiffe um 07.00 Uhr früh am 1. Januar 1943 wieder in den Altafjord eingelaufen sind, kommt keine Meldung von ihnen; denn jetzt ist die Fernschreibverbindung von Alta nach Deutschland gestört.

Dieses Schweigen, dieses Warten auf Nachricht zerrt an den Nerven. Und besonders ein Mann ist solcher Beanspruchung nicht gewachsen: Hitler.

Am Silvesterabend hat der Führer Gäste in seinem Hauptquartier ›Wolfsschanze‹. Die Sorgen um Stalingrad, um die gesamte Ostfront scheinen verflogen zu sein. Aufgeräumt wie selten erzählt Hitler jedem neuen Besucher, es gebe eine angenehme Überraschung, ein Geleitzug nach Rußland sei versenkt worden, er warte nur noch auf die Einzelheiten. Das OKW bereite eine Sondermeldung vor, gerade am Neujahrsmorgen sei es von unschätzbarem Wert, wenn dem deutschen Volk und der ganzen Welt dieser große Sieg bekanntgegeben würde.

Hitler läßt Vizeadmiral Krancke kaum von seiner Seite. Er verlangt, über jede Einzelheit sofort unterrichtet zu werden. Aber es kommt nichts.

Krancke bittet um Verständnis: »Admiral Kummetz darf sich auf dem Heimmarsch nicht durch Funken verraten. Er hat Fühlunghalter gemeldet, folglich ist die Möglichkeit nicht ganz auszuschließen, daß feindliche schwere Streitkräfte nach unseren Schiffen suchen. Sobald sie in Alta sind, werden wir Nachricht erhalten.«

»Wann ist das«, will Hitler wissen, »wann bekomme ich Meldung?«

»Voraussichtlich noch im Laufe des Abends – wenn Kummetz nicht unvorhergesehen aufgehalten wird . . .«

Es wird Mitternacht, das neue Jahr beginnt, und von den Schiffen keine Meldung. Die Seekriegsleitung schweigt, Berlin weiß selber nichts.

Niemand kann ahnen, daß *Hipper* beschädigt ist, daß die Leckabwehr verzweifelt kämpft, um die anderen Maschinenräume gegen Wassereinbrüche aus dem zerstörten Teil zu sichern, daß der Kreuzer zeitweise nur 15 Meilen läuft. Dadurch verzögert sich die Rückkehr in den Altafjord, und dort herrscht noch dazu Eis- und Schneetreiben.

Hitler weiß das alles nicht. In dieser Neujahrsnacht schließt er kein Auge. Rastlos wandert er durch sein Hauptquartier, und immer wieder muß Krancke in Berlin anfragen, ob es noch immer nichts Neues gebe.

So bricht der 1. Januar 1943 an.

Inzwischen ist Hitlers Stimmung gereizt. Und sie wird nicht besser, als ihm seine Nachrichtenzentrale eine Blitzmeldung der britischen Agentur Reuter vorlegt.

Die Royal Navy, meldet Reuter, habe am Silvestertage eine

überlegene deutsche Kampfgruppe in die Flucht geschlagen. Schwere deutsche Seestreitkräfte hätten einen schwach gesicherten Konvoi in der Barentssee angegriffen, seien aber durch den furchtlosen Einsatz britischer Zerstörer unter Kommando von Captain R. S. V. Sherbrooke abgedrängt worden. Der Konvoi habe inzwischen ohne Verluste seinen Bestimmungshafen Murmansk erreicht. Ein deutscher Zerstörer sei versenkt, ein Kreuzer schwer beschädigt worden. Die Admiralität bedauere den Verlust von HMS *Achates*.

Mag Hitler diese Darstellung auch für propagandistisch gefärbt halten; allein die Tatsache, daß er durch eine englische Presseagentur früher informiert wird als durch die eigene Marine, schürt seinen Zorn. Er mißtraut den Admiralen. Er argwöhnt, der wahre Sachverhalt werde ihm bewußt verheimlicht.

Bei der Vormittagslage weiß sich der Diktator kaum noch zu beherrschen. Sofort, in seinem Beisein, sei die Seekriegsleitung anzurufen und habe Meldung zu erstatten. Liege noch nichts von den Schiffen vor, dann sei ihnen unverzügliche Funkmeldung zu befehlen. Ob üblich oder nicht üblich, interessiere ihn nicht.

Berlin sendet den Funkspruch – in Alta wird er wegen der ungünstigen Wetterlage nicht gehört. Und die Störungen in den Telefon- und Fernschreibleitungen sind noch nicht beseitigt.

Nachmittags um 17.00 Uhr, mehr als 24 Stunden nach dem Gefecht, ist immer noch keine Nachricht da. Hitler, nunmehr im Zustand höchster Erregung, befiehlt Krancke zu sich, nennt das Ausbleiben der so oft angeordneten Meldung eine Unverschämtheit seiner Person gegenüber und fällt ein vernichtendes Urteil über die schweren Schiffe:

Sie seien völlig nutzlos, man brauche sie nur hinauszuschikken, und schon habe man Ärger und blamiere sich bis auf die Knochen. Sie belasteten die Kriegführung mehr, als ihr zu nützen.

»Ich habe folgendes beschlossen«, fährt Hitler Krancke an, »und befehle Ihnen, dies als meinen unabänderlichen Beschluß sofort der Seekriegsleitung mitzuteilen: Die großen Schiffe sind ein unnötiger Menschen- und Materialverschleiß. Sie werden daher außer Dienst gestellt und abgewrackt. Ihre Artillerie ist zum Küstenschutz an Land aufzustellen . . .«

Hier unterbricht Krancke, ebenfalls erregt, den Obersten Befehlshaber:

»Das wäre«, sagt der Admiral, »der billigste Seesieg, den England je errungen hätte!«

Aber Widerspruch steigert Hitlers Psychose nur noch mehr. Er wiederholt seinen »unabänderlichen Beschluß«. Er wünscht den

Großadmiral so schnell wie möglich bei sich zu sehen.

Krancke eilt ans Telefon, unterrichtet die Seekriegsleitung. Raeder läßt nach zwei Stunden antworten, er werde nicht kommen. Er sei krank. Es erscheine ihm auch sinnvoll, erst einen genauen Überblick zu gewinnen, was wirklich geschehen sei, und dem Führer mit einwandfreien Unterlagen gegenüberzutreten.

So gewinnt Raeder fünf Tage Zeit.

Fünf Tage, in denen sich die Wogen der Erregung glätten können. Die Hauptursache für den Fehlschlag des Unternehmens ›Regenbogen‹ ist, so Raeder, »die Bindung, die Schiffe keinem größeren Risiko auszusetzen«.

Und diese Bindung kommt eindeutig von Hitler selbst.

16 Der Bruch

Am Abend des 6. Januar 1943 beginnt der letzte Akt des Duells Raeder–Hitler. Gut vorbereitet betritt der Großadmiral die ›Wolfsschanze‹ zur Berichterstattung vor dem Führer. Aber Hitler läßt ihn gar nicht erst zu Wort kommen. Er überrumpelt den Marinechef mit einem seiner weitschweifigen Monologe. Eineinhalb Stunden lang, ohne Pause, ohne Gelegenheit zu einer Erwiderung. OKW-Chef Keitel steht dabei, sagt aber kein Wort.

Hitler hat sich aus Fakten, Zahlen und Halbwahrheiten ein vernichtendes Urteil über die deutsche Marine und ihre Rolle in der Geschichte zusammengesucht, und dieser Sermon, den Raeder später »geradezu gehässig« nennt, prasselt auf den verantwortlichen Oberbefehlshaber nieder.

Raeder steht unbeweglich, ein Fels in der Brandung, ein Schlachtschiff im Hagel feindlicher Geschosse, ohne Gegenwehr:

»Ich hielt es unter meiner Würde, die durchweg unsachlichen Darstellungen im einzelnen zu widerlegen.«

Statt dessen ersucht der Marinechef, als der Führer zu Ende gekommen ist, um ein Gespräch unter vier Augen. Keitel verläßt den Raum.

Mit kargen Worten verlangt Raeder seine Ablösung. Er sei für den Geist der Marine verantwortlich. Nach allem, was der Führer soeben und schon in den letzten Tagen geäußert habe, halte er sich nicht mehr geeignet für den Posten des Oberbefehlshabers dieser Marine.

Hitler lenkt sofort ein, versucht abzuschwächen. So habe er es nicht gemeint. Er verurteile nicht die gesamte Marine, nur die großen Schiffe. Außerdem habe er schwere Sorgen an der Ostfront. »Nach dem vielen Gerede über die Ablösung der Heeresgenerale« möge der Großadmiral ihm weitere solche Belastungen ersparen.

Raeder läßt sich nicht beeinflussen, zu tief ist er getroffen: »Meine Autorität ist erschüttert. Ich bleibe keinesfalls im Amt.«

Er bietet lediglich an, den Kommandowechsel am 30. Januar vorzunehmen, dem zehnten Jahrestag der Gründung des Dritten Reiches, und nach außen den Eindruck zu erwecken, der ObdM mache im besten Einvernehmen seinen Posten einem Jüngeren frei.

Schließlich geht Hitler darauf ein, falls sich der Wechsel reibungslos vollziehen lasse. Raeder möge ihm zwei geeignete Nachfolger vorschlagen. Unter den Genannten, Generaladmiral Carls oder Admiral Dönitz, entscheidet sich Hitler, wie nicht anders zu erwarten, für den Befehlshaber der U-Boote.

Neben dem äußeren Ablauf der Krise aber steht die eigentliche Auseinandersetzung über alles, was sie ausgelöst hat, über Hintergründe und tiefere Ursachen. Für dieses Duell bedienen sich beide Männer ihrer eigenen, ebenso typischen wie grundverschiedenen Ausdrucksformen.

Hitler redet eineinhalb Stunden lang. Voller Aggressivität, ein Feuerwerk von Argumenten.

Raeder diskutiert nicht, sondern schreibt. Er läßt seinen Stab eine Denkschrift über »die Bedeutung der deutschen Überwasserstreitkräfte« ausarbeiten, feilt selber bis zuletzt am Ausdruck und legt dieses Papier als seine eigene, unwiderrufliche Meinung auf den Tisch.

Raeder: »Die Geschichte wird einst darüber entscheiden.«

Hitler hält der Marine vor, sie besitze kaum Tradition, sei erst nach der englischen Marine entwickelt worden und habe in den deutschen Einigungskriegen von 1864, 1866 und 1870/71 keine Rolle gespielt. Selbst im Weltkrieg, trotz des gewaltigen Tirpitzschen Flottenbaus, sei ebendiese Hochseeflotte ohne Bedeutung geblieben. Im Gegenteil: »Durch die Flotte hat ein großes Kapital an Kampfkraft brachgelegen, während das Heer dauernd schwer kämpfen mußte.«

Raeder nimmt den Fehdehandschuh des Landkriegers Hitler auf. Er klärt zunächst die Voraussetzungen. Daß England durch seine geographische Lage und seine ganze geschichtliche Entwicklung seit Jahrhunderten als Seemacht dominiert, kann niemand ernstlich bestreiten. Für dieses England ergibt sich aus seiner Lage aber auch die zwingende Notwendigkeit, die kriegs- und lebenswichtigen Zufuhren über See aufrechtzuerhalten.

Dieses Problem des Gegners, betont der Großadmiral, bestand schon im Ersten Weltkrieg. Die Kaiserliche Marine konnte es nicht für sich nutzen, weil ihre Schiffe, anders als heute, nicht den Aktionsradius besaßen, um »aus dem inneren Winkel der Nordsee oder gar aus der Ostsee heraus gegen die Schlagadern des britischen Seeverkehrs« zu operieren. Bessere strategische Ausgangsbasen vermochte die Führung ihr nicht zu geben.

Trotzdem habe die Hochseeflotte die ›Nordfront‹ gesichert, als Voraussetzung dafür, daß die Armeen überhaupt weit im Osten und Westen kämpfen konnten. »Sie erstickte alle Landungsabsichten an den deutschen Küsten oder in Nordeuropa sowie die Versuche, Rußland durch die Ostsee Hilfe zu bringen, bereits in der Planung. Sie besaß die unbestrittene Seeherrschaft in dem uns zugewandten Teil der Nordsee und in der gesamten Ostsee, deren Seeverbindungen damals für Deutschland die gleiche lebenswichtige Bedeutung hatten wie heute.«

Raeder beweist damit, daß auch eine nach Hitlers Meinung »brachliegende« Flotte großen strategischen Wert besitzen kann. Sogar für die U-Boot-Waffe, die Hitler »im Weltkrieg wie heute« als einzig bedeutungsvolle Waffe der Marine anerkennen will.

Denn die U-Boote mußten von 1914 bis 1918 ebenfalls aus der Deutschen Bucht ausbrechen. Die Engländer versuchten sie mit einem breiten Minengürtel abzuriegeln. Minen mußten daher gesucht und geräumt werden, was ohne den Rückhalt der ›nutzlosen‹ Hochseeflotte nicht möglich war.

Raeder: »Ohne Flotte hätte es daher auch keinen U-Boot-Krieg gegeben.«

Nach solchem geschichtlichen Vorgeplänkel greift Hitler »den Geist der Marine« direkt an: »Diese Matrosenrevolution 1918 und die Versenkung der Flotte in Scapa Flow waren auch kein Ruhmesblatt der Marine . . .«

Der Führer sollte wissen, daß die Erinnerung an 1918 gerade der jetzigen Marineführung eine stete Mahnung gewesen ist, alles zu tun, um eine Wiederholung jener Ereignisse auszuschließen. Raeders Maxime, die Schiffe nur nicht untätig im Hafen liegen zu lassen, führte ja gerade zu dem draufgängerischen Konzept der Seekriegsleitung am Anfang des unerwarteten neuen Krieges.

Hitler bohrt weiter: »Bei der Marine hat das Verhältnis der eigenen zu den gegnerischen Streitkräften immer eine große Rolle gespielt – anders als beim Heer. Wenn Streitkräfte ins

Gefecht kommen, verlange ich als Soldat, daß dieses Gefecht dann auch durchgeschlagen wird!«

Das sagt ausgerechnet der Mann, der nach dem Verlust der *Bismarck* alle Absichten Raeders, die Atlantikkriegführung fortzusetzen, durchkreuzt hat; ausgerechnet Hitler, der immer neue Vorbehalte gegen den Einsatz schwerer Schiffe vorzubringen wußte, der Urheber aller Risikofurcht, der Schlachtschiffe und Kreuzer in den Schlupfwinkeln ankettete, um nur keinen weiteren Prestigeverlust hinnehmen zu müssen.

Jetzt kontert Raeder mit Gegenvorwürfen.

Nach des Führers Wort sollte die Marine bis zum Jahre 1944/45 Zeit haben, eine kampffähige Flotte zu bauen. Aber der Krieg brach fünf Jahre zu früh aus, als alles noch in den Anfängen steckte. Hatte das etwa die Marineführung zu verantworten?

Raeder: »So war es der Kriegsmarine im Großdeutschen Freiheitskampf nicht vergönnt, mit der entscheidenden Schlagkraft der Flotte die britischen Seeverbindungen zu zerschlagen und dadurch den Krieg schnell zu beenden. Sie *mußte* das Schwergewicht ihrer Rüstung auf die U-Boote legen . . .«

Trotzdem kämpfen die U-Boote nicht allein. Der Großadmiral verweist auf die weiten Fahrten der Hilfskreuzer, die gewagten Unternehmungen der Zerstörer, Torpedo- und Schnellboote, und selbst die paar Schiffe der Kernflotte sind offensiv »gegen die überwältigende Stärke der feindlichen Seemacht« vorgegangen – jedenfalls solange Raeder noch darüber zu bestimmen hatte.

Aber der Führer wirft der Marine mangelnden Einsatz vor!

Raeder stellt trocken fest: »Die Kühnheit der deutschen Seekriegführung wurde von der ganzen Welt anerkannt.« Und er erinnert Hitler daran, daß die Besetzung Norwegens »nur durch den vollen Einsatz der gesamten Flotte möglich war«.

Immer wieder hebt der Marinechef die Auswirkungen der schweren Schiffe hervor, deren Existenz in Frage gestellt ist, immer wieder versucht er klarzumachen, daß ihr Vorhandensein allein schon beträchtliche feindliche Kräfte bindet. Durch sie sei der Gegner daran gehindert worden, »seinem Kriegsplan entsprechend in aller Ruhe die Wirkung seiner Blockade auf den Kontinent abzuwarten und alle seine Kräfte auf die Bekämpfung unserer U-Boote zu konzentrieren«.

Selbst die Verlegung der deutschen Kernflotte nach Norwegen, führt Raeder aus, habe den strategischen Druck, den sie ausübe, nicht gemindert. Der Feind betrachte sie dort als ebenso große Bedrohung und sei gezwungen, »die Rußlandgeleitzüge mit schweren Schiffen zu sichern und zur Deckung seiner nordatlantischen Seewege der Heimatflotte die modernsten Schlachtschiffe mit mehreren Flugzeugträgern und einer großen Zahl von Kreuzern und Zerstörern zuzuteilen«.

Der Großadmiral wird nicht müde, auf den Nutzen hinzuweisen:

»Unsere Flotte entlastet damit unmittelbar den U-Boot-Krieg, weil die zahlreichen bei der englischen Flotte gebundenen Zerstörerflottillen, Minensucher und U-Jäger nicht zur Bekämpfung der deutschen U-Boote verwandt werden können.«

Hitler behauptet in seinem Monolog eher das Gegenteil: Der Krieg sei bisher vornehmlich von leichten Seestreitkräften geführt worden. Und wenn die großen Schiffe mal ausliefen, dann müßten die kleinen sie auch noch schützen.

Hitler: »Nicht die großen Schiffe sichern die kleinen, sondern stets ist es umgekehrt.«

Monatelang liege die Flotte »ohne Verwendungszweck« im Hafen und müsse auch noch von starken Luftstreitkräften gesichert werden. Sollten die Engländer in Norwegen landen, dann würde die Luftwaffe besser zu Angriffen auf die Landungsflotte als zur Sicherung der eigenen Flotte eingesetzt.

»Also werden Schiffe«, folgerte Hitler, »nicht einmal bei der Landungsabwehr von großem Nutzen sein.«

Raeder spürt hinter solchen Argumenten die Einflüsterungen Görings, mit dem er sich im erbitterten Streit um die Marineflieger entzweit hat. Nun hält er der Luftwaffe ihre eigenen Versäumnisse vor:

»Das Fehlen ausreichender Luftstreitkräfte zur Aufklärung und Sicherung über See« und »die fehlende Möglichkeit, unseren Schiffen Flugzeugträger mitzugeben«.

Solche Mängel und Versäumnisse haben letztlich die von Hitler selber erlassenen Beschränkungen für den Einsatz der Kernflotte verursacht; Bindungen, die Raeder einen »Hemmschuh des Erfolges« nennt – womit er die Eingriffe des Führers in die Seekriegsleitung kritisiert.

Was aber den Großadmiral empören muß, ist Hitlers spitzfindige Behauptung, sein Verzicht auf die großen Schiffe bedeute nicht etwa eine »Degradierung« der Marine, denn ihr würde ja keine *wirksame* Waffe genommen. Das Heer habe schließlich auch die Kavalleriedivisionen abschaffen müssen. Und bei der italienischen Marine würden die Besatzungen der stilliegenden Schlachtschiffe jetzt auf Zerstörern fahren ...

Die schweren Schiffe außer Dienst zu stellen, betont Hitler nochmals, sei sein unwiderruflicher Entschluß. Die Marine möge sich allenfalls überlegen, ob einige Kreuzer zu Flugzeugträgern umgebaut werden könnten.

Die Seekriegsleitung, bisher oberster Planungsstab für die Operationen der Schiffe, hat sich nun mit der Reihenfolge ihrer Außerdienststellung zu beschäftigen. Für die schwere Schiffsartillerie verlangt Hitler Vorschläge, wo sie zum Küstenschutz an Land aufgestellt werden sollen. Schließlich will er wissen, in welchem Umfang das U-Boot-Programm durch diese Maßnahmen vergrößert und beschleunigt werde.

Raeder und die Seekriegsleitung setzen sich erbittert zur Wehr. Die Kernflotte abzuwracken, die *Tirpitz, Scharnhorst* und *Gneisenau,* die *Lützow, Prinz Eugen* und *Hipper* praktisch selber zu zerstören, würde die strategische Lage von Grund auf zuungunsten der Achsenmächte ändern.

Dem Feind werde dieser Erfolg »kampflos in den Schoß geworfen«. Er werde dadurch zu Unternehmungen gegen die eigenen Küsten geradezu eingeladen. Mit leichten Seestreitkräften allein sei er nicht abzuwehren, und die Luftwaffe könne ihn erst recht nicht daran hindern.

Der Gedanke, Schiffsartillerie an Land aufzustellen, mache deren Kampfkraft unbeweglich und verhindere ihren Einsatz gerade dort, wo sie wirklich gebraucht werde.

»Je länger die zu schützende Küste ist, um so beweglicher muß die artilleristische Verteidigung sein.«

Die Küsten sind mehrere tausend Kilometer lang. Die 13 Batterien, die aus den Schiffen herausgeholt werden können, verstärken ihre Verteidigung nur an einzelnen Stellen; auf den Schiffen aber könnten sie im Schwerpunkt eines feindlichen Angriffs wirken.

Die Seekriegsleitung zerpflückt selbst die personellen und materiellen Erwartungen, die Hitler mit der Abschaffung der Flotte verbindet. Nicht einmal 1,4 Prozent des Marinepersonals werde frei, darunter viele erfahrene Spezialisten der großen Schiffe, aber nur wenige, die für U-Boote tauglich seien. Außerdem verliere die gesamte Marine mit den Schiffen ihre Ausbildungs- und Erziehungsbasis.

Der vermeintliche Gewinn an Material werde durch die Aufstellung der Schiffsartillerie an Land mit all ihren Nebenarbeiten zum großen Teil wieder aufgezehrt. Allein das Abwracken der Schiffe werde 7000 Arbeiter auf fünf Großwerften eineinhalb Jahre lang beschäftigen. Diese Arbeiter gingen folglich auch dem U-Boot-Bau verloren. Und das sonst für die Reparaturen der großen Schiffe benötigte Material reiche gerade, um ein halbes U-Boot pro Monat mehr zu bauen als bisher.

Neben solchen Details kommt der Großadmiral jedoch stets auf den strategisch begründeten Kern seines Widerstandes gegen die Abschaffung der großen Schiffe zurück. »Jede Bedrohung im Atlantischen Ozean« werde schwinden, ohne sein Dazutun ein entscheidender Erfolg für den Feind, der seine Kräfte anderenorts konzentrieren könne; entweder »zur endgültigen Bereinigung der Lage im Mittelmeer« oder »zum entscheidenden Schlag gegen die japanische Seemacht«. Verschwinde die Kernflotte, so werde das eigene Volk in diesem Ereignis den Verzicht auf die Hoffnung sehen, »diesen Krieg durch den entscheidenden Seekrieg zu gewinnen«.

Zum Schluß fährt Raeder schwerstes Geschütz auf:

»Die Außerdienststellung der großen Überwasserschiffe würde einen Jubelschrei bei unseren Gegnern, eine schwere Enttäuschung dagegen bei den Achsenmächten, insbesondere bei den Japanern auslösen – als Zeichen der Schwäche und des Nichtverstehens der überragenden Bedeutung der Seekriegführung, vor allem im kommenden Endstadium des Krieges.«

So beschwörend diese Formel klingen mag, an Hitler gleitet sie ab, er hat für solche Gedankenführung kein Verständnis. Die Lage des durch seine eigene Politik und Kriegführung vom Angriff in die Defensive gedrängten Dritten Reiches läßt keine unmittelbare Besserung von weltweiten seestrategischen Überlegungen erwarten. Nicht mehr im Jahre 1943.

Aus dem ohnmächtigen Sieger der Blitzfeldzüge ist ein kurzatmiger Verfolgter geworden, dessen Blick nur noch auf das Nächstliegende gerichtet ist: seine Haut so teuer wie möglich zu verkaufen.

Hitler bleibt bei seinem »unabänderlichen Entschluß«; vorläufig wenigstens.

Am 25. Januar 1943 fährt Admiral Karl Dönitz ins Führerhauptquartier. In wenigen Tagen wird der Befehlshaber der U-Boote zugleich Oberbefehlshaber der Marine sein. Der Führer überreicht ihm als Antrittsgeschenk das Todesurteil für die Flotte, einen Befehl in drei Punkten, der so dringend erscheint, daß Dönitz ihn sogleich telefonisch an Admiral Fricke, den Chef des Stabes der Seekriegsleitung, weitergibt:

»Der Führer hat befohlen:

1. Alle Neu- und Umbauten an großen Schiffen sind sofort einzustellen ...
2. Schlachtschiffe, Panzerschiffe, schwere Kreuzer, leichte Kreuzer sind außer Dienst zu stellen, soweit sie nicht für Ausbildungszwecke benötigt werden ...
3. Durch die hiermit frei werdende Werftkapazität, Arbeiter, Soldaten und Waffen (in der Hauptsache Flak) soll eine Intensi-

vierung der U-Boot-Reparatur und des U-Boot-Neubaues erreicht werden.«

Jahrelang hat der BdU für den entscheidenden Kampf seiner U-Boote um Anerkennung gerungen, immer wieder auf die zu geringen Bootszahlen hingewiesen, die mangelnde Unterstützung seiner Schlacht um den Atlantik beklagt. Muß er sich jetzt nicht am Ziel seiner Wünsche glauben?

Doch anders als Hitler läßt sich Dönitz, am 30. Januar 1943 zum Großadmiral befördert, von den Argumenten seines neuen Stabes, der Seekriegsleitung, nachdenklich stimmen. Die Flotte abzuwracken, könnte der U-Boot-Waffe womöglich eher schaden als nutzen.

Und anders als Raeder besitzt der neue ObdM auch die Gabe, den Führer mit ein paar schlagfertigen Argumenten zu verblüffen.

Am 8. Februar 1943 legt Dönitz den von Hitler befohlenen Plan für die Außerdienststellung der Schiffe vor. Darin wird bereits vom Ausbau der schweren Artillerie und Abwrackung der Schiffe »abgesehen«, und die Schlachtschiffe *Tirpitz* und *Scharnhorst* sollen sogar als »bewegliche Batterien« beibehalten werden.*

Das mag ein Versuchsballon sein. Hitler merkt es wohl, wendet aber nichts ein. Er sagt nur, falls der Nickelstahl knapp werde, könne das Abwracken einzelner Schiffe doch notwendig werden.

Am 26. Februar, genau einen Monat nach Hitlers Drei-Punkte-Befehl, steuert Dönitz in der ›Wolfsschanze‹ geradenwegs auf sein Ziel los. Die Kreuzer *Hipper, Leipzig* und *Köln*, sagt er, seien bereits außer Dienst gestellt, aber im übrigen brauchten die großen Schiffe nicht brachzuliegen, denn es gebe sehr wohl Kampfmöglichkeiten für sie.

Dönitz: »In Anbetracht der schwer kämpfenden Ostfront halte ich es für meine Pflicht, die Schiffe einzusetzen. Ich halte es für notwendig, die *Scharnhorst* zur Verstärkung nach Norwegen zu verlegen. Dann bilden *Tirpitz, Scharnhorst,* zunächst auch noch *Lützow*, und etwa sechs Zerstörer eine immerhin beachtliche Kampfgruppe.«

Hitler glaubt nicht richtig zu hören. Vor zwei Wochen noch hat Dönitz den 1. Juli als Termin für die Außerdienststellung der *Scharnhorst* genannt! Wieder setzt er zu einem Monolog an, holt seine bekannten Argumente hervor. Die großen Erwartungen,

* Siehe den Plan zur Außerdienststellung der Schiffe, Anhang 11.

die in die Schiffe gesetzt worden seien, und dann nichts als Enttäuschungen! Angefangen von der *Graf Spee,* die sich lieber selbst versenkt hätte, statt das Gefecht durchzuschlagen, bis zu dem Reinfall mit *Hipper* und *Lützow* Silvester im Nordmeer. Keine Erfolge, immer nur das Gegenteil, die Schiffe verstünden eben nicht zu kämpfen.

Dönitz hakt ein: »Das Kämpfen der Schiffe wurde sehr gehemmt durch die Bindung, sie dürften nicht verlorengehen. Die Seebefehlshaber kann dafür kein Vorwurf treffen.«

Hitler streitet das ab. Eine solche Bindung sei von ihm nie erfolgt. »Die Schiffe müssen schlagen, wenn sie am Feind sind. Aber ich halte grundsätzlich nichts mehr davon. Natürlich hat die Ostfront schwer zu kämpfen, und die Russen bekommen dauernd Kräftezuwachs, jetzt wieder durch diesen Geleitzug von 25 Schiffen. Das ist untragbar.«

»Gerade deshalb«, sagt Dönitz ungerührt, »müssen die Schiffe ja kämpfen – statt sie außer Dienst zu stellen. Ich entnehme daraus, mein Führer, daß ich die *Scharnhorst* nach Norwegen schicken kann.«

Hitler ist geschlagen. In seiner Generalabrechnung hatte er Raeder vorgeworfen, schon der Kaiserlichen Marine hätten die Männer gefehlt, die auch *ohne Zustimmung des Kaisers* zum Einsatz der Hochseeflotte entschlossen gewesen wären. Und nun kommt Dönitz und wendet genau diesen taktischen Schachzug an ...

Wann er denn mit einer Einsatzmöglichkeit rechne, will Hitler wissen.

Dönitz: »Ich nehme an, in den kommenden drei Monaten.«

»Und wenn es auch sechs Monate sein sollten«, spottet Hitler und prophezeit: »Sie werden dann zu mir kommen und einsehen, daß ich doch recht gehabt habe.«

Hitlers unabänderlicher Entschluß ist damit hinfällig. Statt der befohlenen Selbstverstümmelung wird die Flotte noch einen dramatischen Endkampf auszutragen haben.

Das Duell Raeder – Hitler · Erfahrungen und Lehren

1. Von allem Anfang an litt der Einsatz schwerer Seestreitkräfte der deutschen Marine unter unüberbrückbaren Gegensätzen. Auf der einen Seite konnten die Schiffe ihre Existenzberechtigung nur nachweisen, wenn sie aggressiv eingesetzt wurden, unter Inkaufnahme erhöhten Risikos. Andererseits mußte jeder Verlust bei der geringen Zahl der Schiffe schwer wiegen, was eine vorsichtigere, mehr auf eigene Sicherheit bedachte Operationsführung erforderte.

2. Im ersten Kriegsjahr drängte die Seekriegsleitung unter dem bestimmenden Einfluß ihres Chefs, Großadmiral Raeder, auf vollen Einsatz, während die Seebefehlshaber in der direkten Verantwortung für Menschen und Schiffe vorsichtiger taktierten.

3. Da der Krieg länger als angenommen dauerte, erhielten die Schiffe in der kurzen Phase der Atlantikeinsätze bereits die Weisung, Gefechte mit gleichwertigen Gegnern möglichst zu vermeiden.

4. Nach dem Untergang des Schlachtschiffs ›Bismarck‹ im Mai 1941 setzte Hitler, völlig desillusioniert, eine noch zurückhaltendere Seekriegführung durch; aus Prestigegründen glaubte er keine weiteren Verluste hinnehmen zu können. Auch für Raeder wurde die Erhaltung der Schiffe jetzt zum obersten Gebot.

5. Die in Norwegen »an die Kette« gelegte Flotte übte dennoch als ›fleet in being‹ strategischen Druck aus. Wie wirksam dieser war, bewies die Britische Admiralität mit ihren überstürzten Befehlen an den PQ 17, der niemals aufgelöst und danach vernichtet worden wäre, wenn das Eingreifen der deutschen Flotte nicht gedroht hätte.

6. Hitler erwartete von der Flotte aber auch direkte Erfolge gegen die Nordmeerkonvois, ohne daß die eigenen Schiffe dabei ein Risiko eingehen durften. Dieser Widerspruch mußte die Befehlshaber und Kommandanten an der Front verunsichern und führte zu Mißerfolg und Mißstimmung.

7. Der Fehlschlag des Unternehmens ›Regenbogen‹ Silvester 1942 ließ den Zwiespalt der Befehlsgebung deutlich zutage treten; er bildete den Anlaß zum Bruch zwischen Raeder und Hitler. Der Führer befahl, die schweren Schiffe abzuwracken, der Marinechef setzte sich erfolglos dagegen zur Wehr. Die erst von Nachfolger Dönitz verhinderte Selbstverstümmelung der nun einmal vorhandenen Schiffe hätte dem Gegner ohne sein Dazutun zu einem wichtigen Seesieg verholfen.

8. Das ›Urteil der Geschichte‹, das Raeder anrief, entschied jedoch gegen ihn. Schlachtschiffe gehörten für den Großadmiral, der 14 Jahre und vier Monate an der Spitze der Marine gestanden hatte, immer noch zu den bestimmenden Faktoren weltweiter seestrategischer Wirkungen. Den neuen Faktor Flugzeug nahm er durchaus ernst, begriff aber die Luftwaffe über See eher als Hilfsmittel für die Flotte. Daß Luftstreitkräfte eine ganz neue Dimension in das Kriegsgeschehen einbrachten, eine umwälzende Kraft, die frühere Seekriegsvorstellungen entwertete und die Schlachtflotten zu altem Eisen werden ließ, vermochte er sich nicht vorzustellen. Der Großadmiral stand, als er sein Amt zur Verfügung stellte, im 67. Lebensjahr.

VI. DIE SCHLACHT UM DEN ATLANTIK

17 Dem Höhepunkt entgegen

Am 11. Dezember 1941, vier Tage nach dem japanischen Überfall auf Pearl Harbour, erklärte das Deutsche Reich den Vereinigten Staaten von Amerika den Krieg. Tatsächlich befanden sich die deutsche und die amerikanische Marine jedoch schon seit Monaten im Kriegszustand miteinander – auch wenn er bisher unerklärt geblieben war.

US-Präsident Franklin Delano Roosevelt hatte trotz der vom amerikanischen Kongreß beschlossenen Neutralitätspolitik nie Zweifel daran gelassen, daß Amerika an die Seite Englands gehöre. Die Aufhebung des Waffenembargos bereits im Herbst 1939; die Übergabe von 50 amerikanischen Zerstörern an das kriegführende England im September 1940* ; das Pacht- und Leihgesetz vom März 1941, das Waffenlieferung an England ohne Bezahlung ermöglichte; das Vorschieben der an sich schon ungewöhnlichen, 300 Seemeilen breiten ›panamerikanischen Sicherheitszone‹, die aber von Deutschland respektiert wurde, im April 1941 bis zum 30. Grad westlicher Länge, also mitten in den Atlantik; schließlich das Verfahren der US Navy, innerhalb dieser von kriegerischen Aktionen angeblich freizuhaltenden Zone deutsche Schiffe so lange zu beschatten, bis sie von herbeigerufenen Briten aufgebracht werden konnten oder sich versenken mußten – das alles war von Neutralitätspolitik weit entfernt.

Die deutsche Seekriegsleitung beobachtete diese Entwicklung mit verständlicher Sorge und meinte bereits am 20. Dezember 1940, es handele sich um einen »Kriegseintritt (Amerikas) ohne die politischen und militärischen Komplikationen einer offiziellen Kriegserklärung«.

Ab Frühjahr 1941 nahm auch die militärische Planung und Zusammenarbeit zwischen Royal Navy und US Navy auf dem Nordatlantik Gestalt an. In der ›westlichen Hemisphäre‹ sicherten nun US Geleitfahrzeuge die Konvois und überwachten die

* Siehe oben, Seite 177.

Seegebiete gegen deutsche Handelsstörer, »ob über oder unter Wasser«. Am 10. April 1941 griff zum erstenmal ein US Zerstörer mit Waffengewalt an. Vor Islands Küste ortete die *Niblack* ein Ziel, das der Kommandant, Lieutenant-Commander E. R. Durgin, für ein U-Boot hielt und mit Wasserbomben jagte.

Am 7. Juli übernahmen amerikanische Truppen das seit 1940 von Engländern besetzte, strategisch wichtige Island und dehnten ihre ›Sicherheitszone‹ bis in die Gewässer rund um die zu Europa rechnende Insel aus. Damit war es auch der vorsichtigsten deutschen Seekriegführung nicht mehr möglich, Zwischenfälle zu vermeiden, die die Gegenseite geradezu suchte. Die US Navy sicherte den Schiffsverkehr von Amerika nach Island, und sie lud auch Schiffe mit ganz anderem Ziel zur Mitfahrt ein. Die Konvoirouten von Amerika nach Island und nach England liefen den größten Teil des Weges parallel – eine Unterscheidung war kaum möglich und auch nicht beabsichtigt.

Gegenüber dieser von Historikern »short of war« genannten Politik Roosevelts »hart am Rande des Krieges« hielt sich die deutsche Marine mit großer Selbstbeherrschung zurück. Auf ausdrückliche und oft wiederholte Weisung Hitlers sollte nichts geschehen, was Amerika einen Kriegsgrund liefern konnte; nicht solange das Unternehmen ›Barbarossa‹ gegen Rußland alle Kräfte forderte.

Hauptbetroffen waren die deutschen U-Boote. Um Verwechslungen auszuschließen, durften sie nach einem Befehl vom 21. Juni 1941 außer im Falle der Selbstverteidigung nicht einmal mehr ihre Hauptfeinde, die Zerstörer, bei den Konvois angreifen, weil sich außer Briten auch Amerikaner darunter befinden konnten. Es war fast ein Wunder, daß der erste Zwischenfall bis zum September 1941 auf sich warten ließ.

Am frühen Morgen des 4. September harkt *U 652* zusammen mit der U-Boot-Gruppe ›Markgraf‹ ein Seegebiet südwestlich von Island ab, um einen britischen Konvoi zu finden. Der Kommandant, Oberleutnant zur See Georg W. Fraatz, war in der ›Zeit der grauen Wölfe‹ I. Wachoffizier auf Kapitänleutnant Frauenheims *U 101*.

Um 08.40 Uhr muß Fraatz vor einem feindlichen Flugzeug alarmtauchen. Eine halbe Stunde später wird er unter Wasser von einem Zerstörer mit Asdic geortet und verfolgt.

Es ist die amerikanische *Greer* unter Lieutenant-Commander Frost, auf dem Wege nach Island. Frost hat die U-Boot-Meldung des britischen Flugzeugs aufgenommen, seinen Kurs auf die angegebene Position geändert und tatsächlich Kontakt mit dem unsichtbaren Deutschen gefunden. *Greer* greift zwar nicht selber an, funkt aber seine Ortungsergebnisse auf einer Welle, die von den Engländern mitgehört wird.

Um 10.32 Uhr kommt ein britisches U-Jagdflugzeug heran und wirft vier Wasserbomben mit Tiefeneinstellung auf die angegebene Position des U-Boots.

Oberleutnant Fraatz weiß nicht, daß es Flugzeugbomben sind, die sein Boot durchschütteln. Er glaubt sich von dem so hartnäkkig folgenden Zerstörer angegriffen, und bei der ersten günstigen Gelegenheit setzt er sich zur Wehr. Um 12.40 Uhr schießt *U 652* einen Zweierfächer, aber auf der *Greer* passen sie auf; Commander Frost kann ausweichen und greift nun seinerseits den unsichtbaren Feind mit Wasserbomben an.

Unversehens war der Zwischenfall da. Zwar blieb die Waffenwirkung auf beiden Seiten erfolglos, aber Deutsche und Amerikaner hatten sich gegenseitig bekämpft. Am 4. September 1941 – mehr als ein Vierteljahr vor der Kriegserklärung.

Eine Woche darauf, am 11. September, verurteilte Präsident Roosevelt in einer öffentlichen Rede die Handlungsweise der deutschen U-Boote »rechtlich und moralisch als Piraterie« und verlangte eine »aktive Abwehr«. Marineminister Knox erteilte der US Navy den Befehl, die »Überwasser- und Unterwasserpiraten mit allen verfügbaren Mitteln aufzubringen oder zu zerstören«.

»Seit dem 4. September 1941«, so stellte der amerikanische Historiker Samuel E. Morison fest, »bestand im Atlantik de facto der Kriegszustand zwischen den Vereinigten Staaten und Deutschland«.

Englands Kriegspremier Churchill hatte erreicht, worauf er unermüdlich drängte und was ihm als entscheidender Wendepunkt des Krieges erschien. Mit seinem gewaltigen Wirtschaftspotential stand Amerika bereits hinter England, und nun griff auch seine Flotte aktiv in die Schlacht um den Atlantik ein. Das hieß Entlastung für die stark strapazierten Schiffe und Boote der Royal Navy, bedeutete durchgehende Sicherung der für England lebenswichtigen Zufuhr über See. Auf dem ersten Teil der Strecke geleiteten amerikanische Zerstörer die HX- und SC-Konvois und übergaben ihre Schützlinge erst am ›Mid-Ocean-Meeting-Point‹ südlich von Island britischen Geleitgruppen, die den gefährlichsten Teil der Reise zu bewältigen hatten.

Und nicht nur auf die Konvois wirkte sich das Eingreifen der Amerikaner aus. Die Dänemarkstraße zwischen Island und Grönland, seit jeher das Ausfalltor der deutschen Überwasser-Handelsstörer in den freien Atlantik, wurde nach einem Befehl der U.S. Atlantik Fleet vom 1. September 1941 fortan von amerikanischen Schlachtschiffen, Kreuzern und Zerstörern bewacht. Es konnte kein Zweifel bestehen, daß diese Streitkräfte auch schießen würden, wenn ihnen ein deutsches Schiff vor die Rohre lief.

Diese Maßnahmen eines formell noch neutralen Landes bewirkten, mit den Worten der deutschen Seekriegsleitung, »eine äußerst starke Beeinträchtigung« des atlantischen Zufuhrkrieges, von dem doch der Ausgang des gesamten Krieges entscheidend abhing. »Unter diesen Umständen«, urteilte die Skl am 13. September, »müssen die U-Boote entweder die Genehmigung erhalten, anzugreifen, oder sie müssen abgezogen werden.«

Am 17. September trugen Großadmiral Raeder und Vizeadmiral Dönitz im Führerhauptquartier die unhaltbare Lage vor. Hitler billigte zwar das Verhalten von Oberleutnant Fraatz beim *Greer*-Zwischenfall, wünschte aber nach wie vor keine Angriffshandlungen, so sehr die Amerikaner sie auch herausfordern mochten. Die Schlacht in Rußland schien günstig zu stehen – Hitler wollte sie erst beenden, ehe er sich gegen die westlichen Seemächte wandte.

Daß der deutsche U-Boot-Chef die weitere Entwicklung skeptisch einschätzte, beweist seine vor Hitler geäußerte Bitte, ihn vor dem vielleicht doch bevorstehenden Kriegsfall mit Amerika rechtzeitig zu informieren. Er brauche einige Wochen Vorbereitungszeit, begründete Dönitz, um eine ausreichende Zahl von U-Booten vor die amerikanische Ostküste zu schicken und den Krieg dort mit einem ›Paukenschlag‹ zu beginnen.

Die Zahl der U-Boote begann jetzt, im zweiten Halbjahr 1941, merklich zu steigen, blieb jedoch immer noch weit unter der ursprünglichen Forderung des BdU; mit 300 Frontbooten, hatte Dönitz 1939 gesagt, könne er England in die Knie zwingen. Am 10. November 1941 waren 220 Boote in Dienst gestellt, davon jedoch 55 als Schulboote und 79 noch in der Erprobung. Von den verbleibenden Frontbooten standen am Stichtag 57 in See, aber nur 22 im Operationsgebiet des Nordatlantik. Die anderen befanden sich auf dem Hin- oder Rückmarsch, lagen im Hafen oder sie mußten auf höhere Order auf Nebenkriegsschauplätzen eingesetzt werden, vor allem im Mittelmeer.

Der Befehlshaber der U-Boote (BdU) wehrte sich hartnäckig, aber vergebens gegen diese Zersplitterung seiner ohnehin zu geringen Kräfte. Allein der Tonnagekrieg konnte nach seiner Überzeugung die Schlacht zugunsten Deutschlands entscheiden, und Tonnagekrieg hieß, so schnell und so viel wie möglich feindlichen Schiffsraum zu versenken, immer dort, wo er am leichtesten zu packen war. Jedes U-Boot, das für andere Zwecke eingesetzt wurde – und mochten sie noch so dringend erscheinen –, war für die Hauptaufgabe verloren und minderte den allein ausschlaggebenden Erfolg. Die Seekriegsleitung machte sich diese Argumentation ihres U-Boot-Chefs durchaus zu eigen; gerade Großadmiral Raeder vertrat vor dem Führer entschieden die Schwerpunktbildung der U-Boote im Atlantik und hatte damit auch eine Zeitlang Erfolg. Hitler ließ keine Einwände mehr gelten, als die Mittelmeerlage im Herbst 1941 auf eine Katastrophe des eigenen Nachschubs von Italien nach Nordafrika zusteuerte. Jetzt befahl er wörtlich eine »Verlagerung des Schwerpunkts der Marine in das Mittelmeer«, womit er vor allem die U-Boote meinte.

Raeder und Dönitz mußten sich fügen, entgegen eigener Überzeugung. Die besten Boote, die erfahrensten Kommandanten drangen durch die Straße von Gibraltar ins Mittelmeer ein. Sie errangen dort ihre Erfolge gegen große britische Kriegsschiffe*, aber für den Tonnagekrieg waren sie verloren.

Binnen weniger Wochen büßten die Front-U-Boote ein Drittel ihrer Stärke durch Abgaben ins Mittelmeer und ins Nördliche Eismeer ein. Im Atlantik trat eine ›U-Boot-Leere‹ ein, die Versenkungsziffer sank auf einen neuen Tiefpunkt.

Und gerade jetzt begann der Krieg mit Amerika.

Der japanische Überfall auf Pearl Harbor am 7. Dezember 1941 traf die deutsche Führung ebenso unvorbereitet wie er die Amerikaner überraschte. Der von Dönitz seit September für diesen Kriegsfall beabsichtigte ›Paukenschlag‹ vor der amerikanischen Küste konnte vorerst nicht stattfinden, weil gar keine Boote dafür vorhanden waren und weil niemand den U-Boot-Chef rechtzeitig warnte, so daß er seine Vorbereitungen hätte treffen können.

Der Schiffahrt vor der Ostküste der Vereinigten Staaten blieb noch eine »Gnadenfrist von etwa fünf Wochen« – so der britische Marinehistoriker S. W. Roskill –, die sie aber sorglos verstreichen ließ, ohne ihre Abwehr zu formieren.

Dönitz brachte schließlich ganze fünf U-Boote zusammen: große Boote vom Typ IX, die genügend Aktionsradius besaßen, um den Atlantik zu überqueren, wochenlang vor Amerika zu operieren und den langen Weg wieder zurückzufahren.

Das Jahr 1942, das endlich die große Wende zugunsten der U-Boote bringen sollte, begann fast weniger aussichtsreich als das Jahr zuvor. Gewiß, die Zahl der Front-U-Boote war gestie-

---

* Siehe oben, Seiten 237 und 238.

gen – am 1. Januar präzise auf 91 –, doch Zersplitterung regierte die Stunde, und dem U-Boot-Chef waren die Hände gebunden; er durfte seine eigene Waffe nicht so führen, wie er es allein für sinnvoll hielt: geschlossen im Tonnagekrieg.

Dennoch trieb die Schlacht um den Atlantik 1942 immer schneller ihrem Höhepunkt entgegen. Am Anfang standen fünf mühsam zusammengeholte U-Boote, die den Krieg nach Amerika trugen, am Ende erbitterte Geleitzugschlachten ganzer U-Boot-Rudel mit ebenso starken alliierten Sicherungsgruppen. Dies waren die Stationen jener Eskalation der Nachschubschlacht:

- Am 14. Januar 1942 eröffneten die fünf ›Paukenschlag‹-Boote den U-Boot-Krieg vor der amerikanischen Küste. Sie hatten es unerwartet leicht. Der Schiffsverkehr lief wie im Frieden, die Küste war nicht verdunkelt, die Leuchtfeuer brannten. In der Nacht zum 19. Januar stand Kapitänleutnant Reinhard Hardegen mit *U 123* aufgetaucht an einem Knotenpunkt des Seeverkehrs: vor Kap Hatteras, nicht weit von Washington. »Zehn bis zwanzig Boote hätten hier genügend Erfolg haben können«, schrieb er in sein Kriegstagebuch.
  Hardegen versenkte in dieser Nacht drei große Dampfer und torpedierte einen vierten. Neun Schiffe mit 53 173 BRT kamen insgesamt bei dieser Fahrt auf das Konto von *U 123*. Die anderen Boote erzielten ebenfalls Ergebnisse, wie sie an den gut geschützten Konvois im Nordatlantik seit langem nicht mehr möglich waren.
- Dönitz fand seine Meinung bestätigt, seine Erwartungen übertroffen. Er mobilisierte alle greifbaren Boote, um die günstige Schußzeit gegen die in der Abwehr unerfahrenen Amerikaner zu nutzen. Ende Januar, als die ersten fünf Boote ihre Torpedos verschossen hatten, trafen fünf weitere in dem ›jungfräulichen‹ Jagdgebiet ein. Im November und Dezember 1941 hatten die U-Boote nur etwa 100 000 BRT Schiffsraum pro Monat versenkt. Jetzt schnellten ihre Erfolge auf das Drei- und Vierfache hoch.
- Der nächste Schlag fiel weit im Süden, in der Karibischen See und vor den Antillen. Er richtete sich hauptsächlich gegen die Tankerflotte, die Amerika mit Öl versorgte. In dieses bis zu 4000 Seemeilen von den französischen Stützpunkten entfernte Operationsgebiet verlegte der BdU den Schwerpunkt seiner Angriffe, als die Bildung von Konvois vor der amerikanischen Küste die dortigen Erfolge eindämmte.
- Nicht nur große Boote vom Typ IX, sondern ebenso mittlere

vom Typ VII stießen bis zu den Bahamas und den Antillen vor. Das war nur möglich, weil sie ab Ende April 1942 von neu eingesetzten U-Tankern vom Typ XIV versorgt wurden. Die Seeausdauer der Frontboote stieg beträchtlich, es blieben mehr Boote längere Zeit im Operationsgebiet als zuvor. Die Versenkungserfolge in den amerikanischen Küstengewässern, besonders in der Karibischen See, erreichten im Mai und Juni ihren Höhepunkt; dann nahm auch hier die Luftüberwachung zu, Konvois bildeten sich, der Kampf wurde härter. Die Alliierten hatten jedoch von Januar bis Juli 1942 allein vor Amerika 460 Schiffe mit 2,3 Millionen BRT verloren, darunter besonders viele Tanker.

● Ab Mitte Juli setzte Admiral Dönitz seine U-Boot-Rudel wieder auf die Konvoirouten im Nordatlantik an. Die Phase der großräumigen Geleitzugschlachten begann. Der BdU bildete mit auslaufenden Booten breite Vorpostenstreifen, die den Geleitzug von Ost nach West ›abharkten‹. Stieß eines der Boote auf einen Konvoi, dann meldete es ihn über Funk, und alle in der Nähe fahrenden Boote wurden zum Angriff befohlen.
Auf der Westseite des Atlantik angekommen, ergänzten brennstoffschwache U-Boote ihr Dieselöl aus U-Tankern, den sogenannten ›Milchkühen‹, und neugebildete U-Boot-Gruppen liefen den Geleitzugweg in umgekehrter Richtung ab, um die für England bestimmten Nachschubkonvois zu fassen.

● Dieses System hatte nur Aussicht auf Erfolg, weil sich die Zahl der Frontboote ab Mitte 1942 von Monat zu Monat sprunghaft erhöhte und trotz aller Abgaben an die Nebenkriegsschauplätze zeitweise 30 bis 40 U-Boote zugleich in dem weiten Operationsgebiet des Nordatlantik standen. So konnten die Konvois häufiger gesichtet und erfaßt werden.

● Die Alliierten begegneten der Konzentration von Angreifern gegen ihre Lebenslinie auch mit einer Konzentration der Abwehr bei den Konvois und auf den Anmarschwegen der U-Boote. Die Zahl der in den ›Escort-Groups‹ fahrenden Zerstörer und Korvetten war zwar – mit durchschnittlich sechs je Geleitzug – immer noch gering, doch ihre Erfahrung wuchs, Taktik und Ausrüstung wurden immer besser.

● Außer von Geleitfahrzeugen wurden die Konvois jedoch vor allem aus der Luft gesichert. Die von Neufundland, Island und Nordirland startenden Langstreckenflugzeuge besaßen 1942 bereits eine Eindringtiefe von rund 1100 Kilometern; die ›Lücke‹ in der Mitte des Atlantik, in der die Wächter in der Luft die Konvois noch nicht ständig umkreisten, schloß sich immer mehr. Bald sahen die U-Boote in den Flugzeugen, die sie schon im weiten Umkreis der Geleitzüge orteten, angriffen, zum Tauchen zwangen und dadurch abdrängten, ihre gefährlichsten Gegner.

Die Soldaten beider Seiten, die unter solchen äußeren Bedingungen die Schlacht um den Atlantik führten, schenkten sich gegenseitig nichts. Seemännisches Können und Tatkraft, Ausdauer und zähes Beharren gegen alle Widerstände waren den Gegnern gemeinsam. Nicht nur gegen den Angriff des Feindes hatten sie sich zu behaupten: sie boten den Gewalten des Meeres die Stirn. Nordatlantikstürme, gröbste See, die berüchtigten Nebelbänke vor Neufundland – die Aufgabe blieb immer gleich, und sie forderte letzten Einsatz.

Im September und Oktober 1942 löste eine Geleitzugschlacht die andere ab. ›Wolfsrudel‹ mit bis zu 20, einmal sogar mit 25 Booten fielen die Konvois an, gleich ob sie nach England fuhren oder von dort kamen. Geleitfahrzeuge und Flugzeuge schlugen zurück. Zum Schuß und gar zu Treffern kamen immer nur wenige der angreifenden U-Boote.

Einzelerfolge wie der des Oberleutnants zur See Hans Trojer, der mit *U 221* nachts am 13. Oktober in den 48-Schiffe-Konvoi SC 104 eindringt, in mehreren Anläufen drei davon herausschießt, nach 24 Stunden trotz aller Zerstörer und Korvetten erneut zur Stelle ist, wieder einen 6000-Tonner versenkt und einen 12 000-Tonner durch Treffer schwer beschädigt, so daß er zurückfällt und später von *U 221* den Todesstoß erhält – solche Einzelerfolge sind selten geworden.

Admiral Dönitz hatte im September 1941 vorausgesagt, daß die Härte des Kampfes zunehmen werde: »Für gleiche Erfolge an stark gesicherten Geleitzügen wird gegenüber dem letzten Jahr die drei- bis vierfache Zahl von U-Booten erforderlich sein.«

Jetzt war es soweit. Die Schlacht wurde weit über den Kampf auf dem Ozean hinaus zu einem Wettlauf zwischen dem Erfolg der U-Boote bei der Versenkung der Schiffe und dem Vermögen englischer und vor allem amerikanischer Werften, die Verluste durch Neubauten auszugleichen oder gar zu übertreffen. Wie stand dieser Wettlauf?

Immerhin waren die Alliierten in der Lage, Anfang November 1942 mehr als 300 Schiffe für das große Landungsunternehmen in Französisch-Nordwestafrika aufzubieten, was die deutsche Führung völlig überraschte. Zehn Konvois fuhren zu diesem Zweck von England ins Mittelmeer, drei weitere ›Task Forces‹

mit dem US-Landungskorps kamen von Amerika herüber, doch trotz einiger Sichtungen wurden sie während der Überfahrt nicht angegriffen und erlitten erst Verluste durch die nachstoßenden U-Boote, als sie schon am Ziel waren.

Dennoch brachte der November mit einer Versenkungsziffer von mehr als 800 000 BRT – die Ergebnisse aller Kriegsschauplätze zusammengerechnet – einen der höchsten Aderlässe für die alliierte Schiffahrt. Und als das Jahr mit einer neuen großen Geleitzugschlacht im Nordatlantik zu Ende gegangen war, glaubte die deutsche Marineführung mit einem Gesamtverlust der Alliierten von 11,6 Millionen BRT Schiffsraum allein 1942 rechnen zu können. Stellte man die korrekt geschätzte Zahl von 7 Millionen BRT Neubautonnage im selben Zeitraum daneben, so schien der Wettlauf günstig zu stehen.

In Wirklichkeit waren die Erfolge um etwa ein Drittel überschätzt worden. Die Nachkriegsangaben besagen, daß sich die alliierten Gesamtverluste (7,8 Millionen BRT) und ihr Neubau (7,2 Millionen BRT) 1942 nahezu die Waage hielten. Die Produktion der amerikanischen Werften kam erst 1943 richtig in Schwung: Der Neubau stieg auf mehr als 12 Millionen Tonnen.

Sprunghaft wuchs aber auch die Zahl der deutschen U-Boote. 212 Frontboote waren es um die Jahreswende, und wäre es nach dem BdU gegangen, er hätte alle, die dafür geeignet waren, in den Brennpunkt der Schlacht im Atlantik geworfen. Statt dessen waren 24 Boote im Mittelmeer und 21 im Nördlichen Eismeer dem Tonnagekrieg entzogen.

Gleichviel: Die Wolfsrudel wurden immer zahlreicher. Die Schlacht stand auf des Messers Schneide.

In den Hauptquartieren der deutschen U-Boot-Führung in Paris und der britischen U-Boot-Abwehr in Liverpool bestand über einen Punkt kein Zweifel: Die nächsten Monate mußten die Entscheidung bringen.

18 Siegreiche Technik

Im Januar 1943 beherrschten Wind und See den Nordatlantik. Ein Sturmtief nach dem anderen jagte über den Ozean, riß das Meer auf zu rollenden Gebirgen, Ausdruck entfesselter Gewalten. Der Kampf gegen die See forderte alle Kraft der Männer auf den Booten und Schiffen, der Kampf gegen den Feind wurde, wenn nicht zur Nebensache, so doch der Ungunst extremer äußerer Bedingungen unterworfen und dem eigenen Wollen ent-

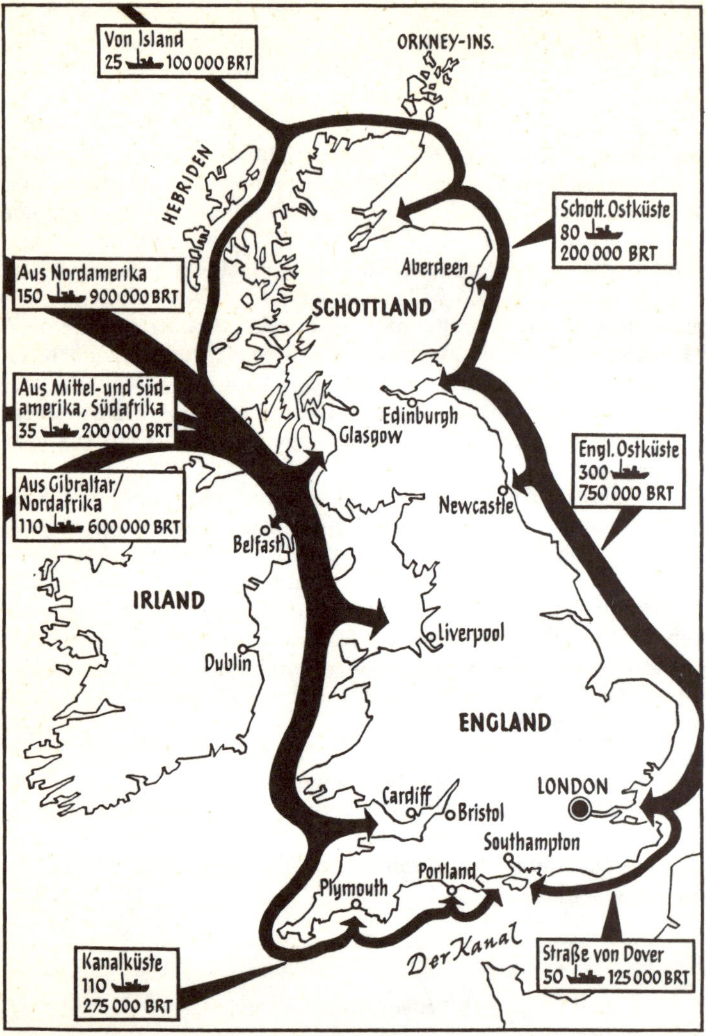

Englands ›Lebensadern‹, seine Zufuhr über See, dargestellt nach einer Grafik der deutschen Seekriegsleitung, die den Stand vom März 1943 zeigte. Die Zahlenangaben betreffen den wöchentlichen Schiffsverkehr nach England.

zogen.

Zwang zum Erfolg trieb die U-Boote dennoch hinaus. Ihr Befehlshaber ließ mehrere Gruppen, jede mit bis zu zwanzig Booten, die Schiffsrouten absuchen, doch bis auf ein paar abgesplitterte Nachzügler der Konvois fanden sie keine Beute. Was die Kommandanten und Besatzungen der Boote auf den Sturmritten auszuhalten hatten, übersteigt alles Vorstellungsvermögen. Sie fuhren aufgetaucht, denn wie sonst hätten sie den Gegner finden sollen? Schauer von Spritzwasser durchnäßten die Ausgucks, Brecher rollten über den schmalen U-Boot-Turm hinweg, oft war nicht einmal Zeit zum Atemholen, bevor das Boot wieder unterschnitt.

»Kommandant und Brückenwache halb ertrunken«, – solche knappen Feststellungen enthalten die Kriegstagebücher.

Je weiter nach Süden, desto besser wurde das Wetter. So gelang es einer vom BdU-Stab im fernen Paris durch genaue Anweisungen geführten Gruppe von zehn U-Booten, weit südlich der Azoren den Tankerkonvoi TM 1 zu fassen, der von Trinidad quer über den Atlantik zum Mittelmeer lief, offensichtlich mit Nachschub für die alliierten Invasionstruppen in Nordafrika.

Neun große Tanker verließen Mittelamerika, zwei nur blieben verschont; die sieben anderen, 56 000 BRT, sanken in fünftägiger Schlacht auf den Meeresgrund.

Die U-Boot-Kommandanten glaubten freilich, mehr als das Doppelte, 15 Schiffe mit 141 000 BRT, versenkt zu haben. Der Irrtum entstand, weil mehrere Tanker nach den ersten Torpedotreffern beschädigt zurückfielen und dann von anderen U-Booten zum zweiten- oder gar zum drittenmal angegriffen wurden, bis sie endlich sanken.

Englands Lebenslinie aber lief durch den stürmischen Nordatlantik, und dort schien es ausgeschlossen, daß ein Geleitzug nahezu vollständig vernichtet werden konnte. Diese Konvois fuhren jetzt mit 50 bis 60 Schiffen; dennoch bildeten sie nur winzige Punkte im Ozean. Wie sollten die U-Boote sie finden?

Die eigene Luftwaffe flog nur in küstennahen Seegebieten Aufklärung, nicht aber in den Weiten des Atlantik, wo der Kampf der U-Boote allein Erfolg versprach. Dennoch wußten Dönitz und sein Stab mehr vom Gegner, als den Engländern lieb sein konnte. Das umfangreiche alliierte Konvoisystem bedingte eine straffe Führung der Operationen durch Funksprüche, die vom deutschen ›B-Dienst‹ – der Beobachtung auf den Funkwellen des Gegners mitgehört wurden. Entzifferungsexperten der Abteilung Funkaufklärung des Berliner Tirpitzufers, wie der

Oberregierungsrat Wilhelm Tranow und die Amtsräte Karl Moser, Wilhelm Schwabe, Walter Uhlmann und Hunderte von Mitarbeitern drangen immer wieder in den britischen Code ein und legten zahlreiche Funksprüche der Engländer im Klartext vor.

Durch diese sogenannten X-Meldungen und XB-Berichte erfuhr die U-Boot-Führung Einzelheiten über das Auslaufen und die Sicherung vieler alliierter Konvois, ferner Sammelbefehle an Nachzügler, oft sogar Kursänderungen, um erkannten U-Boot-Linien auszuweichen.

»Vergessen Sie nie«, sagte Dönitz im Frühjahr 1943 zum Chef des B-Dienstes, Kapitän zur See Heinz Bonatz, »Sie leiten die einzige Aufklärung, auf die ich mich verlassen kann.«

Die U-Boot-Gruppen operierten also nicht aufs Geratewohl in einem verdächtigen Seegebiet, sondern sie wurden gerade in den entscheidenden Wochen oft gegen Konvois angesetzt, die schon der B-Dienst erkannt hatte und jenseits des Atlantik an ihren Funksprüchen ›verfolgte‹.

Freilich, damit waren die ›Wölfe‹ ihrer Beute noch nicht sicher. Zunächst galt es, die Schiffsherde auch wirklich aufzutreiben, und dann, sich gegen ihre Wächter durchzusetzen.

Auf seiner Lagekarte schob Dönitz die U-Boote wie die Figuren eines großen Spiels zu immer neuen Angriffsgruppen zusammen: So Ende Januar 1943 westlich von Irland die Gruppe ›Landsknecht‹ mit 20 Booten und südlich von Grönland die Gruppe ›Haudegen‹ mit 21 Booten. Funksprüche nannten den Kommandanten draußen an der Front ihre Ziele, schrieben ihnen Kurs und Fahrt vor. Und dann knüppelten die U-Boote wieder an gegen die verdammte See, versuchten sie den Elementen zum Trotz die befohlene Position in diesem oder jenem Aufklärungsstreifen einzunehmen. Wenn 20 Boote nebeneinander ein breites Seegebiet abharkten, dem erwarteten Konvoi entgegen, dann war anzunehmen, daß irgendeines der Boote schließlich auf ihn prallte.

Auf diesen Augenblick warteten alle: die anderen Boote des Rudels, die Operationsoffiziere im U-Boot-Stab – und nicht zuletzt der Feind. Denn nun folgte ein Zwangszug in dem großen Spiel:

Das U-Boot mußte seine bisher bewahrte Funkstille aufgeben, es mußte den gefundenen Konvoi melden, mit Standort, Kurs und Fahrt. Diese Information war das entscheidende Glied in der Führungsmethode des Admirals Dönitz; nur sie setzte ihn in die Lage, die in der Nähe stehenden Boote zum ›Rudelangriff‹ zu sammeln. Wichtigste Aufgabe des ersten Bootes am Konvoi war es, die Fühlung nicht abreißen zu lassen und durch weitere Funkmeldungen oder auch Peilzeichen die anderen ›Wölfe‹ des Rudels heranzuführen.

Für diese kurzen Signale des deutschen U-Boots galt im Prinzip das gleiche wie für die Funksprüche der alliierten Konvoiführung: Sie waren nicht auf den ›rechtmäßigen Empfänger‹ zu begrenzen – der Feind hörte sie mit. Zwar konnten die Engländer nicht den Inhalt der Funksignale entziffern und mitlesen, aber das war für sie auch nicht so wichtig.

Das funkende U-Boot wurde vom Gegner eingepeilt, sein Standort konnte festgestellt werden. Ob genau oder ungenau: Die Engländer wußten jetzt, daß ein bestimmter Geleitzug von einem U-Boot, wahrscheinlich von einer ganzen Gruppe, bedroht wurde. Sie waren gewarnt und trafen ihre Gegenmaßnahmen.

Anfang Februar 1943 dampft der Konvoi SC 118, von New York kommend, mitten im stürmischen Atlantik, Richtung Schottland, Richtung Nordkanal. 61 vollbeladene Schiffe, von acht Zerstörern und Korvetten gesichert.

Im Hauptquartier der U-Boote an der Pariser Avenue Maréchal Maunoury liegt die vom B-Dienst entzifferte Kursanweisung der Engländer für den Geleitzug vor. Außerdem heißt es in der Meldung, daß zahlreiche Schiffe des SC 118 Kriegsmaterial für England – und für Rußland transportieren.

Der Operationschef der U-Boote, Kapitän zur See Eberhard Godt, läßt die Gruppe ›Haudegen‹ nach dem Konvoi suchen und bildet weiter östlich, halbwegs zwischen Amerika und England, aus allen greifbaren Booten ein neues Rudel, die Gruppe ›Pfeil‹.

Inzwischen schlägt sich ein einzelnes Boot, *U 456* unter Kapitänleutnant Max-Martin Teichert, mit einem ganzen Konvoi, dem HX 224, herum. Daß Teichert geschickt und ausdauernd ist, hat er bereits neun Monate zuvor im Nördlichen Eismeer bewiesen. Dort torpedierte er den britischen 10 000-Tonnen-Kreuzer *Edinburgh* und wich seinem Gegner trotz aller Sicherung nicht von der Seite, bis er nach einem weiteren Torpedotreffer des deutschen Zerstörers *Z 25* gesunken war* .

Jetzt, im Nordatlantik, stößt Teicherts *U 456* aus der erfolglosen, am 28. Januar aufgelösten Gruppe ›Landsknecht‹ nach Westen vor. Glück oder Zufall: Am 1. Februar sichtet er einen riesigen Geleitzug, der von der deutschen Aufklärung nicht

* Siehe oben, Seiten 255, 259 und 260f.

erfaßt worden ist; die U-Boot-Führung hat daher auch keine Boote gegen ihn zusammengezogen. Es ist der HX 224 mit 58 Schiffen. Der Konvoi läuft wenige Tage vor dem angekündigten SC 118 – fast auf der gleichen Route* .

Teichert meldet die Sichtung sofort über Funk. Dann gerät er an die Zerstörer des Geleits, muß unter Wasser, wird abgedrängt, taucht wieder auf und jagt dem Konvoi nach. Zäh hält er Fühlung und meldet, drei Tage lang, trotz des Sturms, trotz der alerten feindlichen Sicherung.

Die Mühe trägt letztlich keine Früchte. Ein Blick auf die Lagekarte im Operationsraum des BdU in Paris zeigt Kapitän Godt und seinen Offizieren, daß die meisten U-Boote zu ungünstig stehen, um gegen diesen plötzlich aufgetauchten Geleitzug zu operieren. Der HX 224 ist schon zu weit nach Osten vorgedrungen, die Wolfsrudel werden weiter im Westen gegen seinen Nachfolger zusammengezogen. Godt dreht vier Boote, die noch am nächsten stehen, auf Teicherts Konvoi ab, doch sie müssen hinterherlaufen, sie kommen nicht heran.

So geht es mit vielen Geleitzügen. Die Zahl der U-Boote reicht nie, um alle Konvois zu erfassen, geschweige denn, sie mit einem ganzen Rudel anzugreifen. Die meisten Konvois kommen ungeschoren durch.

Den 58 Schiffen des HX 224 wird also nur ein einziges Boot gefährlich. Und noch dazu hat sich Teicherts *U 456* durch sein vieles Funken verraten. Die beim Konvoi sichernden kanadischen Zerstörer *Restigouche* und *Churchill* besitzen beide einen Kurzwellen-Funkpeiler, mit dem sie jedes in der Nähe funkende U-Boot sekundenschnell erfassen.

Teichert läßt sich dennoch nicht abschütteln. Allein auf sich gestellt, muß er gewärtigen, die ganze Konvoisicherung auf sich zu ziehen, wenn er zum Angriff an die Schiffe heranstößt. Trotzdem greift *U 456* an. In der Nacht zum 2. Februar versenkt es aus dem HX 224 einen amerikanischen Dampfer und in der Nacht darauf einen großen britischen Tanker. ›Nur‹ zwei Schiffe mit zusammen 16 633 BRT. Aber solche Ergebnisse stehen zumindest ebenbürtig neben den großen Erfolgen der ›U-Boot-Asse‹ früherer Jahre. Damals hatten es die Boote an den Konvois mit einer fast hilflosen Abwehr zu tun, die sich auf ihr Asdic, ihr Unterwasser-Ortungsgerät, verlassen mußte, während die U-Boote über Wasser angriffen, vom Dunkel der Nacht geschützt. Diese Zeiten sind lange vorbei. Die Abwehr hat ihre Erfahrungen mit der Angriffstaktik der Deutschen gesammelt – und sie

* Siehe die Karte auf Seite 318.

hat Gegenwaffen entwickelt.

Abends am 3. Februar 1943 verliert der Konvoi HX 224 noch ein drittes Schiff, den britischen Tanker *Cordelia,* der im schweren Sturm zurückgefallen ist und den Schutz des Konvois entbehrt. *U 632,* eines der vier Boote, die vergeblich versuchen, an Teicherts Konvoi heranzuschließen, erwischen den Nachzügler. Der Kommandant, Kapitänleutnant Hans Karpf, läßt Überlebende der *Cordelia* aus der groben See herausfischen. Die unerwartete Rettung macht die britischen Seeleute gesprächig. Karpf bringt aus ihnen heraus, daß dem schnellen Konvoi, zu dem die *Cordelia* gehörte, mit zwei Tagen Abstand ein großer langsamer Geleitzug folge.

Früh am 4. Februar funkt Karpf diese Aussage an den BdU. Dort wird sie als Bestätigung dafür angenommen, daß die Gruppe ›Pfeil‹ zur rechten Zeit am rechten Ort zusammengezogen worden ist. Der vom B-Dienst angekündigte wertvolle Konvoi SC 118 wird mitten in das Wolfsrudel hineinlaufen. Der BdU holt mit weiteren Funksprüchen alle Boote heran, die in der Nähe stehen. Schließlich sind es wiederum 20 U-Boote, die dem Großkonvoi SC 118 in einem Aufklärungsstreifen entgegenfahren oder dem erwarteten Treffpunkt zustreben. Im U-Boot-Stab in Paris herrscht gespannte Erwartung. Wann kommt die erste Meldung? Wer wird den Gegner sichten?

Mittags am 4. Februar 1943 ist es soweit. Kapitänleutnant Ralph Münnich auf *U 187* sieht die Schiffe auf sich zudampfen. Der U-Boot-Funker drückt auf die Taste. Auf Kurzwelle strahlt das Boot ein verschlüsseltes Signal ab: dreimal den Buchstaben ›A‹ und danach die Fühlunghaltermeldung. Es sind nur wenige Buchstabengruppen aus dem Kurzsignalheft, die alles Wichtige mitteilen. Die Sendezeit wird möglichst kurz gehalten, damit das Signal nicht eingepeilt werden kann. Nach 15 bis 20 Sekunden schweigt *U 187* wieder.

Aber diese Viertelminute Sendezeit bringt nicht nur der U-Bootführung die erwartete Nachricht; sie verrät das funkende Boot der englischen Geleitsicherung – ohne daß die Deutschen auch nur das Mindeste davon ahnen.

Kaum hat der Funkmaat auf *U 187* die ersten Zeichen seines Kurzsignals gesendet, da ist ein englischer Funker auf dem am Ende des Konvois laufenden Rettungsschiff *Toward* im Bilde. Der Mann hat Wache am ›Huff-Duff‹* , dem automatischen Kurzwellenpeiler. Er starrt auf das Kathodenstrahlrohr, den ›Bildschirm‹ direkt vor seinen Augen. Zuvor war das Bild gleich-

* ›Huff-Duff‹ = englischer Marinejargon für die offizielle Bezeichnung H/F D/F, High Frequency Direction Finder – Kurzwellenpeilgerät.

mäßig ruhig, aber jetzt pumpt dort ein Zacken, und er kann an einer Kreisskala augenblicklich die Richtung ablesen, aus der das Signal einfällt.

»Huff-Duff-Peilung, Sir«, meldet der Engländer seinem Captain, »U-Boot funkt in 85 Grad, Entfernung etwa 18 Meilen.«

Auch auf dem amerikanischen Coast Guard Cutter *Bibb,* der zur Konvoisicherung gehört, wird das funkende U-Boot eingepeilt. Es sind immer nur wenige Schiffe oder Boote im Konvoi, die das neue Wunderauge ›Huff-Duff‹ besitzen, aber die wenigen genügen. Der Escort-Commander wird sofort unterrichtet. Je früher er den Fühlunghalter des Feindes unter Wasser drückt, abdrängt, womöglich vernichtet, desto besser für den Konvoi.

Commander Proudfoot setzt die Zerstörer *Vimy* und *Beverley* auf dem Peilstrahl des funkenden U-Boots an. Mit Höchstfahrt laufen sie auf *U 187* zu. Sie können es noch nicht sehen, aber sie kennen durch ›Huff-Duff‹ seine Richtung. Für die Deutschen mag es wie Zufall aussehen, daß die Zerstörer »mit Lage Null« auf ihr Boot zuhalten. Früher ist es auch oft Zufall gewesen, und es war dann eben Nervensache für den U-Boot-Kommandanten, durchzuhalten, bis die Zerstörer wieder abdrehten, weil sie das Boot in Wirklichkeit nicht erkannt hatten. Diese Zeiten sind lange vorbei.

Kapitänleutnant Münnich muß Alarm geben. *U 187* taucht weg, die heranstürmenden Zerstörer zwingen es buchstäblich unter Wasser. Jetzt sind die *Vimy* und die *Beverley* schon nahe genug heran, um die Jagd des unsichtbaren Feindes mit dem Asdic, der Unterwasser-Schallortung, fortzusetzen. Eine gnadenlose Verfolgung beginnt. *U 187* befindet sich auf seiner ersten Feindfahrt. Noch hat es selber kein Schiff versenkt, da wird es von den Wasserbomben der britischen Zerstörer vernichtet.

Seine letzte Meldung aber hat der U-Boot-Führung den Standort des Geleitzugs gegeben. Paris setzt über Funk alle Boote darauf an. Binnen weniger Stunden stehen an Stelle des versenkten ersten Fühlunghalters vier neue am SC 118. Auch sie funken – und werden genauso von ›Huff-Duff‹ eingespielt. Sie verraten sich selbst, ohne es zu wissen.

Die Zerstörer und Korvetten des Commander Proudfoot schwärmen nach allen Seiten aus, um den Kampf mit den neuen Gegnern aufzunehmen. Noch sammeln die U-Boote erst rund um den Konvoi, noch greifen sie gar nicht an, und schon werden sie selber zum Ziel heftiger Angriffe.

Bisher haben immer die ›Wölfe‹ den Beginn der Schlacht bestimmt, nun geht die Initiative auf die Abwehr über, die Jäger werden selbst gejagt.

So deutet sich die Wende der Schlacht um den Atlantik an, und das Unheimliche ist, daß die U-Boote nicht wissen, woran es liegt, woher der Feind seine offenbar genauen Informationen über ihren Standort besitzt.

Trotz bester Vorbereitung und günstiger Aussichten, weil der Konvoi mitten in die U-Boot-Aufstellung hineingelaufen ist, kommen die ›Wölfe‹ nicht in der ersten Nacht zum Angriff, sondern sie werden vorher abgedrängt. In dieser Nacht sinken nur zwei Nachzüglerschiffe durch deutsche Torpedos.

Am 5. Februar versucht das U-Boot-Rudel erneut, sich um den SC 118 zu sammeln. Auch die Abwehr bekommt Zuwachs: Zwei US-Zerstörer und ein Coast Guard Cutter stoßen aus Island zum Konvoi. Am 6. Februar fahren die Schiffe bereits im Bereich von Langstreckenflugzeugen aus Nordirland. Wieder wird ein funkendes U-Boot – diesmal *U 465*, Kapitänleutnant Heinz Wolf – von ›Huff-Duff‹ eingepeilt, bald darauf von einer viermotorigen *Flying Fortress* direkt angeflogen und mit Bomben beschädigt.

Die U-Boot-Kommandanten lassen nicht locker. Immer neue Boote schließen heran, funken ihre Meldung, werden geortet, verfolgt, gebombt und abgedrängt. Die Sicherung des SC 118 ist so stark wie selten, und sie verfügt über diese unerklärliche geheime Kraft, die U-Boote direkt zu finden. Allerdings muß auch im stärksten Abwehrring eine Lücke aufreißen, wenn Zerstörer und Korvetten auf der Jagd nach georteten Booten den engen Konvoischutz verlassen.

In der Nacht zum 7. Februar findet *U 402*, Kapitänleutnant Siegfried Freiherr v. Forstner, eine solche Lücke. Das Boot dringt von achtern in den Konvoi ein und versenkt in einem vierstündigen Alleingang sechs Schiffe mit 37 000 BRT. Sein erstes Opfer ist das am Ende des Konvois fahrende Rettungsschiff, die *Toward*, mit dem Huff-Duff-Peiler an Bord.

Am nächsten Morgen geht die Schlacht mit unverminderter Härte weiter. Wieder drängen die U-Boote an den Konvoi heran, doch See- und Luftsicherung sind aufeinander eingespielt, sie tauschen ihre Informationen aus und ergänzen sich gegenseitig bei der Abwehr der deutschen Angriffe. Luftüberwachung hindert die U-Boote daran, außer Sichtweite des Konvois mit hoher Fahrt nach vorn zu marschieren, um dort eine neue Angriffsposition zu finden; die Flugzeuge zwingen sie zum Tauchen, und unter Wasser sind sie zu langsam, den Konvoi zu überholen.

An diesem 7. Februar, dem vierten Tag der Schlacht um den SC 118, gehen zwei weitere U-Boote verloren. *U 609* durch Wasserbomben einer Korvette und *U 624* durch Bomben aus der Luft. An diesem Tage verliert der Konvoi kein Schiff. Selbst die zähesten Fühlunghalter, Forstners *U 402* und Teicherts *U 452,* bringen sich selbst um ihre Chancen, weil sie befehlsgemäß ihre Sichtmeldung hinausfunken – und darauf wieder angegriffen, wieder abgedrängt werden.

Erst in der Nacht stößt *U 402* nochmals in den Geleitzug und schießt ein weiteres Schiff heraus. Die starke Luftsicherung, die mit der Dämmerung einsetzt, drängt auch die letzten Angreifer ab.

Die Bilanz dieser viertägigen Geleitzugschlacht läßt aufhorchen. Auf deutscher wie auf englischer Seite gilt sie als eine der erbittertsten des ganzen Krieges. Insgesamt verlor der Konvoi 13 von seinen 61 Schiffen. Für die Versenkung von rund 60 000 BRT hatten die U-Boote jedoch hohen Zoll zu entrichten: Drei Boote wurden vernichtet, vier weitere durch Wasserbomben schwer angeschlagen.

In den kurzen Augenblicken zwischen Angriff und Abwehr unterliefen den Kommandanten verständliche Fehlbeobachtungen. So meldeten sie die Versenkung von insgesamt 109 000 BRT. Bei der U-Boot-Führung überwog Zuversicht vorhandene Skepsis. Gewiß machte sich niemand Illusionen über die Härte des Kampfes. Aber solange die Zahl der neu in den Kampf eingreifenden Frontboote die Verluste draußen auf See überwog, solange die U-Boote offenbar mehr Tonnage versenkten, als die Alliierten durch Neubau ersetzen konnten – solange schien die Schlacht günstig zu stehen.

Eine genaue Auswertung aller versuchten und durchgeführten U-Boot-Angriffe auf den Konvoi SC 118 mußte dagegen bedenklich stimmen. 20 Boote waren konzentrisch angesetzt worden, aber nur zwei Kommandanten war es gelungen, die Konvoisicherung zu durchbrechen und im Geleitzug selbst Schiffe zu torpedieren. Der eine: Kapitänleutnant Freiherr v. Forstner mit *U 402,* der allein sieben Schiffe versenkte, eine herausragende Einzelleistung; der andere: Kapitänleutnant Wolfgang Sträter mit *U 614,* der ebenfalls einen Dampfer aus dem geschlossen fahrenden Konvoi herausschoß. Sonst wurden nur Nachzügler versenkt, im Sturm zurückgebliebene oder vom Kern des Konvois abgesplitterte Schiffe; ohne direkten Schutz der Zerstörer und Korvetten.

In der Britischen Admiralität wurden solche scheinbar nebensächlichen Einzelheiten genau ausgewertet. Diese statistische Erfassung und wissenschaftliche Analyse aller Zahlen und Daten aus der Atlantikschlacht – ›Operational Research‹ genannt und seit Anfang 1942 von einem Wissenschaftler-Team unter Leitung von Professor P. M. S. Blackett betrieben –, führte zu handfesten Ergebnissen. Blackett stellte fest, daß Erfolg oder Mißerfolg am Geleitzug entscheidend von dem Zahlenverhältnis der angreifenden U-Boote zu den sichernden Zerstörern und Korvetten abhingen, nicht aber von der Größe des Konvois. Daraus folgte, daß größere Geleitzüge prozentual weniger Schiffe verlieren würden als kleinere.

Die Admiralität faßte von nun an 50 bis 60 Schiffe zu einem Konvoi zusammen, fast 70 Prozent mehr als zuvor. Dadurch liefen weniger Konvois, für die U-Boote waren sie schlechter zu finden. Und vor allem konnte den Konvois stärkere Sicherung mitgegeben werden. Professor Blackett wies an Hand seiner Zahlen nach, daß die Schiffe 25 Prozent weniger Verluste erleiden würden, wenn sie von neun – statt wie bisher von sechs – Geleitfahrzeugen geschützt wurden. Noch größeren Nutzen versprach eine von früh bis spät ausgedehnte Luftüberwachung der Konvois. Wurden die U-Boote schon im weiten Umkreis eines Geleitzuges aus der Luft angegriffen und unter Wasser gedrückt, so waren sie erwiesenermaßen hilflos.

Die Admiralität und der Oberbefehlshaber auf den ›westlichen Zufahrtswegen‹, Admiral Sir Max Horton, setzten die Empfehlungen Zug um Zug in die Tat um. Was unternahm die deutsche U-Boot-Führung, um der wachsenden Bedrohung Herr zu werden?

Karl Dönitz, seit dem 30. Januar 1943 Großadmiral und als Raeders Nachfolger Oberbefehlshaber der Kriegsmarine, blieb zugleich Befehlshaber der U-Boote. Sein operativer Stab siedelte im März von Paris nach Berlin-Charlottenburg über. Und Anfang März zog Dönitz Bilanz, nachdem der Februar auf dem Nordatlantik nicht das erhoffte Versenkungsergebnis gebracht hatte.

Zu dieser Zeit lieferte der B-Dienst Tag für Tag wichtige englische Operationsunterlagen an den Stab des BdU. So lasen die Deutschen den täglich von der britischen Admiralität an die verschiedenen Kommandos der Atlantikschlacht gefunkten U-Boot-Lagebericht mit.

Dönitz und seine Operationsoffiziere mußten staunend feststellen, daß sich die englische U-Boot-Lage nur unwesentlich von dem Bild unterschied, das ihre eigene große Lagekarte von der Aufstellung der Boote im Nordatlantik vermittelte.

Woher besaß der Feind diese genauen Informationen? War Verrat im Spiel? War ihm womöglich ein Einbruch in den deutschen Funkschlüssel ›M‹ gelungen? Konnte er die Befehle des BdU an seine Boote mitlesen – genauso, wie umgekehrt der deutsche B-Dienst die englischen Funksprüche entzifferte?

Die letzte Vermutung wurde vom Chef des Marinenachrichtendienstes, Vizeadmiral Erhard Maertens, entschieden verneint. Die Schlüsselmaschine ›M‹ war einbruchssicher.

Der 1. Asto des U-Boot-Stabes, Korvettenkapitän Günter Hessler, und Operationsoffizier Kapitänleutnant Adalbert Schnee – beide selber erfolgreiche U-Boot-Kommandanten – machten sich daran, die englischen ›U-Boot-Lagen‹ systematisch auszuwerten und sie mit den Meldungen der eigenen Boote zu vergleichen. Stück für Stück setzten sie das Mosaikbild der deutschen U-Boot-Rudel im Nordatlantik aus den gleichen Steinen zusammen, die auch im Operationsraum der Gegenspieler in London bekannt sein mußten.

Vieles gehörte dazu: die Positionen, wo U-Boote Konvois angegriffen hatten; die immer häufiger auftretenden Fälle, daß U-Boote im Aufklärungsstreifen von feindlichen Flugzeugen entdeckt und gemeldet wurden; auch die zahlreichen Funksprüche der U-Boote, die gewiß von *Landstationen* beiderseits des Atlantik eingepeilt wurden und dem Gegner eine grobe Standortbestimmung gaben.

Tatsächlich blieben bei diesem Mosaikbild nur wenige Stellen fraglich, die der Gegner aber durch geschicktes Kombinieren, durch ein ›Mitkoppeln‹ der U-Boot-Bewegungen richtig gedeutet haben mochte.

Als wichtigste Erkenntnis dieses ›Operational Research‹ im deutschen U-Boot-Stab erschien es »so gut wie sicher«, daß feindliche Flugzeuge mit Funkmeßortung – so nannte man Radar – ganze U-Boot-Aufstellungen erfaßten; und zwar so genau, daß der Gegner seine Konvois um die erkannten U-Boote herumführen konnte.

Immer wieder tauchten in den englischen U-Boot-Lagen der Zusatz »radio located« auf.

»Was heißt das?« wollte Dönitz wissen.

»Funkmeßortung, wahrscheinlich durch Flugzeuge.«

Das konnte stimmen, aber es war ebensogut möglich, daß es sich um Ortung durch das Einpeilen von Funksprüchen handelte. Für beide Gegner blieb das Gebiet des Hochfrequenzkrieges geheime Kommandosache, sie tarnten es mit vieldeutigen Bezeichnungen. Statt Radar nannten die Engländer ihre *aktive* Funkmeßortung noch im Kriege jahrelang R. D. F., Radio Direction Finding. Nach dem Wortsinn konnte man darunter auch eine *passive* Ortung verstehen, die sich nur die Strahlung eines fremden Senders, zum Beispiel eines U-Boots, zunutze machte.

Das »viele Funken der U-Boote« hatte auch Dönitz und seinem Stab von Kriegsbeginn an Kopfzerbrechen bereitet. Jeder Seeoffizier wußte, daß Funksprüche von Freund und Feind mitgehört und die Sender eingepeilt werden konnten. Für ein Kriegsschiff, das seinen Standort nicht selber verraten wollte, galt daher als oberstes Gebot, Funkstille zu halten.

Die U-Boote mußten von diesem Gebot abweichen, weil das Rudel nur zum Angriff geführt werden konnte, wenn der Geleitzug gemeldet worden war. Später, wenn der Kampf tobte, glaubte man auf weitere Funkstille verzichten zu können. Denn jetzt war der Standort der U-Boote, von ferne betrachtet, identisch mit dem Standort der Konvois.

Niemand in Deutschland kam darauf, daß die Alliierten die funkenden U-Boote mit einem neuen Sichtpeiler von ihren Geleitfahrzeugen aus orten – und sofort auf dem Peilstrahl auf sie zustoßen könnten.

Kurzwellen-Peilstationen *an Land* benötigten ein ausgedehntes Antennensystem, das in dieser Form gewiß nicht an Bord eines Schiffes unterzubringen war. Außerdem war die herkömmliche akustische Methode, Funksprüche einzupeilen, recht zeitraubend. Das nur nach Sekunden bemessene Kurzsignal der U-Bootc mußte solche Peilung erschweren, weil es in der Regel schon zu Ende war, bevor festgestellt werden konnte, aus welcher Richtung es kam. Daß die technische Entwicklung, zumal im Kriege, mit großen Schritten vorwärtsstürmte, daß man Antennensysteme verkleinern, einfallende Peilstrahlen automatisch erfassen und optisch sichtbar machen könnte – auch daran hatte niemand gedacht.

Die Sorge der U-Boot-Führung galt immer nur dem gewiß möglichen Einpeilen der Funksprüche durch alliierte Landstationen. Und diese Sorge, so erwies sich bald, schien übertrieben. Im Herbst 1940, als U-Boote aus dem Atlantik für die Luftwaffe das Wetter funken mußten, liefen ihnen trotzdem mehrere Geleitzüge vor die Rohre; wären die funkenden U-Boote halbwegs genau eingepeilt worden, so hätten die Konvois doch um ihren Standort umgeleitet werden können.

Am 7. Juni 1941 ließ sich Admiral Dönitz in seinem Stabsquartier Kernevel bei Lorient über die Peilgefahr der U-Boot-Funkerei vortragen. Er hatte dafür den ehemaligen Leiter des B-Dienstes, Korvettenkapitän Achim Teubner, aus Berlin kommen lassen. Der B-Dienst war immer die sicherste Quelle, wenn man erfahren wollte, wie der Gegner reagierte.

Teubner warnte den BdU: »Der englische Peildienst ist mit allen Mitteln bemüht, durch die Beobachtung und Einpeilung des U-Boot-Funkverkehrs Unterlagen über Zahl und Operationsgebiete der deutschen U-Boote zu gewinnen.« Beweise hierfür fanden sich in den Beuteakten der französischen Admiralität, Beweise waren vor allem mitgehörte Umleitungsbefehle der Engländer für ihre Geleitzüge. Teubner meinte, wenigstens ein Teil dieser Maßnahmen sei auf die Peilortung der funkenden U-Boote zurückzuführen – der BdU-Stab nahm andere Ursachen dafür an.

Skeptisch war Dönitz besonders gegenüber der Genauigkeit solcher Peilergebnisse. Es gab Anzeichen dafür, daß sie über weite Seeräume hinweg bis zu 60 Seemeilen ungenau waren. Eine direkte Gefährdung der U-Boote schien demnach so gut wie ausgeschlossen.

Dennoch räumte der BdU ein, der U-Boot-Funkverkehr sei auf die notwendigen Fälle zu beschränken. Und zum Notwendigen gehörte natürlich die Meldung von Fühlunghaltern am Geleitzug.

Nach den Eintragungen, die Korvettenkapitän Teubner über die Besprechung in seinem Kriegstagebuch machte, ließ Admiral Dönitz keinen Zweifel daran, daß die Funkbeschränkung für seine operative Führung »sehr erschwerend« sei. Sobald die Zahl der U-Boote so zugenommen habe, daß alle Zufahrtswege nach England überdeckt würden und sein Ausweichen der Geleitzüge nicht mehr möglich sei, könne auch wieder überall gefunkt werden.

Soweit der BdU. Die Gefahren des Einpeilens der U-Boot-Funksprüche durch den Feind wurden zwar beachtet, aber im bisherigen Kriegsverlauf hatten sie sich nicht nachteilig ausgewirkt.

Dönitz: »Ob und wie der Gegner reagiert, ist nicht zu erkennen.«

Es schien undenkbar, auf eine bloße Befürchtung hin auf die erprobte Rudeltaktik der U-Boote zu verzichten, die ohne Funken nicht wirksam sein konnte. Offenbar kam niemand auf den naheliegenden Gedanken, von den Nachrichtentechnikern die Entwicklung eines Kurzwellensenders zu verlangen, der die Abgabe des U-Boot-Signals maschinell auf einen so kurzen Zeitraum, womöglich auf Sekundenbruchteile, zusammendrängte, daß sein Einpeilen durch den Gegner praktisch unmöglich wurde. Auch schien niemand zu wissen, daß im Nachrichtenmittel-Versuchskommando der Marine ein solches Verfahren unter dem Decknamen ›Kurier‹ bereits entwickelt wurde – ohne besondere Dringlichkeit. Ganz anders als in England fehlte zu jener Zeit in Deutschland der Kontakt zwischen militärischer Führung und Wissenschaft, der Gedankenaustausch zwischen

Soldaten und Technikern.

Zudem wurden die möglichen Gefahren der Funkpeilung bald in den Hintergrund gedrängt, weil die deutschen U-Boote von einer sehr viel direkteren Gefahr bedroht wurden.

Im Frühjahr 1942 meldeten Kommandanten merkwürdige Zwischenfälle. Auf dem Wege durch die Biskaya waren die aufgetaucht marschierenden U-Boote von feindlichen Flugzeugen überrascht und auch schon mit Bomben angegriffen worden, ehe sie tauchen konnten. Nicht, daß die Ausgucks geschlafen hätten. Die Flugzeuge stießen durch die geschlossene Wolkendecke herab. Im Juni flogen sie die U-Boote sogar nachts direkt an, blendeten einen Scheinwerfer auf und warfen ihre Bomben.

Unheimlich, diese Gefahr. Optische Sichtung kam nicht in Frage. Der Feind mußte ein neues Ortungsverfahren kennen, das Wolken durchdringen und die Nacht zum Tage machen konnte. Dönitz rief Kapitän zur See Ludwig Stummel, Abteilungschef im Marinenachrichtendienst, zu sich nach Paris. Stummel ließ sich die Symptome schildern und stellte fest: »Kein Zweifel, das ist Funkmeß.«

Zum erstenmal wurde die U-Boot-Waffe mit der bisher nur vermuteten Tatsache konfrontiert, daß der Feind Hochfrequenzwaffen gegen die Stärke des U-Boots, seine Unsichtbarkeit, einsetzte. Dieses Mal konnte der Gefahr noch begegnet werden.

Die U-Boote wurden mit einem Empfänger, dem ›Metox‹, ausgerüstet, sie steckten eine grob zusammengezimmerte Antenne, das ›Biskayakreuz‹, auf den Turm – und schon verriet sich das mit Radarortung anfliegende feindliche Flugzeug durch seine eigene Strahlung. Der ›Metox‹ warnte die ganze Besatzung durch laute akustische Zeichen vor dem Feind, das Boot konnte tauchen, bevor das Flugzeug heran war. Die U-Boot-Verluste in der Biskaya gingen wieder zurück, obwohl die Engländer, von der schwachen deutschen Luftwaffe kaum gehindert, ihre Überwachung dieses Seegebiets verstärkten.

Es kam der Herbst 1942 mit seinen Geleitzugschlachten, der stürmische Januar 1943 und der Februar mit seinen alarmierenden Meldungen. Die Geleitzüge umgingen die U-Boot-Aufstellungen. Und es kam zum Kampf, dann zeigte sich, wie stark die Abwehr des Konvois geworden war.

»Radio located« stand in den englischen Lageberichten über die Feststellung der deutschen U-Boote.

»Funkmeßortung durch Flugzeuge«, deuteten es die Offiziere des U-Boot-Stabes. Großadmiral Dönitz ließ einen neuen Befehl an seine Boote hinausfunken:

»Bei Feststellung von Flugzeugortung sofort für 30 Minuten

tauchen!«

Das konnte bedeuten, daß die U-Boote im Vorpostenstreifen gerade dann unter Wasser mußten, wenn sie die Aussicht hatten, den Geleitzug zu finden. Und schon kamen neue, alarmierende Nachrichten.

Am 5. März 1943 funkte Oberleutnant zur See Werner Schwaff, daß sein Boot, *U 333,* in der Biskaya von einem Bomber angegriffen worden sei, ohne daß der eingeschaltete ›Metox‹-Empfänger vorher eine Ortung angezeigt hätte. Schwaff hatte Glück: Das Boot erlitt nur geringe Schäden, die Besatzung schoß den Briten mit der Flak ab.

Am folgenden Tag ging eine ganz ähnliche Meldung ein, aber von der anderen Seite des Atlantik. Korvettenkapitän Werner Hartenstein, Kommandant von *U 156,* berichtete aus dem Seegebiet vor Trinidad über «stärkste Dauerluft« und über eine »neuartige Ortung« der Flugzeuge, die vom ›Metox‹ nicht erfaßt werde. Es war Hartensteins letzter Funkspruch. Zwei Tage darauf wurde *U 156* vor der Antilleninsel Barbados durch amerikanische Flugzeugbomben vernichtet.

Dönitz und seine Operationsoffiziere reagierten betroffen. Kein Zweifel, der Gegner hatte wieder eine neue Teufelei in den Flugzeugen. Er ortete auf einer Wellenlänge, auf die der Warnempfänger der U-Boote nicht ansprach. Es gab Meldungen über den Abschuß eines britischen Bombers bei Rotterdam, aus dem ein Funkmeßgerät geborgen worden war. Anscheinend arbeitete es auf Zentimeterwellen, Genaueres war noch nicht zu erfahren. Erneut drohte eine Gefahr, die schon gebannt zu sein schien. Und das gerade jetzt, da die übrigen Zeichen günstig standen.

Nicht weniger als 50 U-Boote lauerten Anfang März 1943 gleichzeitig im Operationsgebiet auf den Feind. Der BdU schob die Gruppen hin und her und konzentrierte sie gegen die großen Geleitzüge, deren Kursbefehle der B-Dienst entzifferte.

Der Höhepunkt der Schlacht war nun wirklich erreicht. Vom 15. bis zum 20. März dampften zwei Konvois über den Nordatlantik, beide nach England bestimmt. Beide folgten nahezu der gleichen Route, und da der langsamere SC 122 vorauslief, während der schnellere HX 229 folgte, vereinigten sie sich in der Mitte des Ozeans zu einer gewaltigen Ansammlung von 80 Schiffen.

Aus New York waren die Konvois mit genau einhundert Schiffen ausgelaufen. Das fehlende Fünftel ging zum Teil auf das Konto des wütenden Weststurms, der mehrere Dampfer zur Umkehr gezwungen hatte, zum größeren Teil auf die ebenso wütenden Angriffe der U-Boot-Rudel, die allein in der Nacht zum 17. März und am darauffolgenden Tage 14 Schiffe auf den Grund des Meeres schickten.

Insgesamt operierten 44 U-Boote gegen den Doppelkonvoi, drei Gruppen, ›Raubgraf‹, ›Stürmer‹ und ›Dränger‹, setzte der BdU gegen sie an. Dennoch passierten beide Konvois den ersten quer über ihren Weg gelegten Aufklärungsstreifen von zehn ›Raubgraf‹-Booten unbemerkt; Sturm hatte die Boote gehindert, rechtzeitig ihre Positionen einzunehmen. Der Geleitzug dampfte schon in ihrem Rücken davon.

Dann spielte der Zufall den Deutschen in die Hände. Ein einzelnes Boot, *U 653,* nach beendeter Operation auf dem Heimmarsch, stieß überraschend auf den Konvoi HX 229. Kapitänleutnant Gerhard Feiler gab seine Funkmeldung ab. Im Operationszimmer des BdU in Berlin wußte man nun, wo der Konvoi war und konnte der ›Raubgraf‹-Gruppe befehlen, umzukehren und ihm nachzustoßen.

So kam es zur Schlacht, und wie so oft rissen die ›Wölfe‹ die meisten Opfer in der ersten Nacht. Fünf Boote drangen in den Konvoi ein, rollten ihn von hinten auf, schossen zehn Schiffe heraus. Wo war die Konvoisicherung?

In dieser ersten Angriffsnacht wurde der HX 229 nur von zwei Zerstörern und zwei Korvetten begleitet, war also entgegen allen Erkenntnissen des englischen ›Operational Research‹ viel zu schwach gesichert. Den vorauslaufenden Konvoi SC 122 schützten dagegen neun Zerstörer und Korvetten; die hier angreifenden U-Boote hatten es schwer, zum Kern des Geleitzuges vorzustoßen. Immer wieder wurden sie abgedrängt, besonders dann, wenn sie als Fühlunghalter gefunkt hatten. Aber die ›Wölfe‹ bissen sich fest, und auch in den folgenden Nächten stießen sie noch einige Schiffe in die Tiefe.

Wie heftig der Kampf tobte, geht aus einem am 19. März erstmalig gefunkten Befehl des BdU hervor: Die Boote sollten versuchen, weit vom Konvoi abgesetzt die Fühlung nur mit Hilfe ihres Metox-Empfängers an den Radarstrahlen des Gegners zu halten, sich auf diese Weise außerhalb der Sicherung vor den Geleitzug zu setzen und von vorn unter Wasser erneut anzugreifen. Tatsächlich kamen einige Boote auch tagsüber im Unterwasserangriff zum Schuß und hatten Erfolg.

Als Dönitz die größte Geleitzugschlacht des Krieges am 20. März 1943 abbrach, weil die Boote abgekämpft waren und beide Konvois von Nordirland her ununterbrochen aus der Luft überwacht wurden, hatten die Alliierten 21 Schiffe mit 141 000 BRT, die Deutschen nur ein Boot verloren. War das der K.o. für das britische Konvoisystem? War es der Sieg der U-Boote?

Doch in Berlin kam kein Jubel auf. In der deutschen Seekriegsleitung war man sich des Ernstes der Lage genauso bewußt wie in der Britischen Admiralität.

»Nie zuvor«, hieß es im monatlichen Lagebericht der Admirality über die Atlantikschlacht, »hat der Feind ein Ziel so zäh ver-

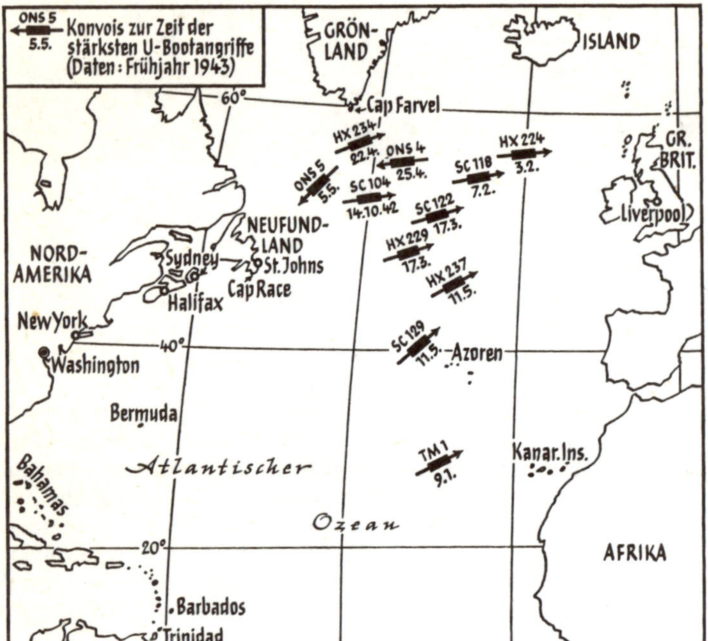

Höhepunkt der Schlacht um den Atlantik. Eingezeichnet sind die ungefähren Standorte der im Text erwähnten Geleitzüge zur Zeit der stärksten U-Boot-Angriffe. Die Alliierten verteilten die Konvois auf den ganzen Raum zwischen Grönland und den Azoren, um die Aufstellungen der U-Boote zu umgehen.

folgt und alle Kraft dafür eingesetzt wie jetzt für die Unterbrechung des Nachschubs von den Vereinigten Staaten nach Großbritannien ... Kritische Monate liegen vor uns, der Ausgang des Kampfes ist keineswegs entschieden.«

Die U-Bootführung am Berliner Steinplatz stellte zwar fest, den »bisher größten Erfolg« erzielt zu haben, aber die kritische Schlußbetrachtung ergab, daß nach dem »Überraschungsangriff der ersten Nacht« die Luft- und Seeabwehr vom zweiten Tage an immer stärker geworden war und die meisten U-Boote Fliegerbomben und sehr lange Verfolgungen mit Wasserbomben auszuhalten hatten.

Beim Passieren von Konvois herrschte »Dauerluft«, die das notwendige Marschieren der Boote über Wasser unmöglich machte. Hinzu kam die Sorge vor der unbekannten feindlichen Ortung. In der Biskaya hatte die U-Bootjagd aus der Luft wieder »in drohendem Maße zugenommen«. Allein in diesem Durchmarschgebiet waren seit dem Juli 1942 14 U-Boote vernichtet worden, davon fünf seit dem 1. Februar 1943.

Trotz der Versenkungserfolge, trotz der zahlreich zur Front strömenden Boote blieb es ungewiß, wie der Kampf enden würde.

Tatsächlich bereitete der Gegner neue Schläge gegen die U-Boote vor. Die hohen Schiffsverluste in den ersten zwanzig Märztagen alarmierten die Navy. Zum erstenmal hatten die Deutschen mehr Schiffe *aus den Konvois* herausgeschossen als Einzelfahrer versenkt. Für die Admiralität zog drohend die Gefahr herauf, England könnte »das Konvoisystem als wirksame Form des Schutzes nicht aufrechterhalten«. Die Statistik bewies jedoch, daß alleinfahrende Handelsschiffe erst recht schutzlos waren. So blieb keine andere Wahl, als die Sicherung der Geleitzüge weiter zu verstärken.

Im Derby House in Liverpool, dem Hauptquartier Admiral Hortons, in dem die Abwehrschlacht geführt wurde, herrschte eher Zuversicht. Denn die schwachen Stellen des Gegners waren klar erkannt:

1. der Zwang für die U-Boote, immer wieder aufzutauchen und über Wasser zu fahren, weil sie getaucht zu langsam waren und zu wenig Ausdauer besaßen;
2. ihre ›Geschwätzigkeit‹, ihr häufiges Funken, mit dem sie sich am Konvoi selber verrieten.

Der Sichtfunkpeiler ›Huff-Duff‹ auf den Geleitfahrzeugen fand diese wahre Achillesferse der U-Boote. Und gegen die aufgetaucht fahrenden U-Boote gab es ebenfalls Abhilfe: den Konvoi auf seiner ganzen Fahrt aus der Luft zu sichern.

Auf dem Höhepunkt der Atlantikschlacht wirkten sich diese Erkenntnisse und Maßnahmen aus. Zudem wurden Admiral Horton mehr Zerstörer und andere Geleitfahrzeuge zugeteilt. Neben der engen Konvoisicherung, den ›Escort Groups‹, bildete er die schon lange geplanten ›Support Groups‹, die unabhängig von den Konvois operierten und zur Unterstützung der Escorts an den Brennpunkten der Schlacht eingriffen.

Zwei dieser sechs Support Groups – eine britische und eine amerikanische – scharten sich schließlich um einen der neu eingesetzten Geleit-Flugzeugträger, die HMS *Biter* und USS *Bogue*. Mit ihnen konnte die noch bestehende Zwei-Tage-Lücke der Luftüberwachung mitten im Atlantik geschlossen werden.

All das trieb die Stärke der alliierten Streitkräfte zum Schutz der Lebenslinie Englands in die Höhe. Sehr bald mußte sich erweisen, ob die U-Boote diesem Ansturm noch gewachsen waren.

In den letzten Märztagen 1943 übernehmen erneut wütende Stürme das Kommando im Nordatlantik. Die Konvois reißen auseinander, die U-Boote finden kaum zu einheitlichen Operationen, alles Bemühen gilt dem Kampf um das eigene Überleben. Die See selbst nimmt den Angreifern Arbeit ab. Beim Konvoi HX 230 kentert das Schiff des Commodore im Orkan, niemand überlebt die Katastrophe, und weitere Schiffe gehen ebenfalls verloren. Bei den Deutschen hat ein Rückstrom von abgekämpften und von der See zerschlagenen Booten eingesetzt, die Positionen im Atlantik sind geschwächt.

Ungeduldig drängt der BdU, die ›Lücke‹ so schnell wie möglich wieder zu schließen. Selbst die auslaufbereiten Boote des größeren Typs IX, die im Grunde zu schwerfällig für die rasch wechselnden Situationen des Geleitzugkampfes sind, müssen in den Nordatlantik.

Am 26. März sichtet *U 663*, Kapitänleutnant Heinrich Schmid, zum erstenmal einen Flugzeugträger beim Konvoi. Wo immer neue Rudel in den Wochen des April 1943 einen Konvoi erfassen und darauf zustoßen, werden sie abgefangen, aus der Luft geortet, von Zerstörern gejagt. Nur wenige Boote dringen zu den Schiffen durch. Enttäuscht registriert die U-Boot-Führung ihren »sehr geringen Erfolg«, selbst in der sonst »so günstigen ersten Nacht« eines Geleitzugkampfes; sie vermutet den Grund in der »Unerfahrenheit der jungen Kommandanten«.

Die Zeit läuft davon, schon sind vier Wochen seit der großen Doppelschlacht im März vergangen, ein ähnlicher Erfolg hat sich nicht wieder eingestellt.

Vom 21. bis zum 24. April verfolgen insgesamt 19 U-Boote den Konvoi HX 234 über eine Strecke von 700 Seemeilen, ohne mehr als zwei Schiffe zu versenken. »Es wird immer schwerer«, stellt der BdU fest. Die Boote lassen nicht locker. Mit »anzuerkennender Zähigkeit« erneuern sie eine abgerissene Fühlung, funken ihre Meldung – und werden fast augenblicklich erneut angegriffen.

So *U 191*, Kapitänleutnant Fiehn, das den von England nach Amerika zurücklaufenden Konvoi ONS 4 meldet. Sein Sendeimpuls erscheint als Peilstrahl auf dem Huff-Duff-Bildschirm des britischen Zerstörers *Hesperus*. Commander Donald Macintyre, der Geleitführer, dreht in die Peilung ein, die *Hesperus* jagt auf das funkende U-Boot zu. *U 191* kann noch tauchen, aber eine Salve von Wasserbomben aus dem neuen ›Hedgehog‹-Werfer des Zerstörers macht dem Boot ein Ende.

Jetzt wirken sich die kombinierten britischen Sicherungsgruppen aus. Den Konvoi ONS 4 schützt nicht nur Commander Macintyres Escort Group, sondern zusätzlich eine Support Group mit dem Geleit-Flugzeugträger *Biter* und mehreren Zerstörern.

Früh am 25. April schießt Korvettenkapitän Otto v. Bülow mit *U 404* auf die *Biter*. Vier Torpedos detonieren ... zu früh, der Flugzeugträger bleibt unbeschädigt. Als *U 203*, Kapitänleutnant Hermann Kottmann, die Führung am Konvoi übernimmt und funkt, fliegt auf dem Peilstrahl ein vom Träger gestartetes *Swordfish*-Torpedoflugzeug an, zwingt *U 203* zum Tauchen, und der Zerstörer *Pathfinder* vollendet die Vernichtung.

Der April vergeht, ohne daß die U-Boote auch nur annähernd die Erfolge des Vormonats wiederholen können. Vierzehn Boote kehren in diesem Monat nicht zurück, allein zwölf bleiben im Nordatlantik* .

Ist das die Entscheidung?

›Amsel‹, ›Drossel‹, ›Fink‹ und ›Star‹ heißen die U-Boot-Gruppen, die das Blatt in den ersten beiden Wochen des Mai noch einmal wenden sollen. Dönitz hat alles aufgeboten, was zu greifen war: 101 deutsche U-Boote operieren Anfang Mai auf dem Nordatlantik!

Am Abend des 4. Mai läuft ein vom Orkan zerzauster Konvoi, der ONS 5, südlich von Grönland mitten in den Aufklärungsstreifen der Gruppe ›Fink‹ hinein. 30 U-Boote stoßen von allen Seiten herbei. Der Konvoi fährt weit verstreut, in mehrere Gruppen zersplittert. Von seiner zuvor starken Sicherung hat er vier Zerstörer verloren; die Boote mußten nach dem Orkan abdrehen, sie hatten kaum noch Treiböl in den Bunkern.

Günstige Aussichten für die U-Boote! Dönitz wirft zusätzlich die nahestehende Gruppe ›Amsel‹ in den Kampf. Schließlich sind 41 Boote auf den ONS 5 angesetzt, mehr Angreifer, als der

---

* Siehe Anhang 12, Stärke der U-Boot-Waffe auf dem Höhepunkt der Schlacht um den Atlantik.

Geleitzug Schiffe hat.

Ringsum funken die Boote, sobald sie den Konvoi in Sicht haben, und so wissen die Briten, was sich gegen sie zusammenbraut. Zwar greifen die Zerstörer *Offa, Oribi* und *Vidette* auf den Peilstrahlen an und jagen ein paar Boote, aber immer neue schließen heran.

Ihr erstes Opfer ist ein Nachzügler des Konvois. Dann folgt 24 Stunden lang Angriff auf Angriff. Trotz erbitterter Abwehr versenken die Boote bis zum Abend des 5. Mai zwölf Schiffe. Und für den kommenden Nachtangriff drängen wieder andere ›Wölfe‹ in den Konvoi.

Im fernen Berlin stapeln sich die Funksprüche der kämpfenden Boote, im Operationsraum verfolgen die Offiziere die Schlacht mit angehaltenem Atem. Den Meldungen zufolge stehen schon tagsüber 15 Boote im Konvoi, eine Konzentration, wie sie bisher selten gelungen ist. Der BdU erwartet für die Nacht zum 6. Mai ein »besonders günstiges Ergebnis«. Doch der nächste Funkspruch meldete »Sichtverschlechterung«, und nachts funkt ein Boot, es herrsche »dicker Nebel«.

Tatsächlich nähert sich die Schlacht den Neufundlandbänken. Wallender Nebel hüllt die Schiffe ein und schafft binnen einer Stunde eine völlig neue Lage. Plötzlich beherrschen die britischen Escorts die Szene, weil sie mit 9-Zentimeter-Radars durch den Nebel sehen. Die deutschen Boote besitzen kein Funkmeß, sie stoßen blindlings auf den Gegner.

Überall orten die Engländer U-Boote und schlagen zu: mit Wasserbomben, mit Rammstößen, mit Artillerie.

Einer der britischen Zerstörer ist die *Oribi,* die Silvester 1942 in der Barentssee gegen die Kreuzer des Admirals Kummetz gefochten hatte. Jetzt stößt das Boot, geführt von Lieutenant-Commander J. C. A. Ingram, mit Höchstfahrt auf ein Ziel zu, das klar auf dem Radarschirm steht. Minuten später bohrt sich der Bug des Zerstörers in die Flanke eines U-Boots und stößt es unter Wasser – doch wie ein Spuk verschwindet das Opfer wieder im Nebel. Gesunken?

Es ist *U 125.* Hilflos wird das Boot von dem Angriff überrascht. Es kann nicht mehr tauchen, sinkt aber auch nicht, trotz schwerster Schäden. Bei Tageslicht wird es gewiß aus der Luft entdeckt und vernichtet. In dieser verzweifelten Lage funkt der Kommandant, Kapitänleutnant Ulrich Folkers, nach Berlin: er sei gerammt, er setze sich nach Osten ab – und er bitte um Hilfe.

Wie soll Folkers ahnen, daß er sich durch sein Funken verrät, daß sein Boot im selben Augenblick, da der Funker auf die Taste drückt, von den ›Huff-Duffs‹ der Briten eingepeilt wird?

Vier andere Boote befiehlt der BdU zur Hilfeleistung zu *U 125*. Sie suchen vergebens. Vor ihnen ist die britische Korvette *Snowflake* zur Stelle und gibt *U 125* mit Artilleriefeuer den Rest.

Zwei U-Boote sind schon tagsüber am ONS 5 vernichtet worden. Nun sinken binnen weniger Nachtstunden nochmals vier Boote, und vier andere werden schwer beschädigt. Statt des erhofften Erfolges ist für die Deutschen eine Katastrophe hereingebrochen.

Am Morgen des 6. Mai bricht Dönitz den Kampf um den ONS 5 ab. »Die Boote« stellt er bitter fest, »sind einwandfrei in unterlegener, aussichtsloser Position.«

Die feindliche Funkmeßortung habe den Abbruch der Operation erzwungen. Sie sei »neben der Feindluft zur Zeit der stärkste Gegner der U-Boote«. Den Booten wieder Geräte zu geben, mit denen die Ortung feststellbar sei, ja sie gegen Ortung überhaupt zu tarnen, nennt der BdU ein Ziel »von schlechthin entscheidender Bedeutung«.

Am Tag nach der Katastrophe am ONS 5 meldet der B-Dienst erneut zwei aus New York kommende große Konvois, den HX 237 und den SC 129. Noch sind 30 U-Boote im Operationsgebiet, dic Gruppen ›Elbe‹ und ›Rhein‹, die Dönitz quer vor den Kurs der Geleitzüge legt. Wieder einen Tag später, am 8. Mai, entziffert der B-Dienst englische Kursanweisungen, aus denen deutlich wird, daß beide Konvois die deutsche U-Boot-Aufstellung umgehen, dieses Mal weit nach Süden ausholend, während die Schlacht um den ONS 5 im Nordosten, zwischen Grönland und Neufundland, stattgefunden hat.

Jetzt kommen der U-Boot-Führung Zweifel, ob nicht »die sehr starke Funkerei» am ONS 5 für die Umleitung verantwortlich sei. Daß grundsätzlich alle U-Boot-Aufstellungen durch Flugzeugortung erfaßt würden, sei »vielleicht möglich, aber doch nicht anzunehmen.«

Vielleicht hat der Feind im Nebel ein Boot gekapert und verfügt über den gültigen Schlüssel für den U-Boot-Funk; Dönitz befiehlt, die Schlüsseleinstellung sofort zu ändern. Auch die Möglichkeit von Verrat wird erneut geprüft.

Die Geleitzüge HX 237 und SC 129 werden schließlich doch noch erfaßt, die U-Boote stoßen nach, aber die Sicherung ist klar überlegen und schlägt die meisten Angriffe ab. Von 25 gegen den SC 129 angesetzten Booten dringt ein einziges durch ... Und gegen die nächsten Konvois kommen die ›Wölfe‹ überhaupt nicht mehr an.

Am 15. Mai funkt Dönitz an seine Kommandanten: »Der Gegner ist uns in seinem Bestreben, dem U-Boot die Unsichtbarkeit zu nehmen, zur Zeit mal wieder durch seine Funkmeßortung um einige Längen voraus. Eure schwierige Lage im Kampf mit der Abwehr ist mir in vollem Umfang bekannt. Seid gewiß, daß ich mit meiner ganzen Kraft als Oberbefehlshaber alle Maßnahmen getroffen habe und noch treffen werde, diesen Zustand so bald als möglich zu ändern . . .«

Der Großadmiral fordert die U-Boot-Fahrer auf, der neuartigen Technik des Feindes »Findigkeit, Können und harten Willen« entgegenzusetzen. Doch hohen Einsatz haben alle Männer auf den ›grauen Wölfen‹ seit jeher gewagt und gerade in den letzten Wochen alles gegeben. Nun können sie nicht mehr. Härtestem Willen sind Grenzen gesetzt gegen überlegene Technik, überlegene Waffen.

Die Zahl der georteten, gebombten, vernichteten U-Boote steigt von Tag zu Tag. Bis zum 22. Mai haben sich allein in diesem Monat 31 Boote nicht mehr gemeldet und müssen als verloren gelten. Tatsächlich steigen die Verluste im ›schwarzen Mai‹ 1943 auf 41 U-Boote.

Am 24. Mai zieht Dönitz die Konsequenz und ruft die übrigen Boote aus dem Nordatlantik zurück. In Funksprüchen an die U-Boot-Offiziere nennt er als Grund die »derzeitige Überlegenheit feindlicher Ortungsgeräte« und spricht von einer Übergangszeit, bis den Booten schärfere Waffen gegeben werden könnten.

Dönitz: »Vom Gelingen und Mißlingen der Atlantikschlacht hängt der Ausgang des Krieges ab.«

Tatsächlich war die Schlacht um den Atlantik im Mai 1943 endgültig verloren. Die später versuchte Wiederaufnahme vermochte daran nichts zu ändern, der technische Vorsprung der Alliierten war trotz besserer U-Boot-Waffen nicht mehr aufzuholen. Merkwürdig blieb, daß die deutsche U-Boot-Führung einen der entscheidenden Gründe für den Sieg der alliierten Geleitfahrzeuge bis zum Kriegsende – und noch darüber hinaus – nicht durchschaute.

Am 14. Mai, nach dem abgeschlagenen Angriff von 25 Booten gegen den SC 129, rätselte der BdU nach dem Grund für diesen Fehlschlag; er sei aus den Funksprüchen nicht klar zu erkennen.

Doch die Funksprüche selbst waren der Grund. Die Tatsache, daß jedes am Geleitzug funkende U-Boot sogleich von Huff-Duff eingepeilt wurde; daß es seine Verfolger praktisch selber herbeirief und ihnen den Weg wies.

U-Boot-Kommandanten, die schon früher den Verdacht geäußert hatten, sie seien auf Grund eines gerade abgegebenen Funkspruchs vom Feind angegriffen worden, fanden keinen Glauben. Die englische Funkmeßortung war das beherrschende Thema. Sie galt als Grundübel, als Ursache aller überraschenden Angriffe des Feindes, ob auf dem Wasser oder aus der Luft.

Unmißversändliche Hinweise auf die feindliche Funkpeilung kamen schließlich aus einer Quelle, die sonst immer für zuverlässig gehalten wurde. Im Laufe des April und Mai 1943 entzifferte der deutsche B-Dienst alliierte Funksprüche des Inhalts, Zerstörer und andere Geleitfahrzeuge hätten *Kurzwellenpeiler* eingebaut.

So hieß es im XB-Bericht Nr. 16/43 wörtlich: »Wie aus einem Funkspruch vom 9. April hervorging, ist Küstenwachkreuzer *Spencer* als Führungsschiff der den Geleitzug ON 175 sichernden Task Unit 24,1,9 mit einem Kurzwellenpeiler (High Frequency D. F.) ausgerüstet ...«

Wiederholt wurde in den entzifferten Konvoifunksprüchen, die doch großen Wert für den Ansatz der U-Boote hatten und entsprechend ausgewertet wurden, auf die Kurzwellenpeiler der Zerstörer und Geleitfahrzeuge aufmerksam gemacht.

Niemand beachtete diese Hinweise. Niemand brachte sie in den richtigen Zusammenhang, weder im Stab des BdU, noch in der Seekriegsleitung, noch unter den Experten des Marinenachrichtendienstes.

Eine offensichtliche Gefahr, die technische Waffe, die zahlreiche, wenn nicht die meisten Gegenangriffe der Geleitsicherung auf die U-Boote einleitete, ja erst ermöglichte, entging der Aufmerksamkeit der gesamten deutschen Marineführung.

Die Schlacht um den Atlantik · Erfahrungen und Lehren

1. Im Kampf gegen die Seemacht England waren die deutschen Unterseeboote eine wichtige, wenn nicht die einzig aussichtsreiche Waffe.

2. Ihre Stärke reichte jedoch nicht aus, um entscheidende Erfolge gegen die Zufuhr des Gegners zu erzielen, vor allem nicht zu einer Zeit, da die Sicherung der Geleitzüge noch unterlegen war. Als die Zahl der Frontboote ab 1942 erheblich stieg, trafen die U-Boot-Rudel im Nordatlantik auf eine inzwischen geübte und ab 1943 überlegene Abwehr.

3. Der Befehlshaber der U-Boote drang vergebens darauf, alle verfügbaren Boote im ausschlaggebenden Tonnagekrieg einzusetzen. Immer wieder wurden ihm Boote für Nebenkriegsschauplätze wie Mittelmeer und Nordmeer entzogen, so daß, dem Gegner hochwillkommen, Pausen in der Atlantikschlacht eintraten.

4. Solange mehr Schiffe der Alliierten versenkt als neugebaut wurden, rechneten sich die Deutschen Erfolgschancen aus. Doch die Versenkungsziffern der U-Boote wurden überschätzt, die Neubauten hielten nahezu Schritt und überstiegen bereits Mitte 1942 die Zahl der allein durch U-Boote, ab Juli 1943 die Zahl der durch alle Streitkräfte der Achse versenkten Schiffe. Der Tonnagekrieg hatte, wenn überhaupt, nur in den ersten Kriegsjahren Aussicht auf Erfolg.

5. Herausragende Einzelleistungen erfahrener U-Boot-Kommandanten und -Besatzungen gab es auch in den großen Geleitzugschlachten, erzielt gegen eine an Zahl, in Training und Ausrüstung seit 1940 vielfach verstärkte Abwehr und somit um so höher einzuschätzen.

6. Der Sieg der alliierten Konvoisicherung im Frühjahr 1943 wurde hart erkämpft, jedoch vor allem dank ihrer überlegenen Technik errungen.

7. Die U-Boot-Taktik des Überwasser-Nachtangriffs, anfangs eine böse Überraschung für die Engländer, verlor durch das Radargerät viel von ihrer Wirksamkeit. Auch Flugzeuge mit Radarortung engten die Operationsmöglichkeiten der U-Boote über Wasser zunehmend ein.

8. Ausschlaggebend war jedoch das viele Funken der U-Boote im Geleitzugkampf, eine Grundlage der von Dönitz eingeführten Rudeltaktik. Die Alliierten machten sich diesen Zwang ihrer Gegner zunutze, stellten die Richtung der funkenden U-Boote mit ›Huff-Duff‹-Sichtpeilern fest und griffen sie direkt an. Neben dem Radar leitete Huff-Duff die Vernichtung zahlreicher U-Boote ein. Die Gefahr wog um so schwerer, weil sie von der deutschen Führung trotz vieler Anzeichen nicht erkannt wurde.

9. Insgesamt gesehen waren die Gegner der U-Boote beweglicher und paßten sich der Lage im Geleitzugskampf technisch geschickter an als die Deutschen. Diese mußten noch 1943 überwiegend mit den gleichen Booten und den gleichen Waffen kämpfen wie in den Jahren zuvor. Neue Entwicklungen – wie das auch unter Wasser schnelle Elektroboot –, von Dönitz beharrlich gefordert, kamen zu spät.

10. In Großbritannien gab es kaum Zweifel, daß im Atlantik die kriegsentscheidende Schlacht geschlagen wurde. Solche Erkenntnis besaß die auf kontinentales Denken fixierte oberste deutsche Führung nicht. Die U-Boot-Waffe rückte erst in den Mittelpunkt des Interesses, als der Krieg bereits verloren war.

VII. VERLOREN

19 Tragödie vor dem Nordkap

25. Dezember 1943. Das 31 000-Tonnen-Schlachtschiff *Scharnhorst* liegt hinter Balken- und Netzsperren im Langfjord, einem Nebenarm des Altafjordes, im äußersten Norden Europas. Hier, nicht weit vom Nordkap, feiern 1900 Mann Besatzung ein tristes Weihnachtsfest. Ganze 80 durften übers Fest nach Hause fahren, beneidet von allen, die zurückgeblieben sind und Wache halten müssen. Wache wofür, wogegen?

Seit einem halben Jahr liegt die *Scharnhorst* in Nordnorwegen an der Kette; eines der Schiffe, die nach Hitlers ›unabänderlichem Entschluß‹ bereits im Frühjahr 1943 außer Dienst gestellt und abgewrackt werden sollten. Der neuernannte Oberbefehlshaber der Kriegsmarine, Großadmiral Karl Dönitz, hatte Hitler die *Scharnhorst* regelrecht abgetrotzt. Sein Hauptargument: Die schweren Schiffe in Nordnorwegen brauchten nicht brachzuliegen, sie müßten vielmehr zur Entlastung der Ostfront gegen die im Nordmeer laufenden alliierten Nachschubkonvois für Rußland eingesetzt werden. Nach allen Erfahrungen glaubte Hitler eher an weitere Mißerfolge der Schiffe, aber er ließ Dönitz gewähren, und so fuhr die *Scharnhorst* nach Norden.

Seither hatte die ›Kampfgruppe‹ aus Nordnorwegen einen einziges Vorstoß unternommen. Vom 6. bis 9. September 1943 führte Admiral Oskar Kummetz mit der 42 000 ts großen *Tirpitz,* der *Scharnhorst* und neun Zerstörern einen Handstreich gegen Spitzbergen aus; ein paar alliierte Batterien, Vorratslager und Versorgungswerke wurden zerstört, dann zogen die Deutschen wieder ab.

Im Sommer 1943 lief nämlich gar kein Nachschub durch das Eismeer nach Nordrußland. Die Briten hatten die Katastrophe des Konvois PQ 17 im Jahr zuvor noch zu gut in Erinnerung. Erst wollten sie die beiden im Altafjord auf dem Sprung liegenden deutschen Schlachtschiffe ausschalten, um dann im Schutz des Polarwinters wieder Geleitzüge mit neuen Waffen für Stalin nach Murmansk zu schicken.

Der britische Plan gelang, wenn auch nur zum Teil. In der Nacht zum 22. September drangen vier Kleinst-U-Boote in den Altafjord ein. Zwei scheiterten, aber die anderen beiden Boote überwanden die Netzsperre vor der *Tirpitz,* legten Spezialminen unter den Rumpf des Schlachtschiffs und beschädigten es schwer. Die Reparatur an Ort und Stelle dauerte ein halbes Jahr. Nun blieb nur noch die *Scharnhorst* als ›fleet in being‹, als Bedrohung der Nordmeer-Konvois.

Am 1. Weihnachtstag hat das Schiff Dampf aufgemacht. Morgens liegt es in dreistündiger, ab Mittag in einstündiger Bereitschaft. Die Weihnachtsbäume verschwinden aus den Messen und Wohndecks. Überall ist die Spannung zu spüren: Laufen wir wirklich aus?

Diese Frage stellt sich auch der stellvertretende Befehlshaber der Kampfgruppe, Konteradmiral Erich Bey. Der Admiral sitzt mittags immer noch wie festgenagelt auf der immobilen *Tirpitz* im Kaafjord, gut drei Stunden von der *Scharnhorst* entfernt. Die *Tirpitz* ist über feste Kabel mit dem Marine-Fernschreibnetz verbunden; die höheren Stäbe ringen noch um eine Entscheidung, ob der Einsatz der *Scharnhorst* gegen einen gemeldeten feindlichen Geleitzug gewagt werden soll oder nicht.

Erst vor wenigen Tagen, am 19. Dezember, hat Dönitz im Hauptquartier ›Wolfsschanze‹ vor Hitler seine Absicht bekräftigt, den nächsten Rußland-Geleitzug mit dem Schlachtschiff und einigen Zerstörern anzugreifen, »wenn sich Erfolgsaussichten bieten«.

Schon drei Tage darauf, am 22. Dezember um 10.45 Uhr, sichtet ein deutsches Wetterflugzeug zufällig einen solchen Geleitzug, gar nicht weit vor der norwegischen Küste. Der Flugzeugbeobachter zählt 40 Schiffe, vermutet Truppentransporter und gibt den Kurs mit Nordost an. Luftwaffen-Aufklärer finden die Schiffe am 23. Dezember um 11.25 Uhr wieder und machen genauere Angaben: 17 Dampfer, drei Tanker, drei bis vier Kreuzer, neun Zerstörer und Korvetten. Demnach begleitet den Konvoi eine ungewöhnlich starke Nahsicherung, es sei denn, die schlechten Sichtverhältnisse hätten die deutschen Flieger genarrt.

Tatsächlich handelt es sich um den am 20. Dezember aus Loch Ewe in Schottland ausgelaufenen Konvoi JW-55B mit 19 Schiffen, die von zehn Zerstörern gesichert werden; Kreuzer befinden sich nicht beim Konvoi. Freilich würde es allen Erfahrungen mit britischen Nordmeer-Geleitzügen widersprechen, wenn nicht auch dieses Mal eine Kreuzergruppe und außerdem eine Ferndeckungsgruppe mit mindestens einem schweren Schlachtschiff im Hintergrund operierten, um im Notfall zur Stelle zu sein.

Im Notfall – das heißt, falls die *Scharnhorst* aus dem Altafjord herauskommt und wirklich angreift.

Für diesen Fall kreuzt die ›Force 1‹ des Vizeadmirals R. L. Burnett mit den Kreuzern *Belfast, Norfolk* und *Sheffield,* von deutscher Seite unbemerkt, in der Barentssee und sichert zugleich ein aus Murmansk zurücklaufendes Leergeleit.

Außerdem hat sich Admiral Sir Bruce Fraser, der Oberbefehlshaber (C-in-C) der Home Fleet, auf dem modernen 38 000-ts-Schlachtschiff *Duke of York* eingeschifft, das zusammen mit dem Kreuzer *Jamaica* und vier Zerstörern die ›Force 2‹ bildet. Admiral Fraser ist von der Operation der letzten Woche, der ebenfalls unbemerkt gebliebenen Passage des Konvois JW-55A nach Rußland, inzwischen nach Island zurückgekehrt, hat dort seine Schiffe mit Heizöl vollgepumpt und läuft wieder aus, um auch den JW-55B zu decken.

Von diesem britischen Aufmarsch weiß die deutsche Führung nichts, sie kann ihn höchstens erahnen. Einzige sichere Anhaltspunkte sind die Aufklärungsmeldungen über den nordostwärts dampfenden Konvoi. Dazu wird das Wetter immer schlechter, die Aussichten auf lückenlose Luftaufklärung sinken rapide.

Am Abend des 23. Dezember kommt ein Querschuß von der in Oslo sitzenden Luftflotte 5. Da die Luftflotte in Norwegen keine Bomber besitze, um den Geleitzug anzugreifen, und Reichsmarschall Göring auch jede Verstärkung abgelehnt habe, sei weitere Aufklärung »unnötiger Verschleiß« – wenn nicht die Kriegsmarine entschlossen sei, den Geleitzug anzugreifen.

Der Flottenchef, Admiral Otto Schniewind, kontert sofort: Für den wirksamen Ansatz der Seestreitkräfte ist Luftaufklärung dringend erforderlich. Die U-Boote operieren bereits gegen den Geleitzug. Auch die *Scharnhorst*-Gruppe soll eingesetzt werden, sobald dies Erfolg verspricht. Diese Frage kann aber nur entschieden werden, wenn die Luftwaffe erstens am Geleitzug Fühlung hält, zweitens großräumige Aufklärung fliegt. Die Marine muß wissen, ob sich eine schwere feindliche Deckungsgruppe im Hintergrund hält.

Die Luftflotte gibt nach: Sie will es versuchen, allerdings wird es Lücken geben, das ist bei dem herrschenden Schneesturm, den tief über See dahinjagenden Wolken und in der Polarnacht unvermeidlich.

Flottenchef Schniewind, zugleich Oberbefehlshaber der Marinegruppe Nord, residiert in Kiel, 2000 Kilometer vom Nordkap entfernt. Dennoch machen sich Schniewind und sein Chef des Stabes, Konteradmiral Hellmuth Heye, keine Illusionen über das außerordentliche Risiko, das mit einem Einsatz der *Scharnhorst* im Polarwinter verbunden ist.

In einer allgemeinen Weisung der Seekriegsleitung »für den Einsatz der Flottenstreitkräfte im Winter 1943/44«, erlassen am 20. November 1943, steht über die *Scharnhorst* lediglich der vage Satz, ihr Einsatz »*kann* auch im Polarwinter in Frage kommen«.

Der Gruppenbefehlshaber und Flottenchef, Admiral Schniewind, läßt dem Skl-Papier am 5. Dezember 1943 eine ergänzende Weisung für den Nordraum folgen, aus der deutliche Skepsis spricht. Schniewind sieht nach dem Abzug von U-Booten, Zerstörern, Luftwaffe und dem Ausfall der *Tirpitz* nur geringere Aussichten für ein »erfolgreiches Anpacken des feindlichen Nachschubverkehrs durch das Nordmeer«. Die Schwäche der eigenen Streitkräfte wirkte sich besonders in der Dunkelheit mit ihren erheblich schwierigeren Operationsbedingungen aus.

Schniewind: »Klarheit über die Feindlage ist die Voraussetzung für den Einsatz des Schlachtschiffes.« Bei der unzureichenden Aufklärung sei aber »dieser klare Einblick während der Wintermonate äußerst schwierig zu gewinnen«.

Immer wieder pocht der Flottenchef darauf, auch bei der Erörterung der taktischen Zusammenarbeit zwischen dem Schlachtschiff und seinen Zerstörern. Im Dunkeln habe das Schlachtschiff das Geleit nur »unter besonders günstigen Bedingungen« anzupacken, nämlich:

- klare Feindlage,
- gute Erfolgsaussicht,
- übersichtliche Kampfbedingungen.

Eine solche Häufung günstiger Voraussetzungen wird der Polarwinter gewiß nicht für die deutsche Kampfgruppe bereithalten. Der Befehlshaber im Altafjord, Konteradmiral Bey, kann in der Weisung nur bestätigt finden, wovon die Offiziere der Flotte ohnehin ganz offen sprechen:

»Die Kampfgruppe ist auf Eis gelegt.«

Zahlreiche andere Anzeichen sprechen ebenfalls dafür. Der Befehlshaber der Kampfgruppe, Admiral Kummetz, ist seit November auf einem mehrmonatigen Genesungsurlaub. Bey, der ›Führer der Zerstörer‹, wurde als Stellvertreter kommandiert, obwohl er nach seinen eigenen Worten »zum letztenmal als Fähnrich auf einem dicken Schiff« Dienst getan hat. Bey ist durch und durch Zerstörerfahrer. Von der Führung eines schweren Schiffes versteht er nichts, von der schweren Artillerie, der Hauptwaffe der *Scharnhorst,* ebenfalls nicht.

Damit nicht genug: Als Bey den Befehl über die ›Kampfgruppe‹ im Altafjord übernimmt, findet er einen in Auflösung begriffenen Stab vor. Nicht nur Kummetz ist abgeflogen, auch der erfahrene 1. Asto, Kapitän zur See Hansjürgen Reinicke, wird abkommandiert – und Ersatz kommt nicht. Der 2. Asto, Korvettenkapitän Fritz-Günther Boldemann, fährt ebenfalls in die Heimat, und so sitzt Admiral Bey mit einem Torso von Stab im Altafjord; nur der Nachrichten-Asto, Kapitänleutnant Rolf Woytschekowsky-Emden, und der ebenfalls neu in den Norden kommandierte Verbandsingenieur, Fregattenkapitän (Ing.) Karlheinz Kurschat, halten noch die Stellung.

Bey ist verbittert, er fühlt sich abgeschoben, als ›zweite Wahl‹, als ›Platzhalter‹ für Kummetz, gerade weil der Einsatz der Kampfgruppe im Winter nicht in Frage komme.

Am 17. November wird noch dazu die Hälfte der Zerstörer aus dem Altafjord abgezogen. Die 6. Z-Flottille verlegt befehlsgemäß nach Süden. Zurück bleiben nur die fünf Boote der 4. Z-Flottille – ein »Verzicht auf jede eigene Initiative«, wie der Flottillenchef, Kapitän zur See Rolf Johannesson, enttäuscht in sein Kriegstagebuch schreibt.

Die ›vierte Zet‹ besteht aus den neuesten und stärksten deutschen Zerstörern mit 15-cm-Geschützen: *Z 29, Z 30, Z 33, Z 34* und *Z 38*. Vor dem Abzug der 6. Flottille sahen die Zerstörer eine sinnvolle Aufgabe in ihrer vorgeschobenen Position: Vorstöße gegen den Schiffsverkehr unter der russischen Küste; Mineneinsätze; und Angriffe auf die alliierten Nordmeer-Konvois, falls sie wieder kommen sollten. Jetzt aber hat die allein zurückgebliebene Vierte lediglich das Schlachtschiff zu sichern – eine höchst unbefriedigende, ja trostlose Aufgabe.

Besteht überhaupt eine Chance, mit der *Scharnhorst* und den fünf Zerstörern einen Geleitzug erfolgversprechend anzugreifen?

Zerstörerführer Erich Bey legt am 22. November in seinem Kriegstagebuch nieder, wie er darüber denkt. Im Winter, schreibt Bey, würden Zerstörer »am besten allein« eingesetzt, vorausgesetzt, daß eine genügende Zahl vorhanden sei. Fünf Zerstörer aber reichten nicht, und die fehlenden könnten auch durch die *Scharnhorst* nicht ersetzt werden, »zumal das Schiff in der Polarnacht selber Schutzobjekt ist«.

Trotz dieser entmutigenden Voraussetzungen überlegt Bey pflichtgemäß einen gemeinsamen Einsatz; das Schlachtschiff könne dabei *als Rückhalt* für die Zerstörer dienen. Allerdings müßten dann zwei Zerstörer dicht bei der *Scharnhorst* bleiben, so daß nur die restlichen drei gegen den Geleitzug vorfühlen könnten. Das Schlachtschiff dürfe erst bei Tagesanbruch, also in der kurzen Zeitspanne heller Dämmerung zuschlagen.

Bey: »Das Schlachtschiff ist nachts nicht in der Lage, seine überlegenen Kampfwerte voll zur Entfaltung zu bringen, während es andererseits durch feindliche Zerstörerangriffe sehr gefährdet ist.«

»Nacht« aber herrscht Ende Dezember in den Breiten zwischen Nordkap und Bäreninsel fast rund um die Uhr; nur gegen Mittag hellt es zu einem kurzen Zwielicht auf, wie die Erfahrung des unglücklichen Gefechts in der Barentssee vor Jahresfrist deutlich gezeigt hat.

Nach weiteren taktischen Erwägungen nimmt der Admiral schließlich zu einer Hoffnung Zuflucht. Die Erfahrungen dieses Seekrieges, schreibt er, berechtigten »auch jetzt zu hoffen, daß das Glück auf unserer Seite« sei ...

Rolf Johannesson, der Flottillenchef der Zerstörer, der Bey von gemeinsamer Stabsarbeit gut kennt, ist eher noch skeptischer. »Auch bei größter Zuversicht«, trägt er am 30. November ins KTB ein, könnten die Erfolgsaussichten in der Polarnacht »nicht allzu hoch angesetzt werden«. Und weiter: »Ein Schlachtschiff (ist) bei den hiesigen Beleuchtungs- und Witterungsbedingungen keine erfreuliche Zugabe.«

Doch in diese unerfreuliche ›Zugabe‹, eben die *Scharnhorst,* setzt die Seekriegsleitung in Berlin große Erwartungen.

Am 24. Dezember, mittags 12.20 Uhr, bekommt ein Luftaufklärer den gesuchten Geleitzug noch einmal kurz in Sicht, aber die Fühlung reißt ab, er findet ihn nicht wieder. Nachmittags schickt der ›Fliegerführer Lofoten‹, Oberst Ernst-August Roth, zwei Flugboote mit Funkmeßortung auf die Suche; sie müssen wegen technischer Störungen und wegen des miserablen Wetters zurückgerufen werden.

Inzwischen sind acht U-Boote der Gruppe ›Eisenbart‹ auf dem Marsch, um früh am 1. Weihnachtstag einen Vorpostenstreifen quer zum Geleitzugkurs einzunehmen und die Fühlung mit dem Konvoi wiederherzustellen.

Und wie steht es um eine feindliche Deckungsgruppe? Die Luftaufklärung stellt nichts dergleichen fest, aber das will nichts heißen, die Flugzeuge haben ja schon Mühe, den Konvoi wiederzufinden.

Um 18.29 Uhr jedoch peilt der deutsche B-Dienst ein auf See funkendes englisches Schiff ein. Die Peilung ist nicht genau; deutlich wird nur, daß die funkende Einheit rund 200 Seemeilen abgesetzt hinter dem Konvoi JW-55B fährt. Beim ›Admiral

Nordmeer‹ in Narvik* wird sogleich angenommen, hier sei die vermutete Feindgruppe entdeckt worden.

Tatsächlich hat der C-in-C Home Fleet, Admiral Fraser, der mit *Duke of York* und der ›Force 2‹ seit dem späten Abend des 23. Dezember von Island herandampft, am Nachmittag des 24. die Funkstille unterbrochen, um dem Konvoi und Admiral Burnetts Kreuzern einige Kursanweisungen zu geben.

Beim deutschen Flottenkommando in Kiel wird die B-Dienstmeldung offenbar noch als zu ungewiß angesehen. Spätabends am 24. Dezember schreiben Schniewind und Heye in ihrer für den ObdM bestimmten Lagebeurteilung: »Inseesein Deckungsgruppe zur Zeit noch nicht erwiesen.«

Der Flottenchef schlägt daraufhin vor, die *Scharnhorst* und ihre fünf Zerstörer sollten am 25. Dezember auslaufen, so daß sie den Geleitzug am folgenden Morgen mit Beginn der Dämmerung, etwa gegen 10.00 Uhr, fassen könnten.

Gleich danach schränkt Admiral Schniewind den Einsatz aber wieder ein. Nur unter aussichtsreichen Kampfbedingungen (Wetter, Sicht und Feindlage) solle mit allen Streitkräften gemeinsam angegriffen werden. Freilich: »Dieser Fall (ist) unwahrscheinlich.«

Was aber dann? Schniewind geht auf die Überlegungen Beys ein und empfiehlt, die Zerstörer vorzuschicken, sofern für die *Scharnhorst* keine günstigen taktischen Bedingungen angetroffen würden. Das Schlachtschiff solle dann vom Gefechtsfeld abgesetzt in einer Aufnahmestellung warten, gegebenenfalls sogar im äußeren Fjordgebiet.

Der Flottenchef weist warnend darauf hin, daß die Artillerie der *Scharnhorst* nur in der Zeitspanne des »Büchsenlichts« – auf 73 Grad Nord etwa von 11.22 Uhr bis 12.07 Uhr – wirkungsvoll eingesetzt werden könne; es sei fraglich, ob das Schiff in dieser knappen Stunde den Sicherungsgürtel durchbrechen und an den Geleitzug selbst herankommen könne – noch dazu gefährdet durch die Torpedos feindlicher Zerstörer.

»Im Ganzen«, urteilt Schniewind, »größere Erfolgsaussicht unwahrscheinlich, (eigener) Einsatz groß.«

Diese sehr ernüchternde und eher pessimistische Beurteilung eines Vorstoßes der *Scharnhorst* wird nicht nur Großadmiral Dönitz zugestellt, der das Weihnachtsfest eigentlich bei seinen

---

* Der ›Admiral Nordmeer‹ in Narvik war noch als örtliche operative Befehlsstelle zwischen das Flottenkommando in Kiel und die Kampfgruppe im Altafjord eingeschaltet. Von ihm stammte der für das Unternehmen maßgebende ›Operationsbefehl Ostfront‹. Außerdem hielt er den Kontakt zu den Fliegerführern der Luftwaffe, war also wichtige Relaisstation auch für die Aufklärungsergebnisse. – Der ›Admiral Nordmeer‹ selbst, Konteradmiral Otto Klüber, befand sich Weihnachten 1943 ebenfalls in Urlaub.

U-Boot-Fahrern an der Atlantikküste verbringen wollte und nun in Paris Station gemacht hat. Sie geht ebenso an die Skl in Berlin, an den ›Admiral Nordmeer‹ in Narvik – und an Konteradmiral Bey im Altafjord.

Bey sieht sich immer mehr in die Enge getrieben. Er selbst bezeichnet die Luftaufklärung im bisherigen Umfang als »völlig unzureichend« und verlangt, daß nach feindlichen schweren Streitkräften gesucht wird. Und zum »Büchsenlicht« erklärt er, bei dem wahrscheinlich noch nördlicher liegenden Treffpunkt mit dem Feind werde es ganz ausfallen. Bey: »Das heißt, es treten überhaupt keine für den Artillerieeinsatz eines schweren Schiffes brauchbaren Verhältnisse ein.«

Frühmorgens am 1. Weihnachtstag, zwischen 05.00 und 06.45 Uhr, führen die 1. Astos des ›Admiral Nordmeer‹ und der Gruppe Nord/Flotte, die Kapitäne zur See Paul Friedrich Düwel und Hans Marks, ein Fernschreibgespräch über die Lage zwischen Narvik und Kiel.

»Die Fliegerführer«, berichtet Düwel, »spannen ihre Kräfte bis zum äußersten an, um die vermutete schwere Feindgruppe zu erfassen ... Aber sie werden dennoch nicht in der Lage sein, uns ein unbedingt klares Bild zu geben ... Die gestern durch Funk eingepeilte englische Einheit ist womöglich die heranschließende Deckungsgruppe ... Auch wenn sie heute von der Luftaufklärung nicht gemeldet wird, so ist sie doch anzunehmen, und zwar nicht nur außerhalb des Luftaufklärungsgebiets von 300 Seemeilen, sondern *auch innerhalb*; das liegt am Wetter und weil die Ortungsgeräte zeitweise versagen ...«

Marks: »Das ist der Seekriegsleitung bekannt.«

Düwel: »Eine lückenlose Aufklärung und damit die Voraussetzung ›klare Feindlage‹ ist nicht gegeben ... Der Ansatz der Kampfgruppe wird also mit Risiko behaftet sein.«

Marks: »Das ist auch die hiesige Auffassung. Es ist Sache des ObdM, zu entscheiden, wieweit das zweifellos bestehende Risiko in Kauf genommen werden soll. Die Entscheidung liegt noch nicht vor ...«

Düwel: »Entweder ein klares Ja oder ein ebenso klares Nein. Ich bin gegen jeden Kompromiß. Niemand darf vergessen, daß die *Scharnhorst* ein Schlachtschiff und kein Torpedoboot ist ...«

Großadmiral Dönitz, inzwischen von Paris nach Berlin zurückgeeilt, entschließt sich für das ›klare Ja‹. Entsprechend ihrer Eingabe, begründet der Chef des Stabes der Skl, Vizeadmiral Wilhelm Meisel, müsse die Kampfgruppe angreifen, »wenn die Verhältnisse es einigermaßen zulassen«. Meisel verweist auf die Lage des hart bedrängten Ostheeres und darauf, daß die

Zufuhr über See für die Russen von größter Wichtigkeit sei.

Alle Warnungen, alle Bedenken der nachgeordneten Befehlsstellen schlägt die Seekriegsleitung in den Wind, sie hat ihre eigenen taktischen Auffassungen: eine schwere feindliche Dekkungsgruppe sei nicht festgestellt; der Gegner könne überrascht werden; die Wetterlage gebe dem gut geschützten Schlachtschiff Vorteile; und der Ansatz der Zerstörer allein komme gegen den durch Kreuzer gesicherten Geleitzug nicht in Frage.

Dönitz: »Sowohl das Flottenkommando wie die Seekriegsleitung wie auch ich sahen auf Grund der Aufklärung des 25. 12. 1943, welche im weiteren Seeraum keine schwere feindliche Einheit festgestellt hatte, die große Chance für gekommen, die *Scharnhorst* für einen schnellen ›hit and run‹-Vorstoß anzusetzen, bevor eine möglicherweise doch vorhandene schwere Einheit heran sein konnte.«

Am 25. Dezember um 14.12 befiehlt die Skl das fristgerechte Auslaufen der Kampfgruppe zur Operation gegen den gemeldeten Geleitzug.

Um 14.15 Uhr gibt die Gruppe Nord/Flotte aus Kiel das Stichwort: »Ostfront 25. 12.«

Um 15.27 Uhr funkt der ›Admiral Nordmeer‹ aus Narvik zusätzlich die Auslaufzeit: »Ostfront 17.00 Uhr.«

Dieser Spruch wird Flottillenchef Johannesson auf *Z 29,* dem Führerboot der 4. Z-Flottille, erst um 16.37 Uhr entschlüsselt auf den Tisch gelegt – genau 23 Minuten vor der befohlenen Auslaufzeit. Für eine ausführliche Absprache der Kommandanten über die taktische Zusammenarbeit bleibt also keine Zeit, zumal zwei Zerstörer, *Z 30* und *Z 33,* erst vom weit entfernten Kaafjord herankommen müssen.

Auch der Befehlshaber ist noch nicht da. Stunde um Stunde wartet Kapitän zur See Fritz Hintze, der neue Kommandant der *Scharnhorst,* auf das Eintreffen des Admirals.

Bey befindet sich an Bord von Obersteuermann Horst Stobkas Minenräumboot *R 121* auf der Überfahrt zum Langfjord. Der Befehlshaber hat erst seinen Stab durch Offiziere und Personal der *Tirpitz* ergänzen müssen, um auf der Unternehmung arbeitsfähig zu sein. Das alles kostet Zeit.

Auf der Überfahrt entwirft der Admiral seinen Operationsbefehl, der sich eng an Flottenchef Schniewinds Lagebetrachtung von der vergangenen Nacht anlehnt. Kernpunkt also: Die größere Chance wird im Ansatz der Zerstörer gesehen, das Schlachtschiff hält sich im Hintergrund, es stößt nur unter »günstigen taktischen Bedingungen« mit auf den Geleitzug vor.

Bey kann nicht wissen, daß gerade diese Überlegungen inzwischen von Dönitz und der Seekriegsleitung verworfen worden sind.

Endlich, gegen 19.00 Uhr, also mit zweistündiger Verspätung, gehen *Scharnhorst* und die Zerstörer ankerauf. In letzter Minute schert ein Schlepper an die auslaufenden Zerstörer heran und reicht den Kommandanten den Operationsbefehl ihres Admirals hinüber.

Punkt 19.00 Uhr treten beide Kriegswachen auf der Schanze des Schlachtschiffs an. Der I. Artillerieoffizier, Korvettenkapitän Walter Bredenbreuker, spricht zur Besatzung. Die Aufklärung hat einen Geleitzug nach Rußland erfaßt, sagt er. *Scharnhorst* stößt vor, um ihn zu vernichten, zur Entlastung der Ostfront ...

Weiter kommt Bredenbreuker nicht. Hurra-Rufe unterbrechen ihn. Die Männer sind nicht zu halten. Endlich ein Einsatz! Schluß mit dem tatenlosen Herumliegen ...

Um 19.55 Uhr passieren zuerst *Z 38,* Kommandant Korvettenkapitän Gerfried Brutzer, dann die *Scharnhorst,* schließlich *Z 29,* Korvettenkapitän Theodor v. Mutius, und *Z 34,* Korvettenkapitän Karl Hetz, die innere Netzsperre im Langfjord. Eine halbe Stunde später lassen sie auch die Außensperre hinter sich und schwenken in den Altafjord ein. Hier stoßen noch *Z 30,* Korvettenkapitän Karl Heinrich Lampe, und *Z 33,* Kapitän zur See Erich Holtorf, zum Verband. Flottillenchef Rolf Johannesson hat seinen Wimpel auf *Z 29* gesetzt.

Schon hier, innerhalb der Fjorde, heult der Sturm um die Aufbauten der Schiffe. Doch während der Verband ausläuft, spitzen sich die Meinungsverschiedenheiten zwischen den Führungsstäben an Land noch einmal dramatisch zu.

Gegen 20.00 Uhr ruft Flottenchef Admiral Schniewind zum erstenmal in Berlin an und versichert Großadmiral Dönitz seine Zuversicht und seine Hoffnung auf einen Erfolg des Unternehmens.

Kaum hat er den Hörer aus der Hand gelegt, da kommt um 20.09 Uhr ein Fernschreiben aus Berlin, das einen persönlichen Befehl des Großadmirals an die Kampfgruppe enthält. Der Flottenchef bekommt diesen 5-Punkte-Befehl nur zur Kenntnisnahme, an Admiral Bey auf der *Scharnhorst* wird er direkt gefunkt.

Admiral Schniewind und sein Stabschef, Konteradmiral Heye, sehen nun schwarz auf weiß, daß Dönitz dem Seebefehlshaber ein taktisches Vorgehen befiehlt, das ganz erheblich von der bisherigen Auffassung des Flottenkommandos abweicht. Zudem liegt jetzt die Wettervorhersage für das Operationsgebiet südöstlich der Bäreninsel vor und läßt nichts Gutes ahnen:

»Sturm aus Süd, Stärke 8–9, zunehmend, Seegang 6–7. Am 26. 12. rechtsdrehend auf Südwest 6–8, schwere Südwest-Dünung. Bedeckt, Regen, Sicht 3–4 Seemeilen, nur vorübergehend auf 10 Seemeilen bessernd. Barentssee Schneefälle.«

»Die armen Zerstörer«, sagt Heye. Schniewind nickt.

Was beide denken, spricht der Stellvertreter des ›Admiral Nordmeer‹ offen aus. Bereits um 19.15 Uhr hat Kapitän zur See Rudolf Peters aus Narvik bei der Flotte in Kiel angerufen und auf das verheerende Wetter hingewiesen. »Ein Waffeneinsatz (der Zerstörer) ist bei dieser Wetterlage nicht möglich«, sagt Peters und fährt fort:

»Herr Admiral, ich schlage vor, die Unternehmung ›Ostfront‹ abzubrechen!«

Der Fliegerführer Lofoten habe gemeldet, daß morgen auf keinen Fall Aufklärung geflogen werden könne. Damit wäre ausgeschlossen, daß eine heranmarschierende schwere Feindgruppe rechtzeitig entdeckt werden könnte.

Peters dringt auf Abbruch. »Ich bitte beschleunigt um den Befehl«, sagte er, »damit die Kampfgruppe nicht in das U-Boot-gefährdete Gebiet vor den Schären einzutreten braucht.«

Was soll der Flottenchef machen? Heye drängt ihn, zum zweitenmal in Berlin anzurufen. Noch fährt der Verband in den Fjorden ...

Schließlich, um 20.30 Uhr, läßt sich Admiral Schniewind noch einmal mit der Seekriegsleitung verbinden. In Berlin ist Stabschef Meisel am Apparat, Schniewind unterrichtet ihn über den Anruf aus Narvik, fügt seine eigenen Besorgnisse über die Wetterverschlechterung hinzu und schlägt nun seinerseits vor, die Kampfgruppe zurückzurufen.

Das müsse er dem ObdM vortragen, antwortet Meisel. Nach wenigen Minuten ist er wieder am Telefon: Dönitz lehnt ab. Jetzt sei durchzuhalten.

Doch die Meinung des Flottenkommandos versteift sich. Inzwischen ist ein Fernschreiben an die Skl formuliert worden, das um 20.46 Uhr nach Berlin abgeht. Darin führt die Flotte dem ObdM nochmals alle Wetternachteile vor Augen, und Schniewind folgert im Telegrammstil:

»Bei dieser Lage angesetzte Operation mit zuviel ungünstigen Bedingungen belastet. Durchgreifende Erfolge nicht zu erwarten. *Vorschlage daher Abbruch.* Falls Gesamtlage Einsatz trotzdem erfordert, kann nur vorgeschlagen werden, *Scharnhorst* ohne Zerstörer zur Suche und zum Anpacken Geleitzug einzusetzen. – Baldige Entscheidung erbeten.«

Aber der Großadmiral will nichts davon wissen, die Kampfgruppe zurückzurufen. Auch einer Umkehr der Zerstörer stimmt er zunächst nicht zu, weil er das Schlachtschiff allein für »zu nackt« hält. Die erbetene Entscheidung läßt drei Stunden auf sich warten. Erst um 00.20 Uhr nachts reagiert die Skl mit einem Antwortfernschreiben nach Kiel: Könnten die Zerstörer die See nicht halten, so komme die Durchführung der Aufgabe »nach Art Kreuzerkrieg« mit der *Scharnhorst* allein in Frage; das habe aber der Seebefehlshaber zu entscheiden, die Gruppe solle ihn darauf hinweisen.

Nichts wissend und somit unberührt von dem Tauziehen in den Führungsstäben, dampft inzwischen die Kampfgruppe, dampfen die *Scharnhorst* und ihre fünf Zerstörer vom Altafjord durch den Sternsund in den Söröysund, um von dort durch das Loppahavet-Schärenfahrwasser die freie See zu gewinnen.

Konteradmiral Bey macht sich ebenfalls schwere Sorgen um das Wetter im Operationsgebiet. Lange genug ist er Zerstörerchef, er kennt seine Boote, er weiß, wie naß sie sind in grober See, wie sie aus dem Ruder laufen, wenn Sturm und hohe Dünung von achtern schieben. Dieser Wetterbericht für den 26. Dezember läßt nichts Gutes ahnen.

Von günstigen Bedingungen, die ja die Voraussetzung für den Einsatz des Schlachtschiffes sein sollten, kann keine Rede sein; und die bislang allein bekannte Alternative, die Zerstörer vorzuschicken, während sich die *Scharnhorst* im Hintergrund hält, wird durch das Wetter zunichte gemacht.

Sieht die Führung das nicht?

Bey entschließt sich, sie durch einen Funkspruch darauf aufmerksam zu machen; ein Schritt, den man ungewöhnlich, den man aber auch verzweifelt nennen kann. Später brechen viele den Stab über den mit der *Scharnhorst* untergegangenen Befehlshaber: Er habe die Funkstille gebrochen und seinen Verband dadurch dem Feind verraten. Dabei wird ein entscheidender Punkt übersehen. Bordnachrichtenoffizier Kapitänleutnant Behr läßt diesen Funkspruch bereits um 21.16 Uhr absetzen – zu einer Zeit also, da die Kampfgruppe noch tief innerhalb der Fjorde fährt. Von einem Einpeilen in *See* kann keine Rede sein.

Beys Funkspruch, wörtlich:

»KR 21.16 (an) Gruppe Nord. Zu dortigem Vorschlag Ziffer 6c. Im Operationsgebiet voraussichtlich Süd-West 6–9. Waffenverwendung Zerstörer stark beeinträchtigt. Fahrtbeschränkung. (Unterschrift) Kampfgruppe.«

Die ›Ziffer 6c‹ des für Bey immer noch gültigen Operationsvorschlages von Admiral Schniewind aus der vergangenen Nacht betrifft den alleinigen Ansatz der Zerstörer, wenn für *Scharnhorst* keine günstigen taktischen Bedingungen angetroffen werden.

Zweifellos will der Befehlshaber durch seinen Funkspruch zum Ausdruck bringen, daß auch diese – die letzte – Alternative dem Wetter zum Opfer falle. Ja, daß Bey überhaupt funkt, kann nur bedeuten, daß er das Unternehmen für aussichtslos hält und von der Flotte einen Rückruf erwartet – genau das, was Admiral Schniewind in Kiel auch gewollt hat.

Nach zahlreichen, durch atmosphärische Störungen verursachten Übermittlungsschwierigkeiten zwischen Nordnorwegen und der fernen Heimat kommt Beys Funkspruch erst mitten in der Nacht in Deutschland an – um 02.19 Uhr beim Flottenkommando, um 03.56 Uhr in der Skl –, aber er stößt auf Unverständnis, niemand vermag zwischen den Zeilen zu lesen.

»Die dargestellte Lage«, wird im Kriegstagebuch der Gruppe Nord/Flotte vermerkt, »war hier und bei (der) Skl bekannt und ist berücksichtigt. Nachteil durch die lange Laufzeit (des Funkspruchs) ist nicht entstanden.«

Und die Seekriegsleitung »nimmt an, daß der BdK (Befehlshaber der Kampfgruppe) der Lage entsprechend über die Durchführung der Operation entscheiden wird«.

Konteradmiral Bey wartet vergebens auf Antwort. Um 23.04 Uhr passieren die *Scharnhorst* und ihre fünf Zerstörer den Ansteuerungspunkt ›Lucie 1‹ und befinden sich von nun an in freier See. Gegen Mitternacht trifft endlich jener Funkspruch mit dem 5-Punkte-Befehl des Großadmirals ein, der Berlin bereits mit der Uhrzeit 19.25 verlassen hat. Er lautet wörtlich:

1. Feind will durch wichtigen Geleitzug mit Nahrung und Waffen für Russen heldenmütigen Kampf unseres Ostheeres weiter erschweren. Wir müssen helfen.
2. Geleitzug mit *Scharnhorst* und Zerstörern angreifen.
3. Taktische Lage geschickt und wagemutig ausnützen. Gefecht nicht mit halbem Erfolg beenden. Angepackte Lagen durchschlagen. Größte Chance liegt in überlegener Artillerie *Scharnhorst*. Deshalb ihren Einsatz anstreben. Entsprechend Zerstörer einsetzen.
4. Abbrechen nach eigenem Ermessen. Grundsätzlich Abbrechen bei Auftreten schwerer Streitkräfte.
5. Besatzungen in diesem Sinne einstellen. Ich glaube an Euern Angriffsgeist.

Heil und Sieg. Dönitz, Großadmiral.

Einer der wenigen Überlebenden der *Scharnhorst,* der Matrosengefreite Günter Sträter, hat später berichtet, mit welchen Worten der Kommandant seiner Besatzung den Befehl weitergab. Um 03.45 Uhr ruft Kapitän zur See Hintze an alle Stellen durch: »Funkspruch vom Großadmiral. Packt den Geleitzug, wo ihr ihn faßt. Ihr entlastet die Ostfront.«

Diese Kurzfassung mag ein Hinweis darauf sein, wie die Schiffsführung über den langen Funkspruch aus Berlin gedacht hat. Die Tragik für die Betroffenen liegt in dem unauflösbaren Widerspruch zwischen den bis dahin erteilten Operationsweisungen und dem neuen Dönitz-Befehl. Und offenbar enthält der Befehl noch darüber hinaus einen Widerspruch zwischen gedachtem Sinn und geschriebenem Wortlaut.

Über den Operationsbefehl ›Unternehmung Ostfront‹ – den Einsatz der Kampfgruppe in Nordnorwegen – hatte es praktisch das ganze Jahr 1943 hindurch ein Hin und Her der Meinungen und Formulierungen zwischen den damit befaßten Führungsstäben gegeben. Das war so weit gegangen, daß selbst der erfahrene Befehlshaber der Kampfgruppe, Admiral Kummetz, nicht mehr wußte, woran er war. Kummetz wies bereits in einem Fernschreiben am 14. Mai 1943 auf den »inneren Widerspruch« zwischen dem einerseits befohlenen ›vollen Einsatz‹ und dem andererseits gewünschten ›sinnvollen Einsatz‹ hin.

Kummetz: »Schließt der Begriff des vollen Einsatzes die Beachtung der taktischen Grundsätze aus? Hiesigen Erachtens kann das nicht der Fall sein . . .«

Dönitz hatte bei diesem Streit immer die Meinung vertreten, der Admiral auf der Brücke des Schiffes müsse seine Entschlüsse frei fassen. Der ObdM, in einer handschriftlichen Aufzeichnung: »Der Seebefehlshaber muß das Gefühl freier Hand in See haben. Die Gruppe darf keine Finger in die taktische Führung hineinstecken.«

Auch am Abend des 1. Weihnachtstages bekräftigt Dönitz bei den Erörterungen über den Einsatz der Kampfgruppe erneut, der Befehlshaber an Ort und Stelle müsse die Freiheit der Entscheidung haben, ob und wie er seine Aufgabe durchführt. Dies unmißverständlich in Worte zu fassen, gelingt jedoch nicht. Im Gegenteil. Der entscheidende Punkt 3 des Dönitz-Befehls legt Admiral Bey auf eine Taktik fest, die er selber zuvor eindeutig abgelehnt hat.

Bey am 24. Dezember: »Keine für den Artillerieeinsatz eines schweren Schiffes brauchbaren Verhältnisse.«

Dönitz in seinem Befehl: »Größte Chance liegt in überlegener Artillerie *Scharnhorst*. Deshalb ihren Einsatz anstreben.«

Das also ist die Lage in der Nacht vom 1. zum 2. Weihnachtstag 1943. In der Finsternis, vom Südweststurm gepackt, stampft die Kampfgruppe nordwärts. Zerstörerführer Erich Bey befehligt zum erstenmal ein Schlachtschiff. Drei verschiedene Operationsbefehle und Weisungen liegen ihm vor, widersprüchlich in wesentlichen Teilen. Ungewißheit herrscht über den Gegner, Ungewißheit über den eigenen Angriffsplan. Und die Zerstörer, auf die Bey seine Hoffnung gesetzt hat, sind schwer behindert durch die grobe See.

Gegen 03.00 Uhr trifft der Funkspruch des Flottenkommandos mit der Entscheidung der Skl ein, daß die *Scharnhorst* die Aufgabe auch allein durchführen könne, falls die Zerstörer zu sehr behindert seien. Admiral Bey läßt daraufhin mit Morsespruch beim Flottillenchef der Zerstörer, Kapitän zur See Johannesson, anfragen, wie er das Wetter beurteile. Johannesson weicht aus. Bei Wind und See von achtern, gibt er zurück, habe er »keine Beurteilungsgrundlage«, und fügt optimistisch hinzu: »Ich rechne mit Wetterbesserung.«

Offensichtlich will der Flottillenchef nicht des Wetters wegen nach Hause geschickt werden und die *Scharnhorst* allein einem ungewissen Schicksal überlassen. Die britischen Zerstörer beim Geleitzug halten ja ebenfalls durch. Dort sind es inzwischen vierzehn; Admiral Fraser hat von einem Rückgeleit vier Zerstörer abgezogen und dem JW-55B zugeteilt. 14 britische Zerstörer – und fünf deutsche.

Um diese Zeit, genau um 03.39 Uhr, funkt die Admiralität aus London an den Chef der Home Fleet auf der *Duke of York*, nach ihrer Lagebeurteilung sei die *Scharnhorst* ausgelaufen. Admiral Fraser, der auf seinem heftig stampfenden Schlachtschiff die ganze Nacht kein Auge zutat, vergleicht die Standorte seiner Verbände mit dem möglichen Anmarsch des Gegners. Der Schauplatz, meint er, sei gut gerichtet, mit einer Ausnahme: »Wenn die *Scharnhorst* mit dem ersten Tageslicht angreift und sich gleich wieder zurückzieht, bin ich noch nicht nahe genug, um ihr den Weg abzuschneiden.« Fraser ist aber zuversichtlich, daß seine Kreuzer und Zerstörer beim Konvoi die Deutschen schon daran zu hindern wüßten.

In der Tat, der Schauplatz ist gerichtet; die Gefechte dieses 2. Weihnachtstages 1943, die Trennung des deutschen Schlachtschiffes von seinen Zerstörern, der vergebliche Versuch der *Scharnhorst*, an die Schiffe des Geleitzuges heranzukommen, ihr von britischen Kreuzern beschatteter Rückmarsch und schließlich ihr Ende vor dem Nordkap – das alles ist oft, mit mehr oder weniger zutreffenden Einzelheiten, berichtet worden. Wichtig im

Ablauf dieses Tages sind die folgenden Ereignisse.

07.30 Uhr. Nach verschiedenen Aufklärungsmeldungen deutscher Flugzeuge und U-Boote vom Vortage nimmt Admiral Bey an, jetzt nordöstlich des Konvois zu stehen. Er befiehlt den Zerstörern einen Aufklärungsstreifen in südwestlicher Richtung, dem vermuteten Kurs des Geleitzuges entgegen. In finsterer Nacht laufen die Boote gegen den wütenden Sturm, gegen die grobe See. Die Zerstörer arbeiten schwer, die Männer können sich kaum auf den Beinen halten.

In Erwartung des deutschen Angriffs hat Admiral Fraser jedoch den Konvoi nach Norden abdrehen lassen, er steht weiter nordwestlich, der deutsche Suchstreifen zielt daran vorbei. Fraser befiehlt auch den drei Kreuzern des Admirals Burnett, an den Konvoi heranzuschließen.

09.26 Uhr. Schneeschauer hüllen die *Scharnhorst* ein. Plötzlich zerplatzen querab vom Schiff Leuchtgranaten. Niemand weiß, woher sie kommen. Wenige Minuten später schießt sich der Feind mit 20,3-cm-Granaten ein, mit unheimlicher Genauigkeit. Ein Treffer schlägt in den Vormars, zerstört ausgerechnet das ›Seekontakt‹-Funkmeßgerät und tötet die Bedienungsmannschaft in der Drehhaube.

Aber das deutsche ›Radar‹ hat auch vor seiner Zerstörung den Gegner nicht geortet . . . es war nicht einmal eingeschaltet. Nach bestehenden Anordnungen durften Funkmeß und die passiven Funkmeß-Beobachtungsgeräte »erst auf Befehl« eingesetzt werden. Ein solcher Befehl ist nicht gegeben worden – offenbar wegen der Befürchtung, das Schiff könne sich durch seine eigene Funkmeßstrahlung dem Gegner verraten.

Blind fährt das deutsche Schlachtschiff gegen einen sehenden Feind. Wie sich unter solchen Bedingungen die Maßstäbe von ›überlegen‹ und ›unterlegen‹ verschieben, beweist die Tatsache, daß die deutsche Schiffsführung von dem Angriff völlig überrascht wird, während auf der anderen Seite die Kreuzer-Dekkungsgruppe des Admirals Burnett mit *Belfast, Norfolk* und *Sheffield* ihren Gegner schon seit 50 Minuten auf den Radarschirmen verfolgt, ehe sie das Feuer eröffnet.

Nur an den Mündungsblitzen der Geschütze erkennt die *Scharnhorst* die Angreifer, und so findet auch die deutsche Artillerie ein vages Ziel. Allerdings schießt nur der achtere 28-cm-Turm ›Caesar‹, weil das Schiff abgedreht hat und sich dem feindlichen Feuer mit hoher Fahrt entzieht.

Um 09.55 funkt Admiral Bey: »Werde Quadrat 4133 von wahrscheinlich Kreuzer mit Funkmeß beschossen.«

Seit 09.36 Uhr fängt der deutsche B-Dienst zudem laufend

Funksprüche einer feindlichen Einheit mit dem Rufnamen JLP auf, die Fühlunghaltermeldungen – wahrscheinlich über die *Scharnhorst* – abgibt. JLP richtet seine Funksignale entweder an Scapa Flow oder an eine andere in See befindliche Einheit, Rufname DGO. Diese Stelle DGO sendet mehrmals Funksprüche operativen Inhalts, die der B-Dienst jedoch nicht enziffern kann, an JLP und an andere Empfänger.

Wer ist dieser geheimnisvolle DGO? Der Verdacht liegt nahe, daß es sich um den Chef der Home Fleet handelt, der ebenfalls in See herandampft. Um 11.13 Uhr äußert die Gruppe Nord/Flotte in ihrem Kriegstagebuch eine ähnliche Vermutung: »Die Meldung der einen an die andere englische Einheit kann von einem Kreuzer an den Geleitzug ... gerichtet sein, aber auch die *Unterrichtung der vermuteten schweren Deckungsgruppe* zum Ziele haben.«

Gewiß wäre diese Annahme auch für Admiral Bey auf der *Scharnhorst* wertvoll zu wissen gewesen, doch er erfährt nichts davon. Die Hast seines Auslaufens hat übrigens auch die Einschiffung einer B-Dienstgruppe an Bord verhindert, wie es sonst bei solchen Unternehmungen üblich ist.

Aber der verdächtig häufige Funkverkehr zwischen den englischen Einheiten JLP und DGO ist nicht der einzige Hinweis auf die befürchteten schweren britischen Streitkräfte.

Um 09.11 Uhr sind von der nordnorwegischen Küste aus drei Seeaufklärer gestartet, große, dreimotorige Flugboote des Typs Blohm & Voß *BV 138,* jede mit sechs Mann Besatzung. Die Seeflieger haben sich für diesen Einsatz freiwillig gemeldet, trotz böigen Schneesturms, trotz Vereisungsgefahr in den niedrig über dem Meer dahinjagenden Wolken, trotz der durch grobe See beeinträchtigten Ortung ihrer Funkmeßgeräte.

Eines dieser Flugboote, vom Seefliegerhorst Tromsö gestartet, wird von Oberleutnant Helmut Marx geführt, einem jener Seeoffiziere, die zwangsweise in die Luftwaffe übernommen worden sind. Marx sieht nur eine Chance, zu brauchbaren Funkmeßortungen zu kommen: Er drückt die Maschine unter die Wolken, er streicht im vollen Bewußtsein der erhöhten Gefahr im Tiefflug über die See. Optisch zu sehen ist so gut wie nichts. Plötzlich aber, um 10.12 Uhr, meldet der Funker eine Ortung.

Auf der Anzeige des neueingebauten ›Hohentwiel‹-Funkmeßgeräts stehen deutlich mehrere Zacken, darunter ein großer. Das ›Hohentwiel‹ sendet auf 54-cm-Wellenlänge einen scharf gebündelten Strahl, die Echos lassen daher trotz des ungünstigen Seegangs Einzelheiten erkennen.

Marx weiß sofort: Das sind mehrere Schiffe, etwa 20 Seemeilen entfernt. Er selber fliegt in diesem Augenblick nicht weit vor der norwegischen Küste, etwa 60 Seemeilen nördlich des Punktes ›Lucie 1‹, den die *Scharnhorst* am späten Abend auslaufend passiert hat. Noch in derselben Minute funkt das Flugboot seine wichtige Aufklärungsmeldung:

»10.12 Uhr, (Quadrat) 27 E 0225, mehrere Fahrzeuge geortet.«

Darauf hält die *BV 138* mit ihrem Funkmeßgerät fast eineinhalb Stunden lang Fühlung an dem offenbar feindlichen Schiffsverband. Schließlich ist Marx seiner Beobachtung sicher und gibt um 11.40 Uhr eine sehr viel detailliertere Aufklärungsmeldung ab:

»10.12–11.35 Fühlung gehalten. Nach Erscheinungsbild ein großes und mehrere kleine Fahrzeuge. Vermutlich hohe Fahrt und südliche Kurse.«

Und jetzt geschieht das Unglaubliche. Eine Flugzeugbesatzung hat unter schwierigsten Bedingungen, unter Einsatz ihres Lebens Aufklärung geflogen. Ihre Meldung ist von höchster Wichtigkeit. Jeder, der sie erfährt, muß aus ihrem Wortlaut folgern, daß die schwere feindliche Deckungsgruppe im Anmarsch, ja daß sie schon recht nahe ist. Dennoch vergehen drei Stunden, bis der Fliegerführer Lofoten die *erste* der beiden Aufklärungsmeldungen der *BV 138* um 13.06 Uhr auf der sogenannten ›Führungsverbindungswelle Luftwaffe-Marine‹ weitergibt, wodurch sie erstmalig den Marinestellen bekannt wird. Die zweite, genauere Meldung des Flugboots (»ein großes und mehrere kleine Fahrzeuge«) hält der Fliegerführer ganz zurück, weil er nicht glauben will, daß eine seiner Besatzungen unter so bedenklichen Wetterverhältnissen eine so genaue Ortung aufgefaßt habe. Erst nach der Rückkehr des Flugboots und den zusätzlichen Erläuterungen des Kommandanten Marx gibt Oberst Roth auch diese Meldung frei – zu spät, um noch irgend etwas zu bewirken, zu verhindern.

Nach mehr als vier Jahren Krieg und nach allen guten und bösen Erfahrungen ist es der Marine und der Luftwaffe immer noch nicht gelungen, Informationen schnell und zuverlässig auszutauschen. Es liegt auf der Hand, wie überragend wichtig die direkte Übermittlung von Ergebnissen der Luftaufklärung für das Unternehmen ›Ostfront‹ sein mußte. Aber die letzte Fahrt der *Scharnhorst* steht von Anfang an unter einem Unstern. Ein Nachrichtenbefehl, der das direkte Mithören auf der Aufklärungswelle der Flugzeuge vorschriebe, besteht nicht. Das Schiff bekommt die lebenswichtige Meldung erst auf dem Umweg über Land, verzögert, gefiltert, buchstäblich ›aus zweiter Hand‹.

In zahlreichen Nachkriegsveröffentlichungen wird berichtet,

Admiral Bey und Kapitän Hintze auf der *Scharnhorst* hätten am 26. Dezember gegen 11.00 Uhr eine Luftaufklärungsmeldung über »fünf Einheiten weit nordwestlich des Nordkaps« erhalten; sie hätten sie jedoch nicht richtig deuten können, weil der Fliegerführer den wichtigen Zusatz »darunter vermutlich eine schwere« gestrichen habe. Diese Darstellung (die auch der Verfasser in früheren Veröffentlichungen irrtümlich gegeben hat) läßt sich nach dem heute möglichen, genauen Studium aller Akten nicht aufrechterhalten.

Tatsächlich hat die *BV 138*-Aufklärungsmeldung über die schwere Feindgruppe den oben geschilderten Weg genommen. Tatsächlich wird sie auf der *Scharnhorst* erst empfangen, nachdem sie der Fliegerführer Lofoten mit dem Wortlaut »mehrere Fahrzeuge geortet« um 13.06 Uhr auf der ›Führungsverbindungswelle‹ abgesetzt hat, die auf dem Schlachtschiff abgehört wird.

Um 13.41 Uhr wird der Eingang dieser »höchst unangenehmen« Meldung beim »Admiral Nordmeer« in Narvik vermerkt, mit dem Zusatz: »Es kann sich nur um eine Feindgruppe handeln, die unserer Kampfgruppe den Rückweg verlegen will.«

Auf der *Scharnhorst* mag die Aufnahme, Entschlüsselung und Vorlage des Funkspruchs gut eine Stunde länger gedauert haben. Der Matrosengefreite Günter Sträter erinnert sich, der Kommandant habe gegen 15.30 Uhr an alle Stellen durchgeben lassen:

»Funkspruch von der Luftwaffe, Aufklärungsflugzeug meldet 150 Seemeilen westlich einen feindlichen Flottenverband. Gut Ausguck halten.«

Inzwischen befindet sich die *Scharnhorst* bereits auf dem Rückmarsch nach Norwegen. Denn um 12.24 Uhr, beim zweiten Versuch, gegen den Geleitzug vorzustoßen, ist das deutsche Schlachtschiff erneut auf die drei britischen Kreuzer geprallt. Ein kurzes, heftiges Gefecht entbrannte, diesmal nicht in völliger Finsternis wie am Morgen, sondern im verschwommenen, dämmerigen Zwielicht – unter genau den ungünstigen Bedingungen, die auch ein Jahr zuvor den Angriff des Admirals Kummetz mit den Kreuzern *Hipper* und *Lützow* hatten scheitern lassen* .

Bezeichnend ist, daß der I. Artillerieoffizier der *Scharnhorst,* Korvettenkapitän Bredenbreuker, seine 28-cm-Türme hauptsächlich gegen die *Norfolk* richtete, den britischen Kreuzer, der an seinem Mündungsfeuer zu erkennen war, während die *Belfast* und die *Sheffield* mit einem neuen Pulver schossen, das nicht aufblitzte. So erhielt die *Norfolk* zwei schwere Treffer, einen

---

* Siehe oben, Seite 272 bis 278.

mittschiffs, einen achtern auf den dritten Geschützturm, der sofort ausfiel.

Aber auch die englischen Salven lagen deckend rings um die *Scharnhorst,* die Kreuzer schossen offensichtlich nach den Entfernungsangaben ihrer Radargeräte. So unübersichtlich war die Lage auf dem Gefechtsfeld, so verwirrend das diffuse Dämmerlicht, daß Admiral Bey um 12.40 funkte: »Gefecht mit mehreren Gegnern in Quadrat AC 4133. Funkmeßbeschuß schwerer Einheit.«

In Wirklichkeit waren es ›nur‹ Kreuzer und Zerstörer, die das deutsche Schiff angriffen. Bey vermutete jedoch eine ›schwere Einheit‹ und brach das Gefecht in Übereinstimmung mit allen bisher erteilten Weisungen und Befehlen ab. Tatsächlich stand die ›Überlegenheit‹ der *Scharnhorst* nur auf dem Papier. Dem mit Radaraugen sehenden und sogar schießenden Gegner hatte das deutsche Schlachtschiff, wie Flottenchef Admiral Schniewind in sein Kriegstagebuch schrieb, »nichts Gleichwertiges entgegenzusetzen«.

Der Endkampf der *Scharnhorst* läßt sich an den Funksprüchen beider Seiten minuziös verfolgen. Das Schiff läuft mit südöstlichen Kursen und hoher Fahrt auf die norwegische Küste zu. Die britischen Kreuzer und Zerstörer haben Mühe zu folgen, halten jedoch mit Radar Fühlung. Sie funken ihre Meldungen an die Einheit DGO; der deutsche B-Dienst entziffert einen großen Teil der Funksprüche, und so beobachten die Offiziere der operativen Stäbe in Kiel und Berlin, ohne selber helfen zu können, wie sich das Netz um die *Scharnhorst* zusammenzieht.

Um 13.43 Uhr befiehlt Admiral Bey der 4. Zerstörerflottille: »Abbrechen!« Flottillenchef Johannesson, der mit seinen Booten seit der Bildung des Aufklärungsstreifens am frühen Morgen vergebens nach dem Geleitzug gesucht hat, fragt noch einmal zurück, um Zeit zu gewinnen, erhält aber um 14.18 Uhr den ebenso kurz angebundenen Befehl: »Einlaufen!« Die Zerstörerfahrer bleiben den ganzen Tag mit sich und der groben See allein – das Schlachtschiff sehen sie nicht mehr wieder.

Um 16.17 Uhr funkt die britische Einheit DGO, sie orte mit Radar ein Ziel, 23 Seemeilen entfernt. Nüchtern folgert die Seekriegsleitung in Berlin: »Da die Einheit später taktische Befehle an die übrigen Schiffe absetzt, ist DGO mit hoher Wahrscheinlichkeit der Befehlshaber der Deckungsgruppe, der C-in-C Home Fleet, der nunmehr die Führung auf dem Gefechtsfeld übernimmt.«

In der Tat: Admiral Sir Bruce Fraser und sein Schlachtschiff

Duke of York haben die *Scharnhorst* gefunden: mit Radar, in völliger Finsternis, auf 42,5 Kilometer Entfernung.

Um 16.30 Uhr ortet die *Duke of York* den Gegner in 13 Seemeilen, um 16.43 Uhr nur noch 8 Seemeilen entfernt. Drei Minuten später wird das deutsche Schlachtschiff auch als »gesichtet« gemeldet. Um 16.55 Uhr* dreht es vor dem herankommenden neuen Gegner nach Nordosten ab, und gleichzeitig befiehlt Admiral Fraser seinen von Norden nachstoßenden Kreuzern: »Eröffnen Sie das Feuer mit Leuchtgranaten!«

Um 16.56 Uhr funkt Admiral Bey: »Quadrat 4677 AC schweres Schlachtschiff. Bin im Gefecht.« Um 17.24 Uhr meldet die *Scharnhorst:* »Von schweren Einheiten umstellt«, und um 18.19 Uhr: »Gegner schießt mit Funkmeßortung auf mehr als 180 Hundert . . .«

Offenbar versucht die *Scharnhorst,* sich dem Zangenangriff durch hohe Geschwindigkeit zu entziehen, wird jedoch von 35,6-cm-Volltreffern der *Duke of York* gestoppt und funkt um 18.25 Uhr: »Wir kämpfen bis zur letzten Granate.«

Um 19.00 Uhr funkt Admiral Schniewind an Konteradmiral Bey: »U-Boote und Zerstörer sind mit Höchstfahrt auf Gefechtsfeld befohlen.« Doch zu dieser Zeit hat die *Scharnhorst* bereits mehrere Torpedotreffer von dem im vollen deutschen Abwehrfeuer angreifenden britischen Zerstörern *Savage* und *Saumarez* erhalten, die ihre Geschwindigkeit weiter herabsetzen. Die schwere Artillerie schweigt, die *Scharnhorst* ist nun vollends ihren Gegnern ausgeliefert.

Um 19.19 Uhr befiehlt Admiral Fraser den Kreuzern *Jamaica* und *Belfast:* »Finish her off with torpedoes«, und auch dieses Signal wird in Deutschland aufgenommen und der Skl in der Übersetzung »Mit Torpedos erledigen« vorgelegt.

Die Briten schießen insgesamt 55 Torpedos gegen die *Scharnhorst,* elf davon haben sie wahrscheinlich getroffen. Das Schiff kentert gegen 19.45 Uhr und sinkt mit dem Bug zuerst; die drei Schrauben drehen sich weiter, hoch aus dem Wasser ragend, bis auch das Heck in den Fluten untertaucht.

»Im Wasser«, sagt Matrosengefreiter Günter Sträter aus, »suchten nun die Soldaten die Flöße zu bekommen. Diejenigen, die auf den Flößen Platz fanden, sangen beide Strophen des Liedes: ›Auf einem Seemannsgrab, da blühen keine Rosen‹. Hilferufe habe ich nicht gehört. Es spielte sich alles ganz exakt und ohne Panik ab . . .«

---

* Die hier genannten Uhrzeiten der britischen Funksprüche wurden vom deutschen B-Dienst erfaßt, sie weichen in bezug auf die Feuereröffnung um wenige Minuten vom offiziellen Bericht Admiral Frasers ab.

Der Zerstörer *Scorpion* gibt an, er habe den Kommandanten und den Befehlshaber der *Scharnhorst* schwerverwundet im Wasser gesehen, beide seien jedoch vor der Rettung versunken.

Eintausendneunhundertachtundsechzig Mann waren bei der letzten Fahrt an Bord der *Scharnhorst** . Gerettet wurden sechsunddreißig.

»In diesem Gefecht«, schreibt Flottenchef Admiral Schniewind an den Chef des Stabes der Seekriegsleitung, Admiral Meisel, »lag infolge des überlegenen Könnens im Schießen nach Funkmeßortung das Übergewicht eindeutig beim Feind.« Erfolg oder Mißerfolg hänge eben nicht nur von Stärke und Zahl der Geschütze und der Dicke des Panzers ab. »Die Kampfwerte der *Scharnhorst* kann man nur dann als stärker einschätzen, wenn sie in ihrer Stärke zur Geltung zu bringen sind. Dies war in den Gefechten (auch am Vormittag und am Mittag) nicht der Fall.«

Schniewind: »Die gestellte Aufgabe war erfolgreich nur bei sehr viel Glück zu lösen.«

»Ohne brauchbare Funkmeßgeräte«, meldet auch Dönitz am 1. Januar 1944 vor Hitler, »ist ein Kämpfen für die Überwasserstreitkräfte nicht mehr möglich.«

20 Zurück an allen Fronten

Das Gefecht vor dem Nordkap, dieser ungleiche Kampf zwischen der Home Fleet und der *Scharnhorst,* sollte die letzte Auseinandersetzung zwischen deutschen und britischen schweren Seestreitkräften sein – und glücklicherweise die letzte für alle Zeiten. Symbolisch für die Unterlegenheit der deutschen Waffen; kennzeichnend für die Aussichtslosigkeit aller weiteren Kriegführung; die Erfüllung des Raeder-Wortes, die deutschen Überwasserstreitkräfte könnten nur zeigen, daß sie mit Anstand zu sterben verstehen – so leitete der Verlust der *Scharnhorst* die letzte Phase des Krieges ein, in der die Deutschen härteste Schläge hinzunehmen hatten.

An allen Fronten ging es nun zurück, und auch der Marine blieb nur die Defensive. Ihr letztes Schlachtschiff, die *Tirpitz,* kam zwar noch einmal in Fahrt, wurde aber durch Angriffe britischer Luftstreitkräfte gelähmt und schließlich am 12. November 1944 im Tromsöfjord von überschweren 5-Tonnen-Bomben vernichtend getroffen. Wieder traten schwere Menschenverluste ein,

* Siehe Anhang 15, Besatzung der *Scharnhorst* beim Unternehmen ›Ostfront‹.

mehr als 900 Soldaten kamen nicht mehr aus dem kenternden und sinkenden Schiff.

Die deutsche Kampfgruppe in Nordnorwegen, die ›fleet in being‹, existierte nicht mehr; die letzten kampffähigen Schiffe wurden in die Ostsee zurückgezogen, zum Schutz des eigenen Landes.

Im Mittelmeer war die deutsch-italienische Nordafrika-Stellung, die sich zum Schluß auf Tunesien beschränkte, bereits am 11. Mai 1943 zusammengebrochen. Aufopfernd, aber letztlich erfolglos hatten italienische und deutsche Geleitfahrzeuge versucht, die Transporte über die Straße von Sizilien nach Tunis gegen die immer stärkeren alliierten See- und vor allem Luftangriffe zu sichern.

Das Erlebnis des Zerstörers *Hermes* – des einzigen ›britischen‹ Zerstörers in der deutschen Marine – mag dafür als Beispiel stehen. Das Boot war auf einer Werft in Glasgow kurz vor dem Kriege für die griechische Marine gebaut worden. In Salamis bei Athen hatte Fregattenkapitän Rolf Johannesson den Zerstörer am 21. März 1942 unter deutscher Flagge in Dienst gestellt und ihm bald darauf den Namen *Hermes* gegeben.

Nach einem Jahr mit Geleitaufgaben und U-Boot-Jagden in der Ägäis und im östlichen Mittelmeer verlegte *Hermes* Anfang April 1943, nun unter dem Kommando von Fregattenkapitän Curt Rechel, nach Westen.

Am 30. April überquerte *Hermes* zusammen mit dem italienischen Zerstörer *Pancaldo* die Straße von Sizilien. Beide Boote fuhren von 10.00 Uhr früh bis zum späten Nachmittag unter fast pausenlosen Luftangriffen von Bombern und Jagdbombern. Dicht unter der tunesischen Küste, nur eine Meile von Cap Bon entfernt, erhielt die *Pancaldo* einen Volltreffer und sank. 300 Mann mit Handwaffen waren zusätzlich an Bord. Statt Soldaten aus Tunesien abzutransportieren, wurden immer neue hinübergeschafft ... und nun rangen sie als Schiffbrüchige um ihr Leben.

Hermes konnte nicht helfen, er mußte sich selber seiner Haut wehren. Aber nun brach die Maschinenanlage zusammen. Die Schmierölleitungen waren von Bombensplittern zerschlagen, die Lager und Wellen fraßen sich fest. Als eine neue Staffel Jagdbomber angriff, machte der Zerstörer nur noch 9 Seemeilen Fahrt.

Dann meldete der Leitende Ingenieur: »Boot muß stoppen, wenn Maschine klar bleiben soll.« Das wäre mit Sicherheit die Vernichtung. Der Kommandant befahl: »Ohne Rücksicht auf Verluste: Äußerste Kraft voraus!«

Auch diesen, den letzten Angriff des Tages überstand *Hermes* ohne Menschenverluste, doch seine Turbinen waren nun völlig zusammengebrochen. Der ›britische Zerstörer in deutschen Diensten‹ wurde nach La Goulette bei Tunis eingeschleppt und am 7. Mai 1943 um 09.24 Uhr von seiner eigenen Besatzung gesprengt.

Die Härte des Kampfes vor Tunesien gab der Marine einen Vorgeschmack davon, wie es von nun an vor allen Küsten zugehen würde, die noch von Deutschen besetzt waren.

Bereits am 10. Juli 1943 landeten die Alliierten auf Sizilien, Anfang September setzten sie ihren Fuß auf das italienische Festland. Mussolini war seit dem 25. Juli gestürzt, Italien ging am 13. Oktober unter der Führung des Marschalls Badoglio in das Lager der Alliierten über. Die Deutschen hatten in Europa nun auch noch eine dritte Front zu verteidigen.

Im Westen, am Englischen Kanal und an der französischen Atlantikküste – dort also, von wo die deutsche Marine einst die Hand ausstreckte, um die Zufuhr ihres Hauptgegners England auf dem Atlantik abzudrosseln – im Westen konnten die Minensuch- und Minenräumverbände, die Vorposten- und Hafenschutzflottillen, konnte all das ›Fußvolk zur See‹, dessen Geschichte immer noch nicht geschrieben ist, die eigene Haut nur so teuer wie möglich zu Markte tragen.

Die alliierte Invasion in der Normandie, die am 6. Juni 1944 begann, stützte sich auf den Einsatz von sieben Schlachtschiffen, 23 Kreuzern, über 100 Zerstörern und mehr als 1000 anderen Kriegsschiffen. Angesichts dieser Stärke konnten die Angriffe der paar am Invasionsraum verfügbaren deutschen Flottillen, die mit dem Mute der Verzweiflung vorgetragen wurden, nur wie Nadelstiche wirken.

Als erste, gleich in der Invasionsnacht, stieß die 5. Torpedobootsflottille unter Korvettenkapitän Heinrich Hoffmann mit *T 28* und den alten Booten *Möwe, Jaguar* und *Falke* von Le Havre aus gegen »Ortungsziele im Kanal« vor. Als der Morgen graute, entpuppten sich die ›Ortungsziele‹, es war die Invasionsflotte. Die deutschen Boote griffen die Übermacht an, doch die meisten Torpedos liefen zwischen den zahlreichen Schiffszielen durch, nur der Zerstörer *Svenner* wurde getroffen und sank.

Die 5. T-Flottille zog sich im Feuerhagel des Gegners zurück, aber schon in der nächsten Nacht schlug sie sich wieder mit dem Feind, und Flottillenchef Hoffmann meldete über Funk: »Habe Torpedos verschossen, bin im Gefecht mit Schlachtschiffen, erwidere Feuer mit der 10,5.«

Von Cherbourg und von Le Havre griffen in den kurzen Nächten auch deutsche Schnellboote die Invasionsflotte an: die 4., 5. und 9. S-Flottille, geführt von den Kapitänleutnants Kurt Fimmen, Bernd Klug und Götz Freiherr v. Mirbach. Sie schossen ein paar Zerstörer und Landungsfahrzeuge aus der alliierten Armada heraus, stets im heftigen Gefecht mit dem Feind.

In der Nacht zum 15. Juni jedoch luden Hunderte von viermotorigen Bombern Tod und Vernichtung über dem Marinestützpunkt Le Havre ab. Mehr als dreißig deutsche Kriegsschiffe sanken an ihren Liegeplätzen, darunter zehn Schnellboote, und auch *Möwe, Jaguar* und *Falke*, die Boote der 5. T-Flottille. Nur *T 28*, Kapitänleutnant Hans Temming, entkam nach Deutschland.

Der Versuch der zur Zeit letzten im Westraum fahrbereiten deutschen Zerstörer, an das Invasionsgebiet heranzukommen, scheiterte. In der Nacht zum 9. Juni lief die 8. Z-Flottille unter Kapitän zur See Freiherr v. Bechtolsheim aus Brest aus, um wenigstens bis Cherbourg vorzudringen. Die vier deutschen Boote, *Z 32, ZH 1, Z 24* und das Torpedoboot *T 24*, prallten jedoch um 01.23 Uhr auf acht britische Zerstörer. In einem mehrstündigen Nachtgefecht sank der deutsche *ZH 1*, Korvettenkapitän Klaus Barckow, und das Führerboot *Z 32* wurde brennend auf Grund gesetzt und von der Besatzung verlassen. Nur *Z 24*, Korvettenkapitän Heinz Birnbacher, und *T 24*, Kapitänleutnant Wilhelm Meentzen, gelang es trotz erheblicher Gefechtsschäden, nach Brest zurückzulaufen. Ende August sanken auch diese beiden Boote nach schweren britischen Bombentreffern in der Girondemündung.

Die gegen die Invasionsflotte angesetzten deutschen U-Boote kamen nur zu geringen Erfolgen – es wimmelte ja in diesem Seegebiet von Zerstörern und Bewachern –, und schließlich warf die Marine ihr letztes Aufgebot in den Kampf: Ein-Mann-Torpedos und Sprengboote, ›Einzelkämpfer‹, die mit gebrechlichen Fahrzeugen gegen die stärkste Flotte der Welt anfuhren und nach einigen Überraschungserfolgen in den ersten Julinächten zum Freiwild für den Gegner wurden. So torpedierte der Oberfähnrich zur See Karlheinz Potthast in der Nacht zum 8. Juli mit einem Ein-Mann-Torpedo vom Typ ›Neger‹ den polnischen Kreuzer *Dragon* und traf ihn so schwer, daß er aufgegeben werden mußte. Potthast selber wurde von den Engländern bewußtlos aus seinem Trägertorpedo gezogen und dadurch gerettet.

Das Kommando der Kleinkampfmittel, von Vizeadmiral Hellmuth Heye aufgestellt, operierte bis in die letzten Kriegsmonate hinein von holländischen Stützpunkten aus mit Ein- und Zwei-

Mann-U-Booten; und mit Kampfschwimmern in den Flüssen, als der Krieg endgültig deutsches Land überzog.

Den letzten Einsatzraum, ihre abschließende große Aufgabe aber fand die deutsche Marine in der Ostsee. Am 12. Januar 1945 trat die Rote Armee zur entscheidenden Offensive an: über die Weichsel hinweg, nach Deutschland hinein. Ostpreußen wurde von der ›2. Weißrussischen Front‹ berannt. Bereits am 23. Januar war die Provinz durch einen von Südosten bis ans Frische Haff vorstoßenden Panzerkeil vom übrigen Reichsgebiet abgeschnitten. Das Elend der Flüchtlingsströme begann.

Bald gab es für Hunderttausende nur noch eine Hoffnung, nach Westen zu entkommen: den Transport über See. Der Oberbefehlshaber der Marine, Großadmiral Dönitz, ließ alle Schiffe für diese Aufgabe heranziehen, die nicht für dringende militärische Transporte benötigt wurden. Er mobilisierte die letzten Kohlenvorräte, die letzten Ölreserven. Immer mehr wurde die Rettung der Flüchtlinge, Verwundeten und zuletzt auch der Soldaten über See zur Hauptaufgabe der Kriegsmarine.

In der Ostsee fanden auch die Schiffe der deutschen Restflotte, die sich seit 1943, seit Hitlers Abwrackungsbefehl, als ›Ausbildungsverband‹, über Wasser gehalten hatten, noch einmal eine sinnvolle Aufgabe. Die Kreuzer *Prinz Eugen, Lützow* und *Admiral Scheer* bildeten unter dem Befehl des Vizeadmirals August Thiele die ›2. Kampfgruppe‹, und ihre Artillerie griff seit dem Sommer 1944, dicht vor der Küste fahrend, in die schweren Abwehrkämpfe des Heeres ein. Jetzt, in der Stunde der Not, kam es zur unmittelbaren Zusammenarbeit zwischen Marine und Heer. Der I. Artillerieoffizier des *Prinz Eugen,* Korvettenkapitän Paul Schmalenbach, hatte ein Schießverfahren gegen Landziele ausgearbeitet, das die direkten Funkmeldungen vorgeschobener Heeresbeobachter über die Trefferlage der Schiffsartillerie nutzte.

Wo immer Admiral Thieles Kreuzer in die Abwehrkämpfe an Land eingriffen – in Kurland, bei Memel, auf den baltischen Inseln, im Samland und schließlich in der Danziger Bucht, hier auch unter Vizeadmiral Bernhard Rogge –, hielten sie den Ansturm der Russen auf; letztlich wehren konnten sie ihm nicht.

Schließlich waren die Schiffe abgefahren, die Geschützrohre ausgeschossen, das Heizöl reichte nicht mehr, die Munition fehlte. Bezeichnend auch ihr Ende: Sie wurden aus der Luft zerstört. Der Kreuzer *Admiral Hipper* erhielt am 3. April 1945 im Kieler Dock Bombentreffer, *Admiral Scheer* kenterte, ebenfalls in Kiel, nach schweren Treffern in der Nacht zum 10. April, und *Lützow* sank am 16. April vor Swinemünde; ihre Aufbauten ragten jedoch aus dem Wasser, ein Teil der Artillerie schoß weiter, bis das Schiff gesprengt werden mußte.

Die Transporte über See liefen weiter, unermüdlich, bis auf den letzten Tag. Pillau und Danzig-Neufahrwasser, Gotenhafen und Hela waren die Einschiffungsplätze dieser erzwungenen Flucht übers Meer. Sowjetische Flieger griffen an, Artillerie beschoß die Verladungen, U-Boote lauerten den Schiffen auf; dies alles forderte schwere Opfer, doch es hielt den dynamischen Strom nach Westen nicht auf.

Als Großadmiral Dönitz, in einem der letzten Willensakte Hitlers am 30. April 1945 zum ›Nachfolger‹ bestimmt, den längst verlorenen Krieg auch formell beendete, verfolgte er durch angestrebte Teilkapitulationen im Westen das Ziel, die Rettung von Menschen aus dem Osten so lange wie möglich fortzuführen. Der britische Feldmarschall Montgomery nahm das Kapitulationsangebot für den Nordwesten Europas an; hier herrschte seit dem 5. Mai Waffenruhe. General Eisenhower wies die deutschen Angebote zurück und verlangte die Gesamtkapitulation, auch gegenüber den Russen, die schließlich um 01.00 Uhr nachts am 9. Mai wirksam werden sollte.

In diesen knapp vier Tagen zwischen der Kapitulation im Westen und im Osten schickte die Marine noch einmal alles, was fahren konnte, zur Halbinsel Hela, dem außer der Weichselmündung in deutscher Hand gebliebenen Stützpunkt an der Danziger Bucht. Allein am 6. Mai verließen 43 000 Menschen mit den Schiffen dieses Sprungbrett nach Westen. Am Abend des 8. Mai, wenige Stunden vor Kriegsende, legten nochmals drei Zerstörer – *Karl Galster, Friedrich Ihn* und *Z 25* – und zwei Torpedoboote – *Z 23* und *T 28* – im Kriegshafen Hela an und nahmen jeder zwischen 1200 und 2000 Soldaten zusätzlich an Bord. Sie verließen Hela buchstäblich in letzter Stunde.

Um die Rückgeleite, die nicht nur von Hela, sondern noch weiter aus Osten, von Libau und Windau in Kurland kamen, entbrannten auch nach der offiziellen ›Waffenruhe‹ am 9. Mai heftige Gefechte; die Sowjets wollten nicht zulassen, daß ihnen die vollbesetzten Fahrzeuge entwichen. Noch eine Woche nach Kriegsschluß trafen Boote mit Soldaten und Flüchtlingen an den Küsten der westlichen Ostsee ein.

Mehr als zwei Millionen Deutsche – Männer, Frauen und Kinder – kamen von Januar bis Mai 1945 über See. Im September 1939 war die deutsche Marine in einen Krieg geraten, den sie nicht gewollt und nicht erwartet hatte. Nun beendete sie ihn mit einer Rettungsaktion, für die es in der Geschichte keine Parallele gibt.

1. *Der Mehrfrontenkrieg, das Scheitern der mit dem Überfall auf Rußland verknüpften Ziele und der alliierte Sieg in der Schlacht um den Atlantik – diese Entwicklung machten die Kriegswende spätestens im Jahre 1943 deutlich sichtbar.*
2. *Der Einsatz des Schlachtschiffs ›Scharnhorst‹ und sein Untergang am 2. Weihnachtstage 1943 weisen tragische Züge auf. Der Zwang, einen Geleitzug mit Waffen für Rußland zu bekämpfen, um damit indirekt dem Heer an der Ostfront zu helfen, überdeckte die eigene Erfahrung, daß das Schiff unter den Bedingungen des Nordpolarwinters kaum in der Lage war, etwas auszurichten.*
3. *Die oft betonte ›Überlegenheit‹ der »Scharnhorst« durch ihre Größe, ihren Panzer und ihre schwere Artillerie stand nur auf dem Papier; sie konnte nicht zur Geltung gebracht werden. Die wahre Überlegenheit lag bei den angeblich schwächeren, aber besser ausgerüsteten und erfahreneren britischen Streitkräften.*
4. *Dabei spielte Radar die Hauptrolle. Die umwälzende Bedeutung der Hochfrequenzwaffen im Seekrieg war in Deutschland immer noch nicht Allgemeingut – trotz vieler eigener Erfahrungen mit Funkmeß als Aufklärungsmittel und trotz der bösen Überraschungen durch das gegnerische Radar, besonders im U-Boot-Krieg.*
5. *Gerade in der extremen Unsichtigkeit des Polarwinters gebührte dem Einsatz und der Wirkung der eigenen wie der feindlichen Funkmeßortung ein hervorragender Platz in allen Operationsüberlegungen, wenn die deutsche Kampfgruppe angesetzt werden sollte; sie wurden jedoch kaum beachtet.*
6. *Während die Engländer durch geschickte Handhabung ihrer in Reichweite und Genauigkeit ab 1943 überlegenen Radargeräte einen entscheidenden Vorteil besaßen, wurde auf deutscher Seite das vorhandene, wenn auch in seinen Leistungen schwächere Funkmeßgerät im Vormars nicht einmal eingeschaltet. Die Anwendung des Begriffs der ›Funkstille‹ auch im Funkmeßbereich zeugte vom Nichtverständnis der Wichtigkeit dieses Aufklärungsmittels.*
7. *Die deutsche Marine wurde im Zweiten Weltkrieg gewiß mit bestem Bemühen, jedoch ohne Fortune geführt. Die höheren Führungsstäbe waren insbesondere der technischen Revolution, die der Krieg mit sich brachte, nicht gewachsen. Erst spät, und fast immer nur als Reaktion auf die sich häufenden Rückschläge, kam eine enge Zusammenarbeit zwischen militärischer Führung auf der einen, Wissenschaft und Technik auf der ande-*

ren Seite zustande.

8. *Mit ihrem letzten Einsatz, der Rettung von zwei Millionen Menschen über die Ostsee, bewies die noch fahrbereite Marine, bewiesen die Besatzungen der Handels- und Kriegsschiffe noch einmal ihre Leistungsfähigkeit. Im Strudel des Zusammenbruchs erfüllten sie klaglos und mit Erfolg eine Aufgabe, die als einzige ethische Begründung des Soldaten schlechthin verstanden werden kann: den Schutz der eigenen Landsleute gegen feindlichen Angriff, die Bewachung von Gut und Leben gegen drohende Gefahr.*

ANHANG

1 BEREITSCHAFT DER DEUTSCHEN MARINE AM 1. SEPTEMBER 1939*

Schiffstyp und -name Datum der Indienststellung	Standard-verdrängung in ts	Geschw. in kn	Fahr-bereich in sm/kn	Haupt-bewaff-nung	Besat-zung
SCHLACHTSCHIFFE:					
Gneisenau 21. 5. 38	31800	31,0	10000/17	9/28 cm	1800
Scharnhorst 7. 1. 39		31,5		12/15 cm	
				14/10,5 cm	

Beide Schiffe waren nicht voll einsatzbereit, sie befanden sich noch in der Ausbildung.
Die Schlachtschiffe *Bismarck* und *Tirpitz* (41 700 bzw. 42 900 ts stdd., 30 kn, 8/38 cm) waren im Frühjahr 1939 von Stapel gelaufen und sollten 1940/41 in Dienst gestellt werden.

PANZERSCHIFFE:					
Deutschland 1. 4. 33	11700	28,0	21500/10	6/28 cm	1150
Admiral Scheer 12. 11. 34	12100	28,3	19000/10	8/15 cm	
Admiral Graf Spee 6. 1. 36		28,5		6/10,5 cm	
				8 TR	

Deutschland und *Graf Spee* voll einsatzbereit auf Wartepositionen in Nord- bzw. Südatlantik. *Scheer* nur eingeschränkt einsatzbereit, da Schwierigkeiten in der Antriebsanlage.

FLUGZEUGTRÄGER:
Graf Zeppelin (23 200 ts stdd., 33,8 kn, 42 Flugzeuge) am 8. 12. 38 von Stapel gelaufen, Indienststellung geplant für Ende 1940.

LINIENSCHIFFE (ALT):					
Schlesien 5. 5. 08	13191	16	5600/12	4/28 cm	750
Schleswig-Holstein 6. 7. 08					
SCHWERE KREUZER:					
Admiral Hipper 29. 4. 39	14050	32,0	6800/20	8/20,3 cm	1600
Blücher				12/10,5 cm	
				12 TR	

Blücher absolvierte noch die Werftprobefahrten und stellte erst am 20. 9. 39 in Dienst.
Prinz Eugen, Seydlitz und *Lützow* waren 1938/39 von Stapel gelaufen, Indienststellung geplant für 1940/41. *Prinz Eugen* 1. 8. 40 in Dienst, *Seydlitz* 1942 kurz vor Fertigstellung Umbau zum Flugzeugträger begonnen, nicht vollendet. *Lützow* 1940 an die UdSSR verkauft.

LEICHTE KREUZER:					
Emden 15. 10. 25	5600	29	5300/18	8/15 cm	630
				3/8,8 cm	
				4 TR	
Königsberg 17. 4. 29	6650	32	5700/19	9/15 cm	820
Karlsruhe 6. 11. 29				6/8,8 cm	
Köln 15. 1. 30				12 TR	
Leipzig 8. 10. 31	6515	32	5700/19	9/15 cm	850
Nürnberg 2. 11. 35	6320			8/8,8 cm	896
				12 TR	

* Zusammengestellt nach amtlichen Unterlagen von Werner Rahn.

Karlsruhe zur Grundüberholung außer Dienst, stellte erst am 13. 11. 39 wieder in Dienst.

Schiffstyp und -name	Standard-verdrän-gung in ts	Geschw. in kn	Fahr-bereich in sm/kn	Haupt-bewaff-nung	Besat-zung
ZERSTÖRER:					
Z 1: Leberecht Maass	2 232	38,2	4 400/19	5/12,7 cm	315
Z 2: Georg Thiele				8 TR	
Z 3: Max Schultz					
Z 4: Richard Beitzen					
Z 5: Paul Jacobi	2 171	38,0			
Z 6: Theodor Riedel					
Z 7: Hermann Schoemann					
Z 8: Bruno Heinemann					
Z 9: Wolfgang Zenker	2 270				
Z 10: Hans Lody					
Z 11: Bernd von Arnim					
Z 12: Erich Giese					
Z 13: Erich Koellner					
Z 14: Friedrich Ihn	2 239				
Z 15: Erich Steinbrinck					
Z 16: Friedrich Eckoldt					
Z 17: Diether von Roeder	2 411		4 870/19		
Z 18: Hans Lüdemann					
Z 19: Hermann Künne					
Z 20: Karl Galster					
Z 21: Wilhelm Heidkamp					
Z 22: Anton Schmitt	stellte erst am 24. 9. 39 in Dienst.				

21 Zerstörer stellten vom 14. 1. 37 bis Kriegsausbruch in Dienst, davon am 1. 9. 39 etwa 17 einsatzbereit. Nur zwei weitere Zerstörer waren von Stapel gelaufen oder in einem fortgeschrittenen Baustadium.

TORPEDOBOOTE:					
Raubvogelklasse					
6 Boote					
Möwe	924	32,0	3 600/17	3/10,5 cm	122
Seeadler		33,0		6 TR	
Greif					
Kondor					
Albatros					
Falke					
Raubtierklasse					
5 Boote					
Wolf	933	33,0	3 100/17		129
Leopard					
Luchs					

Schiffstyp und -name	Standard-verdrängung in ts	Geschw. in kn	Fahrbereich in sm/kn	Hauptbewaffnung	Besatzung
Iltis *Jaguar*	933	33,0	3 100/17		129

12 Torpedoboote von 1926–1929 in Dienst gestellt, davon waren bei Kriegsausbruch 10 einsatzbereit.
Tiger (Raubtierklasse) am 25. 8. 39 nach Kollision mit *Z 3* gesunken.
Weitere 12 Torpedoboote waren bis Kriegsausbruch von Stapel gelaufen.

Schiffstyp und -name	Verdrängung in t *über Wasser* unter Wasser	Geschw. *ü. W.* u. W.	Fahrbereich *ü. W.* u. W.	Hauptbewaffnung TR = Torpedorohre	Besatzung
U-BOOTE:					
Typ I A	*862*	*17,8*	*6 700/12*	6 TR	43
U 25, 26	983	8,3	78/4	1/10,5 cm	
Typ II A	*254*	*13,0*	*1 050/12*	3 TR	25
U 1–6	303	6,9	35/4		
Typ II B	*279*	*13,0*	*1 800/12*	3 TR	25
U 7–24	328	7,0	43/4		
Typ II C	*291*	*12,0*	*1 900/12*	3 TR	25
U 56–63	341	7,0	43/4		
Typ VII A	*626*	*17,0*	*6 200/10*	1/8,8 cm	44
U 27–36	745	8,0	94/4	5 TR	
Typ VII B	*753*	*17,9*	*8 700/10*	5 TR	44
U 45–55	857	8,0	90/4	1/8,8 cm	
Typ IX A	*1 032*	*18,2*	*10 500/10*	6 TR	48
U 37–44	1 408	7,7	78/4	1/10,5 cm	

Bis Kriegsbeginn 57 Boote in Dienst, davon etwa 45 voll einsatzbereit. Außerdem befanden sich noch etwa 9 Boote im Bau.
Am 1. 9. 39 16 Boote auf Wartepositionen im Nordatlantik, im Laufe der ersten Kriegswoche im Atlantik und in der Nordsee 21 mittlere und große sowie 11 kleine Boote (Typ II) im Einsatz.

Weiterhin befanden sich am 1. 9. 39 folgende Kriegsschiffe im Dienst:
20 Schnellboote, 32 Minensuchboote, 40 Minenräumboote und zahlreiche Schul- und Hilfsschiffe.

2 DER Z-PLAN
BAUPLAN FÜR DIE HAUPTKAMPFSTREITKRÄFTE DER FLOTTE VOM 9. FEBRUAR 1939

Schiffsklasse	Es sollten fertiggestellt werden bis: 1939	40	41	42	43	44	45	46	47	Vorläufiges Endziel
Schlachtschiff Typ H	–	–	–	–	2	6	6	6	6	6
Schlachtschiff Typen *Gneisenau*										

Schiffsklasse	Es sollten fertiggestellt werden bis: 1939	40	41	42	43	44	45	46	47	Vorläufiges Endziel
und *Bismarck* a)	2	2	3	4	4	4	4	4	4	4
Panzerschiffe Typ *Deutschland*	3	3	2 b)	1 c)	3	3	3	3	3	3
Schlachtkreuzer Typ P	–	–	–	–	3	3	8	8	10	12
Flugzeugträger	–	1	2	2	2	2	2	3 d)	4	8
Schwere Kreuzer	2	5	5	5	5	5	5	5	5	5
Leichte Kreuzer Typ M e)	–	–	–	3	3	4	5	8	12	24
Spähkreuzer	–	–	–	2	6	9	12	15	20	36
Zerstörer	22	25	36	41	44	47	50	53	58	70
Torpedoboote	8	18	27	35	44	54	64	74	78	78 f)
U-Boote für Fernverwendung	34	52	73	88	112	133	157	161	162	162
U-Boote für Sonderverwendung	–	–	6	10	16	22	27	27	27	27
U-Boote heimische Gewässer	32	32	32	32	33	39	45	52	60	60

a) Umarmierung *Scharnhorst* und *Gneisenau* 1941/42,
b) *Scheer* Umbau 1941,
c) *Spee* und *Deutschland* 1942,
d) Nach den ersten beiden Trägern ein kleinerer Typ,
e) fünf leichte Kreuzer Typen *Köln* und *Leipzig*: ab 1942 Schulzwecke,
f) dazu zwölf T-Boote *Möwe*- und *Wolf*-Klasse: ab 1942 Schulzwecke.
Bemerkung: Zur besseren Übersicht sind in dieser Aufstellung die Schul-, Hilfs- und Versuchsfahrzeuge sowie die der Behauptung des Küstenvorfeldes dienenden kleinen Schiffstypen (z. B. Minensuchboote, Schnellboote) weggelassen worden. Die Erstellung dieser Einheiten erfolgt nach den Erfordernissen des Gesamtausbaus und fällt im Verhältnis zu diesem nicht wesentlich ins Gewicht.

3 GEFECHTSBERICHT DES ZERSTÖRERS *GEORG THIELE* ÜBER DAS SEEGEFECHT BEI NARVIK AM 13. APRIL 1940
(Auszug)

Der Zerstörer *Georg Thiele* liegt seit dem 11. April abends mit ›Feuer aus‹ in Narvik-Hafen an der Erzpier, um mit allen Mitteln die volle Kriegsbereitschaft wiederherzustellen. Die Beendigung der mit den verfügbaren Mitteln durchzuführenden Arbeiten ist mit dem 15. April zu erwarten. Die Artillerie ist mit vier Geschützen einsatzbereit ... Sämtliche Feuerleitapparate in der Rechenstelle und das 1. Geschütz sind durch Trefferwirkung am 10. April ausgefallen. Die Flawaffen sind uneingeschränkt klar. Bei der Torpedowaffe ist die gesamte Feuerleitanlage ausgefallen. Sie ist klar zum Schuß vom Rohr mit sechs Torpedos – vier Torpedos wurden von *Erich Köllner* übernommen.

Gegen 11.45 Uhr wird Befehl an die Maschine zum Dampfaufmachen gegeben ... Nachdem das Boot die Hafeneinfahrt passiert hat, bekommt die Batterie Feuererlaubnis. Im Westen von Narvik werden die zehn gemeldeten Zerstörer, begleitet durch die *Warspite*, ausgemacht, das Feuer wird auf den Zerstörer am weitesten im Süden eröffnet, Anfangsentfernung etwa 120 hm.

Das ständig wechselnde, regellose und auf engen Raum gedrängte Gefechtsfeld macht die Artilleriefeuerleitung mit den vorhandenen Leitmitteln sehr schwierig. Es wird mehrfach Zielwechsel vorgenommen und der jeweils am nächsten stehende Zerstörer unter Feuer genommen. Eigener Kurs ist N bis NO. *Georg Thiele* liegt im konzentrierten Feuer des Feindes, ohne Treffer zu erhalten. Hohe Aufschläge, die dicht am Boot liegen und das Boot mit Wasser überschütten, deuten darauf hin, daß sich auch die *Warspite* mit der schweren Artillerie an dem Gefecht beteiligt. Auf die durcheinanderfahrenden und sich dabei teilweise überlappenden Zerstörer werden vier einzelne Torpedos losgemacht, ein Treffererfolg wird nicht beobachtet.

Dem UK.-Befehl des Chefs der 4. Z.-Flottille »Ausweichen in den Rombaksfjord« entsprechend, wird den drei Zerstörern *(Wolfgang Zenker, Bernd von Arnim und Hans Lüdemann)*, die weiter östlich vor dem Rombaksfjord stehen, gefolgt. Durch starkes Schwarzqualmen und Werfen von Nebelbojen gelingt die Loslösung von den feindlichen Zerstörern. In der Erwartung, daß der Gegner mit einzelnen Zerstörern in den Fjord folgen wird, legt sich *Thiele* quer zum Fjord, die Steuerbord-Breitseite in Richtung zur Strömsnes-Enge, und bleibt gestoppt liegen. Die kurze Gefechtspause wird zum Munitionstransport benutzt.

Schon nach kurzer Zeit schiebt sich der erste feindliche Zerstörer durch die Enge. Die Batterie eröffnet das Feuer auf 50 hm. Unmittelbar nach dem ersten erscheint der zweite Zerstörer, dem in kurzen Abständen ein dritter und vierter folgen. Das Feuer der Engländer konzentriert sich auf *Georg Thiele* allein, da die drei anderen eigenen Zerstörer im Fjordende für den Gegner nicht mehr erreichbar sind. Treffer auf Treffer schlägt in das gestoppt liegende Boot.

Der letzte Torpedo, von dem Torpedooffizier Oberleutnant zur See Sommer auf der achteren Rohrgruppe selber eingerichtet und losgemacht, läuft als Oberflächenläufer mit verminderter Geschwindigkeit auf die feindlichen Zerstörer zu und trifft einen Zerstörer der »Afridi-Klasse« in Höhe der Brücke. Das Vorschiff wird bis zur Brücke abgerissen. Die Besatzung wird von einem anderen Zerstörer übernommen. Das Achterschiff, durch einen Zerstörer abgeschleppt, soll später gesunken sein. Es soll sich um den Zerstörer *Cossack* handeln*.

Das Feuer der eigenen Batterie ist unregelmäßig und schwach geworden. Es fallen meist nur Einzelschüsse außerhalb des Feuerbefehls. Zum 2. Geschütz besteht keine Telefonverbindung mehr, es erhält den Aufsatz durch Zuruf von der Brücke. Das 3. und 4. Geschütz haben Munitionsmangel infolge Stocken der Förderung. Das 5. Geschütz verschießt seine letzte Munition. Der vordere Stand erhält einen Treffer, die den B.Ü. des Feuersignalgebers sowie den Fla-Einsatzleiter verwundet und die Zielgeber Nr. 2 tötet. Der verwundete Feuersignalgeber befiehlt selbständig »Schnellfeuer«, als der AO einen Augenblick ohne Besinnung an Deck liegt. Als hierauf keine Schüsse mehr fallen, meldet der AO dem Kommandanten: »Ich bekomme keine Munition mehr in die Batterie.«

Zu dieser Zeit schlagen weitere Treffer in den Funkraum, die Brücke und in die achteren Aufbauten ein.

Der Kommandant gibt den Befehl: »Boot klar zum Versenken«, legt die Maschinentelegrafen auf ›A. K. voraus‹ – der Posten Maschinentelegraf ist tot, der Gefechtsrudergänger schwer verwundet – und setzt das Boot gegen die steil ansteigenden Felsen, in denen sich der Vorsteven festsetzt. Dann gibt er den Befehl »Boot verlassen«. Ein Teil der Besatzung springt von der Backbordseite in das Wasser, der andere geht auf direktem Wege über die Back an Land. Der Kommandant verläßt das Boot nach Vernichtung der letzten Geheimsachen (Wassertiefe 105 Meter). Die Verwundeten werden an Land gebracht und dort in Deckung gelegt ...

Das Achterschiff und Vorschiff steht hell in Flammen ... Später kentert *Georg Thiele*, das Achterschiff bricht bis zum vorderen Schornstein ab und sinkt nach schweren Detonationen.

Die eigenen Verluste betragen:

Gefallen: 16 Soldaten, darunter der 1. Offizier,
Kapitänleutnant Freiherr von Lepel,
Verwundet: 10 Soldaten schwer, 18 leicht.

gez. Wolff, Max-Eckart
Korvettenkapitän und Kommandant

* Getroffen wurde der Zerstörer *Eskimo*, gesunken ist er nicht.

4 ERLASS DES OB. D. M. ZUR FRAGE DER TORPEDOVERSAGER (UND ZUR KRITIK AM BAUPROGRAMM DER MARINE) VOM 11. JUNI 1940

Von den zahlreichen Fragen, die im Offizierskorps Gegenstand der Erörterung sind, steht derzeit die Torpedolage und das Problem, ob das Bauprogramm der Kriegsmarine bis Herbst 1939 der Möglichkeit des Kriegsausbruchs bereits 1939 Rechnung getragen hat oder ob nicht von vornherein der Schwerpunkt auf den Bau von U-Booten hätte gelegt werden müssen, im Vordergrund.

Ich halte es für notwendig, dem Offizierskorps, insbesondere aber den jüngeren Offizieren, meine Auffassung hierüber zur Kenntnis zu bringen. Denn ich habe den Eindruck gewonnen, daß es den älteren Offizieren vielfach an zwei entscheidenden Voraussetzungen für die erfolgreiche Einwirkung auf die Meinungsbildung des Offizierskorps fehlt. Es ist dies einmal die klare Erinnerung an die zurückliegenden Jahre des schwierigen Aufbaues und zum anderen das genügende Maß von Einblick in die Absichten der Führung. Beides ist notwendig, um den gelegentlich allzu temperamentvollen Aussprüchen jüngerer Offiziere sachlich entgegenzutreten und damit der dem älteren Offizier obliegenden Pflicht der Erziehung und Weiterbildung des Offizierskorps zu genügen.

Zur Frage der eingetretenen Torpedoversager betone ich, daß *ich* als der einzige dem Führer für die Kriegsmarine und ihren Einsatz verantwortliche Oberbefehlshaber die bei der Kriegsverwendung der Torpedos festgestellten Mängel *am stärksten* empfinde. Ich betrachte sie nicht nur für die Kriegsmarine, sondern für die gesamte Kriegführung und damit für das Volk als ein schwerwiegendes Unglück. Sie sind inzwischen voll erkannt, und es ist dafür Sorge zu tragen, sie in denkbar kürzester Zeit vollständig zu beseitigen. Ich habe durch Untersuchungskommissionen feststellen lassen, ob vermeidbares Verschulden von Offizieren, Beamten oder Angestellten vorliegt, und das Offizierkorps mag versichert sein, daß ich entsprechend dem Ergebnis der Erhebungen die Schuldigen mit unnachsichtlicher Schärfe zur Rechenschaft ziehen werde. Von dem Ergebnis der Untersuchungen werde ich zu gegebener Zeit die Front unterrichten.

Ich muß jedoch eindringlich betonen, daß die Forderungen an die Waffe, mit der der Krieg geführt wird, vom *Seeoffizier* gestellt werden. Er ist allein für die Entwicklung und Frontbrauchbarkeit der Waffe verantwortlich. Der Konstrukteur ist lediglich das ausführende Organ für die militärische Forderung. Meine Vorwürfe und Untersuchungen richten sich daher in erster Linie gegen die für die Kriegsbereitschaft der Torpedowaffe verantwortlichen Offiziere, gleichgültig, ob die aufgetretenen Versager auf technische Fehler oder auf Mängel in der Organisation der Versuchs- und Erprobungsbehörden zurückzuführen sind.

Ich muß andererseits feststellen, daß immer erst der Krieg die Brauchbarkeit einer neuen Waffe erweist und daß sich der Kritiker davor zu hüten hat, menschliche Unzulänglichkeit mit Nachlässigkeit zu verwechseln. Es ist leicht, festgestellte Fehler zu bemängeln. Kritik fällt gerade denen am leichtesten, die weder die technischen Schwierigkeiten beurteilen können noch jemals den Versuch gemacht haben, mit Hingabe und Fleiß fördernd oder schöpferisch an den Problemen mitzuarbeiten. Auch sind die Abwehrmaßnahmen des Gegners im Frieden nicht bekannt. Der Krieg hat erwiesen, daß der Engländer es schon aufgrund seiner Friedensvorarbeit verstanden hat, durch Selbstschutz unsere bisher wirksamsten Waffen auf stärkste in ihrer Wirkung zu beeinträchtigen.

Ich wünsche, daß in Zukunft die Dinge nach diesen Gesichtspunkten beurteilt werden. Wenn ich überhaupt eine Kritik zulassen kann, so billige ich sie nur dem zu, der positive Vorschläge zu erbringen in der Lage ist, d. h. also in der Hauptsache nur dem, der selbst mit der Waffe kämpft. Es ist in diesem Zusammenhang besonders bemerkenswert, daß die U-Boots-Kommandanten, die durch Torpedoversager um viele Erfolge gebracht worden sind, gerade diejenigen waren, deren Beurteilung die sachlichste war.

Wenn Stimmen in dem Offizierkorps laut werden, daß das gesamte Schiffbauprogramm der Kriegsmarine falsch angelegt ist und daß man bei Beginn der Wiederaufrüstung zunächst den Schwerpunkt auf die U-Bootswaffe und nach deren Ausbau auf die großen Schiffe hätte legen sollen, so muß ich dazu folgendes feststellen:

Der Aufbau der Flotte richtete sich nach den politischen Erfordernissen. Sie wurden durch *den Führer bestimmt*. Der Führer hoffte *bis zuletzt*, die drohende Auseinandersetzung mit England bis zum Jahre 1944/45 verlegen zu können. Zu diesem Zeitpunkt hätte die Kriegsmarine über einen Flottenbestand verfügt, der eine gewaltige Überlegenheit der U-Bootswaffe und ein sehr viel günstigeres Stärkeverhältnis in allen anderen Schiffstypen, besonders den für den Hochseekrieg geeigneten, gezeigt hätte.

Die Entwicklung der Ereignisse hat die Kriegsmarine – gegen die Erwartung auch des Führers – in einen Krieg gezwungen, den sie noch im Anfangsstadium ihres Rüstungsaufbaus annehmen mußte, so daß die Auffassung, der Schwerpunkt hätte von vornherein auf dem Ausbau der U-Bootswaffe liegen müssen, ihren Vertretern scheinbar recht gibt. Ich lasse unerörtert, wieweit dieser Ausbau, abgesehen von Personal-, Ausbildungs- und Werftschwierigkeiten, allein durch die politischen Bindungen des deutsch-englischen Flottenabkommens überhaupt gegenüber dem tatsächlichen wesentlich hätte gesteigert werden können. Ich lasse auch unerörtert, wie die zunächst notwendige Schaffung einer wirksamen Luftwaffe den wünschenswerten Ausbau der anderen Wehrmachtteile zurücktreten lassen mußte. Ich weise aber mit Stolz auf die vorzügliche und trotz aller politischen Hemmungen sehr weitgehende Vorbereitung des U-Bootsbaus in den Jahren der Systemzeit hin, die nach der Machtübernahme den ungeheuer schnellen Aufbau der U-Bootswaffe nach Material und Personal erst ermöglichte.

Ich möchte ferner betonen, daß die bewußte Zurückstellung des Baues großer Schiffe und Zerstörer keineswegs zu verantworten gewesen wäre. Die Kriegsmarine *mußte* sie aus operativen Gründen bauen. Zudem waren sowohl Erfahrungen auf konstruktivem und waffentechnischem Gebiet wie auch über ihre taktische und operative Verwendung notwendig. Nutzlos verstrichene Jahre wären nie wieder aufzuholen gewesen.

Der Verlauf des jetzigen Krieges hat nun dem Marinebauprogramm *durchaus recht* gegeben. Die defensive Haltung der englischen Flotte ist zweifellos zum großen Teil auf das Vorhandensein schwerer deutscher Einheiten zurückzuführen. Die vielen großen Erfolge der Kriegsmarine, das Legen der großen Minensperre in der Nordsee, die Zerstörervorstöße an die englische Küste und vor allem die Norwegenbesetzung wären ohne die Flotte in ihrer jetzigen Form *niemals* möglich gewesen. Die Operation der Kriegsmarine zur Besetzung des norwegischen Raumes wird für alle Zeiten *die* große Waffentat der Kriegsmarine in diesem Kriege bleiben. Sie ist durchgeführt worden gegen alle Regeln des Seekrieges und gegen hergebrachte und in der Kriegsmarine oft allzu starr verankerte Auffassungen.

Maßgebend für den Erfolg waren neben der Verantwortungsfreudigkeit der obersten Führung der kämpferische Geist, kluger Wagemut, kühner Einsatz und Vertrauen zur Führung.

Ich setze vollstes Vertrauen in das mir unterstellte Offizierskorps und die Truppe. Ich habe bisher keine Enttäuschung erlebt. Die Leistungen der Kriegsmarine sind vorzüglich. Ich erwarte, daß das gleiche Vertrauen auch der Führung entgegengebracht und nicht durch eine an Selbstzerfleischung grenzende Kritiksucht die festgefügte einheitliche Front, die bisher unsere Stärke bedeutete, geschwächt wird.

Diese meine Auffassung ist allen Offizieren, Beamten und, soweit erforderlich erscheint, den Unterführern in geeigneter Form durch ihre Vorgesetzten bekanntzugeben . . .

gez. *Raeder*

5 LEITUNG DER SCHWEREN ARTILLERIE DER *SCHARNHORST* IM GEFECHT MIT FLUGZEUGTRÄGER *GLORIOUS*, 8. JUNI 1940

Dargestellt nach dem Gefechtsbericht mit *Erläuterungen**

Uhrzeit

17.02 Signalbefehl von Flotte: Alarm!

Klarschiff zum Gefecht wird angeschlagen, beide Kriegswachen auf Gefechtsstationen, ebenso die technische Freiwache. Klarschiff-Verschlußzustand hergestellt. Klarmeldungen aller Gefechtsabschnitte an die Abschnittsleiter, von diesen an den 1. Offizier, von diesem 17.05 an den Kommandant.

17.07 Kommandant befiehlt: »Funkmeßgerät einschalten zur Verfügung der Artillerie.«

Funkmeß = Radar. Funkmeßwerte werden telefonisch in den Feuerleitgang der Artillerie eingespeist.

17.10 Meldung von Vormars an Schiffsführung: »Dicker Schornstein und Mast mit Gefechtsstand ausgemacht, wahrscheinlich auch Landedeck.«

17.12 Signalbefehl von Flotte: »Wendung auf Kurs 70 Grad.«

17.17 I. Artillerieoffizier (I. AO) an Schiffsführung: »Zu erkennen ist jetzt ein Flugzeugträger mit 2 Zerstörern, von denen einer nördlich, der andere südlich steht.«

17.21 Signalbefehl von Flotte: »Wendung auf Kurs 150 Grad.«

Das Ziel kommt dadurch von Steuerbord voraus nach Backbord, Schiffspeilung 330 Grad. Gegnerkurs 150 Grad, Gegnerfahrt 26 Meilen.

17.26 Von Kommandant an I. AO: »Feuerverteilung: Schwere Artillerie gegen Flugzeugträger, Mittelartillerie gegen den links daneben stehenden Zerstörer.«

Uhrzeit *Bei der schweren Artillerie:*

17.26 I. AO: »Schwere Artillerie Normalschaltung oben. Leitung I. AO im Vormars. Laufendes Gefecht an Backbord.«

Normalschaltung oben = Die Türme werden nach Richtungsweiser und Höhenweiser gerichtet und zentral vom leitenden Zielgeber im Vormars aus abgefeuert.

Leitung I. AO = Ausdruck der persönlichen Bindung der unterstellten Mannschaften an den verantwortlichen I. Artillerieoffizier.

Die Artillerieschaltmechaniker stellen in den Schaltstellen die befohlene Schaltung her: die Verbindung der drei schweren Türme – je drei 28-cm-Geschütze – über die vordere Rechenstelle zum Zielgeber im Vormars.

Artillerietechnischer Offizier an I. AO: »Normalschaltung oben ist durchgeführt.«

I. AO: »Auf den Flugzeugträger 340 Grad. Haltepunkt rechte Kante Wasserlinie. Gegnerbug rechts, Gegnerlage 4 Dez ab, Gegnerfahrt 28 Meilen. Turm Anton und Bruno Panzersprenggranaten laden und sichern!«

Zielbezeichnung durch Angabe von Schiffsart und Schiffspeilung. Haltepunkt = der Punkt, auf den die Unteroffiziere im Vormars den Zielgeber mit der optischen Achse des Visiers richten, ebenso aber auch alle anderen Zielgeber und die Türme für den Fall eines Standwechsels oder des Ausfalls der zentralen Leitung. Gegnerbug und -lage = Schätzung der Lage des Gegners bezogen auf die Visierrichtung. Gegnerfahrt = geschätzte Geschwindigkeit.

Der I. AO hat sich während der Vorbereitungszeit mit der Munitionswahl beschäftigt. Die herkömmliche Ansicht ist, gegen ungepanzerte Ziele, zu denen auch Flugzeugträger rechnen, Sprenggranaten mit empfindlichem Kopfzünder zu verschießen. Jetzt aber gilt es, den Flugzeugträger seiner wirksamsten Abwehrwaffe zu berauben, der Geschwindigkeit. Daher ent-

* Zusammengestellt und erläutert von Fregattenkapitän a. D. Paul Schmalenbach.

schließt sich der I. AO, Fregattenkapitän Wolf Löwisch, Panzersprenggranaten zu verschießen, um mit ihnen an die lebenswichtigen Teile des Schiffes, insbesondere an die Antriebsanlage zu kommen.

17.28 I. AO an die vordere Rechenstelle: »Frage Ortung?«
Rechenstelle an I. AO: »Gegner nach Ortung Bug rechts, 4 Dez ab, 28 Meilen. EU Abnahme einseinhalb, SU rechts 5, Seitenverbesserung ohne Treffpunktsverlegung rechts 6.«

Mit Hilfe der graphischen Darstellung von Entfernung zum Ziel und der seitlichen Auswanderung des Gegners von der anfänglichen Zielrichtung, die im Schußwertrechner durchgeführt wird, werden die Lage des Gegners, der EU, der SU und die Seitenverbesserung ermittelt.

EU = Entfernungsunterschied, SU = Seitenunterschied, beide in Hektometern in der Minute gemessen, und zwar als ›Abnahme‹ oder ›Zunahme‹ bzw. ›links‹ oder ›rechts‹. Im vorliegenden Fall nimmt die Entfernung zum Gegner in der Minute um 150 Meter ab, während der Gegner sich um 500 Meter nach rechts gegenüber der Anfangsrichtung bewegt.

Die Seitenverbesserung schließt den Vorhalt für die seitliche Bewegung des Ziels, für die Querkomponente des Windes und für die seitliche Ablage aufgrund des Dralls ein. Um den Gegner in der Mitte zu treffen, wird der erwünschte Treffpunkt gegenüber dem Haltepunkt verlegt. Diese Verbesserung ist noch nicht eingeschlossen.

I. AO an die Rechenstelle: »Ortung übernehmen. Für Treffpunktsverlegung 2 mehr rechts. Frage TV?«

Uhrzeit *Damit ist die Treffpunktsverlegung befohlen.*

TV = Tagesverbesserung für Abweichungen in der Treibkraft des Pulvers, z. B. durch die Temperatur in den Munitionskammern, ferner für die Leistungsfähigkeit der Geschützrohre, die von der Abnutzung des Rohrinnern durch die Zahl der verfeuerten Granaten abhängig ist, schließlich für die meteorologischen Verhältnisse wie Luftgewicht und Komponente des Windes in Schußrichtung.

Rechenstelle an I. AO: »Für TV 12 Hektometer zulegen!«

Das Rechenergebnis bedeutet, daß bei der augenblicklichen Gefechtssituation die Rohre eine Erhöhung bekommen sollen, die einer um 1,2 Kilometer größeren Entfernung entspricht.

I. AO an Rechenstelle: »TV anwenden.«
Rechenstelle an I. AO: »Türme A und B geladen und gesichert.«

Diese Meldung kann auch an einer Leuchtzeichentafel abgelesen werden, auf der für jedes Rohr der schweren Artillerie drei Lampen angebracht sind: ›Geladen‹, ›Gesichert‹ und ›Abgefeuert‹.

17.29 I. AO an Schiffsführung: »Schwere Artillerie mit Türmen A und B klar zum Feuereröffnen.«
17.30 Schiffsführung an I. AO: »Feuererlaubnis für Mittelartillerie (= MA) auf den linken Zerstörer!«
I. AO an II. AO: »Für MA Feuererlaubnis!«
17.32 Schiffsführung an I. AO: »Von Flotte: Feuer eröffnen auf den Flugzeugträger!«
17.32 I. AO in das Mikrofon des Zielgebers: »Anton und Bruno eine Salve!«

min	*sec*	
00	*00*	1. Salve fällt.
		Rechenstelle an AO: »Sechs Schuß gefallen!«
00	*45*	Rechenstelle an AO: »Sechs Schuß . . . Achtung . . . Aufschlag.«
00	*52*	Die Aufschläge der 1. Salve kommen an.
		AO an Rechenstelle: »Kurz! Von unten 4 vor. 4 Hekto-Gabelgruppe.«
		Der AO hat die Aufschläge auf der sichtbaren Seite des Gegners beobachtet. Die Beobachtung wird durch den Mündungsqualm der Mittelartillerie erschwert, zum Teil verhindert. Daher tastet sich der

AO von der günstigeren Seite an das Ziel heran, befiehlt eine ›Gabelgruppe‹: Das sind drei Salven, die um je 4 Hektometer in der Entfernung gestaffelt sind; die mittlere oder Standsalve ist durch das ›4 vor‹ um 4 hm weiter entfernt als die 1. Salve. Durch das ›von unten‹ wird befohlen, daß die untere Grenzsalve zuerst geschossen werden soll, die obere zuletzt.
Die Salven werden turmweise mit je drei Rohren gefeuert. Die laufende Änderung der Entfernung aufgrund des EU erfolgt automatisch.

00 55 Turm A feuert die 2. Salve (untere Grenzsalve).
01 05 Turm feuert die 3. Salve (Standsalve).
01 30 Turm A feuert die 4. Salve (obere Grenzsalve).
01 40 2. Salve kommt an. AO: »Kurz.«
01 50 3. Salve kommt an. AO: »Deckend. Turmsalven gut, schnell!«
Beginn des Wirkungsschießens, nachdem das Ziel durch eine ›dekkend‹ – d. h. weit und kurz – fallende Salve erfaßt worden ist.
02 06 Turm B feuert die 5. Salve. Erste Salve des Wirkungsschießens.
02 15 4. Salve kommt an. AO: »Weit!«

Uhrzeit
17.38 Erster Treffer auf Flugzeugträger *Glorious* beobachtet.
17.40 Mittelartillerie erhält erneut Feuererlaubnis auf nördlichen Zerstörer, der das Feuer geschickt ausmanövriert und erheblich erschwert.
17.47 Südlicher Zerstörer nebelt den Flugzeugträger mit Schwarzqualm besonders wirksam ein.
17.55 *Glorious* ist vorübergehend hinter Rauch und Qualm verschwunden. Feuer der schweren Artillerie auf den Flugzeugträger wird eingestellt.
18.13 *Glorious* wieder in Sicht, brennt stark im Achterschiff. *Scharnhorst* manövriert Torpedolaufbahn an Backbord aus.
18.18 Schwere Artillerie eröffnet Feuer gegen den Flugzeugträger.
18.22 Beim nördlichen Zerstörer bricht Mast ab. Schlagseite wird stärker. Zerstörer kentert, Mittelartillerie stellt Feuer ein.
18.33 Vormars meldet: Südlicher Zerstörer hat 4 Torpedos geschossen. Zerstörer läuft unter starker Qualmentwicklung dauernd Zickzackkurs, wird von Mittelartillerie mit Schwierigkeiten beschossen.
18.39 Starke Erschütterung im Achterschiff, anscheinend Torpedotreffer. Schwere Artillerie stellt Feuer ein.
19.08 *Glorious* ist nicht mehr zu sehen . . .

6 BERICHT DER DEUTSCHEN FUNKAUFKLÄRUNG (B-DIENST) ÜBER DEN STÖRFUNK BEIM UNTERNEHMEN »JUNO« AM 8. JUNI 1940 (Auszug)

Die Gefechtshandlungen vom 8. Juni 1940 zeichnen sich zunächst im englischen Funkbild der Heimat nicht ab, da die anläßlich der deutschen Flottenunternehmung vom 3. bis 9. Juni an Bord der *Gneisenau* eingeschiffte B-Dienstgruppe bei den Feindberührungen durch Störung bzw. Einschaltung in den englischen Funkverkehr die Abgabe von Aufklärungsmeldungen durch den Gegner verhinderte. Im einzelnen:

a) Bei der Versenkung des norwegischen Tankers *Oilpioneer* und eines Begleitfahrzeuges am 8. Juni, 7 Uhr, wurden nach der Feststellung des B-Dienstes von diesen weder auf der 600-m-Dampferwelle noch auf der englischen Marinewelle des Nordbereiches (81,08 m) Funksprüche abgesetzt. Es ist nicht anzunehmen, daß seitens dieser Schiffe ein Funkverkehr auf anderen Wellen stattgefunden hat.

Der Gegner war bis zur Feuereröffnung, die wahrscheinlich sofort seine Funkanlage außer Betrieb setzte, über den feindlichen Charakter der ihn verfolgenden deutschen Kriegsschiffe dadurch getäuscht worden, daß ihm auf seine

Anfrage ›What ship‹ der Name des nach B-Dienst in demselben Seegebiet stehenden englischen Kreuzers HMS *Southampton* zugemorst worden war.

b) Bei der Versenkung des englischen Truppentransporters *Orama* wurde der Versuch seiner Funkspruchabgabe auf 600 m durch Störfunk mit Sicherheit verhindert. Die Störung erfolgte durch Abgabe eines längeren russischen Funkspruchs, sobald das Einleitungszeichen für die Abgabe seiner Seenotmeldung auf der 600-m-Welle gehört wurde. Kurze Zeit später fiel seine Funkanlage durch Trefferwirkung aus.

c) Der Flugzeugträger *Glorious* meldete das Sichten der deutschen Schlachtschiffe um 17.52 Uhr mit Uhrzeitgruppe 16.15 MEZ (= 17.15 Uhr deutsche Sommerzeit) durch folgenden verschlossenen Funkspruch:

»Zwei Schlachtkreuzer in Peilung 308 Grad und Abstand 15 sm mit Kurs 30 Grad. Eigene Position liegt in Richtung 154 Grad und 11 sm Abstand von dem Punkt 69 Grad Nord und 4 Grad Ost.« Infolge schlechter Empfangsverhältnisse und da der Funkspruch anscheinend infolge bereits eingetretener Störungen in der Stromversorgung mit stark schwankender Lautstärke und Frequenz abgegeben worden war, wurde er auf der Heimatkurzwelle (36,19 m) von keiner englischen Station aufgenommen und quittiert.

Glorious versuchte dann um 18.19 Uhr, denselben Funkspruch auf der Bereichswelle des Nordgebietes (81,08 m) abzusetzen. Er wurde beim Anrufen des Chefs der Flugzeugträger auf *Ark Royal* so wirksam gestört, daß sein Funkspruch nicht durchkam, sondern, wie mit Sicherheit beobachtet wurde, der Verkehr auf der betreffenden Welle weiterlief.

Die Störung erfolgte dieses Mal durch Einschaltung in den englischen Funkverkehr mit einem bereits auf die betreffende Welle abgestimmten Sender der *Gneisenau*. Der Flugzeugträger und englische Befehlsstellen des Narvikbereichs wurden hierbei mit ihren eigenen Funknamen angerufen und ein dringender englischer Funkspruch angemeldet. Danach meldete sich *Glorious* nicht mehr.

Aus der Beobachtung der englischen Flottenlang- und Scheinfunkwelle, auf der erfahrungsgemäß Meldungen über Auftreten fremder Handelsstörer stets sofort im Original wiederholt werden, kann mit Sicherheit geschlossen werden, daß das Auftreten der deutschen Seestreitkräfte im Nordgebiet völlig unbemerkt geblieben war.

Erst am nächsten Tage (9. Juni), 10.31 Uhr, also über 24 Stunden nach der ersten Feindberührung und 15 Stunden nach der Versenkung der *Glorious*, erhielt der Gegner die ersten Anhaltspunkte über die Anwesenheit deutscher Seestreitkräfte im Nordmeer.

Um diese Zeit traf das englische Lazarettschiff *Atlantis* etwa 100 sm nordöstlich der Färöer das L'schiff *Valiant* und teilte diesem mit, daß am 8. Juni um 10 Uhr ein feindliches Schlachtschiff und zwei Zerstörer bei einem Transporter mit zwei Schornsteinen in 6754 N 03 Ost gestanden hätten. (Es handelte sich hierbei um Kreuzer *Hipper* und zwei Zerstörer.)

Die Vernichtung der englischen Einheiten und die tatsächliche Stärke der dort aufgetretenen deutschen Streitkräfte dürften der englischen Admiralität jedoch erst durch den deutschen Rundfunk am 9. Juni um 14 Uhr zur Kenntnis gekommen sein. Denn noch um 14.26 Uhr setzten die englischen Funkstellen Funksprüche an den Flugzeugträger *Glorious* im Scheinfunk ab.

Auszug aus der Funkspruchkladde der B-Dienstgruppe an Bord des Schlachtschiffes »Gneisenau« vom 8. Juni 1940

Uhrzeit	Welle	von	an[3]	Funkverkehr
17.52	36,19[2]	ow2	mta	o. 2 bc 308 15 030 154 gqox 11 = 1615 du[1]
				(stoppt)
				(Sender schwankt stark)
17.57	36,19[2]			(stoppt, kommt nicht wieder)
				Dieser Funkspruch ist von »mta« (Scapa) nicht bestätigt worden und auch später im Heimat-Scheinfunk nicht wiederholt worden
18.19	81,08[2]	ow2	1ne	o. ... (Sender schwankt 0 bis 5)
				Eigener Störfunk eingesetzt: ve ow2 · q4m v am · p.
				»ow2« stoppt und kommt nicht wieder
18.21	81,08[2]	4xg	mc4	–
18.22	81,08[2]	mc4	4xg	r ar
18.23	81,08[2]	q4m	r5k	d gr 87 ar (sehr flüchtig gegeben)

Erläuterungen

[1] Klartext des Funkspruchs, 16.15 Uhr: Von Flugzeugträger *Glorious*-(ow2) an Marinefunkstelle Scapa (mta): Feindmeldung. 2 Schlachtkreuzer gesichtet in 308 Grad 15 Seemeilen ab, Feindkurs 30 Grad. Eigener Standort in 154 Grad, 11 Seemeilen von 69 Grad Nord und 4 Grad Ost ab.

[2] 36,19 m = engl. Flottenkurzwelle.
81,08 m = Welle des Nordnorwegenbereichs (Funkstellen in Narvik, Harstad, Tromsö und Kriegsschiffe im Nordmeer).

[3] *Englische Funknamen:*

ow2 = *Glorious* aircraft carrier, mta = Marinefunkstelle Scapa, q4m = Flag Offizier Commanding Norwegian Forces, 1ne = Rear Admiral Aircraft Carriers, am = Scheinfunkname für irgendein britisches Kriegsschiff in See.

7 NICHT KRIEGSBEREITE DEUTSCHE SEESTREITKRÄFTE IM SOMMER UND HERBST 1940

Stand vom 31. August 1940, 9 Uhr.

Nicht kriegsbereit	Werft	Kriegsbereitschaft voraussichtl. wiederhergestellt am	Grund
Scharnhorst	D. W. K.	19. 10. 40	Instandsetzung
Gneisenau	D. W. K.	5. 11. 40	Instandsetzung
Scheer	Werft Danzig	14. 9. 40	Instandsetzung
T 156	Odw. Stettin	11. 9. 40	Instandsetzung
S 9	K. M. W. W'haven	Ende September	Instandsetzung
S 19	Calais	wird nachgemeldet	Beschädigung durch Minentreffer
S 24	D. W. K.	23. 9. 40	Brandschäden
S 25		wird nachgemeldet	BB.-Schraube beschädigt
S 26	Schiedam	wird nachgemeldet	Vorsteven beschädigt
S 31	K. M. W. W'haven	1. 12. 40	Brandschäden

Nicht kriegsbereit	Werft	Kriegsbereitschaft voraussichtl. wiederhergestellt am	Grund
S 35	K. M. W. W'haven	Mitte Dezember	Brandschäden
Raule	Zeebrügge	Anfang November	Brandschäden durch Minentreffer
V. d. Groeben		wird nachgemeldet	Beschädigung infolge Minendetonation
MS Preußen	Swinemünde	12. 9. 40	Einbau MES und Maschinenreparatur
Sperrbrecher IV	Kopenhagen	Ende Oktober	Minentreffer
Sperrbrecher VI	Howaldt Hbg.	17. 10. 40	Einbau VES-Gerät
Sperrbrecher VIII	Howaldt Hbg.	Mitte September	Einbau VES-Gerät
Sperrbrecher NS 1	Holland	13. 9. 40	Instandsetzung
R 21	Bremen	30. 9. 40	Instandsetzung
R 27	Lorient	9. 9. 40	Instandsetzung
Hagen	Glückstadt	Mitte September	Grundüberholung
Vp.-Boot 105	Schichau Kbg.	Mitte Oktober	Einbau VES-Gerät und Instandsetzung
Vp.-Boot 108	Schichau Kbg.	16. 9. 40	Einbau VES-Gerät
Vp.-Boot 1506	Aalborg	1. 10. 40	Maschinenstörung infolge Minendetonation
WERFTLIEGEZEITEN, MASCHINENÜBERHOLUNGEN BZW. RESTARBEITEN:			
Hipper	K. M. W. W'haven	12. 9. 40	Werftliegezeit
Z 4: Beitzen	D. W. K.	21. 9. 40	Werftliegezeit
Z 7: Schoemann	K. M. W. W'haven	15. 10. 40	Werftliegezeit
Z 8: Heinemann	Nordd. Lloyd Wesermünde	4. 10. 40	Werftliegezeit
T 10		10. 9. 40	Restarbeiten und Ausbildung
F 10	Odw. Stettin	21. 9. 40	Werftliegezeit
S 12	D. W. K.	10. 9. 40	Motorenüberholung
S 20	Cherbourg	9. 9. 40	Motorenüberholung
Bremse	K. M. W. Kiel	Mitte September	Werftliegezeit
Nettelbeck	Rendsburg	14. 9. 40	Werftliegezeit
Delphin	Odw. Stettin	Anfang Oktober	Werftliegezeit
R 8	K. M. W. Kiel	1. 10. 40	Werftliegezeit
U 19	Schichau Kbg.	Ende September	Überholung
U 34	Schichau Danzig	23. 9. 40	Überholung
U 52	Bauwerft Kiel	29. 9. 40	Überholung
AUSSER DIENST GESTELLTE SCHIFFE:			
Lützow	D. W. K.	1. 4. 41	Werftliegezeit
Leipzig	Danzig	1. 11. 40	Werftliegezeit
Möwe	K. M. W. W'haven	1. 10. 40	Beschädigung des Schiffskörpers
F 1	Schichau Kbg.	15. 9. 40	Umbau als Tender für F. d. T.
S 8	K. M. W. W'haven	Ende August	Umbau für schnelle U-Jagdgruppe
S 15	Lürssen Veges.	Ende August	Bootskörper beschäd.
S 33	K. M. W. W'haven	31. 8. 40	Bootskörper beschäd.

Abkürzungen: D. W. K. = Deutsche Werke Kiel. K. M. W = Kriegsmarinewerft. Odw. = Oderwerke. Kbg. = Königsberg.

8 DEUTSCHE U-BOOT-KOMMANDANTEN MIT DEN HÖCHSTEN VERSENKUNGSZIFFERN IM ZWEITEN WELTKRIEG

Kommandanten	U-Boot Typ	Feindf. Seetage	Zeitraum	versenkt Schiffe/BRT
KKpt Otto Kretschmer	U 23 II B	9/ 91	9. 39– 3. 40	39/238744
	U 99 VII B	7/127	6. 40– 3. 41	+1 Zerstörer
KzS Wolfgang Lüth	U 9 II B	5/ 57	1. 40– 5. 40	46/228429
	U 138 II D	2/ 27	9. 40–10. 40	+1 U-Boot
	U 43 IX	5/192	11. 40– 1. 42	
	U 181 IX D2	2/333	9. 42–10. 43	
FKpt Erich Topp	U 57 II C	3/ 34	7. 40– 9. 40	34/191411
	U 552 VII C	10/291	2. 41– 8. 42	+1 Zerstörer
KKpt Herbert Schultze	U 48 VII B	8/202	9. 39– 4. 40	28/183432
			1. 41– 6. 41	
FKpt Heinrich Lehmann-Willenbrock	U 5 II A	1/ 15	4. 40	24/174286
	U 96 VII C	8/260	12. 40– 3. 42	
	U 256 VII C	1/ 44	9. 44–10. 44	
KzS Victor Schütze	U 25 IA	3/ 98	10. 39– 5. 40	32/172059
	U 103 IX B	4/196	9. 40– 7. 41	
FKpt Heinrich Liebe	U 38 IX	9/319	9. 39– 6. 41	30/164746
Kptlt Joachim Schepke	U 3 II A	3/ 24	9. 39–10. 39	38/160697
	U 19 II B	5/ 58	1. 40– 4. 40	
	U 100 VII B	6/101	8. 40– 3. 41	
KKpt Heinrich Bleichrodt	U 48 VII B	2/ 39	9. 40–10. 40	27/159677
	U 109 IX B	6/361	6. 41–10. 42	+1 Sloop
KKpt Günther Prien	U 47 VII B	10/225	9. 39– 3. 41	28/154172 +1 Schlachtschiff
KzS Karl-Friedrich Merten	U 68 IX C	5/272	6. 41– 5. 43	24/135787
KKpt Carl Emmermann	U 172 IX C	5/365	4. 42– 9. 43	27/152904
KzS Ernst Kals	U 130 IX C	5/281	12. 41–12. 42	21/150891
KKpt Georg Lassen	U 160 IX C	4/329	2. 42– 5. 43	25/147810
KKpt Werner Henke	U 515 IX C	6/337	8. 42– 4. 44	23/145295 +1 Depotschiff
KKpt Robert Gysae	U 98 VII C	6/183	3. 41– 2. 42	24/139431
	U 177 IX D2	2/310	9. 42–10. 43	
KKpt Reinhard Hardegen	U 147 II D	1/ 25	5. 41– 7. 42	24/133392
	U 123 IX B		2. 41– 5. 41	
Kptlt Engelbert Endraß	U 46 VII B	7/186	6. 40– 8. 41	22/133118
	U 567 VII C	2/ 35	10. 41–12. 41	
FKpt Klaus Scholtz	U 108 IX B	8/347	2. 41– 9. 42	25/127990
KKpt Adolf Piening	U 155 IX C	8/457	2. 42– 1. 44	25/127736
	U 255 VII C	2/ 21	4. 45– 5. 45	+1 Geleitträger
KKpt Johannes Mohr	U 124 IX B	6/262	9. 41– 4. 43	23/107508 +1 Kreuzer +1 Korvette

* Zusammengestellt mit freundlicher Genehmigung nach J. Rohwer, »Die U-Boot-Erfolge der Achsenmächte 1939–1945«, München 1968.

9 DIE DEUTSCHEN HILFSKREUZER UND IHRE ERFOLGE 1940–43*

Name (Baujahr) Tonnage Fahrtdauer	Kommandant	Operationsgebiet	Erfolge (versenkt u. aufgebracht)	Fahrtende
HSK I Schiff 36 *Orion* (1930) 7021 BRT 6.4.40–23.8.41	FKpt Kurt Weyher	Atlantik Pazifik Ind. Ozean	10 Schiffe (62 915 BRT) und 2 Schiffe (21 125 BRT) zus. mit Schiff 45	23.8.41 nach Bordeaux eingelaufen
HSK II Schiff 16 *Atlantis* (1937) 7862 BRT 31.3.40–22.11.41	KptzS Bernhard Rogge	Atlantik Ind. Ozean Pazifik	22 Schiffe (145 697 BRT)	† 22.11.41 im Südatlantik durch brit. Kreuzer *Devonshire*
HSK III Schiff 21 *Widder* (1929) 7851 BRT 5.5.40–31.10.40	KKpt Hellmuth v. Ruckteschell	Atlantik	10 Schiffe (58 644 BRT)	31.10.40 nach Brest eingelaufen
HSK IV Schiff 10 *Thor* (1938) 3862 BRT 6.6.40–30.4.41	KptzS Otto Kähler	Atlantik	12 Schiffe** (96 602 BRT)	30.4.41 nach Hamburg eingelaufen
17.1.42–10.10.42	KptzS Günther Gumprich	Atlantik Ind. Ozean	10 Schiffe (56 037 BRT)	† 30.11.42 in Yokohama Brand/Explos.
HSK V Schiff 33 *Pinguin* (1936) 7766 BRT 15.6.40–8.5.41	KptzS Ernst-Felix Krüder	Atlantik Ind. Ozean Antarktis	32 Schiffe (154 619 BRT)	† 8.5.41 b. d. Seychellen d. brit. Kreuzer *Cornwall*
HSK VI Schiff 23 *Stier* (1936) 4778 BRT 20.5.42–27.9.42	FKpt Horst Gerlach	Atlantik	4 Schiffe (29 409 BRT)	† 27.9.42 im Südatlantik n. Gefecht mit US-Frachter *Stephen Hopkins*
HSK VII Schiff 45 *Komet* (1937) 3287 BRT 3.7.40–30.11.41	KptzS Robert Eyssen	Pazifik Ind. Ozean Atlantik	6 Schiffe (31 005 BRT) und 2 Schiffe (21 125 BRT) zus. mit Schiff 36	30.11.41 nach Hamburg eingelaufen
7.10.42–14.10.42	KptzS Ullrich Brocksien			† 14.10.42 bei Cap de la Hague d. brit. *MTB 236*

* Zusammengestellt nach Gerhard Hümmelchen: »Handelsstörer«, [2]München 1967.

** Brit. Hilfskreuzer *Alcantara* (22 209 BRT) und *Carnavon Castle* (20 122 BRT) in Gefechten beschädigt, Hilfskreuzer *Voltaire* (13 301 BRT) versenkt.

Name (Baujahr) Tonnage Fahrtdauer	Kommandant	Operationsgebiet	Erfolge (versenkt u. aufgebracht)	Fahrtende
HSK VIII Schiff 41 *Kormoran* (1938) 8736 BRT 3.12.40–19.11.41	FKpt Theodor Detmers	Atlantik Ind. Ozean	11 Schiffe (68274 BRT) und Kreuzer *Sydney*	† 19.11.41 westl. Sharksbay (Austral.) n. Gefecht m. d. austral. Krz. *Sydney*
HSK IX Schiff 28 *Michel* (1939) 4740 BRT 20.3.42–2.3.43	KKpt Hellmuth v. Ruckteschell	Atlantik Ind. Ozean	14 Schiffe (94362 BRT)	2.3.43 nach Kobe, Japan, eingelaufen
4.6.43–17.10.43	KptzS Günther Gumprich	Ind. Ozean Pazifik	3 Schiffe (27632 BRT)	† 17.10.43 östlich Yokohama d. US-U-Boot *Tarpon*

10 UNTERNEHMEN *REGENBOGEN*, GEFECHT IM NORDMEER AM 31. DEZEMBER 1942, FOLGERUNGEN FÜR DIE FLOTTE*

Seit im Frühsommer 1941 mit dem Verlust des Schlachtschiffes *Bismarck* die Atlantikoperationen unserer Überwasserstreitkräfte ihr Ende gefunden hatten, ist der Einsatz unserer Schiffe durch die Notwendigkeit belastet, daß weitere Verluste nach Möglichkeit vermieden werden müssen.

Diese Bindung wurde durch die oberste Führung gegeben, die weitere Schiffsverluste nicht glaubte in Kauf nehmen zu können, und zwar sowohl wegen der strategischen Auswirkung solcher Verluste als auch besonders wegen des damit verbundenen Prestigeverlustes. Der Führer hat zu wiederholten Malen zum Ausdruck gebracht, daß er bei den Operationen der Überwasserstreitkräfte alle Maßnahmen getroffen sehen wollte, um Schiffsverluste zu vermeiden. Diese Willensmeinung des Führers wurde von mir dahin aufgefaßt, daß nicht nur bei der Entscheidung über die Zweckmäßigkeit einer Operation überhaupt, sondern auch bei der Durchführung eine über das normale Maß hinausgehende Vorsicht zu üben sei, um die Möglichkeit von eigenen Schiffsverlusten nach menschlichem Ermessen auszuschalten.

Daneben entspringt diese Bindung auch meiner Auffassung, daß es notwendig ist, bei der langen Dauer des Krieges mit den vorhandenen Schlachtschiffen und Kreuzern hauszuhalten. Ein Zuwachs durch Neubauten ist während des Krieges nicht mehr zu erwarten. Die wenigen noch vorhandenen Einheiten sollten daher nur dann voll eingesetzt werden, wenn das zu erreichende Ziel dem Einsatz entspricht.

Bei den Atlantikunternehmungen unserer Schiffe im Winter 1940/41 ist dies ebenso der Fall gewesen wie bei der Besetzung Norwegens im Frühjahr 1940. Das Risiko des Atlantikeinsatzes hielt sich zunächst in tragbaren Grenzen, die Aussicht auf entscheidende Erfolge dagegen war groß, während der Besitz Norwegens für uns einen Gewinn von so weittragender strategischer Bedeutung darstellte, daß jedes Risiko gerechtfertigt war und von mir aus vollster Überzeugung getragen wurde.

* Auszug aus dem »abschließenden Bericht« der 1. Skl. Nr. 2373/43 gKdos, eine der letzten Ausarbeitungen der Seekriegsleitung unter Großadmiral Raeder als ObdM, in: Bundesarchiv/Militärarchiv.

Auch die Unterbringung des Nachschubs nach Rußland im Nordmeer ist eine Aufgabe von größter Bedeutung, doch brachten mich die Weisungen des Führers, die eine starke Zurückhaltung der Flotte beim beabsichtigten Einsatz gegen den Geleitzug *PQ 17* im Juni 1942 und bei anderen Gelegenheiten forderten, zu der Überzeugung, daß nach Auffassung des Führers die Vernichtung des einzelnen Geleitzuges nicht von so weittragender strategischer Auswirkung sei, daß man den Verlust der Schiffe dafür in Kauf nehmen und sich damit der Möglichkeit berauben sollte, bei günstigerer Gelegenheit größere Erfolgsaussichten auszunutzen und die Flotte für ihre zweite Hauptaufgabe, die Sicherung Norwegens gegen feindliche Landungen, bereitzuhalten. Ein rücksichtsloser Einsatz der Schiffe etwa wie bei der Norwegenbesetzung wurde daher bei Angriffen auf die Nordmeergeleite nicht befohlen, woraus sich für Befehlshaber und Kommandanten die Notwendigkeit der Zurückhaltung beim Einsatz der Schiffe gegen diese Geleite ergab.

Die vorstehenden Gedankengänge haben sowohl in den Weisungen für den Einsatz der Schiffe wie auch in der gleichen Form und uneingeschränkt in den Operationsbefehlen für alle im Nordmeer angesetzten Unternehmungen ihren Niederschlag gefunden. Damit wirkten sich diese Bindungen nicht nur für die Seekriegsleitung bzw. das Gruppenkommando beim Ansatz von Unternehmungen aus, sondern sie belasteten auch die Befehlshaber und Kommandanten bei der Durchführung der ihnen gestellten Aufgaben.

Um in Zukunft die Befehlshaber und Kommandanten von dieser Belastung zu befreien und ihnen damit die Möglichkeit zu geben, ihre Schiffe in See und am Feind nur nach taktischen Überlegungen zu führen und, nicht gehemmt von sonstigen Bindungen, ausschließlich so einzusetzen, wie es die ihnen gestellten Aufgaben erfordern, habe ich folgende Anordnung erlassen:

> Beim Ansatz unserer Überwasserstreitkräfte im Nordmeer haben in der zurückliegenden Zeit Überlegungen eine Rolle gespielt, die aus verschiedenen Gründen angezeigt erscheinen ließen, daß Verluste großer Einheiten aus strategischen Gründen und wegen des damit verbundenen Prestigeverlustes auf alle Fälle vermieden werden sollten. Die Bindungen, die aufgrund dieser Überlegungen den Verbandschefs und Kommandanten für die Operation gegeben werden mußten, haben dazu geführt, daß tatkräftige Seeoffiziere sich bei ihrem Handeln von dem gegebenen Befehl, daß ein Risiko vermieden werden solle, bestimmen lassen mußten.
>
> Der Führer hat sich nunmehr dahin geäußert, daß mit Bindungen dieser Art der Einsatz der Seestreitkräfte niemals zu einem wirklichen Erfolg führen kann. Ob eine Operation den Einsatz lohnt und bei dem zu erwartenden Kräfteverhältnis zu verantworten ist, wird vor ihrem Ansatz durch die Führungsstellen zu berücksichtigen sein. Nach genehmigtem Anlaufen einer Operation müssen für den Befehlshaber in See Bedenken wegen der Folgen von Beschädigungen und Verlusten großer Einheiten zurücktreten hinter den Willen, den Gegner unter Einsatz der ganzen Kampfkraft zu zerschlagen.
>
> Für die Verbandschefs und Kommandanten der Flotte kann nur der der Flotte eigene Geist des zielbewußten Angriffes allein die Entschlüsse bestimmen. Daß dieser Geist nicht erschlafft ist, ist bei vielen Unternehmungen bewiesen worden und ist mir deutlich geworden aus den häufigen Besprechungen mit den Befehlshabern, Kommandanten und Chefs, die in See immer nur an die Vernichtung des Gegners denken wollten und nicht an hemmende Bindungen.
>
> Ich hoffe, daß die Schiffe und Boote der Flotte in diesem Sinne Gelegenheit haben werden, an den Feind zu kommen. Es wird dann Aufgabe der Befehlshaber und Kommandanten sein, Verband und Schiffe lediglich nach den erprobten taktischen Grundsätzen zu führen, mit dem Ziel, die eigene Kampfkraft im Rahmen der Möglichkeiten, die die Lage in See bietet, sinnvoll zur Vernichtung des Gegners einzusetzen.

11 PLAN ZUR AUSSERDIENSTSTELLUNG DER DEUTSCHEN SCHLACHTSCHIFFE, KREUZER U. A. VOM 2. FEBRUAR 1943

1. Am 2. Februar 1943 *angeordnet:* Einstellung aller Arbeiten an Schlachtschiffen, schweren Kreuzern, leichten Kreuzern, Flugzeugträgern und Truppentransportern mit Ausnahme der für den Ausbildungsverband bestimmten Schiffe.

   Einstellung der Arbeiten erstreckt sich auch auf die für diese Schiffe vorgesehenen Waffen und Geräte, wird aber so gesteuert, daß ein auffälliges, schlagartiges Aufhören der Arbeiten nach außen hin vermieden wird.

   Folgende Schiffe werden von dieser Anordnung erfaßt:

   Schlachtschiffe: *Tirpitz, Scharnhorst, Gneisenau*
   Flugzeugträger: *Graf Zeppelin, De Grasse, Seydlitz, Potsdam*
   Schwere Kreuzer: *Hipper*
   Leichte Kreuzer: *Köln, Leipzig*
   Linienschiffe: *Schlesien, Schleswig-Holstein*

2. a) Die auf diesen Einheiten vorhandenen Flakgeschütze werden wie folgt vorgesehen: ...
   b) Es ist weiterhin vorgesehen, die an Bord befindlichen Geschütze der Mittelartillerie zur Küstenverteidigung einzusetzen (14 Batterien).
   Vom Ausbau der schweren Artillerie (Türme, Kaliber 38 cm, 28 cm und 20,3 cm) wird jedoch abgesehen, da
      1. der Aufbau dieser Türme in der Küste einen Bauaufwand von über einem Jahr erfordert,
      2. die Herausnahme der Türme gleichbedeutend ist mit einem Abwracken der Schiffe, so daß eine Konservierung und spätere Wiederverwendung der Schiffskörper und der an Bord befindlichen Anlagen unmöglich gemacht wird.
   c) Die Abwehrkraft der Schlachtschiffe *Tirpitz* und *Scharnhorst* gegen feindliche Landungsunternehmen (Norwegen) wird außerdem höher eingeschätzt, wenn diese Schiffe als schwere bewegliche Batterien jederzeit zum Schwerpunkt der Kampfhandlungen verlegt werden können, als wenn ihre Türme an einer Stelle der Küste fest eingebaut sind und hier nur eine begrenzte örtliche Wirkung haben.

3. Für Außerdienststellung kommen in Frage:
   a) Schiffe, die nicht kriegsbereit sind und noch Werftkapazität erfordern *(Hipper, Köln, Leipzig).*
   b) Schiffe, die infolge ihres Alters und Zustandes für operativen Einsatz nicht in Frage kommen *(Schleswig-Holstein, Schlesien, Leipzig, Köln).*
   c) Schiffe, die für die weiter durchzuführende Ausbildung des Offizier-, U.O.- und Mannschaftsnachwuchses – vornehmlich der U-Boot-Waffe – nicht benötigt werden.
   d) Schiffe, deren operativer Einsatz nur noch eine bestimmte Zeit erforderlich ist *(Tirpitz* Norwegen, *Scharnhorst* Ostsee).
   e) Es ist zu berücksichtigen: Aufnahmefähigkeit und Belastung der Werften durch die Außerdienststellung, vorhandene Liegeplätze, schwere Krananlagen, Schlepper, Schiffskammerräume, Unterbringung der frei werdenden Besatzungen.
   f) Vermeidung einer militärisch und propagandistisch ungünstigen Auswirkung infolge schlagartiger Außerdienststellung der großen Einheiten auf Marine, In- und Ausland. Daher unauffällige Außerdienststellung bei allmählichem Abbau aller Waffen und Geräte während der sowieso zeitlich bereits festliegenden oder bevorstehenden Werftliegezeit nach folgendem Plan:

* Anlage 1 zu 1. Skl. Ib 497/43 gKdos Chefs, in Bundesarchiv Militärarchiv III M 1017/5.

Bereits außer Dienst befindlich: *Gneisenau*
Noch nicht im Dienst: *Graf Zeppelin*
Im Verlaufe Monat Februar außer Dienst zu stellen: *Leipzig*
Zum 1. 3. 43 außer Dienst zu stellen: *Hipper* und *Köln*
Zum 1. 4. 43 außer Dienst zu stellen: *Schleswig-Holstein*
Zum 1. 5. 43 außer Dienst zu stellen: *Schlesien*
Zum 1. 7. 43 außer Dienst zu stellen: *Scharnhorst*
Zum Herbst 43 außer Dienst zu stellen: *Tirpitz*

4. Als Ausbildungsverband der Seestreitkräfte bleiben folgende fahrbereiten Schiffe in Dienst: *Prinz Eugen, Admiral Scheer, Lützow, Nürnberg, Emden.*
   Diese Schiffe genügen gerade, um die Ausbildungsgrundlage für den Nachwuchs der U-Boote und Seestreitkräfte (Hochdruckdampf- und Motoren- sowie seemännische Ausbildung), für Waffenschulen und die Versuchs- und Entwicklungstätigkeit der Kriegsmarine zu sichern.
5. An einsatzbereiten Schiffen verbleiben:
   Im Norwegenraum: *Tirpitz* bis Herbst 43
   Lützow, *Nürnberg* bis 1. 8. 43
   Im Ostseebereich: *Scharnhorst* bis 1. 7. 43
   Prinz Eugen bis 1. 5. 43, dann Ausbildungsschiff.
   Die Ausbildungsschiffe *Prinz Eugen, Admiral Scheer, Leipzig, Nürnberg, Emden* sind infolge des laufenden Personalwechsels nicht mehr gefechtsbereit. Sie erhalten nur so viel Werfthilfe, daß sie die Aufgaben als Ausbildungsschiffe durchführen können.
6. Die Stillegung der Arbeiten bei den obengenannten Einheiten und die Außerdienststellungen erbringen für Verwendung innerhalb der Kriegsmarine an anderer Stelle nach Abschluß der Außerdienststellungen:
   a) 250 Offiziere, von denen aber höchstens 92 für die U-Boot-Waffe in Frage kommen.
   b) 8000 U. O. und Mannschaften.
      Die Zahl der frei werdenden U. O. und Mannschaften verringert sich
      1. durch Besetzung der Flak- bzw. Küstenbatterien,
      2. durch Abgabe der U-Boot-Tauglichen an die U-Boot-Waffe,
      3. durch Auffüllung der Fehlstellen bei den übrigen Überwasserstreitkräften.
   c) 1300 Werftarbeiter.
      Die Werftarbeiter werden teils für Instandsetzung der Zerstörer, T-Boote, M-Boote usw., teils für U-Boot-Reparatur Toulon eingesetzt. Demgegenüber aber sowieso erheblicher Fehlbestand.

12 DIE STÄRKE DER DEUTSCHEN U-BOOT-WAFFE AUF DEM HÖHEPUNKT DER SCHLACHT UM DEN ATLANTIK

U-Boote	Februar 1943	März 1943	April 1943	Mai 1943
Bestand Monatsanfang	409	411	423	425
neu in Dienst gestellt	21	27	18	28
Verluste im Atlantik	14	12	12	36
im Mittelmeer	4	2	1	2
im Nordmeer	—	—	1	—
in der Heimat	1	1	2	3*
Verluste gesamt	19	15	16	41
Bestand Monatsende	411	423	425	412
davon Frontboote	229	235	240	218
Schulboote	62	64	67	70
in der Erprobung	120	124	118	124

U-Boote	Februar 1943	März 1943	April 1943	Mai 1943
insgesamt	411	423	425	412
neu zur Front	+ 25	+ 20	+ 22	+ 16
Frontboote im Atlantik	193	194	207	183
im Mittelmeer	19	17	18	18
im Nordmeer	14	21	12	12
im Schwarzmeer	3	3	3	5
Frontboote insgesamt	229	235	240	218
Im Atlantik waren				
im Tagesschnitt in See	116		111	118
davon im Operationsgebiet	48		35	42
auf An- und Rückmarsch	68		76	76

* außer Dienst gestellt

13 DEUTSCHE U-BOOT-VERLUSTE IM ZWEITEN WELTKRIEG*

A. AUF FEINDFAHRT GINGEN VERLOREN

Zeitraum	Auf dem An- und Rückm.	Nordsee Ostsee Nordmeer	Gesamter Atlantik	Mittelmeer	Ind. Ozean	Gesamt
September 1939 bis Juni 1940	2	11	10			23
Juli 1940 bis März 1941	1		12			13
April 1941 bis Dez. 1941	3	1	19	5		28
Januar 1942 bis Juli 1942	6	2	16	7		31
August 1942 bis Mai 1943	31	5	90	19	1	146
Juni 1943 bis August 1943	46	1	22	5	2	76
September 1943 bis Mai 1944	47	14	70	12	3	146
Juni 1944 bis Mai 1945	50	24	85	2	6	167
1939–1945	186	58	324	50	12	630

B. ANDERE VERLUSTURSACHEN

a) Im Heimatgebiet und in den Einsatzhäfen durch Feindeinwirkung (Bombenangriffe und Minen) 81
b) Im Heimatgebiet und in den Einsatzhäfen durch Unfälle 42
c) Bei Räumung von Stützpunkten und bei Kriegsende durch die eigene Besatzung versenkt oder gesprengt 215
Zusammen mit Verlusten vor dem Feind 968

C. VERBLEIB DER RESTLICHEN BOOTE

d) Während des Krieges wegen irreparabler Schäden oder Überalterung außer Dienst gestellt 38
e) An fremde Marinen abgegeben oder in fremden Häfen mit Schäden interniert 11
f) Bei Kriegsende ausgeliefert 153
Gesamtbestand 1170

* Mit freundlicher Genehmigung von Dr. Jürgen Rohwer aus »U-Boote«, eine Chronik in Bildern, Oldenburg 1962.

14 BESATZUNG DER *SCHARNHORST* BEIM UNTERNEHMEN »OSTFRONT« am 25./26. DEZEMBER 1943

	Scharnhorst	Stab der Kampfgruppe	gesamt
Offiziere	45	5 + II. AO »Tirpitz«	51
Unteroffiziere	379	14	393
davon Feldwebel 73 Maate 320			
Mannschaften	1438	14	1452
Offiziernachwuchs			
Oberfähnriche	5		
Offizieranwärter	34		
Res.-Offizieranwärter	33		72

GESAMT:	1968
davon gerettet (keine Offiziere)	36
am 26. Dezember 1943 gefallen	1932

15 LITERATURVERZEICHNIS ZUM SEEKRIEG 1939–1945

Vorbemerkung: Die Literatur über den Seekrieg im Rahmen des Zweiten Weltkrieges ist äußerst umfangreich; hier kann nur ein Auszug gegeben werden, zugleich als Empfehlung des Verfassers. Fremdsprachige Werke sind aufgeführt, soweit sie, oder Teile davon, als Quelle benutzt wurden.

Folgende Werke möchte der Verfasser besonders hervorheben: Einen souveränen Überblick über den Krieg auf allen Weltmeeren bietet nach wie vor Friedrich Ruge in *Der Seekrieg 1939–1945.* – Er wird neuerdings ergänzt durch die *Chronik des Seekrieges 1939–1945* von Jürgen Rohwer und Gerhard Hümmelchen, ein Nachschlagewerk mit einer außergewöhnlichen Fülle von Details, u. a. 8500 namentlich erwähnten Schiffen und rund 3000 Personen. – Eine erschöpfende Darstellung über Wollen und Wirken des höchsten Führungsstabes der Marine gibt Michael Salewski in *Die deutsche Seekriegsleitung 1935–1945.* – Über den U-Boot-Krieg ragen aus der Fülle der Darstellungen heraus: aus der Sicht der U-Boot-Führung Karl Dönitz *10 Jahre und 20 Tage;* mit dem besten Überblick über den Gesamtverlauf bis 1943 Jürgen Rohwer *Der U-Boot-Krieg und sein Zusammenbruch 1943* in *Entscheidungsschlachten des Zweiten Weltkrieges;* als Erlebnisschilderungen die Bücher von Harald Busch *So war der U-Boot-Krieg* und Wolfgang Frank *Die Wölfe und der Admiral.*

Assmann, Kurt, *Deutsche Schicksalsjahre,* Wiesbaden 1950
  ders., *Deutsche Seestrategie in zwei Weltkriegen,* Heidelberg 1957
Auphan, Paul, und Jacques Mordal, *Unter der Trikolore,* Oldenburg 1964
Ansel, Walter, *Hitler Confronts England,* Durham, N.C. 1960
Bekker, Cajus, *Angriffshöhe 4000. Ein Kriegstagebuch der deutschen Luftwaffe,* 3. Aufl. Oldenburg 1964
  ders., *Augen durch Nacht und Nebel. Die Radar-Story,* 2. Aufl. Oldenburg 1964
  ders., *Flucht übers Meer,* 2. Aufl. Oldenburg 1964
  ders., *Die versunkene Flotte,* 3. Aufl. Oldenburg 1967
  ders., *Einzelkämpfer auf See,* 2. Aufl. Oldenburg 1968
Bidlingmaier, Gerhard, *Einsatz der schweren Kriegsmarineeinheiten im ozeanischen Zufuhrkrieg,* Neckargemünd 1963
Bilanz des Zweiten Weltkrieges (Assmann, Kurt, u. a.), Oldenburg 1953

Boehm, Hermann, *Norwegen zwischen England und Deutschland*, Lippoldsberg 1956
Bonatz, Heinz, *Die Deutsche Marine-Funkaufklärung 1914–1945*, Darmstadt 1970
Bragadin, Marc'Antonio, *The Italian Navy in World War II*, Annapolis 1957
Bredemeier, Heinrich, *Schlachtschiff Scharnhorst*, Jugendheim (Bergstr.) 1962
Brennecke, Jochen, *Schlachtschiff Bismarck*, 2. Aufl. Minden 1967
Brustat-Naval, Fritz, *Unternehmen Rettung*, Herford 1970
Busch, Fritz Otto, *Tragödie am Nordkap*, Hannover 1952
 ders., *Schwerer Kreuzer Prinz Eugen*, Hannover 1958
Busch, Harald, *So war der U-Boot-Krieg*, 3. Aufl. Bielefeld 1965
Carell, Paul, *Die Wüstenfüchse*, Hamburg 1958
 ders., *Sie kommen. Der deutsche Bericht über die Invasion*, Oldenburg 1965
Churchill, Winston S., *Der Zweite Weltkrieg*, 6 Bände, Bern-Hamburg-Stuttgart 1948–53
Collier, Basil, *The Defence of the United Kingdom*, London 1957
Compton, James V., *Hitler und die USA*, Oldenburg 1967
Detmers, Theodor, *Kormoran. Der Hilfskreuzer, der die Sydney versenkte*, Biberach 1959
Dönitz, Karl, *10 Jahre und 20 Tage*, Bonn 1958
 ders., *Mein wechselvolles Leben*, Göttingen 1968
 ders., *Deutsche Strategie zur See im Zweiten Weltkrieg. Die Antworten des Großadmirals auf 40 Fragen*, Frankfurt/Main 1970
Entscheidungsschlachten des Zweiten Weltkrieges, hrsg. von Hans-Adolf Jacobsen und Jürgen Rohwer, Frankfurt/Main 1960
Fechter, Helmut, und Günter Schomaekers, *Der Seekrieg 1939/45 in Karten*, Band I, Preetz 1967
(Flottenkommando) *Die Entwicklung des Flottenkommandos*, hrsg. vom Arbeitskreis für Wehrforschung, Darmstadt 1964
Forstmeier, Friedrich, und Siegfried Breyer, *Deutsche Großkampfschiffe 1915–1918*, München 1970
Frank, Wolfgang, *Der Stier von Scapa Flow*, Oldenburg 1958
 ders., *Die Wölfe und der Admiral*, 3. Aufl., Oldenburg 1959
Frank, Wolfgang, und Bernhard Rogge, *Schiff 16*, Oldenburg 1955
Giessler, Helmuth, *Der Marine-Nachrichten- und -Ortungsdienst*, München 1971
Gröner Erich, *Die Schiffe der deutschen Kriegsmarine und Luftwaffe 1939–45 und ihr Verbleib*, München 1954
 ders., *Die deutschen Kriegsschiffe 1815–1945*, 2 Bände, München 1966–67
Hadeler, Wilhelm, *Flugzeugträger*, München 1968
Hillgruber, Andreas, *Hitlers Strategie*, Frankfurt/Main 1965
Hillgruber, Andreas, und Gerhard Hümmelchen, *Chronik des Zweiten Weltkrieges*, Frankfurt/Main 1968
Hubatsch, Walther, *Der Admiralstab und die obersten Marinebehörden in Deutschland 1848–1945*, Frankfurt/Main 1958
 ders., *Weserübung*, 2. Aufl. Göttingen 1960
 ders., *Hitlers Weisungen für die Kriegsführung 1939–1945* (Hrsg.), Frankfurt/Main 1962
 ders., *Kriegswende 1943*, Darmstadt 1966
Hümmelchen, Gerhard, *Handelsstörer. Handelskrieg deutscher Überwasserstreitkräfte im Zweiten Weltkrieg*, 2. Aufl. München 1967
Irving, David, *The Destruction of Convoy PQ 17*, London 1968
Jacobsen, Hans-Adolf, *1939–1945. Der Zweite Weltkrieg in Chronik und Dokumenten*, 6. Aufl. Darmstadt 1966
Kemp, Peter K., *Victory at Sea 1939–1945*, London 1957
Klee, Karl, *Zur Vorgeschichte des Rußlandfeldzuges*, in Wehrwiss. Rundschau 1952
 ders., *Das Unternehmen Seelöwe*, 2 Bände (1 Dokumentenband), Göttingen 1958–59
Klepsch, Peter, und Siegfried Breyer, *Die fremden Flotten im Zweiten Weltkrieg und ihr Schicksal*, München 1968
Kuhn, Axel, *Hitlers außenpolitisches Programm*, Stuttgart 1970
Langer, W., and Gleason, *The Undeclared War 1940–41*, New York 1953

Liddell Hart, Basil and Barrie Pitt (Hrsg.), *History of the Second World War,* 8 Bände, London 1966 ff.
Lipscomb, F. W., *The British Submarine,* London 1954
Lohman, Walter, und Hans H. Hildebrand, *Die deutsche Kriegsmarine 1939–1945. Gliederung – Einsatz – Stellenbesetzung,* 3 Bände, Bad Nauheim 1956 ff.
Loßberg, Bernhard v., *Im Wehrmachtführungsstab,* 2. Aufl. Hamburg 1950
Lüdde-Neurath, Walter, *Regierung Dönitz,* 3. Aufl. Göttingen 1964
Macintyre, Donald, *U-Boat Killer,* London 1956
ders., *The Battle of the Atlantic,* London 1961
Mahan, Alfred T., *Der Einfluß der Seemacht auf die Geschichte,* Minden 1967
Mayen, Jan, *Alarm – Schnellboote!,* Odenburg 1961
Millington-Drake, Eugen, *The Drama of the Graf Spee,* London 1964
Mordal, Jacques, *Handstreich auf Granville,* Oldenburg 1965
ders.: *Die letzten Bastionen,* Oldenburg 1966
Morison, Samuel E., *History of the United States Naval Operations in World War II,* Boston 1948 ff.
Peter, Karl, *Schlachtkreuzer Scharnhorst,* Darmstadt 1951
Picker, Henry, *Hitlers Tischgespräche,* 2. Aufl. Stuttgart 1965
Picker, Henry / Heinrich Hoffmann / Jochen v. Lang (Hrsg.), *Hitlers Tischgespräche im Bild,* Oldenburg 1969
Playfair, J. S. O., *The Mediterranean and Middle East,* 3 Bände, London 1954–60
Puttkamer, Karl-Jesco v., *Die unheimliche See. Hitler und die Kriegsmarine,* Wien und München 1952
Raeder, Erich, *Mein Leben,* 2 Bände, Tübingen 1956–57
Richards, Denis, und Hilary St. G. Saunders, *Royal Air Force 1939–1945,* 3 Bände, London 1953–54
Robertson, Terence, *Jagd auf die Wölfe,* Oldenburg 1960
Rössler, E., *U-Boot-Typ XXI,* 2. Aufl. München 1967
ders., *U-Boot-Typ XXIII,* München 1967
Rohwer, Jürgen, *U-Boote. Eine Chronik in Bildern,* Oldenburg 1962
ders., *Die U-Boot-Erfolge der Achsenmächte 1939–1945,* München 1968
Rohwer, Jürgen, und Gerhard Hümmelchen, *Chronik des Seekrieges 1939–1945,* Oldenburg 1968
Roskill, S. W., *The War at Sea 1939–1945,* 3 Bände, London 1954 ff.
ders., *Das Geheimnis um U 110,* Frankfurt/Main 1959
ders., *Royal Navy. Britische Seekriegsgeschichte 1939–1945,* Oldenburg 1961
ders., *Der Seekrieg im Wandel der Zeiten,* Tübingen 1964
Ruge, Friedrich, *Der Seekrieg 1939–1945,* 3. Aufl. Stuttgart 1962
ders., *Scapa Flow 1919,* Oldenburg 1969
Salewski, Michael, *Die deutsche Seekriegsleitung 1935–1945,* Band I 1935–1941, Frankfurt/Main 1970
Sohler, Herbert, *U-Boot-Krieg und Völkerrecht,* Frankfurt/Main 1956
Schmalenbach, Paul, *Die Geschichte der deutschen Schiffsartillerie,* Herford 1968
Schriftenreihe Taktik des Oberkommandos der Kriegsmarine, Berlin 1940 ff., im Bundesarchiv / Militärarchiv Freiburg
Thomer, Egbert, *Torpedoboote und Zerstörer,* Bildband, Oldenburg 1964
Tuleja, Thaddeus V., *Twilight of the Sea Gods,* New York 1958
Wagner, Gerhard (Hrsg.), *Lagevorträge des Oberbefehlshabers der Kriegsmarine vor Hitler 1939–1945,* München 1971
Warlimont, Walter, *Im Hauptquartier der deutschen Wehrmacht 1939–1945,* 2. Aufl. Frankfurt/Main 1962
Watts, A. J., *The Loss Of The Scharnhorst,* London 1970

NAMENREGISTER

Bei den Namen steht der Dienstgrad, den die Soldaten bei der letzten Erwähnung im Buch innehatten.